教育部人文社会科学重点研究基地——中国西部经济发展研究院建设项目
陕西省哲学社会科学重点研究基地——陕西宏观经济与增长质量协同创新中心建设项目
教育部哲学社会科学发展报告项目“中国经济增长质量发展报告”
教育部“长江学者”特聘教授奖励计划项目
国家“万人计划”哲学社会科学领军人才项目
文化名家暨“四个一批”人才项目
陕西省“三秦学者”创新团队建设项目
陕西省“高层次人才特殊支持计划”项目
西北大学双一流建设项目
Sponsored by First-Class University and Academic Programs of Northwest University

REPORT ON CHINA'S ECONOMIC GROWTH QUALITY 2021

the High-quality Development of China's Economy in the New Economy

中国经济增长质量发展报告

新经济背景下的高质量发展

任保平　师　博　钞小静　郭　晗　魏　婕　田洪志／等著

2021

中国经济出版社
CHINA ECONOMIC PUBLISHING HOUSE
北京

图书在版编目（CIP）数据

中国经济增长质量发展报告．2021：新经济背景下的高质量发展／任保平等著．--北京：中国经济出版社，2021.8

ISBN 978-7-5136-6593-3

Ⅰ.①中… Ⅱ.①任… Ⅲ.①中国经济-经济增长质量-研究报告-2021 Ⅳ.①F124

中国版本图书馆CIP数据核字（2021）第166612号

责任编辑　贺　静
责任印制　巢新强
封面题字　任保平
封面设计　华子设计

出版发行　中国经济出版社
印 刷 者　北京捷迅佳彩印刷有限公司
经 销 者　各地新华书店
开　　本　710mm×1000mm　1/16
印　　张　23.5
字　　数　373千字
版　　次　2021年8月第1版
印　　次　2021年8月第1次
定　　价　98.00元
广告经营许可证　京西工商广字第8179号

中国经济出版社　网址 www.economyph.com　社址 北京市东城区安定门外大街58号　邮编 100011
本版图书如存在印装质量问题，请与本社销售中心联系调换（联系电话：010-57512564）

目　录

总　论

0 2019年中国经济增长质量指数及其排序

2019年是新中国成立70周年，也是全面建成小康社会、实现第一个百年奋斗目标的关键之年。在国内外经济环境日趋复杂的形势下，中国经济发展具有巨大的韧性、潜力和回旋余地，经济稳中向好、长期向好的基本态势没有改变。当前，我国要坚定不移地推动经济高质量发展，坚持新发展理念，坚持以供给侧结构性改革为主线，不断培育壮大新动能，继续深化重点领域改革，激发市场主体活力，促进区域协调发展，大力推动绿色发展，保障和改善民生，推进全方位对外开放，坚决打赢三大攻坚战，确保全面建成小康社会和“十三五”规划圆满收官。历史经验和实践证明，坚持实事求是的精神是我们党和国家赖以发展的思想路线，本部分将通过对中国地方经济增长质量指数的构建、测算及评价，以2019年地方统计数据为事实依据，全面、系统地描述中国地方经济增长质量的基本特征。

0.1 指数的形成方法、数据说明和权重的生成

0.1.1 指标处理与数据说明

根据《中国经济增长质量报告（2012）》所构建的基本理论框架，我们从经济增长的效率、经济增长的结构、经济增长的稳定性、福利变化与成果分配、资源利用与生态环境代价以及国民经济素质六个维度（见表0-1），对2019年中国各省、自治区、直辖市的经济增长质量状况进行考察。本部分遵循原有指标体系的基本逻辑，并且在原有基本理论框架之上，作了相关延伸和拓展。

本部分根据《中国经济增长质量发展报告（2018）》构建的指标体系

的方面维度，及2019年度地方数据的可获得性，沿用《中国经济增长质量发展报告（2020）》的指标体系，形成的中国经济增长质量评价指标体系涵盖了六个方面维度43个基础指标，如表0-1所示。

本章采用的数据来自《中国统计年鉴（2020）》、中经数据库以及2019年各地区统计年鉴、统计汇编以及统计公报等，由于数据标准的原因，暂未包括港、澳、台地区，而由于相关统计数据的缺失和特殊性，西藏虽列入统计但未进入排序。由于选取的测算数据是截面数据，数据缺失部分使用时间序列趋势方法进行填充，由于缺失的数据不多，整体上数据集质量较高，可以认为根据此数据集测算得出的增长质量指数的可信度、准确度以及现实符合度也相对较好。

表0-1　中国经济增长质量指数构成一览

方面维度	分项维度	基础指标	计量单位	指标属性		
				正指标	逆指标	适度指标
经济增长的效率		全要素生产率增长率	—	√		
		技术变动	—	√		
		技术效率变动	—	√		
		资本生产率	—	√		
		劳动生产率	—	√		
经济增长的结构	产业结构	工业化率（%）		√		
		第一产业比较劳动生产率	—	√		
		第二产业比较劳动生产率	—	√		
		第三产业比较劳动生产率	—	√		
	金融结构	存款余额/GDP	—	√		
		贷款余额/GDP	—	√		
	国际收支	进出口总额/GDP	—	√		
	城乡二元结构	二元对比系数	—	√		
		二元反差指数	—		√	
经济增长的稳定性	产出波动	经济波动率（%）			√	
	价格波动	工业生产者价格指数	—		√	
		居民消费价格指数	—		√	
	就业波动	城镇登记失业率（%）			√	

续表

方面维度	分项维度	基础指标	计量单位	指标属性		
				正指标	逆指标	适度指标
福利变化与成果分配	福利变化	人均 GDP	元	√		
		医疗卫生机构	个	√		
		人均拥有公共图书馆藏量	册	√		
		建成区绿化覆盖率（%）		√		
		城市居民最低生活保障人数	万人		√	
		农村居民最低生活保障人数	万人		√	
		城镇居民家庭恩格尔系数（%）			√	
		农村居民家庭恩格尔系数（%）			√	
	成果分配	泰尔指数	—		√	
资源利用与生态环境代价	资源消耗	单位地区生产总值电耗	—		√	
		人均用水量	立方米		√	
	环境治理能力	节能环保支出占比（%）		√		
		城市生活垃圾无害化处理能力	吨/日	√		
		工业污染治理投资总额	万元	√		
国民经济素质	基础素质	客运量	万人	√		
		货运量	万吨	√		
	能力素质	科学技术支出占财政支出比重（%）		√		
		国家财政性教育经费	万元	√		
		普通本专科毕业生人数	人	√		
	创新素质	技术市场成交额	万元	√		
		规模以上企业 R&D 人员全时当量	人年	√		
		新产品开发项目数	项	√		
		国内三种专利授权数	件	√		
	信息化素质	邮电业务总量/GDP	—	√		
		电信业务总量/GDP	—	√		
		电子商务销售额/GDP	—	√		

在基础指标计算方面，个别数据需要具体说明：在经济增长的效率指

数中，全要素生产率增长率、技术变动、技术效率变动和资本生产率 4 个指标都涉及资本存量的计算，参考张军等（2014）的研究成果，我们选择目前被普遍采用的永续盘存法来计算 2000—2019 年各地区的物质资本存量。另外，使用潜在产出法中比较常用的 DEA 法，对全国各省（自治区、直辖市）2019 年的全要素生产率增长率、技术变动、技术效率变动进行估算。选择测算出的各地区全要素生产率增长率、技术变动和技术效率变动、资本存量来进一步计算资本生产率。在经济增长的结构指数中，存款余额和贷款余额数据采用各省份在年度统计公报以及统计年鉴中公布的数据。在经济增长的稳定性指数中，有关经济波动率的计算，先算出年度各地区生产总值的真实值，再进一步算出各地区的经济波动率。

书中涉及的具体数据的处理方法和计算指标的公式如下：

（1）正向指标、逆向指标的去量纲化处理方法

$$\text{正向指标：}\frac{x_{ij}-\min\limits_{1\leq i\leq n}x_{ij}}{\max\limits_{1\leq i\leq n}x_{ij}-\min\limits_{1\leq i\leq n}x_{ij}}$$

$$\text{逆向指标：}\frac{\max\limits_{1\leq i\leq n}x_{ij}-x_{ij}}{\max\limits_{1\leq i\leq n}x_{ij}-\min\limits_{1\leq i\leq n}x_{ij}}$$

（2）基期、真实 GDP 测算

对于真实 GDP 的测算，我们以 2000 年作为基期，根据《中国统计年鉴》中的国内生产总值指数（上年 =100）来计算定基 GDP 指数，即计算各个时期环比指数的连乘之积来求得以 2000 年为基年的定基指数。用名义 GDP 除以 GDP 平减指数（2000 年 =100）得到真实 GDP 的值。其中，GDP 平减指数的环比指数公式为：

$$\text{GDP}D_t=\frac{\text{GDP}_t}{\text{GDP}_{t-1}\times\text{GDP}I_t}$$

（3）各维度具体指标的测算

①经济增长的效率

第一，全要素生产率增长率、技术变动、技术效率变动——DEA 法。

选择使用潜在产出法中比较常用的 Dea – Malmquist 指数法对全国各省（自治区、直辖市）2018—2019 年的全要素生产率进行估算，我们利用缩放因子之比构造消费数量指数，以 GDP 作为产出指标，以资本和劳动作为投入指标，具体使用资本存量和就业人数为基础指标，使用 DEAP 软件进

行编程，由此求得各地区的全要素生产率增长率。

第二，资本生产率。

对资本存量的估算采用永续盘存法，具体估算公式为：

$$K_{it} = K_{it-1}(1 - \delta_{it}) + I_{it}$$

其中，i 指第 i 个地区，t 指第 t 年；采用固定资本形成总额来度量当年投资 I；对于固定资本价格指数，直接采用历年《中国统计年鉴》中公布的数据，在此基础上求得2000年为基年的不变价格表示的真实固定资本形成总额。

基期的资本存量我们按照国际常用方法计算：

$$K_0 = \frac{I_0}{g + \delta}$$

其中，K_0 是基期资本存量，I_0 是基期投资额，g 是样本期真实投资的年平均增长率，经济折旧率 δ 采用张军等（2004）的研究成果，为9.6%。

资本生产率＝GDP（2000年不变价格）/资本存量

第三，劳动生产率。

劳动生产率＝GDP（2000年不变价格）/从业人数

②经济增长的结构

第一，产业结构。

工业化率：非农产业就业比重，即非农产业就业人数/总就业人数。

第一（二、三）产业比较劳动生产率：第一（二、三）产业产值比重/第一（二、三）产业就业比重。

第二，城乡二元结构。

二元对比系数：农业比较劳动生产率/非农业比较劳动生产率。

二元反差指数：非农业产值比重与劳动力比重之差的绝对值，即|非农业的产值比重－非农就业比重|，其中，非农产业＝第二产业＋第三产业。

③经济增长的稳定性

产出波动。

经济波动率：经济增长率变动幅度的绝对值（其中经济增长率为真实GDP的增长率）。

续表

基础指标	权重	基础指标	权重
进出口总额/GDP	0.004	货运量	0.003
二元对比系数	0.038	科学技术支出占比	0.005
二元反差指数	0.045	国家财政性教育经费	0.006
经济波动率	0.092	普通本专科毕业生人数	0.015
消费者物价指数	0.020	技术市场成交额	0.016
生产者物价指数	0.014	规模以上企业 R&D 人员全时当量	0.030
城镇登记失业率	0.041	新产品开发项目数	0.030
人均 GDP	0.048	国内三种专利授权数	0.030
医疗卫生机构	0.009	邮电业务总量/GDP	0.009
人均拥有公共图书馆藏量	0.004	电信业务总量/GDP	0.009
建成区绿化覆盖率	0.006	电子商务销售额/GDP	0.011

表 0－4　基础指标及方面维度的综合权重

基础指标	权重	基础指标	权重
全要素生产率增长率	0.066	城市居民最低生活保障人数	0.011
技术变动	0.029	农村居民最低生活保障人数	0.013
技术效率变动	0.026	城镇居民家庭恩格尔系数	0.007
资本生产率	0.033	农村居民家庭恩格尔系数	0.008
劳动生产率	0.042	泰尔指数	0.015
工业化率	0.014	单位地区生产总值电耗	0.031
第一产业比较劳动生产率	0.004	人均用水量	0.028
第二产业比较劳动生产率	0.015	节能环保支出占比	0.016
第三产业比较劳动生产率	0.030	城市生活垃圾无害化处理能力	0.020
存款余额/GDP	0.018	工业污染治理投资总额	0.016
贷款余额/GDP	0.004	客运量	0.004
进出口总额/GDP	0.005	货运量	0.003
二元对比系数	0.035	科学技术支出占比	0.008
二元反差指数	0.035	国家财政性教育经费	0.005
经济波动率	0.066	普通本专科毕业生人数	0.016
消费者物价指数	0.008	技术市场成交额	0.029
生产者物价指数	0.008	规模以上企业 R&D 人员全时当量	0.064
城镇登记失业率	0.025	新产品开发项目数	0.064

续表

基础指标	权重	基础指标	权重
人均 GDP	0.064	国内三种专利授权数	0.053
医疗卫生机构	0.012	邮电业务总量/GDP	0.014
人均拥有公共图书馆藏量	0.005	电信业务总量/GDP	0.009
建成区绿化覆盖率	0.004	电子商务销售额/GDP	0.018
方面维度综合权重			
经济增长的效率	1/6	福利变化与成果分配	1/6
经济增长的结构	1/6	资源利用与生态环境代价	1/6
经济增长的稳定性	1/6	国民经济素质	1/6

0.2 2019 年各省份经济增长质量总指数及其排序

我们首先根据所得到的各基础指标的相应权重求得各方面指数值，进一步根据方面维度综合权重计算中国地方经济增长质量指数值，并对 2019 年中国地方经济增长质量指数进行排序，结果如表 0 –5 和图 0 –1 所示，所测度的各省份经济增长质量各分项指数及其排序如表 0 –6 所示，并对地方经济增长质量及其分项维度进行综合评价分析。

表 0 –5 2019 年中国各省份经济增长质量指数及其排序

省 份	经济增长质量指数	排名	省 份	经济增长质量指数	排名
江 苏	0.597	1	河 北	0.315	16
广 东	0.582	2	青 海	0.313	17
北 京	0.578	3	河 南	0.308	18
浙 江	0.514	4	湖 北	0.305	19
上 海	0.512	5	宁 夏	0.296	20
天 津	0.450	6	湖 南	0.274	21
山 东	0.448	7	安 徽	0.274	22
吉 林	0.366	8	海 南	0.273	23
陕 西	0.365	9	江 西	0.268	24
辽 宁	0.354	10	四 川	0.265	25
福 建	0.348	11	新 疆	0.257	26
内蒙古	0.331	12	甘 肃	0.243	27
重 庆	0.329	13	云 南	0.222	28

续表

省　份	经济增长质量指数	排名	省　份	经济增长质量指数	排名
黑龙江	0.319	14	广　西	0.217	29
山　西	0.319	15	贵　州	0.208	30

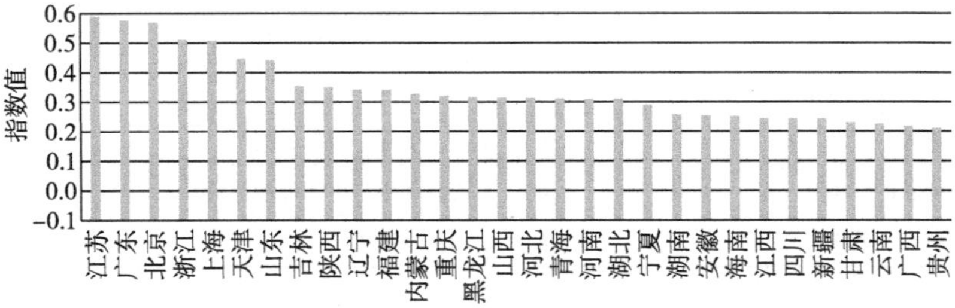

图 0－1　2019 年中国各省份经济增长质量指数排序

2019 年经济增长质量指数排在前 7 位的省份依次是江苏、广东、北京、浙江、上海、天津、山东，经济增长质量指数排在前 7 位的省份均为东部地区，从空间区域来看，2019 年东部地区的经济增长质量综合指数较高，东部地区普遍经济增长质量发展较好。排前 7 位省份的经济增长质量指数平均值为 0.526。排在后 7 位的省份依次是贵州、广西、云南、甘肃、新疆、四川、江西，除江西外均为中西部地区，排名后 7 位省份的经济增长质量指数平均值为 0.240。排名前 7 位省份的经济增长质量指数平均值是排名后 7 位省份的 2.192 倍，东部发达地区的经济增长质量指数明显高于中西部欠发达地区，这一比值意味着东部地区经济增长质量显著优于中西部地区。中国经济增长质量表现出区域的发展不平衡、不充分的基本特征，结合 2018 年中国地区经济增长质量指数结果，我们认为我国区域经济增长质量的差距依旧存在，并有不断深化的趋势。目前，我国已经形成东部地区领先、中西部地区落后的经济增长质量格局，为促进中西部地区经济增长质量的提升、缩小区域间的增长差距，亟须转变这一格局。

表 0－6　2019 年中国各省份经济增长质量各分项指数及其排序

省份	经济增长的效率	排名	经济增长的结构	排名	经济增长的稳定性	排名	福利变化与成果分配	排名	资源利用与生态环境代价	排名	国民经济素质	排名
北京	0.171	1	0.077	4	0.059	4	0.123	1	0.063	10	0.087	5

续表

省份	经济增长的效率	排名	经济增长的结构	排名	经济增长的稳定性	排名	福利变化与成果分配	排名	资源利用与生态环境代价	排名	国民经济素质	排名
天津	0.124	6	0.073	6	0.064	3	0.077	6	0.075	2	0.037	16
河北	0.035	25	0.060	11	0.047	9	0.057	12	0.071	3	0.045	14
山西	0.100	10	0.037	30	0.044	12	0.050	17	0.064	6	0.024	22
内蒙古	0.136	5	0.043	27	0.035	21	0.055	14	0.048	24	0.015	26
辽宁	0.119	8	0.057	14	0.032	23	0.056	13	0.054	19	0.036	17
吉林	0.095	11	0.058	12	0.084	1	0.047	20	0.063	8	0.019	23
黑龙江	0.049	21	0.084	2	0.067	2	0.039	25	0.062	11	0.018	25
上海	0.155	3	0.077	3	0.048	8	0.112	2	0.055	17	0.065	6
江苏	0.158	2	0.072	7	0.044	15	0.095	3	0.063	9	0.164	3
浙江	0.075	16	0.085	1	0.044	13	0.086	4	0.056	16	0.168	2
安徽	0.026	28	0.051	20	0.030	26	0.044	23	0.059	12	0.064	7
福建	0.081	14	0.061	10	0.022	30	0.081	5	0.053	20	0.050	12
江西	0.023	29	0.058	13	0.036	20	0.049	19	0.057	15	0.046	13
山东	0.089	12	0.063	9	0.054	6	0.070	8	0.080	1	0.093	4
河南	0.037	23	0.047	22	0.041	17	0.051	16	0.069	5	0.063	8
湖北	0.052	20	0.045	25	0.029	28	0.062	9	0.058	13	0.058	9
湖南	0.033	26	0.044	26	0.046	11	0.050	18	0.051	22	0.050	11
广东	0.081	15	0.069	8	0.044	14	0.072	7	0.069	4	0.247	1
广西	0.036	24	0.053	19	0.035	22	0.035	27	0.031	29	0.026	20
海南	0.057	19	0.076	5	0.047	10	0.047	21	0.034	27	0.013	28
重庆	0.066	18	0.054	17	0.058	5	0.058	10	0.057	14	0.035	18
四川	0.041	22	0.055	16	0.027	29	0.036	26	0.051	21	0.055	10
贵州	0.012	30	0.047	23	0.038	18	0.032	28	0.050	23	0.029	19
云南	0.028	27	0.046	24	0.037	19	0.031	29	0.055	18	0.025	21
陕西	0.138	4	0.040	29	0.029	27	0.057	11	0.064	7	0.038	15
甘肃	0.072	17	0.049	21	0.032	24	0.026	30	0.046	25	0.019	24
青海	0.119	7	0.054	18	0.049	7	0.044	22	0.037	26	0.009	30
宁夏	0.117	9	0.041	28	0.042	16	0.054	15	0.029	30	0.013	27
新疆	0.084	13	0.055	15	0.032	25	0.042	24	0.032	28	0.011	29

经济增长的效率指数排在前10位的省份依次是北京、江苏、上海、陕西、内蒙古、天津、青海、辽宁、宁夏、山西，经济增长的效率指数平均

值为0.134，说明这些省份在2019年度经济增长的效率发展水平较高。经济增长的效率指数排在后10位的省份依次是贵州、江西、安徽、云南、湖南、河北、广西、河南、四川、黑龙江，经济增长的效率指数平均值为0.032，排名前10位省份的经济增长的效率平均值较排名后10位省份的经济增长的效率平均值增长了3.19倍，可以看出经济增长的效率指数在地区之间的分化差异较大。经济增长的效率指数排名第一的北京在2019年的经济增长效率值为0.171，而排名倒数第一的贵州在2019年的经济增长效率值为0.012，二者差距超过13倍。结合经济增长的效率指数的具体指标，我们认为经济增长的效率指数排名靠前的省份，在2019年内，经济增长的资源配置较为优化，资本、劳动生产率较高，投入产出比较高，而排名靠后的省份应注重经济增长的效率提升，通过促进技术创新、产业升级，优化资源配置，提高全要素生产率，转变经济增长的方式。

经济增长的结构指数排在前10位的省份依次是：浙江、黑龙江、上海、北京、海南、天津、江苏、广东、山东、福建，经济增长的结构指数平均值为0.074，说明在2019年这些省份经济增长结构发展水平较高，大多数位于东部经济较为发达的地区。经济增长的结构指数排在后10位的依次是山西、陕西、宁夏、内蒙古、湖南、湖北、云南、贵州、河南、甘肃，经济增长结构指数平均值为0.044，均位于中西部地区，排名前10位省份的经济增长结构指数平均值较排名后10位省份经济增长结构指数平均值增长了0.682倍。从经济增长的结构角度看，发展水平较高的地区与发展落后地区存在一定的差距，从排名结果可以看出中西部地区在经济增长的结构维度较为落后，金融产业结构转型较慢，经济外向度水平较低，产业结构和城乡二元结构亟须转型升级。当下，中西部地区应牢牢把握住全面深化改革的指导思想，推进供给侧结构性改革，优化产业结构，加快培育和发展地区战略性新兴产业，推进产业结构的合理化和高级化发展；优化经济结构，实现资源优化配置，促进经济发展方式的转变，提高生产的集约化程度，为地区经济的发展注入活力，突破经济发展过程中的结构性阻力。

经济增长的稳定性指数排在前10位的省份依次是吉林、黑龙江、天津、北京、重庆、山东、青海、上海、河北、海南，经济增长的稳定性指数平均值为0.058，表明这些省份经济增长的稳定性较高，受外界影响产生的波动性较小，经济增长的抗冲击能力较强。经济增长的稳定性指数排在后 10 位的省份依次是福建、四川、湖北、陕西、安徽、新疆、甘肃、辽宁、广西、内蒙古，经济增长的稳定性指数平均值为 0.030，排名前 10 位省份的经济增长稳定性指数平均值较排名后 10 位省份提高了 0.934 倍。从排名结果中可以看出，除属于西部地区的重庆、青海外，排名在前 10 位的省份均位于中东部地区，且东部地区占绝大多数；而排名在后 10 位的省份以西部地区为主。结合 2016—2018 年经济增长的稳定性维度指数排名，我们认为东部地区经济增长的稳定性有所改善，但经济增长稳定性指数排名靠前的省份仍以东北地区和内陆省份为主。

现阶段，经济增长的稳定性被放在我国宏观经济目标的重要位置，因此经济增长的稳定性排名靠后的省份应加强宏观经济管理，进一步完善社会主义基本经济制度，促进有效市场和有为政府的结合。在目前形势下，各地区应关注国际国内的风险因素，及时调整经济的短期波动，协调长期经济发展趋势，熨平经济波动，推进落实“六稳六保”的政策方针，确保我国各地区经济稳中向好、长期向好的基本趋势不改变。

福利变化与成果分配指数排在前 10 位的省份依次是北京、上海、江苏、浙江、福建、天津、广东、山东、湖北、重庆，排名前 10 位省份的福利变化与成果分配指数平均值为 0.084，这些省份除了重庆外都属于中东部地区，且集中分布在东部沿海地区，这表明我国中东部地区尤其是东部沿海地区的福利分配机制较为健全，医疗卫生和城市建设现代化程度较高。福利变化与成果分配指数排在后 10 位的省份依次是甘肃、云南、贵州、广西、四川、黑龙江、新疆、安徽、青海、海南，其福利变化与成果分配指数平均值为 0.038，除安徽、黑龙江属于中部地区外，其余均处于西部地区，这意味着我国西部地区的福利变化与成果分配水平普遍较低，指数排名前 10 位省份的福利变化与成果分配指数平均值较排名后 10 位的省份提高了 1.21 倍，表明我国地区间经济增长的福利变化与成果分配存在较大的差距。进入新时代，我国社会的主要矛盾已经转化为人民日益增长的美好生活需要和不平衡不充分的发展之间的矛盾，因此，在注重经济增长的同时，应充分关注民生福祉。在未来，福利变化与成果分配维度排名靠后的各地区应不断提升全民受教育程度，健全基本公共服务体系和社会保障体系，完善卫生健康体系，巩固并拓展脱贫攻坚成果，改善社会分配结构，把最广大人民的根本利益作为发展的出发点和落脚点，确保全面建成小康社会圆满收官。

资源利用与生态环境代价指数排在前10位的省份依次是山东、天津、河北、广东、河南、山西、陕西、吉林、江苏、北京，资源利用与生态环境代价指数平均值为0.068，表明这些地区在经济增长过程中，关注生产中的资源消耗，具有更高水平的环境治理能力，对节能环保和工业污染治理的投入水平更高，城市生活垃圾的处理能力较强，坚持可持续发展战略，注重绿色发展。资源利用与生态环境代价指数排在后10位的省份依次是宁夏、广西、新疆、海南、青海、甘肃、内蒙古、贵州、湖南、四川，资源利用与生态环境代价指数平均值为0.041，排名前10位省份的资源利用与生态环境代价指数平均值较排名后10位的省份增长0.659倍。排名前10位的省份中，除陕西外均为中东部地区，而在排名后10位的省份中，除湖南、海南属于中东部地区外，其余均为西部地区，这意味着我国中东部地区在资源利用和生态环境保护方面的水平更高，而西部地区在生产中的资源消耗较大，环境治理水平也较低。因此，资源利用与生态环境代价维度发展较落后的地区应提倡绿色发展的理念，在地区经济发展时贯彻“绿水青山就是金山银山”的思想主线，坚持尊重自然、顺应自然、保护自然，坚持走绿色发展的道路，促进人与自然和谐共生。在地区经济发展中，一方面要促进传统制造业的绿色改造，培育绿色低碳循环产业，走绿色发展道路，减少生产过程中的资源浪费与环境污染；另一方面要加大对于环保产业、污染治理领域的投资，提高地区的污染处理和生态保护能力。

经济增长的国民经济素质指数排在前10位的省份依次是广东、浙江、江苏、山东、北京、上海、安徽、河南、湖北、四川，集中在东部沿海地区，其国民经济素质指数平均值为0.106；经济增长的国民经济素质指数排在后10位的省份依次是青海、新疆、海南、宁夏、内蒙古、黑龙江、吉林、甘肃、山西、云南，以西部地区和东北地区为主，其国民经济素质指数平均值为0.017。排名前10位省份的国民经济素质指数平均值较排名后10位的省份增长了5.235倍，存在非常大的差距。国民经济素质是指一国或地区国民经济系统内各种因素有机结合形成的整体功能特性，是一国或地区长期有效的人力资本水平、创新能力水平、基础设施水平、未来发展潜能等方面的综合反映，对经济持续发展有着重要作用。党的十九届五中全会指出，我国目前正处于全面深化改革、构建高水平社会主义市场经济体制的重要阶段，市场经济要求更高水平的国民经济素质，因此，提高国民经济素质是促进社会主义市场经济体制构建、推动经济持续发展的关键所在。

0.3 2019 年各省份经济增长质量与增长数量排序的对比

根据 2019 年各省、自治区和直辖市经济增长质量指数的排名，我们选择各省份的真实总量 GDP 作为经济增长数量指标的排名，表 0－7 列出了 2019 年中国各省份经济增长质量与经济增长数量的排序及其差异。

表 0－7 2019 年中国各省份经济增长质量与经济增长数量的排序及其差异

省 份	经济增长质量排名	经济增长数量排名	增长质量与数量之差	省 份	经济增长质量排名	经济增长数量排名	增长质量与数量之差
江 苏	1	2	1	河 北	16	10	－6
广 东	2	1	－1	青 海	17	30	13
北 京	3	13	10	河 南	18	5	－13
浙 江	4	4	0	湖 北	19	7	－12
上 海	5	11	6	宁 夏	20	29	9
天 津	6	19	13	湖 南	21	8	－13
山 东	7	3	－4	安 徽	22	12	－10
吉 林	8	25	17	海 南	23	28	5
陕 西	9	15	6	江 西	24	16	－8
辽 宁	10	14	4	四 川	25	6	－19
福 建	11	9	－2	新 疆	26	26	0
内蒙古	12	21	9	甘 肃	27	27	0
重 庆	13	17	4	云 南	28	20	－8
黑龙江	14	23	9	广 西	29	18	－11
山 西	15	22	7	贵 州	30	24	－6

从表 0－7 中可以看出，2019 年各省份经济增长质量与经济增长数量排序对比中，经济增长质量排序显著高于数量排序的前 7 位省份分别是吉林（高 17 位）、天津（高 13 位）、青海（高 13 位）、北京（高 10 位）、宁夏（高 9 位）、黑龙江（高 9 位）、内蒙古（高 9 位），说明这些地区都保

持了高水平的经济增长质量，经济增长质量较经济增长数量更具优势，实现了经济增长质量领跑经济增长数量的态势。经济增长质量排序显著低于数量排序的省份分别为四川（低19位）、湖南（低13位）、河南（低13位）、湖北（低12位）、广西（低11位）、安徽（低10位），这些省份经济增长数量较经济增长质量发展较好，经济增长数量较有优势，而经济增长质量水平亟须提高。根据表0－7中数据，我们认为我国大部分地区的经济增长质量与经济增长数量排序间的差距是普遍存在的，因此需要协调经济增长数量和质量的不一致性，在推动经济数量指标增长的同时，关注经济增长的质量，推动经济社会的高质量发展。

0.4　2018年与2019年各省份经济增长质量指数变动情况

我们根据2018年和2019年各省、自治区和直辖市经济增长质量的指数排名，列出这两年中国各省份经济增长质量指数排序及其差异（见表0－8），借此考察全国各地区经济增长质量的总体发展变动态势。

表0－8　2018年与2019年中国各省份经济增长质量指数排序及其差异

省份	2018年经济增长质量指数排名	2019年经济增长质量指数排名	进步名次	省份	2018年经济增长质量指数排名	2019年经济增长质量指数排名	进步名次
江苏	2	1	1	河北	12	16	－4
广东	1	2	－1	青海	22	17	5
北京	3	3	0	河南	9	18	－9
浙江	4	4	0	湖北	11	19	－8
上海	5	5	0	宁夏	23	20	3
天津	7	6	1	湖南	20	21	－1
山东	6	7	－1	安徽	16	22	－6
吉林	18	8	10	海南	21	23	－2
陕西	24	9	15	江西	25	24	1
辽宁	10	10	0	四川	15	25	－10
福建	8	11	－3	新疆	30	26	4
内蒙古	14	12	2	甘肃	29	27	2
重庆	17	13	4	云南	27	28	－1

续表

省份	2018 年经济增长质量指数排名	2019 年经济增长质量指数排名	进步名次	省份	2018 年经济增长质量指数排名	2019 年经济增长质量指数排名	进步名次
黑龙江	19	14	5	广西	26	29	-3
山西	13	15	-2	贵州	28	30	-2

由表 0-8 可以发现，2018 年和 2019 年经济增长质量排名靠前的省份大部分相同，以东部发达地区省份为主，经济增长质量指数排名靠前的 7 个省份，即江苏、广东、北京、浙江、上海、天津以及山东基本没有出现较大的变动和调整，这些省份连续两年经济增长质量居于前 7 位，意味着这些地区经济增长质量水平较高且保持着较好的稳定性。但总体来看，我国地方经济增长质量指数在 2018 年和 2019 年间表现出较大的差异和波动状态，相比 2018 年，2019 年提升幅度最大的前 4 位省份分别是陕西（提升 15 名）、吉林（提升 10 名）、黑龙江（提升 5 名）、青海（提升 5 名）。其中，陕西和吉林进步显著，说明陕西和吉林在 2019 年较关注经济增长的质量，并有较为明显的提升。

2019 年，经济增长质量指数退步最大的省份为四川（退步 10 位）、河南（退步 9 位）、湖北（退步 8 位）、安徽（退步 6 位）、河北（退步 4 位）。四川经济增长质量指数退步主要体现在经济增长的稳定性维度、福利变化与成果分配维度：四川在 2019 年经济增长的波动性较大，工业生产者价格指数和居民消费价格指数均低于全国平均水平，失业率较高，经济增长的稳定性亟须增强；在福利变化与成果分配维度，四川的城市居民和农村居民最低生活保障人数数量较大，均明显高于全国平均水平，同时，城市居民和农村居民恩格尔系数也略高。河南经济增长质量指数退步的主要原因在于经济增长的效率指标较低，全要素生产率水平较低，亟须提高资本生产率和劳动生产率。湖北退步的原因主要为经济结构的外向度水平低下，经济增长的波动性较大。需要熨平经济波动，提高进出口总额在地区生产总值中的比重，充分利用国内国际两个市场，形成国内国际双循环的新格局。安徽则需要提高经济增长的效率，熨平经济波动，提高经济增长的稳定性。而河北退步的原因在于经济增长的效率指数水平较低，需要提高生产中要素的使用效率，走集约化的发展路线。

与此同时，具体分析2019年六个基本方面维度指数的调整变动情况，根据2019年各省、自治区、直辖市经济增长质量各方面的排名情况，列出2019年各地区在经济增长质量方面排序变动较大的省份，具体情况如表0-9所示。

表0-9　2019年中国各省份经济增长质量各分项指数排序及其变动情况

		退步最大的5个省份					进步最大的5个省份				
经济增长的效率	省份	广东	四川	浙江	山西	贵州	陕西	广西	内蒙古	重庆	海南
	2018年	9	17	11	5	30	15	30	10	23	22
	2019年	15	22	16	10	27	4	24	5	18	19
	差值	-6	-5	-5	-5	-3	11	6	5	5	3
经济增长的结构	省份	四川	湖北	福建	安徽	贵州	吉林	天津	上海	广西	北京
	2018年	9	19	6	16	20	23	14	8	24	7
	2019年	16	25	10	20	23	12	6	3	19	4
	差值	-7	-6	-4	-4	-3	11	8	5	5	3
经济增长的稳定性	省份	湖北	内蒙古	广西	甘肃	安徽	黑龙江	山西	河北	山东	宁夏
	2018年	4	1	3	10	12	22	30	26	21	29
	2019年	28	21	22	24	26	2	12	9	6	16
	差值	-24	-20	-19	-14	-14	20	18	17	15	13
福利变化与成果分配	省份	河南	四川	广西	湖南	河北	宁夏	内蒙古	重庆	天津	上海
	2018年	8	19	20	12	6	24	21	17	11	7
	2019年	16	26	27	18	12	15	14	10	6	2
	差值	-8	-7	-7	-6	-6	9	7	7	5	5
资源利用与生态环境代价	省份	上海	海南	浙江	湖南	北京	天津	山西	黑龙江	吉林	江西
	2018年	7	19	8	15	3	21	13	18	14	20
	2019年	17	27	16	22	10	2	6	11	8	15
	差值	-10	-8	-8	-7	-7	19	7	7	6	5
国民经济素质	省份	重庆	宁夏	青海	甘肃	云南	天津	吉林	广西	内蒙古	湖南
	2018年	16	26	29	23	20	18	25	22	27	12
	2019年	18	27	30	24	21	16	23	20	26	11
	差值	-2	-1	-1	-1	-1	2	2	2	1	1

由表0-9可以看出，在经济增长的效率维度，2019年进步最大的5个省份分别是陕西（进步11名）、广西（进步6名）、内蒙古（进步5名）、重庆（进步5名）、海南（进步3名），而2019年经济增长的效率指

数值退步最大的5个省份分别是广东（退步6名）、四川（退步5名）、浙江（退步5名）、山西（退步5名）、贵州（退步3名）。陕西2019年经济增长效率进步较大，提高了11名，而广东、四川等省份经济增长效率下滑严重，需要关注地区效率变革，不断提高全要素生产率。

在经济增长的结构维度，2019年进步最大的5个省份分别是吉林（进步11名）、天津（进步8名）、上海（进步5名）、广西（进步5名）、北京（进步3名），而2019年经济增长的结构指数值退步最大的5个省份分别是四川（退步7名）、湖北（退步6名）、福建（退步4名）安徽（退步4名）、贵州（退步3名）。吉林、天津、上海等省份在2019年度，经济增长的结构优化取得了长足进步，但是其经济增长的结构与浙江、黑龙江等省份还存在显著差距，而四川、湖北等省份的结构排名下滑，这些省份需要推进供给侧结构性改革，充分利用国内国际双循环，推动经济结构指数的稳定与增长。

在经济增长的稳定性维度，2019年进步最大的5个省份分别是黑龙江（进步20名）、山西（进步18名）、河北（进步17名）、山东（进步15名）、宁夏（进步13名），而2019年经济增长的稳定性指数值退步最大的5个省份分别是湖北（退步24名）、内蒙古（退步20名）、广西（退步19名）、甘肃（退步14名）、安徽（退步14名）。黑龙江、山西的稳定性排名分别提高了20名和18名，说明2019年该地区经济稳定性得到提升；而湖北、内蒙古以及广西在2019年的经济波动性较大，经济易受环境变化影响而大起大落，因此，在国际国内经济形势出现重大变化的时代背景下，要着力于防范地区经济风险，熨平经济波动，确保地区经济的稳定发展。

在福利变化与成果分配维度，2019年进步最大的5个省份分别是宁夏（进步9名）、内蒙古（进步7名）、重庆（进步7名）、天津（进步5名）、上海（进步5名），而2019年福利变化与成果分配指数值退步最大的5个省份分别是河南（退步8名）、四川（退步7名）、广西（退步7名）、湖南（退步6名）、河北（退步6名）。与2018年相比，2019年宁夏、内蒙古、重庆的福利变化与成果分配指数值提升幅度较大，可以认为这些省份的人民生活水平不断提高，社会基本福利设施建设不断完善，地区的收入分配情况进一步改善。而河南、四川以及广西等省份的福利变化与成果分配排序退步明显，这些地区应加强绿化、文化、医疗等基本社会公共资源的基础设施建设，并完善福利机制和分配制度，进而提高人民综合生活水平，缓解收入分配的不平等，提高民众的幸福度。

在资源利用与生态环境代价维度，2019 年进步最大的 5 个省份分别是天津（进步 19 名）、山西（进步 7 名）、黑龙江（进步 7 名）、吉林（进步 6 名）、江西（进步 5 名），而 2019 年资源利用与生态环境代价指数值退步最大的 5 个省份分别是上海（退步 10 名）、海南（退步 8 名）、浙江（退步 8 名）、湖南（退步 7 名）、北京（退步 7 名）。相较于 2018 年，2019 年天津、山西、黑龙江的资源利用与生态环境代价指数排名分别进步了 19 名、7 名、7 名，这些省份环境治理效果较为显著，资源利用率较高。而上海、海南、浙江等省份 2019 年资源利用与生态环境代价指数排名下降，分别下降 10 名、8 名、8 名，这些省份要坚持绿色发展的理念，加大环境保护领域的投资力度，增强地区的环境治理能力，在生产过程中要提高资源的生产效率，注重资源的集约性和循环利用，减少不必要的资源浪费。值得注意的是，在 2019 年资源利用与生态环境代价维度退步较大的省份均为东部发达地区，而进步较大的省份以中部地区和东北地区为主，因此，东部地区发展较快的省份应协调好经济发展和资源利用、生态环境之间的关系，坚定绿色发展的理念，促进经济社会的可持续发展。

在国民经济素质维度，2019 年进步最大的 5 个省份分别是天津（进步 2 名）、吉林（进步 2 名）、广西（进步 2 名）、内蒙古（进步 1 名）、湖南（进步 1 名），而 2019 年国民经济素质维度指数值退步最大的 5 个省份分别是重庆（退步 2 名）、宁夏（退步 1 名）、青海（退步 1 名）、甘肃（退步 1 名）、云南（退步 1 名）。相较于 2018 年，2019 年天津、吉林和广西的国民经济素质排名进步 2 名，重庆退步 2 名，而其他各省份排名在 2019 年度变动较小，说明这些地区的国民经济素质发展较为稳定。

0.5 2019 年中国经济增长质量指数评价的结论与建议

总体来看，2019 年中国地区经济增长质量稳步提升，各地区经济增长的效率不断提升，经济结构趋向合理化、高级化，经济增长的稳定性显著提升，收入分配差距日趋缩小，社会福利设施进一步完善，生产过程中更加注重生态环境的保护与治理，各地区国民经济素质的各个分项指标稳步发展。可以说 2019 年中国各地区经济增长平稳，充分反映出我国经济发展的强大韧性与巨大潜力，中国经济平稳健康可持续发展具备充足支撑条件：一是资源潜力；二是内生动力；三是发展活力；四是调控能力。面对 2020 年全球新冠肺炎疫情的冲击，中国经济用事实向世界证明了这一点。本部分从中国地区经济增长指数的计算与分析出发，认为我国地区经济增长质量在稳健发展的同时也存在可提升的具体维度。结合党的十九届五中全会精神，在对 2019 年中国地区经济增长质量指数进行评价的基础上，提出进一步提高经济增长质量的建议。

0.5.1 坚持协调发展的思想理念，缩小区域经济增长质量的差距

从 2019 年中国地区经济增长质量指数的计算和分析结果中可以看出，我国各地经济增长质量在稳步提升，经济增长质量的各个维度都基本呈现增长的态势，体现出我国经济的发展潜力。然而，总体指数以及各个维度指数的测算结果显示，我国东部地区经济增长质量明显优于中西部地区，东部地区的经济增长质量以及各个维度的排名情况更加稳定，并且在各个维度指数中表现出明显的东强西弱的特点，区域经济增长的不平衡性进一步凸显。因此，目前在进一步促进全国各地区经济增长质量稳步发展的同时，中国经济亟须关注西部地区经济增长质量的区域发展不平衡、不充分问题，坚持协调发展的思想理念，推动区域协调发展。其一，通过加快推进民生项目建设，加强地区教育、基建、医疗、社保、公共卫生、住房、社区服务等民生项目建设，不仅有利于提高民众幸福感、增进人民福祉，更对优化地区二元矛盾、协调平衡西部地区城乡关系具有重要作用，进而缓解并缩小区域经济增长质量的差距。其二，西部地区城乡差距较大，社会福利水平较低，城乡现代化建设实力薄弱，因此，亟须加快社会基础设施建设，尤其是新型基础设施建设的推进，对于优化城市空间、合理规范产业布局具有重要作用，且成为提高中国经济增长质量的重要方面。

0.5.2 以新经济培育发展新动能，提高经济增长的效率

“十四五”规划指出，需要构建新发展格局，切实转变发展方式，推动质量变革、效率变革、动力变革。从经济增长的效率维度测算结果中可以看出，我国中西部地区的部分省份在 2019 年经济增长的效率排名进步较

为明显，表明中西部地区近年来经济增长中要素的使用效率、要素产出率水平在不断地提升，未来要更加重视培育地区经济的动能变革，以推动经济增长质量的新一轮提高。其一，加快推进智能创新新动能，随着第四次科技革命的到来，当今世界正在经历百年未有之大变局，以智能制造为主的科技潮流的到来，致力于引领产业变革的重要方向，因此，各地方政府则要重点培育地区经济发展的智能创新动能，前瞻性地规划并布局未来优势产业、战略性新兴产业。需要激发创新动力优势，加快构建新经济和高新技术产业发展园区，从而优化生产方式，提高生产效率，拓宽生产路径，以加快推动中国经济产业结构向服务业、高新技术产业、绿色生态产业转型。其二，在未来，各地区尤其是中西部地区，应根据各地区资源优势、区位优势以及人力资本优势，推动实行创新驱动战略，以新经济的高质量发展培育发展新动能，创新的发生将颠覆原有生产要素组合、生产行为与路径的传统模式，是一个质变的过程，在实际经济生产中，将带来新的结构重组，不断提高全要素生产率，从原来以增加要素投入为主的粗放式增长，转向主要依靠各投入要素的效率提高实现经济增长的集约化增长，进而提高地区经济增长的质量和效率。

0.5.3 构建新发展格局，开发市场的潜力与优势

中共中央在《中华人民共和国国民经济和社会发展第十四个五年规划和2035年远景目标纲要》中指出，中国要致力于形成强大的国内市场，构建新发展格局，这作为“十四五”发展的核心要义之一，也成为中国经济增长质量提高的重要方向。从经济增长的结构维度中可以看出，我国部分地区的产业结构不合理，经济发展的外向度不高，城乡二元结构存在较大问题，因此在现阶段各地区应推动新发展格局的构建，不断优化地区经济结构。其一，要确立国内大循环的主体地位，在国际环境的不稳定性、不确定性不断增加的发展环境下，发挥市场经济体制的优势，建立现代化产业体系。各地区应从供给侧改革和扩大内需两个角度同时入手，要以供给侧为抓手，深化供给侧结构性改革，并实现内部均衡、外部协同，开发市场的潜力与优势。其二，在实现更高水平的对外开放的主基调下，推动形成国际国内大循环，地区经济发展离不开对市场的高度适应性，应将自身置于对外开放的国际化市场中，提高地区经济发展的外向度水平，为地区经济发展增添新动能，同时，需要促进中国东西双向经济互济，以构建

国内国际双循环新发展格局。

0.5.4 提高经济增长的稳定性，不断提高国民经济素质

在经济增长的各个维度中，2018—2019 年的经济增长的稳定性维度是排名变动最为明显的，个别省份的排名变动超过 20 个位次。因此，在我国发展环境面临深刻复杂变化的背景下，各地区要坚持“六稳六保”的工作方针，维持经济发展向好的态势不改变，不断促进各地经济增长的稳定性，熨平经济冲击。同时，需要建立健全分配制度和福利制度，增进民生福祉，提高民众的幸福指数。其一，地方政府的社会保障力度需要加强，通过合理构建社会保障体系，优化现代化社会保障制度，对于缩小各地区城乡收入差距、提高人民生活的质量和满意度、提高地区经济增长质量大有裨益。其二，中国研发型、创新型人力资源优势尚未形成，成为制约经济增长质量中国民素质提高的重要因素。各地区要重视劳动者的学习能力向研究能力、开发能力转换，形成合理且快速的流动机制，使得教育优势转化为人力资源优势，同时，需要平滑科研成果向产业的转移机制，使创新能力向生产能力转移，知识创新及知识创新转向生产力的重要作用也需要关注。其三，要实现国民素质的综合提高，以及产业结构的高级优化，势必要培养一批高素质、高能力、高水平、高技术的科技人才，而地区的教育能力和教育供给力度至关重要。不仅需要加强教育供给，更要充分完善人才引进机制，给高层次人才提供良好的福利政策，并且拓展地区发展空间，激发地区发展潜力，留住地区培养的高素质人才，吸引外来高层次人才。

0.5.5 坚持绿色发展理念，实现地区综合实力的提升

“十四五”规划强调，实现生产生活方式绿色转型成效显著，在资源利用和生态环境代价维度以及国民经济素质维度中，各地区基本保持了稳定发展的态势，但在新时代背景下，生态文明建设以及国民经济素质等软实力是地区经济持续发展的基本保障，且地区绿色发展、生态文明建设需要进一步提升。其一，未来各地区应坚持绿色发展理念，而不是一味地追求经济效益，要进一步使生态环境、创新素质等各个领域适应高质量发展的要求，提升地区的经济软实力。其二，要打造集约型、可持续生产方式，通过新型生态技术的嵌入，实现低排放、低消耗、零污染、清洁低碳

的可持续绿色生产。其三，中国应致力于加快实现绿色核心技术的攻克、开发与应用，推动生产结果中污染物的清洁、处理与循环。在产业的生产领域，嵌入清洁生产、污染防治及环境监测技术，并加快突破碳回收技术，致力于自上而下地实现绿色生产方式的转型。其四，森林生态产品修复和生产需要较长的周期，且对森林生态产品的供给水平，以及劳动力、资本投入、技术水平具有较大影响，林业、绿化等生态产品供给需要一个稳定的长期资金链和政策链扶持，因此，为提高中国各地区经济增长质量，需要加大生态修复资本投入，以加强森林修复和绿化建设。

中国经济增长
质量发展报告(2021)

REPORT ON CHINA'S ECONOMIC GROWTH QUALITY

总　论

1 新经济驱动经济增长质量提高的理论分析框架

新经济涵盖新的技术、要素、产品、模式、业态以及新产业等很多方面。在中国经济从高速增长向高质量发展转变的过程中，创新正成为经济发展的第一动力，新经济的发展成为推动新时代中国经济高质量发展的必然要求。随着新经济产业的逐渐进步及其与其他领域的日趋结合，我国的经济表现出鲜明的新经济特点。因此，在新时代背景下，我们要高度重视研究新经济对高质量发展的影响及其促进我国经济转型升级的路径。

1.1 新经济时代及其带来的新变化

在全球新科技革命的推动下，在国内新发展理念的引导下，新经济正在世界范围内迅速成长，对经济发展和人民生活产生了巨大影响。新经济的快速成长不仅在减缓传统经济的下行压力、促进经济结构转型升级、推动高质量发展等方面发挥了重要作用，而且在很多领域改变了人们的生活方式，方便了人们的生活。例如，微信在很大程度上改变了人们之间的通信方式，极大地方便了人们之间的交流与沟通，大幅度提高了人们获取信息的能力；微信支付、支付宝等新型支付方式在很大程度上改变了传统的现金支付方式。未来新经济将在更多的领域对人们生活方式产生重要的影响。

1.1.1 新经济的内涵

关于新经济的内涵，学术界有不同的认识，美国经济学家里夫金在其著作《第三次工业革命》（2012）中提出了一个命题："当交通、通信和能源三个要素同时发生转变时，也意味着新经济体系逐步形成。"[1] 美国麻省理工学院埃里克·布莱恩约弗森教授认为，"新经济就是第二次机器革命，第二次机器革命是由数字技术（其核心是硬件、软件和网络）等所产生的巨大技术进步带来的机器革命，其基本特征是，这场革命克服了人类大脑智慧的局限"[2]。从国内研究来看，李海舰等认为，新经济可被定义为基于"硬"驱动和"软"驱动交互驱动所产生的一种新型经济模式。关于新经济的认识用"硬"和"软"两种视角加以整合，从"硬"的视角看，新经济由新技术、新材料、新能源、新金融、新制造、新零售、新服务所驱动；从"软"的视角看，新经济由新思维、新理念、新制度、新规则、新业态、新组织、新机制所驱动[3]。舒红兵认为，新经济，即新近出现的能以自身供给创造有效需求的经济形态。这个定义有三个关键词：新近出现、创造需求、经济形态。[4] 曾五一等认为，凡是由技术革命所引发的新型经济活动与新的运行模式都应该包括在新经济统计考察的范围之内[5]。

依据国内外关于新经济的内涵界定，我们认为"新经济"是一种以信息为主导的新经济形态，是创新经济、科技经济、知识经济、服务经济、数字经济和平台经济的综合体现。是以新技术、新产业、新业态、新模式为特征的经济形态，是在新一代信息技术、新工业革命背景下，以现代信息技术广泛应用为基础，以技术创新及其应用为内核的新型经济形态。新经济与传统经济的最大区别就是新经济以信息、数字、数据为基本要素，以网络为平台，实现了互联互动。新经济是分别从经济活动性质、服务业载体形态、要素组合模式等方面，对新出现的经济活动的总体描述，新经济是新技术、新产业、新业态和新模式的综合。

新经济又被称为"四新经济"，其内涵具体表现在以下几个方面：一是新技术。新技术以现代信息技术的创新和应用为基础，集成可植入技术、无人驾驶、3D 打印、基因测序等新的技术体系。新技术能够迅速形成新产品和新产业，推进市场创新，通过市场力量产生经济效益。二是新产

---

① [美]杰里米·里夫金．第三次工业革命[M]．北京：中信出版社，2012：3.

② [美]埃里克·布莱恩约弗森．第二次机器革命[M]．北京：中信出版社，2014：7.

③ 李海舰，朱芳芳，李凌霄．对新经济的新认识[J]．企业经济，2018(11)：45－54.

④ 舒红兵．新经济定义、逻辑及政策研究[J]．西南金融，2019(3)：90－96.

⑤ 曾五一，庄赟，周曙东．关于新经济统计核算理论与方法若干问题的思考[J]．中国统计，2017(7)：4－6.

业。新产业通过新技术形成新型的产业组织和产业结构，实现产业结构的高级化和合理化。表现为新技术直接催生新的产业，运用新技术改造提升传统产业，进一步衍生出新产业。将新的科技成果、信息技术推广应用，推动产业分化裂变、升级换代、跨界融合而衍生出新产业。三是新业态。新业态是指与高新技术和新市场需求相适应，在技术创新基础上从现有产业中衍生出的新产业形态和新产业活动。这些新形态是以互联网为依托开展的经营活动。这种形态的商业流程、服务模式或产品形态的创新，能促进经济结构的转变，实现结构性增长。四是新模式。新模式是指以市场需求为中心，为实现用户价值和企业持续盈利目标，形成具有独特竞争力的商业运行模式。这种模式将互联网与产业创新相融合，把硬件融入服务，提供生产、消费、服务等一站式全链条服务。

1.1.2 新经济带来的新变化

新经济的发展带来了诸多新变化，带来了新的生产关系，人与人之间的关系也有新的变化。经济方面的变化主要体现在以下几个方面：一是经济形态的新变化。新经济的经济形态不同于以制造业为基础建立的传统工业经济形态，新经济是以新一代信息技术为基石的新的科技经济形态，摒弃了传统经济形态标准化、规模化、模式化、效率化、层次化的特点，追求网络化、个性化、差异化、速度化的新特点。二是资源配置模式的新变化。在新经济中信息技术深刻改变了经济产业形态、组织结构以及商业模式，通过信息采集、处理、交换进行资源配置，对诸多行业的资源配置与资源利用效率产生了影响。使资源配置效率得以提高、配置方式变得多样化，使消费者主权得到提升，能够更好地享受经济发展的成果，从而形成新经济的价值分享特征。三是产业方式的新变化。旧经济是产业分立的，而新经济是产业融合的。新经济中互联网、物联网、云计算等新兴产业的发展，使产业从分立走向融合，产业融合带来了放大效应。四是产业活动的新变化。传统经济以生产活动为中心，资源配置的核心在生产环节，提高生产效率往往是企业最关心的问题。新经济则是以研发和服务为中心，这是新经济对创新、全球化和资产合理配置的新要求。五是产业发展模式的新变化。新经济体现为创客时代，大规模、集中性的产业集聚模式和企业扩张模式已不再流行，而智能化、便捷化的产业形态将大量涌现。这种新的产业发展模式能够解决资源消耗与浪费等现代化问题。六是技术内生动力的新变化。新经济的核心是技术进步，新经济的最大特点是技术进步的速度快，在新经济背景下新技术的运用增加了科技含量高的商品的价值量，从而形成此类商品的高价格。新技术提升全要素生产率是促进经济增长的源泉，提高全要素生产率的关键在于技术创新、组织创新、产品创新和产业创新等。在新经济时代数字经济的发展和技术的升级将改变人类重复的机械劳动，使人类进入全新的智能化时代。

1.2 新经济驱动高质量发展的理论机理分析

新经济是以信息为主导的新经济形态，在新一代信息技术发展的背景下，以现代信息技术嵌入和应用为基础，以技术创新、模式创新、业态创新为内核的新型经济形态。从宏观层面来看，新经济是一种新的经济形态，是一种全新的生产力，改变了社会的生活方式和生产方式。从微观层面来看，新经济是一个大型的虚拟市场，改变了传统的交易模式，扩大了交易范围，拓展了交易方式的多样性。宏观和微观两个层面相互关联、相辅相成，促进了新经济形态的发展。

新经济包括数字经济、网络经济、平台经济和智能经济。一方面，我国经济发展进入新阶段，面临产业转型升级、经济增速放缓、经济结构失衡等诸多机遇与挑战，传统的旧经济难以支撑新阶段高质量发展的要求，因此，需要催生新经济，形成新增长极，实现经济高质量发展。另一方面，高质量发展意味着经济水平处在一个较高的位置，要求一国的经济是有效充分、协调创新、持续共享和相对稳定的。这需要通过质量变革、效率变革、动力变革来实现生产力的进步，而其实现恰恰需要新经济的出现来发挥作用。因此，研究新经济驱动我国高质量发展的理论机理具有重要的实际价值。

（1）新经济可以提高产业基础能力。作为产业升级进步的核心、工业基本能力的扩充、产业进步的根本准备，产业最基本的能力包含基本技术、基础设施、人力等因素。近年来，随着互联网、大数据、人工智能的发展，大数据、物联网、人工智能等产业发展所需要的新型基础设施明显不足。面对经济新常态，人民的需要与产业变化目标发生了巨大变化，与经济发展水平相比较，我国的产业基础能力较为薄弱，技术水平偏低，基础设施建设不足，资源能源短缺，第三产业发展较弱，对科技研发费用的投入偏低。产业基础能力建设是发展现代产业体系的基础和有力保障。因此，为了我国经济的高质量发展，提升产业基础能力已经迫在眉睫。新经济将人力资本、制度优化作为基础因素，运用现代信息技术，依托互联网，促成了新的经济形态的出现。在新经济下，互联网成为新的基础设施，这无疑对产业基础能力提出了新的要求。新经济可以促进产业基础再造，通过创新提高技术水平，提高产业基础能力，同时，丰富产业基础的内容，增强自主能力，在很大程度上也能提高我国现阶段的产业基础能力，为未来经济的高质量发展奠定良好的基础。

（2）新经济可以提高产业链现代化水平。改革开放至今，我国利用自身的比较优势积极参与经济全球化进程，经济迅速发展起来。这也使得我国迅速实现了由农业国到制造业居于世界前列的跳跃，并初步达成一个种类丰富、体系较为健全、规模巨大、技术含量高的产业目标。但是我们也要认识到，纵使我国当前的产业基础能力有了明显上升，但在高新技术、附加价值、环境污染、资源短缺等方面仍有欠缺，总体上处于中低端水平，这和高质量发展的最终目标有一定的出入。尤其是我国产业多位于产业链中间部位，科研水平不足，这造成了我国产品的附加值较低，相比于其他国家产品的增值能力也较低，因而行业的发展受到比较优势的限制。在新一轮科技革命和产业变革风起云涌的时代，有必要对我国产业链的发展水平进行系统评价并找到提升点。中央财经委员会第五次会议指出要建立战略性、全局性兼备的产业链。要围绕“巩固、增强、提升、畅通”这一过程，鼓励产业链两端的厂商在科技层面进行协助创新合作。要以此来提升我国产业链的抗风险能力和整体水平，依靠开放与合作使产业链更具备国际竞争力，创新就成为产业链升级的重中之重，现代化的产业链需要具备强大的创新能力。而新经济是一种创新经济，创新是新经济倡导的发展理念之一，也是它的基础。新经济的核心就在于信息技术。强化创新驱动力，可以有效提高旧的产业链发展水平，打破传统发展模式的局限，带来新的市场需求，带来新的生产机会，形成新的竞争市场，提高我国关键核心技术的竞争力。因此，大力发展新经济，可以有效改善我国产业链水平的发展现状，提高我国产业链的现代化水平。

（3）新经济可以形成高质量增长点。改革开放后我国跃升全球第二大经济体，但之前的发展方式大多是粗放的，用大量的资源、能源、劳动力换取经济的高速增长，而非依靠产业结构的优化与创新，过分追求量的增长而忽视了质的提升，这为我国经济的进一步发展埋下了隐患，使得发展潜力不足。我国潜在经济增长率下降，比较优势降低，为高质量发展带来不利因素，需要培育新的高质量增长点。新经济是互联网技术快速发展的产物，它涵盖了新的科技、制度、理念，并对旧的经济模式进行了否定与推陈出新。而这其中连通新旧两种经济模式的纽带便是科学技术的创新。这一纽带可以推动新需求的出现，进一步出现新的竞争与新的产业，带动经济的持续发展。同时，新经济还有利于解决落后产能的问题，改变我国经济发展之前大量依靠资源、能源的状况，在旧的经济模式中孕育新的需求、新的高质量增长点。

在新一代信息技术发展背景下，新经济既是一种新的经济形态，一种全新的生产力，又是一个大型的虚拟市场。新经济可以满足我国新阶段高质量发展的要求：一方面，可以依托现代信息技术促进产业基础再造，提高产业的技术创新能力，为未来国家经济结合高新技术快速发展奠定基础；另一方面，指导改进旧产业链的发展弊端，形成新的创新型产业链，提高我国产业链发展现代化水平；同时可以形成新的高质量增长点，促使我国经济向高度创新的高新技术产品输出型转变。

1.3 新经济驱动中国高质量发展的制约因素

新经济对中国高质量发展起到了积极的促进作用，但是从中国新经济发展的现实来看，还面临如下制约因素：

（1）基础设施需要完善，发展的前提需要夯实。新经济离不开坚实的基础设施支持。没有基础设施作为发展的基本保障，新经济发展所必需的互联互通就无法实现，一些地区常常因为基础设施的短缺以及不符合当前生产力的发展水平，新经济发展受到制约，这不仅导致大批量的有效资源在低生产率下被浪费，还容易导致经济体丧失发展的机会。新经济是以新科技创新为基础的，运用现代信息技术和智能制造，并以发展网络经济等为重点，多项新技术、新业态、新产业融合产生的一种新经济形态。为了支持这些相关的新兴产业的健康发展，就需要相关的配套设施作为发展的基础，以保证其生产的正常进行。同时，在这一背景下，我们不仅应当注重包括信息基础设施在内的基础设施建设对新经济高质量发展的总体影响，还应当注重研究这些基础设施的空间效应，从而提升新经济发展的整体性。

相较于发达国家，我国尚属发展中国家，与新经济发展密切相关的产业大多正处于起步阶段或者发展阶段，在基础设施配套建设方面存在着较大的缺口和不均衡等问题，进而成为制约我国新经济高质量发展的因素。要想使基础设施建设对新经济高质量发展发挥积极的正面作用，一方面，需要综合发挥制度体系建设、劳动者素质的提高、科学技术研发能力提升多重影响因素的作用，这些因素相互配合作用，才有利于为新经济发展提供一个完整的市场，将生产链条连接起来，形成完整的产业链，而我国在相关建设方面的整体规划、协同发展仍有待提高。另一方面，根据区域经济学的相关理论，一个地区的经济发展不仅与其自身的经济因素相关，还与其周边地区的发展条件密切相关，其对周围地区的辐射作用有较为敏感的反应。也就是说，相邻地区之间在经济上大概率可能存在示范效应、带领效应与效仿效应。谋求新经济下的高质量发展，一定不是停留在某些地区、某些城市的，最终的理想结果应当是在各区域之间分工合作的同时形成一个基础设施建设网络，并通过扩散效应将各个区域连接起来，让一个区域的发展对其邻近区域的发展产生牵引力。然而，由于地理原因我国东、中、西部和城乡之间基础设施建设不平衡，甚至出现衔接断层的严重问题。例如，各地区之间信息基础设施建设不够完善，导致技术、人才、交易的成本增加，经济暂时落后地区的人力资源、资本、原材料等各种生产要素无法向周边经济较发达的地区流通，难以实现先富带动后富，当地经济发展受到了阻碍。

（2）适应新经济发展，产业政策需要调整。在新经济发展的背景下，随着创新型的科学技术的研发与推进，依托先进的移动互联网、大数据、物联网、云计算、人工智能等信息技术，新的产品和新的服务得以产生。与此同时出现新的产业，与其相对应，新产业的生产形式、组织形式、管理模式、销售手段等诸多方面也存在大量的创新。同时，当原有的产业和创新型的科学技术紧密结合之后，其原本的生产效率可以得到有效的提高，生产成本也会不断下降，从而使原有产业的竞争能力显著提高，企业的利润率上升，进而进一步反向刺激同类型产业对创新型科学技术的需求量，形成一个良性的循环模式，促使创新型科学技术直接产生新的产品和服务，以及相关产业的发展。新的产业的形成源于产业内部的变化，新经济下技术的革新还会带来产业之间的变革，即产业结构的变革。伴随着信息、数据、人工智能等新的要素的投入，新兴产业与原有产业衔接融合，产业结构将更加合理，资源配置将更加高效，各产业对经济的贡献也更加可持续。

因此，产业形势的巨大变革意味着当前我国实施的部分产业政策已经不足以满足经济发展的需要。第一，我国的产业政策本身存在一些客观问题。传统的产业政策内容烦琐复杂，政策涵盖的面积广，基本上涵盖了所有的产业和产品，包括产业链研究、制造和销售的方方面面，部分政策没有实际的可行举措，部分政策对企业个体的干预超出了适当范围，部分补贴由于执行原因适用时间延长。产业政策出现了推动大企业发展而抑制小企业发展、推动公有国有性质企业发展而抑制民营私营企业发展的客观现实，这使得资源要素向国有大企业集中。第二，产业政策在设立与实行时出现漏洞。产业政策制定的主导者是政府，其在制定政策时缺乏向企业家等专业领域人士的咨询，且一旦政策出台对于其所造成的不良影响难以追究到相关责任人。因为信息掌握的偏差和不完全，政策往往也会出现偏离原本需求的情况，从而使资源配置无法实现最优。在实施政策时，政府存在非常大的变更政策的可能性，再加上监督管理不及时，于是寻租问题接踵而至。对政策实施后的成效没有系统的评价体系，以及对在实施中遇到的问题缺乏反思与后期改进。第三，关系处理角度发现的问题。在处理中央与地方关系方面，产业政策缺乏全局性建设。国家如果在制定产业政策时存在偏向，极有可能产生地方政府竞相抢夺优惠资源的现象，从而导致资源的不合理配置、产能过剩的问题。相关部门在解决缺位、越位问题时，往往注重的是厂商规模、设备是否达标，而在产品质量标准、排污标准上着眼甚少。由于在政策、法律位置上处理不当，产业政策只能发挥指导引领作用，而不能如法律一般拥有强制性，但在执行过程中常常出现偏差，一些产业政策的力度甚至超过了法律。针对这些政策漏洞，政府需要结合当前新经济的发展特点、新兴产业的发展需求，进一步调整产业政策，以适应新经济的发展节奏。

（3）围绕释放经济发展动能，技术有效供给需要加强。当前我国面临从经济高速增长向经济高质量发展转变的关键时点，在这一过程中，新经济可以有效推进我国经济质量的进步、效率提升和动力转变。要想发挥新经济的这一功能，抓住技术这一关键节点尤为重要。以互联互通、智能生产为原则，以创新技术、大数据为主要支点，新经济体现出它不同以往的科技特点。它的发展不仅能拉动经济增长，更能进一步带动经济升级。因此，在新经济的发展过程中，促进新的产业模式的推行，并以此实现新旧动能转换和发展方式的转变，牢牢把握新一轮科技革命和产业革命的发展契机，至关重要。而我国要实现新型的增长、发展新经济，在技术层面仍然有诸多不足。

第一，我国对于科学技术的创新性投入从整体来看相对不足。这主要表现在以下两个方面：一方面，我国在科学技术研发方面的经费投入严重不足。与发达国家相比，我国在研发方面的支出虽然总量较大，但是该部分支出在国民收入中的比重却相对较低。而且与改革开放以来一直呈现出高速增长的经济态势相比，我国的科研资金投入虽然也在不断增长并在 GDP 中的比例有一定程度的提高，已经超越了一些发展中国家，但是距离世界平均水平仍然是有差距的。另一方面，由于中、小型企业的规模较小，可利用的资本数量有限，而在其创业初期，又需要大量的科技投入，这种关于科研投资的供需不平衡在小微企业尤为突出，有待解决。

第二，科学技术创新的生产率较低，将科学技术研发的成果转化为产品的速度较慢。当前我国科学技术的研究成果与产业化是脱离的状态。一方面，相关科研个人或组织拥有众多科研成果并希望可以进入流通领域，但这种生产力的转化却不及时，科学技术研究成果由于被闲置而造成浪费。另一方面，众多厂商需要高新技术成果支撑，却求而不得，导致它们需要用更高的成本从国外引进。这里存在两方面的原因：一是厂商对科研成果特性掌握不充分，对科研成果的成熟度期望过高，科研成果的价格与现实不相符；二是组织或个人研发的成果并不能直接使用，厂商购买这些成果后仍然需要投入大量成本进行二次开发，厂商既要面临市场开发的风险，又要面临技术开发的风险。

此外，从事科学技术研发的工作人员短缺，存在高素质研发人员外部流失现象。我国科学技术研发人员数量有限主要体现在这部分劳动力总体数量少，且其占总人口的比例小，同时，我国在企业工作的员工的创新素质较低，大部分员工工作之前并未接受过优良的训练学习，使得技术创新难以有效进行。总之，以信息技术为核心的新经济，与我国原先的经济形态相比，其特点是将科学技术转化为先进生产力，推动经济业态发生革命。只有改变当前技术供给的问题，才能推动新经济平稳高效发展。

（4）完善人才培养体系，解决人才短缺问题。无论是正处在转型阶段的中国，还是以科学技术创新为核心的新经济，都离不开活要素劳动力或者说人力资本的投入，随着经济的发展，人力资本的重要性逐渐被关注。改革开放以来，为了更好地建设人力资本市场，国家先后实施了科教兴国战略与人才强国战略，这些举措提高了我国的人力资本水平，人才总数也有了较大程度的增长。但是我国在人才方面的工作仍需继续进行，从整体视角推进和整合。特别是人才的总体数量、结构和质量还不能够贴合新经济发展的需求，发展过程中高水平和技术的复合型人才短缺，市场在人才资源中的决定性作用体现得不充分，人才流动在制度层面的阻碍仍然没有消除，人才培养体系还需要完善。归纳我国人力资本的现实情况，主要存在以下两个方面的问题：

一是人才的总体数量不充分，高层次人才存在流失问题。随着近年来我国对人才队伍的重视，我国的人才培养在整体规模、质量和效用发挥方面都有了较大水平的提高。但是，综观我国人才市场的现实情况，仍然面临人才资源总体数量不足、高质量人才队伍难以满足市场用人需求的问题。近年来，国家人才投资逐渐增加，而转化成有效高素质劳动力供给的就业比率却处在较低水平。作为发展中国家，我国面对人才竞争时，相较于发达国家，在基础设施、资本支持、优惠政策等方面缺乏竞争力。因此，很多高素质的管理型人才、技术型人才往往选择在国内接受教育，转而在国外寻求工作机会，使得我国优秀人才外流严重。

二是人才在各区域的分布不均，结构角度的不匹配较为明显。具体体现在两个方面：①人才在区域与区域之间分布不均。因为我国区域与区域之间各层面发展水平不同，所以在人才的分布上也就呈现出一种区域差距的特征。拥有高素质、高知识储备、高技能的劳动力在选择就业地区时，往往更加倾向于经济发展水平高、现代化设施完善、个人发展平台广阔的地区，如北京、上海、广州等一线城市以及各个省份的省会城市等。选择在中小型城市，县级或以下行政单位地区，东北、西北等延边地区就业的人才数量较少。②人才分布在不同行业、不同产业之间存在较大差距。高素质人才多集中于科研领域，而对技术要求较高的行业普遍存在人才供给不足的问题。第一产业的高级人才比例明显低于第二产业、第三产业，制造业的高级人才比例低于创新型产业。

同时，我国的人才市场并不健全，政策支持力度有限。国家在数学、化学以及哲学等基础学科研究层面的资本投入不充分，而当前人才集中于应用科学领域，理论研究领域的较少，需要国家着重投入力量建立完善审核制度。在人才投入方面往往存在着急于求成、单纯追求数量和速度的思想误区，容易注重应用型学科的建设而忽视基础学科建设。以人才为活要素的新经济发展不仅需要培养理论和技术层面的人才，还需要不断完善人才培养、就业与市场配置深度结合的机制。而我国仍然存在着高素质人才就业时的信息不充分、专业匹配不对口、人才就业供需结构性不足的问题。

新经济在现阶段发展过程中存在以下四种制约因素：第一，在基础设施配套建设方面存在较大的缺口和不平衡，进而导致衔接断层等严重问题，不能为新经济的发展提供最基本的保障，无法实现新经济发展所必需的互联互通的条件。第二，我国现今实施的部分产业政策不足以满足产业形势巨大变革背景下的新经济发展，现阶段的产业政策在设立、实行、全局观等方面存在漏洞，无法完全适应现阶段新经济和新兴产业的发展需求。第三，我国在发展新经济的技术层面仍存在很多不足，对科学技术的创新型投入从总的方面来看是严重不足的，科技创新的生产率低，成果转化率也较低，科技人员短缺，高素质人员外流，急需改善当前的技术供给问题。第四，我国的人力资本数量少且分布不均，人才市场不健全，人才培养体系需要继续完善。为了未来新经济在我国能够更好地发展，分析制约因素、提出解决方案、确定未来发展路径已迫在眉睫。

1.4 新经济驱动中国经济高质量发展的路径选择

结合当前我国新经济发展的现状，以及其在发展中可能会遇到的制约因素，我们给出具体的发展路径和政策建议。

（1）加强数字基础设施建设，推动新经济下信息化和工业化的深度融合

新经济的发展离不开数据，为保障新经济的健康发展，必然需要进行大量高效的数字基础设施建设。科技革命下，大数据、云计算的出现及应用，使人们获取数据变得越来越简单，获取数据的花费也越来越小，对数据的应用逐渐深入，应用范围加大，这让数据变成不依附于其他要素的生产要素。原有的经济形态下其他生产资源规模报酬递减，而新经济下的信息与产业深度融合，将数据糅入生产的各个阶段。这有利于减少花费，提高生产率，还可以产生规模报酬递增的功效。从长远来看，数字信息不仅是企业、国家的重要资产，更是支撑信息社会建设，实现政务、商务和社会活动数字化、信息化转型的核心要素。

建设大数据云计算网络。大数据的经济价值在于可以运用它进行数据的分析、预测和应用。在基础设施建设方面应当不断提升数字基础设施服务的质量和效率。实现物联网连接配置和故障管理，保障终端联网通道稳定、网络数据资源使用管理、资费管理等尤为重要。

发展以数字为依托的新经济，离不开互联网的通信速度、质量和成本等核心要素。要提高数字基础设施服务的质量和效率，首要任务是网络带宽的大升级，目前最受关注的升级版通信技术是5G。与4G相比，5G不但具有更高的速率及可靠的稳定性，而且能够更好地满足智能制造、智慧城市、自动驾驶等新兴数字化服务的需求，实现人与人、人与物、物与物的大连接，能更有力地支撑经济社会的创新发展。国家应当在积极推进5G研发使用的过程中，降低使用成本，扩大5G网络的覆盖率和使用率，鼓励运营商提速降费。

（2）以新经济来夯实产业基础能力，促进产业提质增效

产业的基础能力决定着经济体产业的整体水平、核心竞争水平。缺少强有力的产业基础能力，实现现代产业的繁荣将举步维艰。当前我国的产业体系居世界首位，产业规模较大，但是核心技术等方面还有所欠缺。基础能力欠缺将会阻碍创新的发展，同时不利于国家安全。以新经济来夯实产业基础能力，是推动产业提质增效的核心。

一是以新经济来夯实产业的技术创新水平。技术创新能力可以作为评价产业发展水平的重要指标，它可以从基础层面长期作用于产业发展过

程。因此，应当紧紧抓住经济高质量发展的具体要求，结合世界范围内的创新大势要求，提高相关投资水平，重视基础研究能力。基础研究作为创新的出发点，其累积进步往往可以创造出许多创新科学技术。在完善产业技术创新体系的同时，还应当注重材料、工艺等产业链环节的共同研究，推动重点环节与领域创新。

二是以新经济来夯实产业公共服务能力。公共服务能力和行业先进性存在显著关联。公共服务质量高效，可以减少厂商创新成本，提高全行业合作的积极性和效率。应围绕人工智能、高端制造、生命健康等重要领域与产业的升级需要，推动建成产业公共服务平台。促进作为市场主体的厂商参与到平台构建中来，运用云计算、大数据、移动互联网等创新型技术，推动生产要素跨越时间、空间进行分享合作。

三是以新经济来夯实基础设施支撑能力。产业集聚效应的扩大，越来越需要基础设施的健全。目前，新经济正处于重要的发展节点，新的产业类型的崛起要求传统基础设施的强有力支持，更要求现代化基础设施的供给。基础设施投资方式也需要不断创新，建立多主体的投资体系，有秩序地促进5G、人工智能、互联网等创新型基础设施建设。并且，还应当积极促进传统基础设施的智能改组。

（3）推进新经济对传统经济的改造，增强传统经济的发展活力

新经济时代，传统的生产方式、价值创造方式、商业模式、交换方式都将发生变化，经济全球化和创新普遍化进程都将加快，经济的融合程度不断加深，资源的全球配置更加高效，全球经济竞争趋于激烈，全球经济、区域经济将得到新调整。新经济的发展使得传统的生产方式、管理方式、消费方式、交换方式发生了巨大变化。同时在新经济发展中，人们的消费有了更大的自主权，从被动的生产者或消费者转向主动的生产者或消费者，共同参与到价值创造中去。这些都是新经济给传统经济带来的挑战。

新经济想要谋求更进一步的发展，就离不开互联网技术，离不开互联网与原有产业的结合。需要将这种“互联网 +”的思维充分融入生产、销售等各个部门。一是继续促进互联网与销售部门合作。把线上付款与线下消费结合起来，以方便消费者，并充分发挥互联网在快消产业、饮食行业、服装行业等行业的重要转型作用。利用互联网打破区域之间的流通不

便、二元结构的问题，推动城乡共同进步。政府应当提升流通部门的公共服务能力，打造与时俱进的监督管理体制，促进销售部门的转型升级。二是促进互联网与生产部门的结合。这种结合并非简单地将互联网同生产部门进行表面的衔接，而应当展现"1+1>2"的优势，以期从深层次结合。生产部门不仅要利用大数据等先进的科学技术，而且要以信息为基础，以智能生产来推动生产部门在组织结构、运营模式、投融资途径等方面的变革，进一步打破原有经济所带来的阻碍作用，促进市场充分良性竞争，使原有的生产线找到新的经济增长点。三是加强互联网与金融行业的结合。要依托终端支付等新型网络支付手段，达到互联网与金融行业的结合，以提高全民理财的积极性，从而充分利用小额资金使服务水平提升一个档次。

（4）以企业和企业家为主体，释放新经济发展的市场活力

企业是实现经济转型的首要微观载体。推动新经济的发展，需要激发和保护企业家精神。企业家精神是经济转型的核心①。要把企业家作为稀缺的资源去对待、去保护，以建设企业家市场的方式，让众多拥有企业家潜在素质的劳动力可以充分发挥他们的作用，让全社会充分认识到企业家的重要性，让企业家拥有和他们的素质相匹配的获得感。

在发挥企业家精神方面，政府要积极创建有利于企业家良性竞争的政策、社会环境。构建企业家良性竞争与发挥作用的体系，使企业家尽己所能发光发热。一是坚持依法治理。构建健全的法制体系，让遵守法律的企业家受到法律的保障，坚持政策可持续性，为企业家提供安定的就业前景，从而使其对创业有较好的预估。二是实行公平竞争。保护不同经济形式企业的有序竞争，在税收、融资、监管、政策等方面一视同仁，采用相同的待遇。三是强化社会诚信建设。积极促进诚信体系构建，提高全体社会成员的诚信观念，创造有利的市场外部环境。政府应积极创造依照法律保护企业家合法利益的法制条件，为他们创造一个良好的经营氛围，激励企业家进行投资、创新活动，使高素质企业家不断为经济发展提供动力。

---

① 曾铖，李元旭．试论企业家精神驱动经济增长方式转变——基于我国省级面板数据的实证研究[J]．上海经济研究，2017（10）：81－94.

同时，在发挥企业主体作用方面，政府应当支持企业降低生产费用。减少不必要的政策约束，减轻企业纳税负担，简化企业申请审核的复杂程序，停止对企业的不合理收费，降低利息率，为企业提供资金支持，从而有效减轻企业负担，使企业重新获得发展动力。积极推进企业科学研发创新团队作用的发挥，促成企业与科研机构联合创新、相互交流合作，充分体现企业的主体地位。

（5）政府和市场相结合，推动新经济的发展

我国的新经济建设离不开市场与政府作用的有效推动，尤其是市场的决定作用，因此应当把市场作为调配的中心，同时在公共服务领域辅之以适当的政府力量，完善市场机制。发展新经济，同样需要遵守市场经济的一般规律，划分好政府和市场的作用应用领域与范围，发挥市场的决定作用，运用市场的手段使得政府人员的履职更加有效。

改变职能界定，简化行政手续。一方面，新经济的主体并非政府，而应当是企业。政府在新经济中的职能不是批准高新技术企业的设立，也不应为审核科创开发区，同样不能直接参与科技创新型企业的运营与生产①。要想取得新经济的发展，政府应减少干预。在为创新提供便利的外部氛围、促进行业内的公平合理竞争方面，市场始终是排在第一位的。另一方面，由于我国新经济建设还处于初级阶段，市场的调节作用又有其固有的缺陷，再加上在以往的发展时期，我国主要依赖于政府的效能，政府的作用还是相当重要的。受路径依赖的影响，我国新经济的发展要求一个合理、高效的政府发挥其自身的作用。

坚持市场的价格决定机制，运用市场手段为生产资料定价。新经济发展离不开人力资本为其提供活的动力，要肯定人力资本的重要地位，利用市场机制对人力资本的价格进行调节，这有利于激发人们的工作热情。同时，新经济的发展也离不开良好的基础设施建设、高转化率和应用率的技术市场。由于这两个领域成本高、投资回报慢，市场作用很难高效发挥，政府的作用在此时就格外彰显。政府应当利用财政税收政策，对这两个领域的投资进行适度的补贴，达成外部性的转化，为新经济发

① 孙飞．加快发展新经济的六大战略举措——深化改革创新驱动发展新经济会议综述[J]．经济研究参考，2016(42)：49－53．

展保驾护航。

鼓励各种不同性质的市场经济共同发展。首先，对于不同性质的经济，无论是公有经济还是私有经济，在发展、经营的外部基础上应当一视同仁，取消一些国有、公有性质企业的特权，维护公平、高效的市场秩序。其次，受历史因素的限制，我国民营经济发展迟缓，未得到良好的政策支持，因此，新经济的发展需要改善针对民营经济的财政税收方面的政策条件。最后，坚决打击寻租行为和行政垄断，打破各区域之间由于恶性竞争而导致的市场壁垒。取消政府的不恰当干预，防止行政垄断的出现，使市场竞争信息较为完备以保障公平，通过发挥市场作用焕发新动能。

新经济的发展应当遵循包容性的原则，谨慎审核，鼓励各种经济体在技术、产品、业态及其他领域进行形式多样的创新。一个行业突破性的创新往往会和传统的经济模式、制度设计不相符，这时就应当对这些存在冲突的政策制度体系进行调整。在突破性革新阶段，基础科研理论或者科研成果转化的节奏迅速与否和一个行业的改善有着密切联系。因此，政府要强化对科研创新的支持，为行业发展创造一个良好的条件。互联网的竞争实质在于操作体系、准则、服务的互联化，针对这一点，要牢牢把握我国广阔的市场与消费群体，鼓励互联网领域数据测量尺度的统一，以及互联网平台的交互对接，使我国的互联网行业在国际互联网体系拥有一席之地，以减弱对已掌握先进科技国家的依附性，使我国新经济能够独立自主发展。我国的产业结构长期处于发展不均衡的状态，哪怕是在同一个行业也会出现各个厂商之间在工艺、管理、组织等方面的较大差距，因此，政府要遴选优秀的企业作为代表以发挥其模范作用，实现先进引导落后的目标。

（6）独立自主与开放性相结合，以开放加速我国新经济的发展

新经济为全人类所共有。在逆全球化的声音不断出现的情况下，我们要认清全球化的历史必然性，坚持改革开放，在鼓励跨国交流的同时，严格审核；在维护我国利益的前提下，在对外开放中促进新经济对发展的贡献作用。

第一，正确对待不平衡问题，找寻新经济价值。新经济产品出现的时间和地点都是不平衡的，它可能在一个或几个国家先出现，随后才应用于

全球经济中。在全球视角下，产品由新兴经济领域转向传统经济领域往往需要极其漫长的时间。遵循定价理论，传统经济模式与新经济之间一定会产生较大的利润点，一个国家在新经济方面的优势极有可能成为该国在国际市场上的比较优势，从而弥补其在人口、能源等因素方面的不足，而这种客观存在的落差也为国际商品流通提供了供需条件。据此，应当在鼓励其他国家先进的新经济产品进入中国市场提高国内商品丰富度的同时，努力寻找我国在新经济中的优势产业，促进我国的新经济产品迈出国门，创造财富，惠及世界。

第二，发挥比较优势，加强跨国创新合作。新经济离不开创新，而不同群体思维的碰撞有利于创新，这也就表示新经济必然需要跨国交流合作。回顾历史，大多数创新型发明都少不了众多国家科学工作者的合作与努力，在合作过程中，由于思想的碰撞交流，创新理念被进一步提出，可以较容易地实现技术突破，而当这些创新成果转化为产品的时候，新兴产业也就应运而生了。我国应加大开放力度与范围，以更加开放的视角推动我国在产业方面与更多的国家在更多的领域采取更多的形式进行合作。不仅鼓励政府与政府之间的官方合作，也鼓励民间组织、民营企业之间的合作，推动各国学校、科研机构、学术联盟之间的沟通，使各国科研工作的参与者充分合作，争取促成大型国际创新的合作项目。要解决好自主创新和技术引进之间的矛盾，就要充分利用全世界范围内的所有创新成就，实现经济发展。

第三，关注人类的共同问题，补齐新经济发展的短板。现如今，环境污染、全球变暖、能源不足等人类的共同问题关系到全体人类的生存与发展。因此，习近平总书记提出了“人类命运共同体”的概念。我国在发展新经济的过程中，应当在促进自身发展的同时更多地惠及全人类，通过“一带一路”倡议等方式，用我国新经济的发展来带动全球问题的讨论、分析、改进、解决，与全世界共享发展红利。

第四，严把核心技术关，保障国家利益。国家的技术安全至关重要，关联着方方面面。而新经济又是当今世界核心技术研究开发的重要阵地，绝对不能单纯从其他国家引进，一方面，在理论研究、核心技术上要牢牢把握，核心技术研发必须靠自力更生，我们应努力打破某些方面的国外垄断格局，提高我国核心技术的研究水平；另一方面，对于核心技术的出口要加强审核，严密防控出现技术泄露等问题，保护我国的核心技术并保持技术优势。当代科学技术不断推陈出新，其发展日新月异，这种知识与技术的爆发式积累为经济领域带来的新经济发展模式，犹如一次产业革命席卷世界经济体制，其诞生与发展是不可阻挡的。新经济作为一种全新的经济形态，它的发展是推动新时代中国经济高质量发展的必然要求。必须高度重视新经济发展过程中的制约因素，同时对新经济驱动我国经济高质量发展的路径进行深入思考和实践，以期解决发展的难题，使我国成为新一轮科技革命和产业革命的“领头雁”。

2 中国高质量发展指数的测算和趋势分析

2.1 高质量发展的内涵

党的十九大报告中指出，“我国经济已由高速增长阶段转向高质量发展阶段”，这标志着我国的经济发展进入了新的阶段，对经济发展提出了更高的要求。在此基础上，党的十九届五中全会指出：“坚定不移贯彻创新、协调、绿色、开放、共享的新发展理念，坚持稳中求进工作总基调，以推动高质量发展为主题。”因此，高质量发展是目前我国经济发展的主旋律。

经济发展在不同时期有着不同的目标，随着社会主要矛盾的变化，经济增长问题的重心也发生了变化。在以往的研究中，经济增长问题的重心主要放在产品和劳务数量的增长上，但是随着对经济发展问题的进一步探索，经济发展可能陷入“有增长无发展”的困境，且在经济增长的过程中出现了许多新的问题，收入分配差距不断扩大、生态环境逐步恶化等的负面影响逐渐成为阻碍经济发展新的桎梏。党的十九大报告中指出，我国社会主要矛盾已经转化为人民日益增长的美好生活需要和不平衡不充分的发展之间的矛盾，2017 年，中央经济工作会议指出“新时代推动高质量发展是适应我国社会主要矛盾变化的必然要求”，因此，高质量发展是解决现阶段我国社会主要矛盾的必要发展模式。许多学者立足于社会主要矛盾的变化，对现阶段经济高质量发展的目标作出了明确判断，洪银兴（2019）认为，高质量发展实际上意味着“中国经济要进一步发展需要寻求新的动力和动能”；高培勇（2020）认为，“高质量发展，实际上是指质量和效益替代规模和增速成为经济发展的首要问题"，社会主要矛盾的变化不仅标志着经济进入了新时代，同时也对经济发展提出了新的要求，即高质量发展。

高质量发展的内涵十分丰富，任保平（2018）将高质量发展与新发展理念进行了有机结合和统一，认为高质量发展是经济发展质量的高级状态和最优状态，是以新发展理念为指导的经济发展质量状态，创新是高质量发展的第一动力，协调是高质量发展的内生特点，绿色是高质量发展的普遍形态，开放是高质量发展的必由之路，共享是高质量发展的必然目标。也有学者对经济高质量发展构建了指标体系进行测度评价分析，从而定义了高质量发展的本质属性。马茹（2019）从高质量供给、高质量需求、发展效率、经济运行和对外开放五个维度，通过线性加权法得到地区经济高质量发展的指数，将全国的高质量发展指数根据测算结果划分为四个梯度，证明了区域高质量发展的不平衡性。李梦欣（2019）按照新发展理念，从"创新、协调、绿色、开放、共享"五个基本维度切入，利用层次分析法和 BP 神经网络法，构建了经济新时代中国高质量发展的评价指标体系，从全国和区域层面进行了系统的对比分析，评价新时代中国高质量发展的状态和特征，寻找并打破阻碍高质量发展全面实现的矛盾和桎梏，提出使中国经济社会的高质量发展呈现繁荣盛况的路径设计和政策指引。李金昌（2019）总结了国内外关于高质量发展的指标体系的构建，围绕中国发展过程中的具体问题，从"人民美好生活需要"和"不平衡不充分发展"这两个社会主要矛盾着手，构建了由经济活力、创新效率、绿色发展、人民生活、社会和谐 5 个维度构成的高质量发展评价指标体系，虽没有得出具体的测算结果，却为研究高质量发展提供了新的思路。

本章所界定的高质量发展，是在实现"创新、协调、绿色、开放、共享"发展的过程中解决社会主要矛盾的经济发展。理解社会主要矛盾的关键在于理解发展的不平衡和不充分。发展不平衡，主要表现在经济社会的体系结构不协调、比例关系不合理。协调发展是高质量发展的内在特点，高速增长阶段一味追求数量的发展方式导致了经济结构失衡等问题的出现，因此，要解决发展不平衡的问题，本质上是要实现经济的协调发展。经济结构的失衡会导致产业发展的畸形和经济发展趋势的偏离，而产业发展畸形又会打破经济的健康循环态势，最终将严重制约生产效率的提升。

发展不充分，主要是指发展过程中的潜力不足，仍存在不小的短板。首先，创新是高质量发展的战略支撑（迟福林，2017），是解决发展不充分问题的关键。高质量发展离不开科技创新的推动（华坚，2019），提高创新能力有利于缓解发展不充分的社会矛盾。其次，开放发展是高质量发展的重要内容。尽管我国在对外开放的进程中有所受益，但是在现阶段的对外贸易过程中，外资的引入主要依托于人口红利和税负减免政策，进出口产品的附加值极度不对称，出口依旧面临市场资源匮乏的重要难题，导致我国在国际供应链中处于不利地位，阻碍了经济的长远发展。

能否满足人民日益增长的美好生活需要，是经济高质量发展的评价标准（金碚，2018），也是经济追求高质量发展的最终目标（赵剑波，2019）。首先，绿色发展是高质量发展的普遍形态，在高增长阶段，我国采用以资源环境为代价换取经济数量增长的粗放型经济发展模式，严重影响了人民的生活质量，因此，关注于资源环境与能源消耗的绿色发展理念也是现阶段发展过程中的重要遵循。其次，共享发展是高质量发展的最终目的。我国现阶段面临的收入分配差距过大的挑战，不利于经济社会的稳定发展，因此，共享发展需要人民群众共享发展成果；除了收入分配问题外，人在物质方面的其他高层次需求以及在精神方面的需求都是共享发展需要进一步关注的。

在现阶段，缓解社会主要矛盾、实现高质量发展，需要有机结合新发展理念，在“创新、协调、绿色、开放、共享”发展的过程中稳步推进经济实现更高的发展目标。

2.2 高质量发展的指数测算

2.2.1 全国高质量发展指数评价体系的构建

本章综合考虑新发展理念与社会主要矛盾中所存在的问题，从创新发展、协调发展、绿色发展、开放发展和共享发展五个方面出发，构建高质量发展指数的指标评价体系，紧扣高质量发展的内涵和新时代社会主要矛盾的变化，考虑到数据的可得性和统计口径的一致性，选择以2000—2019年作为样本区间，具体指标构成如表2－1所示，采用的数据来源于历年《中国统计年鉴》和国家统计局。

表 2-1　中国高质量发展指数构成一览表

方面指数	分项指标	基础指标	计量单位
创新发展	资金投入	科研和开发机构试验发展经费支出	亿元
	人员投入	科研和开发机构研究与试验发展折合全时人员	万人
	创新产出	发明专利申请授权数	项
协调发展	产业结构	第三产业与第二产业产值比（%）	
	市场结构	最终消费支出对国内生产总值增长贡献率（%）	
	金融结构	资本形成总额对国内生产总值增长贡献率（%）	
绿色发展	资源消耗	单位产值能耗	万吨标准煤
	环境污染	单位大气污染产出	万元/吨
	绿化水平	城镇园林绿化建设投资额	亿元
开放发展	对外投资	对外承包工程完成营业额	万美元
	外商投资	实际利用外资额	万美元
	内外贸易	进出口总额	亿元
共享发展	教育水平	普通高等学校在校生人数	万人
	文化水平	公共图书馆营业机构数	个
	医疗水平	医疗卫生机构数	家
	社会保障	参加失业保险人数	万人
	民生水平	人均国内生产总值	万元

在创新发展的指标选择上，本书通过选择资金投入、人员投入和创新产出三个维度的指标进行指数合成，其中，科研和开发机构试验发展经费支出以及科研和开发机构研究与试验发展折合全时人员体现了创新过程中的人力财力投入，发明专利申请授权数反映了创新过程中的产出。

在协调发展的指标选择上，本书选择产业结构、市场结构和金融结构作为衡量协调发展的三个维度。产业结构在一定意义上决定着一个经济体经济增长的方式，在发展第二产业的同时也要保证第三产业的稳步推进，因此用第三产业与第二产业产值比衡量产业结构的协调发展；用最终消费支出对国内生产总值增长贡献率衡量市场结构的协调发展，可以体现经济发展过程中消费水平对市场经济的影响，消费对市场的贡献体现了经济循环的效率；用资本形成总额对国内生产总值增长贡献率衡量金融结构的协调发展，可以衡量资本的投资水平对经济发展的作用。

在绿色发展的指标选择上，充分考虑资源消耗、环境污染和绿化水平三个方面的影响，其中，单位产值能耗表征资源消耗指标，可以用来衡量社会经济发展的粗放集约化程度；用单位大气污染产出表征环境污染水平，可以体现发展过程中的环境污染程度；用城镇园林绿化建设投资额衡量绿化水平，体现了城市建设过程中的绿色发展理念。

在开放发展的指标选择上，选取对外投资（OFDI）、外商投资（FDI）和内外贸易三个维度进行指标合成，分别从“引进来”“走出去”和参与进出口贸易的活跃程度三个角度进行研究。其中，对外投资维度选择对外承包工程完成营业额进行衡量，外商投资维度选择实际利用外资额进行衡量，内外贸易维度选择进出口总额进行衡量。

在共享发展的指标选择上，本书从教育水平、文化水平、医疗水平、社会保障和民生水平五个维度进行测度，来考察人民群众共享改革发展成果的进度。其中，用普通高等学校在校生人数表征教育水平，用公共图书馆营业机构数表征文化水平，用医疗卫生机构数表征医疗水平，用参加失业保险人数表征社会保障水平，用人均国内生产总值表征民生水平。

2.2.2 分省份高质量发展指数评价体系的构建

与全国层面的指数构建类似，省级层面的高质量发展指数的一级指标同样从创新发展、协调发展、绿色发展、开放发展、共享发展五个维度进行选择，从数据的可得性考虑，对部分基础指标进行了替换，如用规模以上工业企业 R&D 经费表征资金投入，用规模以上工业企业 R&D 人员全时当量表征人员投入，用国内发明专利申请受理量表征创新产出，如用社会消费品零售额占 GDP 比重表征市场结构，用存贷款余额占 GDP 比重表征金融结构，用单位产出煤炭消耗量表征资源消耗，用造林总面积占比表征绿化水平；又考虑到数据的可比性，对部分指标做了相应的调整，如用平均受教育年限表征教育水平，用人均公共图书馆机构数表征文化水平，用每万人拥有卫生技术人员数表征医疗水平，用参加失业保险人数占比表征社会保障；同时，由于相关年份部分指标有所缺失，省级层面的时间维度为 2004—2018 年，且对部分缺失的数据进行插值估计处理，具体指标如表 2 - 2 所示，所采用的数据均来源于历年《中国统计年鉴》《中国对外直接投资统计公报》和国家统计局。

表 2-2 中国分省份高质量发展指数构成一览表

方面指数	分项指标	基础指标	计量单位
创新发展	资金投入	规模以上工业企业 R&D 经费	万元
	人员投入	规模以上工业企业 R&D 人员全时当量	人年
	创新产出	国内发明专利申请受理量	项
协调发展	产业结构	第三产业与第二产业产值比/%	
	市场结构	社会消费品零售额占 GDP 比重/%	
	金融结构	存贷款余额占 GDP 比重/%	
绿色发展	资源消耗	单位产出煤炭消耗量	万元/吨
	环境污染	单位大气污染产出	万元/吨
	绿化水平	造林总面积占比	千公顷/万平方米
开放发展	对外投资	对外非金融类直接投资流量	万美元
	外商投资	外商投资企业投资总额	百万美元
	内外贸易	经营单位所在地进出口总额	千美元
共享发展	教育水平	平均受教育年限	年/人
	文化水平	人均公共图书馆机构数	个
	医疗水平	每万人拥有卫生技术人员数	个/万人
	社会保障	参加失业保险人数占比/%	
	民生水平	人均国内生产总值	万元

2.2.3 高质量发展指数的测算方法

本章采用纵横向拉开档次法来确定各分维度指标的权重以合成最终的高质量发展指数，而后利用趋势外推法对指数进行预测，对中国经济的高质量发展指数进行量化分析。

纵横向拉开档次法作为一种客观赋权法，是利用信息中的横向和纵向差距进行赋权，在城市化质量测度（肖祎平，2018）、企业信用评价测度（丰景春，2019）、资源环境承载力测度（卢小兰，2014）和国家创新驱动力测度（刘思明，2019）方面都有所应用。这种方法既最大限度地保留了各评价对象间的整体差异，又修正了计算过程中可能产生的误差，从而使处理结果具有可靠性。趋势外推法基于目标的历史和时间序列进行预测，常被应用于预测经济的增长速度。通过趋势外推法对所求出的指数进行时间维度的预测，有利于进一步分析目标值未来的发展趋势。

纵横向拉开档次法的具体原理如下（王常凯，2016）：

$$y_i(t_k) = \sum_{j=1}^{m} \omega_j x_{ij}^*(t_k) \quad k = 1,2,\cdots,T; i = 1,2,\cdots,n \qquad (2-1)$$

其中，ω_j 为权重，$y_i(t_k)$ 为对象 s_t 在时刻 t_k 处的综合评价值。

具体测算的步骤如下：①将所有指标通过极大极小值法进行标准化处理后，利用纵横向拉开档次法求出各个维度的能力评价得分；②利用纵横向拉开档次法求出 17 个二级指标的权重，将所得到的 17 个二级指标分别进行加权平均匹配至一级指标处，而后进一步采用纵横向拉开档次法求出 5 个一级指标的权重，进而利用权重和指标得分进行加权平均，得到高质量发展指数。

2.3 高质量发展指数结果及其评价分析

2.3.1 全国高质量发展指数结果及其评价分析

表 2－3 展示了采用纵横向拉开档次法合成指数时各个维度的权重，可以看出，创新发展、开放发展和共享发展所占的权重较高，这说明 2000—2019 年中国经济的高质量发展的综合评价得分主要受这三个发展环节的影响。进一步分析二级指标的权重，可以看出创新发展主要体现了创新过程中的人力财力投入，创新产出的占比相对较小；协调发展的过程中主要受市场结构的影响，产业结构占比相对均衡，金融结构的影响相对较低；在实现绿色发展的过程中，绿化水平和资源消耗的影响力较大，环境污染影响力相对较小；在开放发展的过程中，对外投资、外商投资和内外贸易对开放发展的影响相对均衡；在合成共享发展的得分评价过程中，教育、文化和医疗三个方面表现突出，而社会保障和民生水平两个维度稍处于劣势地位。

表 2－3 高质量发展指数各维度及各基础指标权重

方面指数	各维度权重	分项指标	分项指标权重	基础指标
创新发展	0.204	资金投入	0.345	科研和开发机构试验发展经费支出
		人员投入	0.354	科研和开发机构研究与试验发展折合全时人员
		创新产出	0.301	发明专利申请授权数

续表

方面指数	各维度权重	分项指标	分项指标权重	基础指标
协调发展	0.154	产业结构	0.330	第三产业与第二产业产值比
		市场结构	0.384	最终消费支出对国内生产总值增长贡献率
		金融结构	0.286	资本形成总额对国内生产总值增长贡献率
绿色发展	0.185	资源消耗	0.382	单位产值能耗
		环境污染	0.182	单位大气污染产出
		绿化水平	0.436	城镇园林绿化建设投资额
开放发展	0.235	对外投资	0.326	对外承包工程完成营业额
		外商投资	0.342	实际利用外资额
		内外贸易	0.332	进出口总额
共享发展	0.222	教育水平	0.225	普通高等学校在校生人数
		文化水平	0.209	公共图书馆营业机构数
		医疗水平	0.219	医疗卫生机构数
		社会保障	0.172	参加失业保险人数
		民生水平	0.174	人均国内生产总值

由表2-4和图2-1可以看出，中国高质量发展的创新、协调、绿色、开放、共享五个分维度和总维度指数的走势基本相同，2000—2019年均呈波动上升的趋势，创新发展指数由2000年的0.038上升至2019年的0.995，协调发展指数由2000年的0.384上升至2019年的0.568，绿色发展指数由2000年的0.002上升至2019年的1.000，开放发展指数由2000年的0.037上升至2019年的1.000，共享发展指数由2000年的0.223上升至2019年的0.974，可以看出创新发展指数、绿色发展指数和开放发展指数上升的速度最快，协调发展指数的上升速度较缓，我国的高质量发展指数由2000年的0.126上升至2019年的0.927。

表2-4　高质量发展指数合成结果

指数	2000年	2001年	2002年	2003年	2004年	2005年	2006年	2007年	2008年	2009年
创新发展指数	0.038	0.007	0.016	0.022	0.030	0.071	0.111	0.181	0.218	0.285
协调发展指数	0.384	0.343	0.330	0.243	0.258	0.241	0.161	0.234	0.238	0.539

续表

指数	2000 年	2001 年	2002 年	2003 年	2004 年	2005 年	2006 年	2007 年	2008 年	2009 年
绿色发展指数	0.002	0.012	0.025	0.032	0.039	0.051	0.068	0.114	0.198	0.259
开放发展指数	0.037	0.005	0.041	0.073	0.141	0.174	0.243	0.328	0.441	0.434
共享发展指数	0.223	0.243	0.236	0.075	0.149	0.225	0.298	0.332	0.355	0.413
高质量发展指数	0.126	0.112	0.121	0.082	0.119	0.152	0.183	0.245	0.300	0.383

指数	2010 年	2011 年	2012 年	2013 年	2014 年	2015 年	2016 年	2017 年	2018 年	2019 年
创新发展指数	0.364	0.439	0.548	0.642	0.696	0.756	0.804	0.875	0.950	0.995
协调发展指数	0.339	0.404	0.348	0.389	0.446	0.539	0.669	0.555	0.660	0.568
绿色发展指数	0.525	0.457	0.541	0.545	0.589	0.578	0.648	0.744	0.884	1.000
开放发展指数	0.590	0.688	0.707	0.785	0.807	0.833	0.840	0.919	0.967	1.000
共享发展指数	0.478	0.560	0.639	0.714	0.750	0.781	0.816	0.857	0.910	0.974
高质量发展指数	0.468	0.523	0.573	0.635	0.676	0.713	0.765	0.808	0.888	0.927

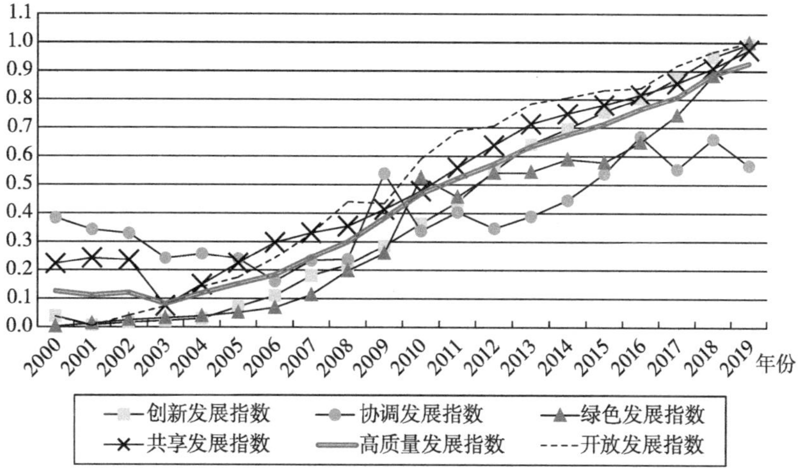

图 2－1　纵横向拉开档次法合成的分维度高质量发展指数

2.3.2 分省份高质量发展指数结果及其评价分析

表2－5展示了分省份测度高质量发展指数时各维度的权重，可以看出协调发展、绿色发展和共享发展对高质量发展指数变化的影响较大，创新发展和开放发展的影响较小。在创新发展的过程中，资金投入、人员投入和创新产出的权重较为均衡；在协调发展的过程中，金融结构和市场结构起着主导作用，它们的变化幅度对协调发展产生了重要影响，产业结构的影响力较弱；在绿色发展过程中，绿化水平占比遥遥领先，环境污染和资源消耗对绿色发展的影响力较小；在开放发展的过程中，对外投资和外商投资占比相对均衡，内外贸易所占比例较大；在共享发展的过程中，教育水平占比最高，医疗水平和民生水平次之，都高于平均占比，文化水平和社会保障水平的得分对共享发展的影响偏弱。

表2－5 分省份高质量发展指数各维度及各基础指标权重

方面指数	各维度权重	分项指标	分项指标权重	基础指标
创新发展	0.126	资金投入	0.354	规模以上工业企业R&D经费
		人员投入	0.336	规模以上工业企业R&D人员全时当量
		创新产出	0.310	国内发明专利申请受理量
协调发展	0.257	产业结构	0.206	第三产业与第二产业产值比
		市场结构	0.403	社会消费品零售额占GDP比重
		金融结构	0.391	存贷款余额占GDP比重
绿色发展	0.225	资源消耗	0.029	单位产出煤炭消耗量
		环境污染	0.190	单位大气污染产出
		绿化水平	0.781	造林总面积占比
开放发展	0.104	对外投资	0.287	对外非金融类直接投资流量
		外商投资	0.268	外商投资企业投资总额
		内外贸易	0.446	经营单位所在地进出口总额
共享发展	0.288	教育水平	0.308	平均受教育年限
		文化水平	0.144	人均公共图书馆机构数
		医疗水平	0.202	每万人拥有卫生技术人员数
		社会保障	0.143	参加失业保险人数占比
		民生水平	0.203	人均国内生产总值

表2－6为纵横向拉开档次法合成的分省份高质量发展指数，可以看

出，不同时间不同地区的高质量发展指数的大小与变化幅度各不相同。从时间趋势上看，各省份的高质量发展指数都呈现出上升趋势，其中增长最多的广东自2004年的0.143增至2018年的0.493，增长了0.350，各省份高质量发展指数核密度分布如图2-2所示。

表2-6 纵横向拉开档次法合成的分省份高质量发展指数结果

省份	2004年	2005年	2006年	2007年	2008年	2009年	2010年
北京	0.344	0.319	0.336	0.344	0.377	0.411	0.420
天津	0.181	0.171	0.175	0.186	0.216	0.254	0.229
河北	0.183	0.152	0.127	0.139	0.175	0.179	0.181
山西	0.190	0.154	0.208	0.198	0.215	0.252	0.249
内蒙古	0.119	0.121	0.113	0.126	0.129	0.147	0.145
辽宁	0.190	0.180	0.165	0.172	0.172	0.203	0.216
吉林	0.141	0.127	0.131	0.124	0.130	0.136	0.151
黑龙江	0.118	0.107	0.105	0.117	0.125	0.153	0.162
上海	0.278	0.230	0.244	0.229	0.253	0.275	0.287
江苏	0.121	0.134	0.145	0.210	0.193	0.212	0.238
浙江	0.115	0.135	0.122	0.143	0.154	0.197	0.212
安徽	0.086	0.077	0.074	0.081	0.081	0.100	0.101
福建	0.093	0.102	0.109	0.115	0.112	0.130	0.139
江西	0.093	0.083	0.090	0.124	0.156	0.159	0.153
山东	0.160	0.133	0.141	0.153	0.176	0.186	0.210
河南	0.154	0.124	0.120	0.090	0.176	0.211	0.168
湖北	0.162	0.157	0.137	0.153	0.166	0.175	0.191
湖南	0.165	0.124	0.128	0.116	0.119	0.139	0.161
广东	0.143	0.153	0.163	0.178	0.193	0.212	0.257
广西	0.102	0.102	0.105	0.106	0.108	0.124	0.131
海南	0.146	0.142	0.131	0.122	0.135	0.157	0.158
重庆	0.134	0.147	0.105	0.148	0.147	0.152	0.253
四川	0.127	0.115	0.109	0.133	0.145	0.148	0.141
贵州	0.115	0.096	0.082	0.109	0.116	0.142	0.142
云南	0.096	0.090	0.087	0.107	0.147	0.179	0.186
陕西	0.232	0.156	0.157	0.167	0.170	0.223	0.207
甘肃	0.120	0.103	0.089	0.093	0.103	0.122	0.130

续表

省份	2004 年	2005 年	2006 年	2007 年	2008 年	2009 年	2010 年
青海	0. 090	0. 102	0. 099	0. 102	0. 100	0. 124	0. 125
宁夏	0. 168	0. 139	0. 101	0. 114	0. 160	0. 161	0. 168
新疆	0. 117	0. 115	0. 113	0. 115	0. 109	0. 129	0. 130

省份	2011 年	2012 年	2013 年	2014 年	2015 年	2016 年	2017 年	2018 年
北京	0. 448	0. 507	0. 570	0. 494	0. 520	0. 521	0. 587	0. 576
天津	0. 226	0. 226	0. 246	0. 247	0. 264	0. 298	0. 298	0. 287
河北	0. 182	0. 201	0. 216	0. 235	0. 257	0. 321	0. 307	0. 345
山西	0. 230	0. 249	0. 262	0. 273	0. 286	0. 293	0. 295	0. 300
内蒙古	0. 154	0. 166	0. 173	0. 172	0. 192	0. 207	0. 231	0. 225
辽宁	0. 245	0. 261	0. 277	0. 276	0. 283	0. 309	0. 312	0. 321
吉林	0. 141	0. 152	0. 183	0. 191	0. 226	0. 226	0. 235	0. 254
黑龙江	0. 155	0. 164	0. 182	0. 190	0. 205	0. 214	0. 226	0. 245
上海	0. 291	0. 299	0. 323	0. 320	0. 389	0. 385	0. 435	0. 440
江苏	0. 246	0. 276	0. 304	0. 314	0. 330	0. 345	0. 354	0. 364
浙江	0. 237	0. 258	0. 280	0. 288	0. 323	0. 336	0. 345	0. 367
安徽	0. 116	0. 125	0. 189	0. 203	0. 245	0. 217	0. 232	0. 231
福建	0. 227	0. 194	0. 209	0. 198	0. 289	0. 286	0. 302	0. 285
江西	0. 144	0. 152	0. 167	0. 164	0. 203	0. 222	0. 230	0. 235
山东	0. 233	0. 251	0. 287	0. 299	0. 309	0. 301	0. 304	0. 306
河南	0. 174	0. 188	0. 207	0. 225	0. 224	0. 216	0. 233	0. 232
湖北	0. 192	0. 210	0. 233	0. 240	0. 266	0. 268	0. 314	0. 291
湖南	0. 206	0. 218	0. 216	0. 237	0. 292	0. 289	0. 318	0. 324
广东	0. 290	0. 312	0. 347	0. 363	0. 450	0. 456	0. 469	0. 493
广西	0. 130	0. 143	0. 151	0. 164	0. 182	0. 189	0. 200	0. 214
海南	0. 156	0. 180	0. 185	0. 185	0. 221	0. 218	0. 229	0. 228
重庆	0. 265	0. 260	0. 285	0. 282	0. 323	0. 312	0. 325	0. 339
四川	0. 155	0. 145	0. 168	0. 179	0. 225	0. 245	0. 268	0. 240
贵州	0. 147	0. 134	0. 207	0. 201	0. 247	0. 253	0. 313	0. 220
云南	0. 172	0. 182	0. 186	0. 177	0. 211	0. 206	0. 202	0. 193
陕西	0. 198	0. 213	0. 230	0. 234	0. 262	0. 248	0. 265	0. 268
甘肃	0. 141	0. 140	0. 159	0. 174	0. 208	0. 218	0. 229	0. 223
青海	0. 130	0. 137	0. 156	0. 161	0. 163	0. 178	0. 195	0. 197

续表

省份	2011 年	2012 年	2013 年	2014 年	2015 年	2016 年	2017 年	2018 年
宁夏	0. 170	0. 183	0. 199	0. 192	0. 199	0. 218	0. 214	0. 221
新疆	0. 131	0. 141	0. 147	0. 154	0. 165	0. 173	0. 179	0. 167

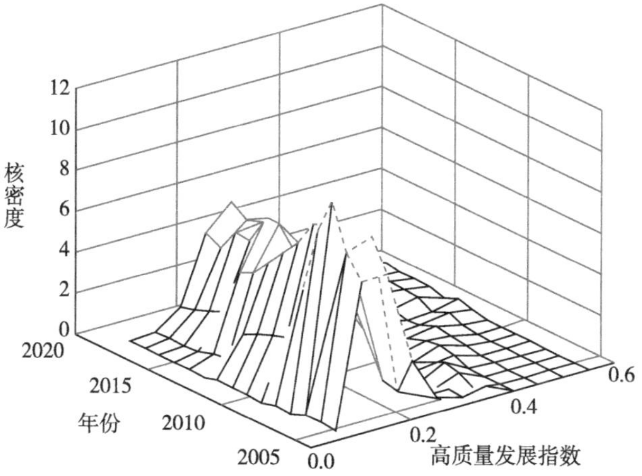

图 2－2　各省份高质量发展指数核密度分布

表 2－7 展示了 2018 年各省份分维度与总维度的高质量发展指数及其排名情况。

表 2－7　2018 年各省份发展指数及其排名

省份	创新		协调		绿色	
	发展指数	排名	发展指数	排名	发展指数	排名
北京	0. 242	6	0. 678	1	0. 503	4
天津	0. 111	16	0. 344	11	0. 193	20
河北	0. 130	13	0. 381	8	0. 655	2
山西	0. 052	20	0. 365	9	0. 442	5
内蒙古	0. 033	24	0. 322	14	0. 104	26
辽宁	0. 118	15	0. 516	3	0. 240	14
吉林	0. 033	25	0. 497	4	0. 141	24
黑龙江	0. 036	23	0. 559	2	0. 047	29
上海	0. 232	7	0. 464	5	0. 292	13
江苏	0. 871	2	0. 239	25	0. 105	25
浙江	0. 611	3	0. 359	10	0. 153	23

续表

省份	创新		协调		绿色	
	发展指数	排名	发展指数	排名	发展指数	排名
安徽	0.299	5	0.256	23	0.211	17
福建	0.208	10	0.235	26	0.349	9
江西	0.104	17	0.225	27	0.382	7
山东	0.472	4	0.332	13	0.204	18
河南	0.227	8	0.255	24	0.225	15
湖北	0.219	9	0.292	18	0.375	8
湖南	0.195	11	0.285	19	0.598	3
广东	1.000	1	0.322	15	0.338	11
广西	0.055	19	0.307	16	0.223	16
海南	0.008	29	0.381	7	0.092	27
重庆	0.118	14	0.283	20	0.673	1
四川	0.178	12	0.335	12	0.192	21
贵州	0.047	21	0.212	29	0.399	6
云南	0.047	22	0.269	21	0.201	19
陕西	0.104	18	0.256	22	0.348	10
甘肃	0.023	26	0.421	6	0.176	22
青海	0.006	30	0.302	17	0.062	28
宁夏	0.016	28	0.213	28	0.305	12
新疆	0.018	27	0.210	30	0.030	30

省份	开放		共享		高质量发展	
	发展指数	排名	发展指数	排名	发展指数	排名
北京	0.322	5	0.781	1	0.576	1
天津	0.131	8	0.443	3	0.287	13
河北	0.056	17	0.271	24	0.345	6
山西	0.023	22	0.340	14	0.300	11
内蒙古	0.023	23	0.388	7	0.225	23
辽宁	0.120	9	0.370	8	0.321	9
吉林	0.015	26	0.307	19	0.254	16
黑龙江	0.022	24	0.291	21	0.245	17
上海	0.517	2	0.598	2	0.440	3
江苏	0.491	3	0.412	5	0.364	5

续表

省份	开放		共享		高质量发展	
	发展指数	排名	发展指数	排名	发展指数	排名
浙江	0.385	4	0.427	4	0.367	4
安徽	0.069	13	0.255	26	0.231	21
福建	0.169	7	0.356	11	0.285	14
江西	0.041	20	0.258	25	0.235	19
山东	0.247	6	0.312	18	0.306	10
河南	0.079	11	0.273	23	0.232	20
湖北	0.072	12	0.336	15	0.291	12
湖南	0.062	15	0.295	20	0.324	8
广东	0.903	1	0.399	6	0.493	2
广西	0.049	18	0.252	27	0.214	27
海南	0.058	16	0.356	12	0.228	22
重庆	0.063	14	0.323	17	0.339	7
四川	0.080	10	0.277	22	0.240	18
贵州	0.010	28	0.238	30	0.220	26
云南	0.034	21	0.240	29	0.193	29
陕西	0.046	19	0.367	9	0.268	15
甘肃	0.013	27	0.245	28	0.223	24
青海	0.001	30	0.365	10	0.197	28
宁夏	0.009	29	0.328	16	0.221	25
新疆	0.021	25	0.353	13	0.167	30

（1）创新发展水平。创新发展水平排在前5位的省份分别是广东、江苏、浙江、山东和安徽，发展指数分别为1.000、0.871、0.611、0.472和0.299，这5个省份的创新发展指数得分也基本呈现出阶梯式的下降，且前4个省份的创新发展得分远高于其他省份。而与之相对的排名在后5位的省份分别为青海、海南、宁夏、新疆和甘肃，其中发展指数最高的甘肃为0.023，其余4个省份发展指数分别为0.006、0.008、0.016、0.018，因此我国整体的创新发展水平尤其是西部地区的创新发展水平仍然有着很大的提升空间。

（2）协调发展水平。协调发展水平排在前5位的省份分别为北京、黑龙江、辽宁、吉林和上海，发展指数分别为0.678、0.559、0.516、0.497和0.464，其中，北京、上海的产业结构和金融结构的协调发展水平较高，而东三省主要依靠消费对经济发展的贡献提升其协调发展水平的得分。排在后5位的省份分别为新疆、贵州、宁夏、江西和福建，发展指数分别为0.210、0.212、0.213、0.225和0.235，这些地区缺乏对资本的吸引力，消费对经济发展的贡献小，产业结构也严重失衡，导致经济的协调发展处于滞后状态。

（3）绿色发展水平。绿色发展水平排在前5位的省份分别为重庆、河北、湖南、北京和山西，发展指数分别为0.673、0.655、0.598、0.503和0.442，主要是由于这些省份对环境的重视程度高，保护力度大，与其他地区的绿色发展水平拉开了一定的距离；排名在后5位的省份分别为新疆、黑龙江、青海、海南和内蒙古，其发展指数分别为0.030、0.047、0.062、0.092和0.104，这主要是由于这些省份在经济发展的过程中更加重视经济的增长数量，且偏向于资源消耗型的发展模式，使其绿色发展指数得分低于其他地区。

（4）开放发展水平。开放发展水平排在前5位的省份分别为广东、上海、江苏、浙江和北京，其发展指数分别为0.903、0.517、0.491、0.385和0.322，从地理位置可以看出这几个省份都位于东部沿海地区，实施对外开放的时间较长，商业也十分发达，资金基础雄厚，因此拥有较强的对外交往能力；排在后5位的省份分别为青海、宁夏、贵州、甘肃和吉林，其发展指数分别为0.001、0.009、0.010、0.013和0.015，这几个省份都缺乏一定的经济基础，且地理位置在对外交流中不占据优势，因此，要提高我国的开放发展水平，需要进一步深化内陆地区的改革开放。

（5）共享发展水平。共享发展水平排在前5位的省份分别为北京、上海、天津、浙江和江苏，其发展指数分别为0.781、0.598、0.443、0.427和0.412，说明这些地区的教育、文化、医疗、社会保障和民生方面取得了不错的发展成果，而排在后5位的省份分别为贵州、云南、甘肃、广西和安徽，发展指数分别为0.238、0.240、0.245、0.252和0.255，可以看出东部地区和西部地区的共享发展水平普遍存在差距，因此西部地区应重视共享发展理念，推动教育、文化、医疗、民生和社会福利水平的进步。

（6）高质量发展水平。高质量发展水平排名前5位的省份分别为北京、广东、上海、浙江和江苏，其发展指数分别为0.576、0.493、0.440、0.367和0.364；排在后5位的省份分别为新疆、云南、青海、广西和贵州，其发展指数分别为0.167、0.193、0.197、0.214和0.220，通过对比可以看出，高质量发展水平在东西部存在明显的差距，东部沿海地区的经济发展质量几乎是西部地区的两倍，因此推动全国经济的高质量发展应通过东部带动西部，实现全国经济高质量的均衡发展。

2.4 高质量发展指数的预测及趋势分析

2.4.1 高质量发展指数的预测方法

趋势外推法通过构建目标和时间之间的非线性模型，根据以往的目标趋势特征进一步外推得到预测的目标值，用这种方法进行预测通常能反映出被预测目标的渐进性变化，依据已有的特征进行推导，更能揭示被预测目标未来发展的规律，因此，当被预测目标根据时间变化呈现出某种上升或下降的趋势，且没有明显的季节性波动时，就可以使用这种方法，将时间作为自变量对目标进行预测分析。这种方法通常用来预测居民消费水平（韦滢坤，2011）、现金流量（黄越，2011）、房价指数（杨楠，2004）、CPI指数（韩春蕾，2014）和人口规模（张海峰，2013）等反映经济和社会发展方面特征的趋势。

具体步骤如下：①整理预测目标，确认待预测参数；②建立适合的二次曲线模型 $y_i = \alpha_0 + \alpha_1 t + \alpha_2 t^2$、幂函数模型 $Y_i = t^b$ 或指数模型 $Y_i = c^t$ 进行预测，进行曲线拟合，再根据模型的拟合优度进行比较，选择最合适的模型所预测的结果。

2.4.2 高质量发展指数的预测结果

表2-8计算了2020—2035年高质量发展指数的预测值，2020—2035年基本呈现出稳定增长的态势，如图2-3所示。党的五中全会公报明确2035年我国要基本实现社会主义现代化，人均国内生产总值达到中等发达国家水平，即国内生产总值在2019年的基础上翻一番，而从预测出的高质量发展指数可以看出，高质量发展指数由2019年的0.927增长至2035年的1.675，也实现了将近一倍的增长，可以看出我国的经济增长不仅在数

量上能实现新的提升，在质量上也能实现新的跨越。

表 2 –8　2020—2035 年高质量发展指数的预测值

年份	2020	2021	2022	2023	2024	2025	2026	2027
高质量发展指数	0.948	0.997	1.045	1.094	1.142	1.191	1.239	1.287
年份	2028	2029	2030	2031	2032	2033	2034	2035
高质量发展指数	1.336	1.384	1.433	1.481	1.530	1.578	1.627	1.675

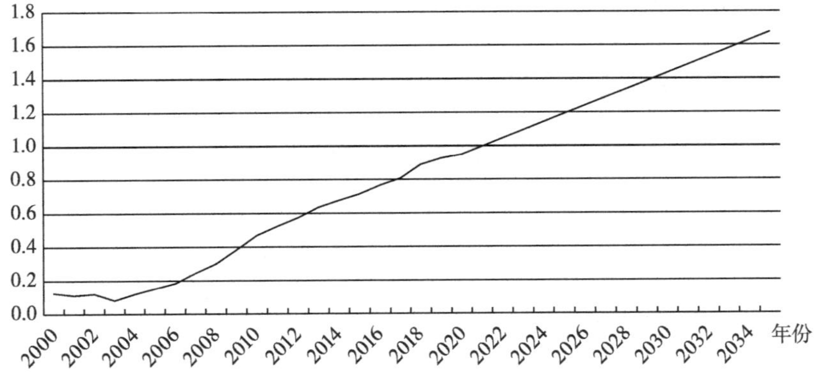

图 2 –3　高质量发展指数及未来趋势

表 2 –9 显示了各省份的高质量发展指数的预测值，可以看出，未来至 2035 年，各省份的经济高质量发展水平基本保持稳定的增长。表 2 –10 展示了 2035 年高质量发展指数与 2019 年的比值及其排名，可以看出到 2035 年，各省份的高质量发展指数基本是 2019 年的 1.5 倍，其中安徽、广东和福建三个省份基本达到 1.8 倍，由此可以看出我国经济的高质量发展具有不错的潜力。

表 2 –9　分省份高质量发展指数的预测值

省份	2019 年	2020 年	2021 年	2022 年	2023 年	2024 年	2025 年	2026 年	2027 年
北京	0.612	0.632	0.652	0.672	0.692	0.713	0.733	0.753	0.773
天津	0.305	0.314	0.323	0.332	0.341	0.350	0.359	0.368	0.376
河北	0.321	0.335	0.348	0.362	0.375	0.389	0.403	0.416	0.430
山西	0.318	0.327	0.336	0.345	0.355	0.364	0.373	0.382	0.392
内蒙古	0.228	0.236	0.244	0.253	0.261	0.269	0.278	0.286	0.294
辽宁	0.335	0.347	0.359	0.371	0.383	0.395	0.408	0.420	0.432
吉林	0.244	0.253	0.263	0.272	0.281	0.290	0.300	0.309	0.318

续表

省份	2019 年	2020 年	2021 年	2022 年	2023 年	2024 年	2025 年	2026 年	2027 年
黑龙江	0.243	0.253	0.263	0.273	0.283	0.293	0.302	0.312	0.322
上海	0.427	0.441	0.455	0.470	0.484	0.498	0.513	0.527	0.541
江苏	0.398	0.416	0.434	0.452	0.470	0.489	0.507	0.525	0.543
浙江	0.389	0.408	0.428	0.447	0.467	0.486	0.505	0.525	0.544
安徽	0.255	0.269	0.283	0.296	0.310	0.324	0.338	0.352	0.366
福建	0.317	0.334	0.350	0.367	0.383	0.400	0.416	0.432	0.449
江西	0.241	0.251	0.262	0.272	0.282	0.293	0.303	0.313	0.324
山东	0.347	0.361	0.376	0.391	0.405	0.420	0.434	0.449	0.464
河南	0.251	0.259	0.268	0.276	0.285	0.293	0.302	0.310	0.319
湖北	0.305	0.317	0.329	0.340	0.352	0.364	0.376	0.388	0.400
湖南	0.328	0.343	0.359	0.374	0.390	0.406	0.421	0.437	0.452
广东	0.520	0.547	0.575	0.602	0.630	0.658	0.685	0.713	0.741
广西	0.210	0.218	0.226	0.235	0.243	0.251	0.260	0.268	0.276
海南	0.234	0.242	0.250	0.257	0.265	0.273	0.281	0.288	0.296
重庆	0.372	0.390	0.407	0.425	0.442	0.460	0.477	0.495	0.512
四川	0.252	0.263	0.273	0.283	0.294	0.304	0.314	0.325	0.335
贵州	0.277	0.291	0.304	0.318	0.332	0.345	0.359	0.373	0.386
云南	0.232	0.240	0.249	0.258	0.267	0.276	0.284	0.293	0.302
陕西	0.271	0.278	0.285	0.292	0.299	0.306	0.313	0.320	0.327
甘肃	0.232	0.243	0.253	0.263	0.274	0.284	0.294	0.304	0.315
青海	0.201	0.208	0.216	0.224	0.232	0.240	0.248	0.256	0.264
宁夏	0.229	0.236	0.243	0.250	0.257	0.264	0.271	0.278	0.284
新疆	0.179	0.184	0.189	0.194	0.199	0.205	0.210	0.215	0.220

省份	2028 年	2029 年	2030 年	2031 年	2032 年	2033 年	2034 年	2035 年
北京	0.793	0.813	0.833	0.853	0.873	0.893	0.913	0.933
天津	0.385	0.394	0.403	0.412	0.421	0.430	0.439	0.448
河北	0.443	0.457	0.470	0.484	0.497	0.511	0.524	0.538
山西	0.401	0.410	0.419	0.429	0.438	0.447	0.456	0.466
内蒙古	0.302	0.311	0.319	0.327	0.336	0.344	0.352	0.361
辽宁	0.444	0.456	0.468	0.480	0.492	0.504	0.516	0.528
吉林	0.328	0.337	0.346	0.355	0.365	0.374	0.383	0.392

3 中国新经济指数的时序变化与地区差异分析

3.1 引言与文献综述

新经济的发展是我国新时代发展中的重要特征和战略维度，也是实现中国经济新旧动能转换的主要动力。随着中国经济从高速增长转向高质量发展，传统发展中以规模扩张为特征的数量型经济增长方式已经难以为继，仅依靠消费、投资、净出口“三驾马车”的需求侧管理也难以形成经济健康可持续发展的长期动力（钱颖一，2017）。新经济的出现，其本质是形成新的资源形态或新的资源禀赋结构，其既能够提升供给结构对需求结构的适配性，也能够通过形成新供给，创造出新的需求，为经济发展提供新的动力来源。党的十九届五中全会提出要“以创新驱动、高质量供给引领和创造新需求”，而新经济在这一过程中将起到重要的支撑作用。

从新经济方面的已有研究来看，在“新经济”的内涵和评价维度方面，并未形成统一明确的认识，在新经济的统计调查方法层面也存在不同程度的局限性（许宪春，2016）。目前我国学者对新经济指数的研究主要有以下几个方面：一是通过构建“新经济”指数对中国整体的创新发展进行时间序列的评价（陈维涛，2017；任保平、宋雪纯，2020）；二是通过构建新经济指数对中国地区之间的差异进行衡量（姚鹏、张其仔，2019）；三是对“新经济”的含义的认识探究（李海舰等，2018）。从已有文献来看，现有的研究已经为我们对新经济的探索提供了广阔的思路和深厚的基础，为新经济的研究提供了重要参考，同时，也提供了进一步深入研究的空间，现有的研究大多从“绿色化”或“信息化”等视角针对中国整体的“新经济”发展水平进行度量研究，而从新经济对经济社会发展影响的理论机制出发，进一步构建科学评价体系来衡量新经济发展水平的研究还有待拓展。

对新经济的内涵界定和准确测度是提升新经济发展水平的重要参考。因此，本章基于复杂经济学的基本观点和原理，对新经济的理论内涵进行分析，并从新经济发展的逻辑框架出发，构建新经济发展指数评价的理论维度和评价体系，并从时序变化和地区差异两大方面形成综合性新经济指数，对中国整体和各省份的新经济发展指数进行测度。

3.2 新经济的理论内涵与评价维度

“新经济”的概念最早见于1996年美国《商业周刊》发表的《新经济的胜利》一文，是指在信息技术革命和经济全球化浪潮背景下经济发展中呈现出的以“高增长、低通胀、低失业”为特征的一种新经济形态（易宪容等，2018）。进入21世纪以来，随着第四次科技革命和产业变革趋势的不断发展，新经济通过新资源的创造和对传统资源的重新配置，重塑了经济社会发展的形态，在这一过程中新经济的内涵也不断丰富，其不仅仅局限于信息化，而是扩展到经济发展的要素结构和发展方式的变革。同时，新经济的快速发展还构成了对传统经济理论的重大挑战，传统的经济增长理论是在生产规模报酬不变的假设下形成的，其重点关注的是经济发展的均衡状态，这样的发展方式对要素供给持续增长的依赖性极强，在没有突破性创新带来的生产率扩张条件下，要素会面临边际报酬递减的状况，经济增长也难以具备长期可持续性。

传统经济学无法对新经济作出合理的解释，而基于演化和系统思想的复杂经济学则可以为新经济的理论解读提供一个新的视角。根据复杂经济学的基本理论，经济的发展就是一个技术和产业不断进化、迭代、更替的过程，基于新兴技术的“正反馈”和“路径依赖”机制，新兴部门使用的生产要素，如人力资源、知识资源和数据资源，具有极强的外部性和溢出效应，在一定程度上会存在边际使用成本递减甚至为零的特征，这就使得这些部门的增长存在报酬递增机制，在整体经济结构中的份额则会逐渐提升；而遵循“新古典增长”的规模报酬不变增长机制的传统部门，当面临由于劳动力增速减缓带来的资本报酬递减后，在经济发展中的结构份额将逐步降低。经济发展就是报酬递增部门持续替代报酬不变部门的“进化”现象，而当下新经济的发展对经济高质量发展的影响，就体现为这种“进化”带来的生产效率提升和发展方式转变。

新经济的收益递增机制，主要体现为新经济在多维度和多层面都出现了不同于传统经济的新特征。我们基于经济发展的“条件—过程—结果”这一逻辑框架来进行审视。从新经济发展的条件维度来看，一是要具备新型基础设施，以使新经济发展中的成本降低，能够实现规模经济；二是要具备新型生产要素，为新经济发展提供新型要素供给，这种要素供给可以改变传统要素的报酬递减性质。从新经济发展的过程维度来看，一是在经济领域要体现出新型发展方式，新经济应是主要依靠技术进步和生产率提升的增长；二是在社会公共领域，新经济应当带来公共服务效率的提升，降低整个社会的信息成本和决策成本。从新经济发展的结果维度来看，一是要有新兴产业的成长，新兴产业对传统产业的迭代更新，正是新经济发展实现报酬递增的重要机制；二是要形成新型的业态模式，新的业态模式是新经济与传统经济的融合带来的，其本质是用新经济发展过程中的新技术对传统产业进行改造升级，这也是新经济发展的重要部分。

3.2.1 新经济发展的条件维度：新型基础设施和新型生产要素

从新型基础设施维度来看，主要是为新经济发展提供硬件条件保障。传统经济发展模式的效率提升和成本降低主要依托于“铁公基”等传统基础设施的发展程度，其能够提升劳动力等传统生产要素和商品货物的传输效率，并通过降低交通成本来提升交易效率，进一步扩大市场范围，促进分工深化，反过来促进经济生产效率提升和技术进步。而新经济发展过程中，对互联网、移动互联网、物联网、5G 基站等新型基础设施的依赖则更强，新型基础设施能够提升数据等新型生产要素和数字化产品的传输速度与网络通行能力，从而为新经济的产业形成和市场交易提供硬件条件。

从新型生产要素维度来看，主要是为新经济发展提供基础条件保障。传统经济发展模式中的生产要素主要是资本和劳动力，在人口结构转变过程叠加城乡二元结构转化的综合作用下，我国在较长一段时期内面临“劳动力无限供给”的现状，这为经济的持续增长提供了一定空间，但随着我国劳动力低成本优势逐渐消散，传统的生产要素结构不再能够满足新经济发展的要求。新经济发展的主要生产要素不再是劳动力，而是以知识、技术、数据和人力资本为代表的一系列新型生产要素，这类要素有着不同于传统要素的特征：一是具备极强的外部性与溢出效应，从而具有经济增长的收益递增性质；二是这类要素具备较强的非排他性与非竞争性，能实现边际成本递减，这为新经济扩张提供了生产要素基础。

3.2.2 新经济发展的过程维度：新型发展方式和新型公共服务

从新型发展方式维度来看，主要体现为新经济对传统经济的质量变革、效率变革和动力变革。在新经济发展背景下，经济发展的模式已经在发生重大的转变：一是更加强调经济发展的质量提升，这就要求经济发展过程中的资源环境代价要实现最小化；二是更加强调经济发展的效率提升，这就要求经济发展中经济资源、生态资源和社会资源要能够实现资源配置最优化；三是更加强调经济发展的动力转换，这就要求经济发展中的动力从传统的要素规模扩张转向要素质量提升和全要素生产率提升。

从新型公共服务维度来看，主要体现为新经济对传统经济社会治理方式带来的变革。在新经济发展背景下，传统治理模式已经不能满足新型生产生活方式的需要，新经济发展背景下需要政府治理和公共服务有着更加精准和高效的信息收集和信息处理能力。新的技术革命和产业变革需要新的治理模式，因此，用新技术改造传统的公共服务方式、推动治理体系和治理能力现代化，是新经济促进经济高质量发展的应有之义。

3.2.3 新经济发展的结果维度：新兴产业成长和新型业态模式

从新兴产业成长维度来看，新经济发展过程中最重要的特征就是形成新的产业。传统经济发展模式下，产业扩张受限于企业生产规模和生产条件，而新经济下的主要产品——“数字产品”本身存在规模经济、长尾效应与零边际成本的特征，这使得新经济存在非常强的“先行者优势”。在新经济背景下，企业的成长路径不再是“小微企业—中型企业—规模以上企业”式的线性增长，而是超常规速度的非线性增长。这种超常规速度的增长，就形成了新经济发展中的突出特征。

从新型业态模式维度来看，新经济发展过程中的另一个典型特征就是出现了传统发展方式中没有的业态模式创新。随着我国逐渐进入中高收入国家行列，经济结构不断改进，发展质量逐步提高，生产性服务业的贡献比例稳步上升（李平等，2017），特别是以数字信息产业为主的生产性服务业在经济发展中具有越来越重要的地位。在发展过程中逐步产生共享经济、平台经济等新业态模式，通过新型生产要素与传统生产要素的重新配置与重新组合，推动经济发展实现效率提升。

3.3 中国新经济指数评价指标体系的构建

以科学性、系统性和逻辑性为原则，本章构建了“新经济”评价指标体系，如表3-1所示。根据前文论述，总结现有文献研究的不足，本章以新经济发展的“条件—过程—结果”为研究逻辑构建研究体系；“条件”为新型基础设施和新型生产要素；“过程”为新型公共服务和新型发展方式；“结果”为新兴产业成长和新兴业态模式。在上一级指标中基于符合研究逻辑及考虑到数据可得性确定二级指标。

表3-1 中国“新经济”发展指数评价指标体系

维度	一级指标	二级指标	计量单位	指标属性
条件	新型基础设施	移动互联网用户	万户	正指标
		移动互联网接入流量	万GB	正指标
		移动电话普及率	部/百人	正指标
		互联网宽带接入用户	万户	正指标
		互联网普及率/%		正指标
	新型生产要素	规模以上工业企业发明专利申请数	件	正指标
		规模以上工业企业有效发明专利数	件	正指标
		规模以上工业企业R&D全时当量	人年	正指标
		规模以上工业企业R&D经费	万元	正指标
		普通高等学校在校学生数	万人	正指标

续表

维度	一级指标	二级指标	计量单位	指标属性
过程	新型公共服务	政务机构微博数量	个	正指标
		政务服务头条号数量	个	正指标
	新型发展方式	二氧化硫排放量	吨	逆指标
		废水排放总量	万吨	逆指标
		技术市场成交额	亿元	正指标
结果	新兴产业成长	信息传输、软件和信息技术服务业城镇单位就业人员数	万人	正指标
		信息传输、软件和信息技术服务业国有单位就业人员平均工资	元	正指标
		信息技术服务收入	万元	正指标
		软件产品收入	万元	正指标
	新兴业态模式	电子商务交易活动的企业数	个	正指标
		电子商务交易额	亿元	正指标
		电子商务采购额	亿元	正指标
		每百家企业拥有网站数	个	正指标

（1）新型基础设施方面，主要由5个二级指标构成，分别为反映新型基础建设的移动互联网用户、移动互联网接入流量、移动电话普及率、互联网宽带接入用户、互联网普及率。以新型通信技术为代表的新型基础设施建设水平的提高可以提高经济建设的效率，提高经济发展与各种产业的精准性，减少信息不对称，降低成本。

（2）新型生产要素由5个二级指标构成，分别为反映新型生产要素的技术型和知识型的指标，其中以研究型的科技项目和研究型的知识人才投入为主要形式，包括规模以上工业企业发明专利申请数、规模以上工业企业有效发明专利数、规模以上工业企业R&D全时当量、规模以上工业企业R&D经费、普通高等学校在校学生数。知识、创新不仅是新生产要素的核心，也是新经济的核心，第四次工业革命是一次知识密集型的革命，因此要不断提高知识存量，推动新经济实现更高水平发展。

（3）新型公共服务由2个二级指标构成，分别为基于信息化、数字化的反映政府新型公共服务能力的政务机构微博数量、政务服务头条号数量。新兴技术对公共服务方式的改变，主要体现为公共服务的数字化、网络化、智能化和平台化水平不断提升。

（4）新型发展方式由 3 个二级指标构成，从正反两个方面来考量。其中逆指标主要包括二氧化硫排放量、废水排放总量，正指标选取技术市场成交额进行衡量。技术改革，一方面可以改进传统行业的生产，提高生产率，改善生产技术，实现绿色发展；另一方面也可以不断提高新技术产业的发展水平，更多依靠技术产业不断提高经济发展水平，改善经济结构，实现经济的高质量发展。

（5）新兴产业成长由 4 个二级指标构成，分别为信息传输、软件和信息技术服务业城镇单位就业人员数，信息传输、软件和信息技术服务业国有单位就业人员平均工资，信息技术服务收入，软件产品收入。信息化、新型化产业相关的产出增长，可以在一定程度上反映新兴产业成长水平。

（6）新兴业态模式由 4 个二级指标构成，分别为这些年发展迅速的不同于传统产业的电子商务交易活动的企业数、电子商务交易额、电子商务采购额，以及以技术为基础能促进新业态发展的每百家企业拥有网站数。基于以上指标，可以了解在新的技术革命下所形成的新兴业态模式，是这些新模式通过大数据获得了传统经济中所不能获取的信息，跨越了传统经济中信息间的鸿沟，不断改变原有传统市场，并且不断催生新的业态，为现在的生活提供了前所未有的便利。

以上指标数据均来源于历年《中国统计年鉴》与《中国互联网发展状况统计报告》，其中个别年份缺少的数据，采用取均值赋值的方法进行填补。基于以上分析，本章采用避免确定权重时具有主观性的熵值法确定指标权重，基于数据的可得性，我们主要选取了中国整体以及各省份 2014—2019 年的新经济发展水平进行测度。

3.4 中国新经济指数的评价方法与数据处理

3.4.1 中国新经济指数的评价方法选择

中国新经济发展指数的评价涉及诸多指标，因此评价的关键就是指标权重的确定问题。关于评价赋权的方法，常用的评价方法有主观赋权法和客观赋权法。

主观赋权法是由相关专家依据其经验和学识进行赋权，主观赋权法的主要代表性方法包括层次分析法和德尔菲法等。但是这类方法过于依赖专家的主观认知，很容易影响评价的结果。客观赋权法是利用客观数值来计算权重的方法，常用的客观赋权法有因子分析法、熵值法、主成分分析法等。本章采用客观赋权法中的熵值法来计算“新经济”发展水平的各项指标的权重。

“熵”最开始是物理学的概念，后来被用来表明混合复杂的信息中的不确定的程度，被用来刻画某个事物的信息越完全，信息量越大，不确定的程度就越小，熵值就越小，指标重要程度就越高；反之，信息越不完全，信息量越小，不确定程度就越大，熵值就越大，指标重要程度就越低。熵值法的本质是基于指标的离散程度进行客观赋权，基于熵值法对中国新经济发展指数进行测度，有利于消除主观认知偏差对新经济测度的不利影响。

3.4.2 数据标准化处理

一方面，因为数据处理过程中存在零值，为了不影响计算结果，将整体数据进行一个微小的正值平移。另一方面，因为数据指标中存在正向指标和逆向指标，指标单位也不尽相同，所以我们先对数据进行标准化处理，将指标全部化为 0 ~ 1 的数，以方便评价过程，处理的方法就是对数据进行无量纲处理。本章的测度过程具体分为时间序列分析和地区差异分析两大部分，数据标准化处理总体相同，仅在分维度权重加总时略有差异。

正项指标标准化：

$$x'_{ij} = \frac{x_{ij} - x_{\min}}{x_{\max} - x_{\min}} \tag{3-1}$$

逆向指标标准化：

$$x'_{ij} = \frac{x_{\max} - x_{ij}}{x_{\max} - x_{\min}} \tag{3-2}$$

在年度时间序列分析中，其中 $i = 1, 2, 3, \cdots, n$ 代表了不同的指标，$j = 1, 2, 3, \cdots, m$ 代表了不同的年份。x_{ij} 代表未进行标准化的指标的原数据，$x_{\max}$、$x_{\min}$ 分别代表原数据中的最大值和最小值，x'_{ij} 代表标准化后的数据。

在地区差异分析中，i 代表不同的指标，k 代表不同的省份。

正项指标标准化：

$$x'_{ik} = \frac{x_{ik} - x_{\min}}{x_{\max} - x_{\min}} \tag{3-3}$$

逆向指标标准化：

$$x'_{ik} = \frac{x_{max} - x_{ik}}{x_{max} - x_{min}} \tag{3-4}$$

3.4.3 指标权重计算

（1）利用标准化后的数据进行计算，计算第 j 个指标下第 i 年的贡献度。

$$q_{ij} = \frac{x'_{ij}}{\sum_{i=1}^{n} x_{ij}} \tag{3-5}$$

（2）计算第 j 个指标的熵值。

$$p_j = -\frac{1}{inn}\sum_{i=1}^{n} q_{ij}\ln(q_{ij}) \tag{3-6}$$

（3）差异系数计算。

$$\omega_j = 1 - p_j \tag{3-7}$$

（4）确定评价指标的权重，确定年度综合评价得分。

$$w_j = \frac{\omega_j}{\sum_{i=1}^{m} \omega_j} \tag{3-8}$$

本章省份权重计算与年度权重计算公式相同，地区权重计算是将每个区域中各省份每年的权重通过求和得出。

3.5 中国新经济指数的总体评价与结构特征

3.5.1 中国新经济指数的总体评价与时序变化

采用熵值法计算各指标的权重，得出中国2014—2019年的新型基础设施、新型生产要素、新型公共服务、新型发展方式、新兴产业成长、新兴业态模式等六大维度的发展状况结果以及新经济的年度综合指数，具体如表3－2所示。

表3－2 中国“新经济”发展水平时间序列评价

年份	新型基础设施指数(0.1948)	新型生产要素指数(0.3706)	新型公共服务指数(0.1078)	新型发展方式指数(0.1521)	新兴产业成长指数(0.0830)	新兴业态模式指数(0.0917)	年度新经济指数
2014	0.0012	0.0002	0.0056	6.84×10^{-8}	2.59×10^{-8}	0.0032	0.0102

续表

年份	新型基础设施指数（0.1948）	新型生产要素指数（0.3706）	新型公共服务指数（0.1078）	新型发展方式指数（0.1521）	新兴产业成长指数（0.0830）	新兴业态模式指数（0.0917）	年度新经济指数
2015	0.0060	0.0037	0.0102	0.0072	2.59E-08	0.0028	0.0298
2016	0.0157	0.0153	0.0157	0.0149	0.0105	0.0164	0.0885
2017	0.0320	0.0244	0.0204	0.0251	0.0218	0.0232	0.1468
2018	0.0587	0.0470	0.0253	0.0365	0.0248	0.0201	0.2124
2019	0.0812	0.2801	0.0306	0.0684	0.0259	0.0261	0.5122

（1）新型基础设施建设水平不断提高。整体来看，评价值从2014年的0.0012上升到2019年的0.0812，说明新型基础设施建设水平有了很大幅度的提升，这五年来，新型基础设施建设对中国“新经济”发展水平的提高有着很大的推动作用。从评价值的涨幅来看，每年的涨幅非常大，每年的发展水平较上一年都能翻一番，或者翻几番。以上变化得益于2014年以来中国互联网络的飞速发展，以及智能手机的快速普及，新一代的通信技术的建设与发展，使中国新经济发展水平整体提升比较明显，为我国新经济发展做出了巨大贡献，国家应继续加大新型基础设施建设的投入力度。

（2）新型生产要素水平稳步上升。整体来看，评价值从2014年的0.0002上升到2019年的0.2801，说明新型生产要素发展水平提升幅度很大，这与近年来国家为了提高经济发展质量而不断加大科技创新方面的投入有关，高等学校人数不断增加，为国家R&D人员提供了来源，使R&D人员不断增加，而规模以上工业企业R&D人员、规模以上工业企业R&D经费不断增加，使得有效发明专利数和发明专利申请数也不断增加。从投入产出比（有效发明专利和经费比值）来看，比重却并未呈现出不断上升的趋势，这说明中国经济发展中的创新效率提升并不明显，而创新效率的提升是实现新时代下科技自立自强的基础。

（3）新型公共服务水平逐年提高。评价值从2014年的0.0056上升到2019年的0.0306。从整体水平来看，以互联网信息化为主的新型公共服务水平在不断提高，说明互联网信息化科技在政务服务方面的应用越来越广泛，从以前传统排队式的政务服务，逐渐转变为线上的新型智能化公共服务，有效、快速、精准地提高了公共服务的效率，但是其在整个“新经济”中的贡献率很低，说明新型公共服务平台搭建还是很少，服务水平并不高，要不断提高发展的水平，切实做好各项工作。

（4）新型发展方式的水平也在稳步上升。评价值从2014年的6.84×10^{-8}上升到2019年的0.0684。一方面，中国在环保方面贡献突出，产值不断上升，而二氧化硫等废气、废水排放量得到了控制，对中国整体经济环境改善做出了重要贡献，说明绿色化的发展方式在中国已经取得了不错的进步。另一方面，技术产业的产值在不断上升，说明中国已经在改变原来依靠要素红利拉动的发展方式，不断转移技术发展方向。但是新型发展方式整体比重并不高，说明这方面在中国经济发展中前景广阔，应该继续加大投入，发展新型能源产业，提高经济发展的绿色化程度，加大新技术、新产业、新模式方面的应用。

（5）新兴产业成长模式发展水平不断上升。评价值从2014年的2.59×10^{-8}上升到2019年的0.0259。从整体水平来看，其发展水平在逐年稳步上升，但是其在新经济中的比重依旧很低，最大值也不过0.0259，这说明以信息软件等为主的数字信息化产业在中国发展水平不足，政府应加大相关人才培养力度，不断改进生产结构，使信息服务等产业早日成为中国新经济发展水平的重要支柱。

（6）新兴业态模式的发展水平持续提升。评价值从2014年的0.0032上升到2019年的0.0261。从整体水平来看，新业态的发展水平在不断提高，这得益于近年来网络基础设施和移动互联网终端设备的发展普及，使得以移动支付、线上贸易、共享经济、平台经济为代表的新兴业态模式的发展水平不断提高，数字化的生产生活方式也逐渐形成人们生活的日常。但从整体比重来看依然很低，这需要进一步加大对创新型企业的扶持，激发企业家精神的发挥，使这些企业能够不断推动数字经济、分享经济、平台经济等方面的业态创新，并不断提高创新能力，实现更多新的资源组合方式，来不断促进新业态模式的发展。

（7）年度新经济水平综合能力不断提高。综合指标评价值从2014年的0.0102上升到2019年的0.5122，说明整体的新经济发展趋势不断向好，发展程度不断提高，增幅不断上升，说明中国近年来在新经济的发展中收效很好。从6个一级指标来看，每个指标都呈现出上升的趋势，但是新经济的发展过程与结果相比新经济的条件、比例并不协调。新型生产要素成长的速度较快，而新兴产业成长和新兴业态模式创新则发展相对较慢。

3.5.2 中国新经济发展水平区域评价

在对中国新经济发展进行了时间序列的评价以后，为了更加全面地分析整个中国新经济的发展情况，遵循从总体到部分再到个体的分析思路，进行区域层面的分析以及省域方面的分析。在区域评价中，首要问题是如何划分中国的区域。在中国区域经济研究中，划分的方法有多种，本章按照四大经济区域划分的方法，将全国划分为：东部地区、东北地区、中部地区和西部地区。东部地区包括：北京、天津、河北、山东、江苏、上海、浙江、福建、广东、海南。东北地区包括：黑龙江、吉林、辽宁。中部地区包括：山西、河南、湖北、湖南、江西、安徽。西部地区包括：重庆、四川、广西、贵州、云南、陕西、甘肃、内蒙古、宁夏、新疆、青海、西藏。在区域评价中，依旧采用熵值法计算各个指标值，得到2014—2019年各省份的权重，结果如表3－3所示。

表3－3 2014—2019年中国新经济发展水平区域评价

年份	东部地区新经济指数	东北地区新经济指数	中部地区新经济指数	西部地区新经济指数
2014	0.6455	0.0598	0.1393	0.1554
2015	0.6418	0.0570	0.1419	0.1593
2016	0.6450	0.0502	0.1478	0.1571
2017	0.6458	0.0486	0.1454	0.1601
2018	0.6462	0.0433	0.1490	0.1615
2019	0.6450	0.0416	0.1501	0.1634

将2014—2019年的权重相加，对新经济整体程度进行评价，可以发现，东部地区相对于其他三大区域，优势非常明显，西部和中部地区次之，东北地区排名最后。东部地区之所以优势非常大，是因为从衡量新经济的各个维度来说，东部地区都处于领先地位，这既与东部地区的科技资源禀赋优势密切相关，也与政策和区位条件有很大关系，东部沿海地区自改革开放以来都享有国家政策的相应倾斜，而中国的几大城市群——“京津冀”“珠三角”“长三角”都集中在东部地区，这些都是国家的重要战

略规划地区。西部和中部地区相当，但相对于东部地区来说差距非常大，这意味着新经济在各区域发展极不平衡。

3.5.3 中国新经济发展水平省域评价

沿用时间序列的整体发展水平和区域发展水平的测度方法，将所有数据进行无量纲化处理，然后采用熵值法求得各省份的新经济水平指数，各省份2014—2019年的新经济指数的综合评价结果如表3－4所示。

表3－4 中国新经济发展水平省域综合评价

省份	2014年	2015年	2016年	2017年	2018年	2019年
北京	0.1147	0.1141	0.1087	0.1096	0.0993	0.1002
天津	0.0279	0.0301	0.0273	0.0243	0.0218	0.0215
河北	0.0206	0.0201	0.0218	0.0218	0.0212	0.0217
山西	0.0114	0.0110	0.0104	0.0108	0.0113	0.0107
内蒙古	0.0098	0.0111	0.0100	0.0103	0.0103	0.0104
辽宁	0.0368	0.0349	0.0281	0.0271	0.0242	0.0236
吉林	0.0105	0.0109	0.0112	0.0113	0.0107	0.0094
黑龙江	0.0125	0.0112	0.0108	0.0103	0.0084	0.0086
上海	0.0709	0.0664	0.0673	0.0633	0.0614	0.0634
江苏	0.1059	0.1019	0.1010	0.0986	0.1021	0.1025
浙江	0.0647	0.0641	0.0645	0.0657	0.0689	0.0755
安徽	0.0287	0.0304	0.0311	0.0307	0.0312	0.0303
福建	0.0312	0.0318	0.0316	0.0318	0.0321	0.0321
江西	0.0120	0.0129	0.0133	0.0144	0.0153	0.0168
山东	0.0666	0.0674	0.0719	0.0744	0.0749	0.0636
河南	0.0288	0.0289	0.0326	0.0302	0.0305	0.0308
湖北	0.0347	0.0358	0.0372	0.0360	0.0353	0.0358
湖南	0.0237	0.0228	0.0231	0.0234	0.0254	0.0256
广东	0.1366	0.1388	0.1449	0.1498	0.1587	0.1587
广西	0.0111	0.0111	0.0112	0.0114	0.0114	0.0125
海南	0.0065	0.0071	0.0060	0.0064	0.0057	0.0057
重庆	0.0190	0.0192	0.0202	0.0200	0.0211	0.0203
四川	0.0374	0.0377	0.0375	0.0404	0.0422	0.0424
贵州	0.0094	0.0098	0.0105	0.0107	0.0115	0.0113

续表

省份	2014年	2015年	2016年	2017年	2018年	2019年
云南	0.0115	0.0116	0.0108	0.0111	0.0107	0.0112
西藏	0.0031	0.0033	0.0030	0.0024	0.0023	0.0028
陕西	0.0283	0.0285	0.0286	0.0288	0.0273	0.0286
甘肃	0.0091	0.0090	0.0092	0.0090	0.0087	0.0084
青海	0.0042	0.0048	0.0041	0.0040	0.0037	0.0036
宁夏	0.0049	0.0049	0.0044	0.0050	0.0051	0.0047
新疆	0.0076	0.0082	0.0075	0.0070	0.0071	0.0071

2014—2019年各省份新经济指数排名及变化如表3-5所示。

表3-5 2014—2019年各省份新经济指数排名及变化

省份	2014年	2015年	2016年	2017年	2018年	2019年
广东	1	1	1	1	1	1
北京	2	2	2	3（-1）	3	3
江苏	3	3	3	2（1）	2	2
上海	4	5（-1）	5	6（-1）	6	6
山东	5	4（1）	4	4	4	5（-1）
浙江	6	6	6	5（1）	5	4（1）
四川	7	7	7	7	7	7
辽宁	8	9（-1）	13（-4）	13	14（-1）	14
湖北	9	8（1）	8	8	8	8
福建	10	10	10	9（1）	9	9
河南	11	13（-2）	9（4）	11（-2）	11	10（1）
安徽	12	11（1）	11	10（1）	10	11（-1）
陕西	13	14（-2）	12	12	12	12
天津	14	12（2）	14	14	15（-1）	16（-1）
湖南	15	15	15	15	13（2）	13
河北	16	16	16	16	16	15
重庆	17	17	17	17	17	17
黑龙江	18	20（-2）	21（-1）	25（-4）	26（-1）	25（1）
江西	19	18（1）	18	18	18	18
云南	20	19（1）	22（-3）	21（1）	23（-2）	21（2）
山西	21	23（-2）	24（-1）	22（2）	21（1）	22（-1）

续表

省 份	2014 年	2015 年	2016 年	2017 年	2018 年	2019 年
广 西	22	21 (1)	20 (1)	19 (1)	20 (-1)	19 (1)
吉 林	23	24 (-1)	19 (5)	20 (-1)	22 (-2)	24 (-2)
内蒙古	24	21 (3)	25 (-4)	24 (1)	24	23 (1)
贵 州	25	25	23 (2)	23	19 (4)	20 (-1)
甘 肃	26	26	26	26	25 (1)	26 (-1)
新 疆	27	27	27	27	27	27
海 南	28	28	28	28	28	28
宁 夏	29	29	29	29	29	29
青 海	30	30	30	30	30	30
西 藏	31	31	31	31	31	31

注：以 2014 年全国 31 个省份的新经济发展水平排名为基准，其中括号中的数字为较上一年各省份排名的变化情况。

在测度起始的 2014 年，新经济发展水平较高的省份基本上在东部地区，而西部地区省份的新经济指数排名大部分都十分靠后。2014 年新经济发展水平排名前 10 位的依次是广东、北京、江苏、上海、山东、浙江、四川、辽宁、湖北、福建。排名前 10 位的省份中有 7 个省份属于东部地区，西部地区省份 1 个，东北地区省份 1 个，中部地区省份 1 个，可以看出，东部地区的新经济发展水平明显优于其他区域。2014 年新经济发展水平排名在第 11 ~20 位的依次是河南、安徽、陕西、天津、湖南、河北、重庆、黑龙江、江西、云南。这 10 个省份中东部地区有 2 个，中部地区有 4 个，西部地区有 3 个，东北地区有 1 个。2014 年排名 20 位以后的省份依次为山西、广西、吉林、内蒙古、贵州、甘肃、新疆、海南、宁夏、青海、西藏。其中，东部地区省份有 1 个，东北地区省份有 1 个，中部地区省份有 1 个，西部地区省份有 8 个。与 2014 年相比，2019 年新经济发展水平较高的省份大多集中在东部地区，西部地区大部分省份排名都十分靠后，中部地区省份的排名也相对靠后。但是相较于 2014 年的新经济发展水平来看，排名基本一致，只有极个别省份排名变化稍大。2019 年新经济发展水平排名前 10 位的省份依次是广东、江苏、北京、浙江、山东、上海、四川、湖北、福建、河南，其中，东部地区省份有 7 个，中部地区省份有 2 个，西部地区省份有 1 个。2019 年新经济发展水平排名第 11 ~

20位的省份依次是安徽、陕西、湖南、辽宁、河北、天津、重庆、江西、广西、贵州。其中，东部地区省份2个，东北地区省份1个，中部地区省份3个，西部地区省份4个。2019年排名20位以后的省份依次为云南、山西、内蒙古、吉林、黑龙江、甘肃、新疆、海南、宁夏、青海、西藏，其中，东部地区省份1个，东北地区省份2个，中部地区省份1个，西部地区省份7个。

从以上结果可以看出，2014—2019年，排名前5位的省份基本都位于长三角、珠三角、京津冀等东部科技资源禀赋丰富和经济发达的地区。因为有了发达的经济与科技水平，所以能更好地发展新经济。排名靠后的基本都是偏远贫穷的边疆地区，这些地区因为没有区位优势，所以在科技、经济方面无法形成竞争优势，从而难以形成新经济下“赢者通吃”的先行者优势带来的正反馈机制。尽管落后偏远地区较难在新经济发展过程中获得先行优势，但仍然可以通过加快新型基础设施建设和新型生产要素培育来实现追赶，从而形成一定的比较优势。在本章评价中排名中间位次的贵州，就是一个典型案例。虽然贵州新经济发展指数的总体水平不高，但在测度的起始年与测度的终止年，贵州排名上升比较明显。一是地理位置。由于其地处中西部，在土地成本、人力成本方面相较于东部发达地区有低成本优势。二是自然条件。其占据气候的优势，更适合作为承载大数据服务器的天然散热地。三是贵州抢抓机遇，通过设立大数据中心，在新型基础设施建设和新型要素培育方面占据了比较优势，从而形成了以新经济发展带动经济高质量发展的动力支撑。

3.6 结论与政策建议

综上所述，本章基于新经济的理论内涵，建立新经济的逻辑分析框架和评价体系，对2014—2019年中国新经济发展指数进行测度，可以得出以下结论：①2014—2019年，中国新经济发展指数整体处于上升态势，在不同的子评价维度中，条件维度的新型生产要素提升最为明显，而作为结果维度的新兴产业成长和新兴业态模式则表现出弱于整体指数的上升态势。②尽管中国新经济发展指数呈现整体向好态势，但不同省份和不同区域之间的新经济发展状况存在着明显差距。东部地区相对于中部、西部、东北部地区处于绝对领先态势，中国新经济发展水平存在区域间的较大差异。

基于以上研究结论，我们应当加强适应于新经济发展的新型基础设施建设，加快新型生产要素培育，不断促进新型发展方式和公共服务方式的变革，促进新兴产业的成长和新兴业态模式的创新，同时要在新经济发展过程中弥补“数字鸿沟”，缩小新经济发展中的区域差距，为新经济促进高质量发展提供支撑保障。

本章提出如下政策建议：

（1）加快推进新型基础设施建设和新型生产要素培育，加强发展新经济所需的共性技术研发，引领新经济实现高质量的创新发展。加强新型基础设施建设，重点要加快推进5G网络基础设施建设，加快提升数据传输速度与网络通行能力，加快构建全球领先、安全可靠的云数据中心平台，推进云计算的创新发展与应用，满足新经济与传统经济融合的存储空间与算力需求。共性技术是引领高质量发展的核心驱动力和最重要的基础要素，其能够对各个行业广泛赋能，使整个生产过程实现网络化、协同化、生态化。要联合高校、科研院所和大型科技企业的科研力量持续强化新经济领域的基础研究，努力在芯片、内存等关键的基础技术，及集成电路、基础软件、核心元器件等薄弱环节实现根本性突破和自主可控。要加大人工智能、区块链、量子通信等前沿共性技术方面的创新投入，积极发展并努力保持在全球领先地位，为新经济发展提供足够的技术支撑，引领新经济实现创新发展。

（2）加快推进新经济发展对发展方式转变的引领，基于新型数字技术实现对生产过程的精准把控，推动实体经济的绿色化转型，引领新经济实现高质量的绿色发展。在传统发展阶段，企业很难对在生产过程中资源投入的消耗利用状态做出即时的监测和调整，随着智能技术和大数据技术的融入，能够对生产过程进行立体监测，提升生产过程的绿色化程度，同时新经济业态还能够激励绿色消费，将数据和流量转化为经济和生态价值。在新经济发展背景下，要激励传统制造业企业实现技术升级和改造，鼓励企业实现资源消耗的即时数据采集，通过数据模拟技术增加环境监测数据的可靠性，为生产决策提供依据。要引导企业将数据转化为生产经验和知识，形成企业生产模型，基于人工智能的算法进行科学决策，进一步提升资源使用效率，实现生产过程的绿色化转型。要为绿色消费提供技术储备和产品应用激励，鼓励企业通过数字技术开发绿色产品，打造绿色消费平台，引领绿色消费需求。通过降低生产端的资源消耗和消费端的污染排放，引领新经济实现高质量的绿色发展。

(3) 加快新经济扩张从消费领域向生产领域的转型，形成现代化的新经济产业体系，引领新经济实现高质量的协调发展。中国新经济的发展形态已经从消费互联网主导转向产业互联网主导。在消费互联网时代主要实现的是人与人的连接，在产业互联网时代则能够实现人与物、物与物的连接，能重塑产业链和价值链。消费互联网时代主要改变的是服务业，而产业物联网能在此基础上通过万物互联、人机交互对接用户需求和智能制造体系，让消费者能够参与产品研发、生产制造、迭代升级等，实现对制造业和现代农业的渗透。因此，要努力在新经济领域打造全产业链条，努力培育新经济产业集群，在生产、流通、消费等多个领域打造多态协调的共享经济生态链，利用智能化技术打造更多的新增长点和新动能，将“互联网+工业”“互联网+农业”“互联网+服务业”通过新型数字技术进一步升级为“智能+工业”“智能+农业”“智能+服务业”，拓展新经济发展的空间，通过智能技术对各产业的深度渗透，引领新经济实现高质量的协调发展。

(4) 加强适应新经济发展的新型制度供给，完善发展新经济的现代化治理体系，为新经济的高质量发展提供制度保障。要加强科技伦理治理的研究与探索，针对底层算法应用所产生的价值观问题，基于社会公共利益建立相应的风险防范与激励约束机制，加强算法治理，推动“科技向善”。要强化市场竞争导向的新经济治理能力，完善新经济领域行业垄断的治理政策工具，特别是对在数字经济领域中滥用市场支配地位的不正当竞争行为予以查处，创造公平的市场环境。要加快构建多元主体参与的新经济治理体系，充分发挥政府、企业、行业协会的作用，政府聚焦于平台垄断、负外部性的治理，平台型企业致力于算法价值观构建和负面信息传播治理，行业协会聚焦于数据共享和行业自律，通过多主体参与来构建激励相容的协同治理格局，为新经济发展提供高质量的制度保障。

(5) 针对我国不同地区的地域差异，制定差异化的新经济发展目标，实施差异性的新经济发展方式。对东部地区而言，应该发挥其现有的科技优势，发展新兴产业，巩固现有的新兴产业发展，不断提高水平。科技创新水平较落后的地区应加大新动能的培育力度，增加教育投入，加大新经济发展所需要的人才引进力度。同时，在不同区域之间进行合理的产业和技术梯级转移，打破要素流动壁垒，形成全国范围内的统一大市场，加速推动全国范围内的新经济发展水平的提升。

4 中国城市高质量发展指数（2004—2018年）的特征分析与趋势展望

新中国成立70多年来，城市化建设快速发展，尤其是改革开放后城镇化率由1978年的17.92%提升至2019年的60.6%，城镇常住人口由1.7亿人增加到8.48亿人。新中国改革开放的进程自始至终伴随着城市化的高速腾飞与不断深化，"京津冀""长三角""珠三角"等新型大城市群崛起，成为带动国家经济快速发展的增长极。与此同时，中小城市快速稳健发展，也成为国民经济健康发展的重要基石。毋庸置疑，以城市建设和发展为龙头不仅拉动了中国经济的高速增长，更为推动中国经济高质量发展积累了可资借鉴的宝贵经验。

联合国经济和社会事务部（UN DESA）公布的《2018年世界城市化趋势》报告显示，北美洲城市化率达82%，欧洲为74%，大洋洲为68%。根据世界银行的统计，2018年美国、法国、德国和日本的城市化率分别为82%、80%、77%和92%，相较于发达国家而言，中国城市化率相对较低，城市建设和发展任重道远。党的十九大报告中指出，中国经济已由高速增长阶段转向高质量发展阶段，城市高质量发展关系中国经济高质量发展的深化。本章遵循新发展理念，构建由发展的基本面、发展的社会成果和发展的生态成果构成的经济高质量发展指标体系，对2004—2018年中国城市高质量发展水平进行测度。在此基础上，实证分析城市高质量发展的地区分化程度及其演进趋势，从城市发展的维度为我国推动高质量发展提供可行的政策借鉴。

4.1 理论基础

4.1.1 高质量发展的测度

2018年4月24日至28日，习近平总书记在湖北考察时强调："高质量发展就是体现新发展理念的发展，是经济发展从'有没有'转向'好不好'。"推动高质量发展是做好经济工作的根本要求，而高质量发展是否稳步推进则需要具体的量化，因此，对经济高质量发展的测度显得尤为重要。目前，我国已由经济高速增长阶段转向经济高质量发展阶段，我国社会主要矛盾已经转化为人民日益增长的美好生活需要和不平衡不充分的发展之间的矛盾，单一的GDP指数或经济基本面已经无法全面衡量我国宏观经济高质量发展。在现有文献中，学者们基于不同评价体系对我国经济高质量发展水平进行了测度，对经济高质量发展测度的研究主要可以分为三类：①采用以主成分分析法为主的综合评价指标体系对经济增长质量指数的测度（钞小静、任保平，2011；毛其淋，2012）。②使用基于生产函数的索洛余值法和数据包络分析法测度全要素生产率，作为经济增长质量的替代（陈诗一，2012）。③利用组合赋权法对权重赋值，比如高志刚和克魁（2020）运用AHP和熵值分析法进行组合评价赋权。此外，也有其他学者利用熵权TOPSIS法（简新华、聂长飞，2020；魏敏、李书昊，2018）、均等赋权法（师博等，2019；马茹等，2019）测算指标的权重。在测量方法创新方面，聂长飞和简新华（2020）综合使用了纵横向拉开档次法、定基功效系数法和核密度估计法测算了省级经济高质量发展水平。以上对经济高质量发展的测算方法，都是在增长数量的基础上，纳入技术进步、经济结构以及环境质量等方面的因素，从而使经济增长质量具有更广泛的理论内涵。尽管现有研究均认为构建一套能够衡量高质量发展的指标体系是非常重要的，但至今仍没有形成一套统一的指标体系。从现有的研究成果来看，目前存在多种评价指标体系，均体现出高质量发展的多维性、动态性特征。

综上所述，大多学者从省级层面测算高质量发展指数，而从地市级层面进行测算时鲜有使用主客观结合的综合赋权法，本章正是利用该方法对现有的文献进行补充，有助于厘清城市经济高质量发展的现状，为城市的高质量发展出谋划策。

4.1.2 区域经济发展差异

20 世纪 90 年代以来，区域经济发展差异一直是众多学者探讨的热门话题。从研究尺度上看，包含了宏观尺度和微观尺度，具体包括东中西、南北、省级、经济圈、地市级、县级等；从研究结论上看，由于研究尺度、研究方法和统计指标等的不同，最终结论也不尽相同，比如贺灿飞等（2004）采用多层次分解的 Theil 指数测量中国区域间和区域内经济差异，发现东部和西部地区内部差异较大，中部地区内部差异较小；徐建华等（2005）认为在空间尺度较小时区域经济变化过程呈现出“复合型倒 U 形曲线”的特征；潘文卿（2010）通过空间计量模型揭示出东、中、西部地区内部省份之间的差异呈缩小趋势。

基于上述研究，为了加快推进我国社会主义现代化强国建设，有必要对我国经济发展质量的水平进行测度，比较分析经济发展数量和经济发展水平的演变路径异同及区域发展演化格局的演变态势，从城市层面出发研究我国东、中、西部地区差异和南北地区差异，从而更好地促进经济高质量发展。

4.2 数据说明与研究方法

4.2.1 数据来源及指标体系

高质量发展的测度是一个系统工程，需要综合考虑到经济、社会、生态等各方面，所以本章结合新发展理念设计了以下指标体系（见表 4 - 1）：①发展的基本面表征经济运行的基本状况，在此选取了权衡地区产出能力的强度、地区经济运行是否平稳的稳定性、产业结构与就业结构是否协调的合理化、地区对外贸易程度的外向性以及创新能力的创新性作为基本面的 5 个准则指标。②社会成果用来度量经济发展成果的普惠性，在此选取了最能体现民生的教育和医疗，以及和民众日常生活息息相关的传统基础设施和新型基础设施，一起作为社会成果的 4 个准则指标。③发展的生态成果用来度量经济发展过程中对环境带来的副作用，本章从气体污染、液体污染、固体污染三个方面来衡量单位经济产出给环境带来的负面影响。进而利用该指标体系对 2004—2018 年全国 283 个地级以上城市的高质量发展水平进行测算和评价。指标体系中包含的相关数据通过城市统计年鉴、

CEIC 数据库获得。

表 4-1 经济高质量发展指标体系

衡量维度	准则指标	测度指标
发展的基本面	强度	地区人均 GDP
	稳定性	经济增长率变异系数的倒数
	合理化	1-泰尔指数
	外向性	单位地区生产总值的净出口值
	创新性	单位地区生产总值的专利存量数
社会成果	教育	平均每万人中小学教师数
	医疗	平均每万人医生人数
	传统基础设施	道路密度=道路面积/市辖区面积
	新型基础设施	每万人互联网用户数
生态成果	气体污染	单位气体污染排放产出
	液体污染	单位液体污染排放产出
	固体污染	单位固体污染排放产出

4.2.2 研究方法

(1) 组合赋权法

由于主观赋权法具有一定的主观性，而客观赋权法又无法突出某些指标的特殊性，所以参考李廉水等（2015）的方法，利用主观赋权法与客观赋权法相结合的组合赋权法来计算权重。其中，主观赋权法采用均等赋值的方法，客观赋权法采用时空极差熵权法，时空极差熵权法避免了传统熵权法只能利用各指标在特定时间点上信息的缺点，各指标的相对重要性会随着时间的推移而发生变化，可以动态地更新各个指标的权重。具体计算步骤如下：

第一步，使用最大最小标准化对原始数据进行无量纲化处理，以消除量纲差异，便于比较。式（4-1）中，x_{ij}^0 为标准化后的指标值，x_{ij} 为 i 地区第 j 项指标值，标准化后数据取值范围为［0，1］。

$$x_{ij}^0 = \frac{x_{ij} - \min(x_{ij})}{\max(x_{ij}) - \min(x_{ij})} \tag{4-1}$$

第二步，分别计算主观权重的指标 $W^{(1)} = (w_1^{(1)}, w_2^{(1)}, \cdots, w_n^{(1)})$ 和客观权重的指标 $W^{(2)} = (w_1^{(2)}, w_2^{(2)}, \cdots, w_n^{(2)})$。

第三步，利用 $w_j = \beta w_j^{(1)} + (1-\beta) w_j^{(2)}$ ，$j=1, 2, \cdots, n$ 进行线性组合，其中 β 为偏好系数，为了体现主客观赋权同样重要，在这里取 $\beta = 0.5$，则可以得到组合指标权重。

第四步，利用 $f_i(W) = \sum_{j=1}^{n} w_j x_{ij}^0$ ，$i=1, 2, \cdots, n$，计算第 i 个地区的高质量发展指数。

（2）Kernel 密度估计

本章采用非参数估计的 Kernel 密度估计分析经济高质量发展的动态演进趋势。核密度估计对模型的依赖性较弱且具有良好的统计性质，在空间分布非均衡的研究中已经得到广泛应用。在式（4－2）中，$f(x)$ 表示经济高质量发展指数的密度函数，x 为均值，N 表示观测值的个数，X_i 表示独立同分布的观测值，$K(\cdot)$ 为核函数，h 为带宽，带宽越大，在 x 附近邻域越大，则估计的密度函数曲线就越光滑，估计精度就会越低。因此，在实际研究中，在保证曲线优美的前提下会选择较小的带宽。

$$f(x) = \frac{1}{Nh}\sum_{i=1}^{N} K\left(\frac{X_i - x}{h}\right) \tag{4-2}$$

核函数是一种加权函数，一般要满足式（4－2）的条件，核函数包括三角核函数、四角核函数、Epanechnikov 核函数、高斯核函数等，经验研究显示，采用的分组数据越少，选择高斯核函数的可能性越大，因此，本章选择高斯核函数估计经济高质量发展的分布动态和演进趋势。就本章而言，分布位置表示高质量水平的高低；分布形态反映高质量发展水平的区域差异大小和极化程度，其中，波峰高度和宽度反映差异大小，波峰数量反映空间极化程度。

$$\begin{cases} \lim\limits_{x \to \infty} k(x) \cdot x = 0 \\ k(x) \geqslant 0 ; \int_{-\infty}^{+\infty} k(x)\,\mathrm{d}x = 1 \\ \sup k(x) < +\infty ; \int_{-\infty}^{+\infty} k^2(x)\,\mathrm{d}x < +\infty \end{cases} \tag{4-3}$$

（3）Dagum 基尼系数及其分解

测度经济发展差距的无量纲指数有很多，如变异系数、泰尔指数、Dagum 基尼系数等，但 Dagum 基尼系数的优势在于不仅可以测算差异，还可以将总的区域差距分解成不同来源的差距，从而分析不同子群（子样本）对总体区域差异的影响，其定义如式（4－4）所示。其中，G 是总体基尼系数，$\bar{y}$ 是全国城市高质量发展指数的平均值，n 是城市的个数，k 是区域划分的个数，y_{ji}（y_{hr}）是 j（h）地区内某一城市的高质量发展指数，n_j（n_h）是 $j(h)$ 地区内城市的个数，j，h 为地区划分个数，i，r 为地区内城市的个数。

$$G = \sum_{j=1}^{k}\sum_{h=1}^{k}\sum_{i=1}^{n_j}\sum_{r=1}^{n_h}|y_{ji} - y_{hr}|/2n^2\bar{y} \tag{4-4}$$

根据 Dagum 的分解方法，基尼系数可以分解为三个部分：地区内差距的贡献 G_W、地区间差距的贡献 G_{nb}、超变密度的贡献 G_t，分别代表地区内部城市高质量发展差异来源、地区间高质量发展差异来源以及各地区交叉效应，而且三者之间关系满足 $G = G_W + G_{nb} + G_t$。具体计算过程如式（4－5）至式（4－12）所示。

$$G_{jj} = \frac{\frac{1}{2\bar{Y}_j}\sum_{i=1}^{n_j}\sum_{r=1}^{n_h}|y_{ji} - y_{hr}|}{n_j^2} \tag{4-5}$$

$$G_W = \sum_{j=1}^{k} G_{jj} p_i s_j \tag{4-6}$$

$$G_{jh} = \frac{\sum_{i=1}^{n_j}\sum_{r=1}^{n_h}|y_{ji} - y_{hr}|}{n_j n_h(\bar{Y}_j + \bar{Y}_h)} \tag{4-7}$$

$$G_{nb} = \sum_{j=2}^{k}\sum_{h=1}^{j-1} G_{jh}(p_j s_h + p_h s_j) D_{jh} \tag{4-8}$$

$$G_t = \sum_{j=2}^{k}\sum_{h=1}^{j-1} G_{jh}(p_j s_h + p_h s_j)(1 - D_{jh}) \tag{4-9}$$

$$D_{jh} = \frac{\mathrm{d}_{jh} - p_{jh}}{\mathrm{d}_{jh} + p_{jh}} \tag{4-10}$$

$$\mathrm{d}_{jh} = \int_0^{\infty}\mathrm{d}F_j(y)\int_o^{y}(y - x)\,\mathrm{d}F_h(x) \tag{4-11}$$

$$p_{jh} = \int_0^{\infty}\mathrm{d}F_h(y)\int_o^{y}(y - x)\,\mathrm{d}F_j(x) \tag{4-12}$$

（4）方差分解

本章提出的高质量发展指数（HQI）由基本面（BASIC）、社会成果

（SOC）和生态成果（ECO）共同构成，即 HQI = BASIC + SOC + ECO。那么高质量发展差异就来源于这三个维度，而方差分解可以反映各个维度的差异在多大维度上造成了高质量发展的差异，具体推导如下：

$$\begin{aligned} var(HQI) &= cov(HQI, BASIC + SOC + ECO) = \\ &cov(HQI, BASIC) + cov(HQI, SOC) + cov(HQI, ECO) \end{aligned} \tag{4-13}$$

两边同除以 var（HQI）得：

$$1 = \frac{cov(HQI, BASIC)}{var(HQI)} + \frac{cov(HQI, SOC)}{var(HQI)} + \frac{cov(HQI, ECO)}{var(HQI)} \tag{4-14}$$

其中，var 为方差，cov 为协方差。式（4－14）可以表达出三个维度差异分别对城市高质量发展差异的贡献百分比，某一维度的贡献百分比越高，则由其导致的高质量发展差异就越大（刘华军、李超，2018）。

4.3 中国城市经济高质量发展的动态演进

接下来我们首先根据综合赋权法的测算结果分析全国、东中西和南北地区的经济高质量发展水平，然后利用 Kernel 密度估计探讨全国整体及五大区域经济高质量发展的动态演进。

4.3.1 中国城市经济高质量发展的测算结果

图 4－1 反映了 2004—2018 年全国总体和东、中、西三大区域城市高质量发展指数均值及其演变态势。图 4－2 反映了 2004—2018 年全国总体和南北两大区域城市高质量发展指数均值及其演变态势。根据图 4－1，总体来看，样本期内高质量指数呈波动中缓慢上升的态势，高质量发展指数的平均值为 0.057，最高值出现在 2016 年，达 0.064，2010 年均值最低，为 0.045，而且高质量指数在 2004—2010 年呈逐步下降的趋势，在 2010—2018 年逐渐上升。从 2018 年全国城市高质量发展水平的排名来看，高质量指数排名前 10 位的城市依次为深圳、北京、厦门、三亚、广州、南京、海口、上海、嘉兴、东莞，均为东部城市，前 10 名城市的高质量发展指数的平均值为 0.124。

其中，深圳排名第一，可能的解释是深圳具有优越的地理位置和较多政策支撑，创新水平和开放程度较高；可圈可点的是，作为新起之秀的三亚和海口，其生态成果排名连续 4 年位于全国前 5 的行列，所以它们可以凭借良

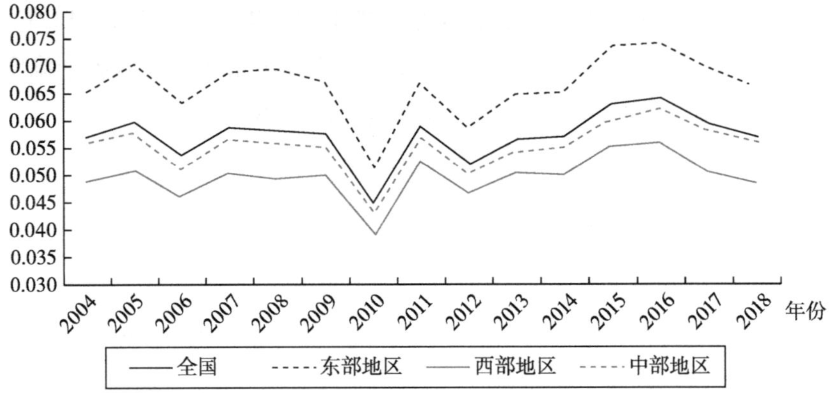

图 4－1　2004—2018 年全国及东中西部地区高质量发展指数

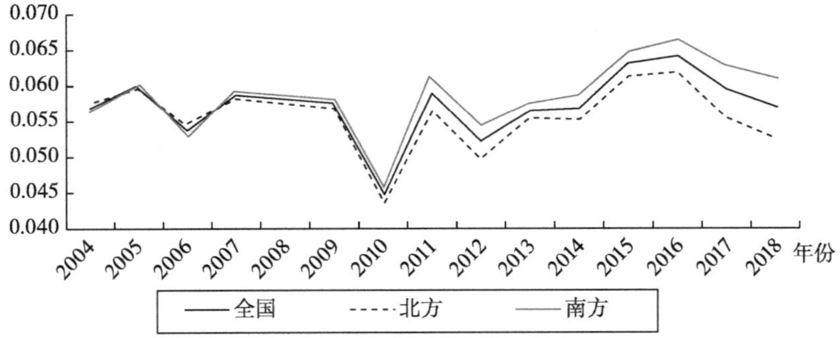

图 4－2　2004—2018 年全国及南北方高质量发展指数

好的生态环境超越大部分城市。而排名后 10 位城市依次为思茅、抚顺、四平、海拉尔、河池、昭通、双鸭山、茂名、伊春、商洛，中西部城市占据了八席，其高质量指数的平均值为 0.029。不难发现，2018 年前 10 位城市的经济高质量发展指数大约是排名后 10 位城市的 4 倍，说明东部城市的高质量发展水平优于中西部，东、中、西部城市的发展差距仍有待弥合。我们应该通过健全市场机制、合作机制、互助机制、扶持机制，逐步扭转区域发展差距拉大的趋势，形成东中西部地区相互促进、优势互补、共同发展的新格局。

为了比较不同地区的城市高质量发展状况，本章根据国家统计局三大地带划分标准，将样本城市分成东、中、西三大区域以及南北两大区域展开分析。由图 4－1 和图 4－2 可以发现，现阶段中国经济高质量发展存在地区非均衡特征，图 4－1 呈现出东部地区 > 全国 > 中部地区 > 西部地区的特征；图 4－2 呈现出南方 > 全国 > 北方的特征。其中东部地区高质量指数远大于中西部地区，原因可能是随着改革开放的不断推进，劳动和资源等要素对经济发展的推动作用越来越弱，而创新和科技等要素在经济发展的过程中逐渐占据重要地位，中西部地区的创新能力和科技水平低于东部地区，导致中西部地区发展水平低于东部地区，这种差距的存在又使得东部地区会吸引更多的资源。此外，东中西部地区的差距是一直存在的，而南北差距虽发展较慢，却有愈演愈烈之势。由于2010年之前南方仅沿海城市比较富裕，相比之下其内陆城市还比较贫穷，所以南北差距从2010年之后开始逐渐显现，并有逐渐扩大的趋势。南北城市一个重要的特点就是中心城市的增长极作用，南方的城市，尤其是中心城市（如上海、杭州、深圳等）作为增长极，以自身为中心，对周围城市的发展有一个正向的辐射作用，带动了整个城市群的发展；反观北方的中心城市（如北京、天津、西安等），即使本身经济发展较快，但是其虹吸作用占据上风，聚集了周围大量的资源，并未给周围城市带来正向辐射作用，城市群并未成为一个经济有机体，城市之间没有相互促进作用，这是导致南北差距的一个重要原因。此外，在东中西和南北五大区域，只有北方和西部地区2018年的高质量指数低于2004年，可能的原因是北方和西部地区的大多城市新旧动能转换困难，难以找到新增长点。

4.3.2 中国城市经济高质量发展的分布动态

本章运用Kernel密度估计做出了全国、东中西部地区和南北地区高质量发展水平分布的二维图（见图4-3至图4-8），并将其演变特征总结如下：

第一，在样本期内，全国及五大区域高质量发展水平分布曲线的中心均逐渐右移，表明其经济高质量发展水平总体呈上升趋势。具体来看，全国、西部地区、北方和南方的高质量发展分布经历了先右移再左移的演变过程，且左移的幅度小于右移的幅度，故总体来看仍有右移的态势。东部地区和中部地区的分布曲线中心先左移再右移，且右移的幅度大于左移的幅度，因此总体呈现出右移的趋势。

第二，从分布曲线的主峰峰值来看，全国、东部地区和北方分布曲线的主峰峰值先上升再下降，峰值总体呈下降趋势；而中部地区和南方分布曲线的主峰峰值则逐年下降；南方分布曲线峰值与之相反，呈逐年上升趋势。这表明城市经济高质量指数波动频繁。从分布曲线的主峰宽度来看，全国、中部地区、西部地区和北方分布曲线的主峰宽度逐渐变宽，表明其高质量发展水平的绝对差距在逐渐变大；东部地区和南方分布曲线的主峰宽度呈缩小的趋势，这意味着其高质量发展水平的绝对差异有下降的态势。

第三，全国、东部地区、北方和南方的高质量发展分布曲线始终存在明显的右拖尾现象，且分布的延展性均呈拓宽趋势，表明其高质量发展水平在不断提高，与区域高质量发展平均水平的差距逐年增大，延展性差距逐年扩大。而中西部地区分布的右拖尾现象不显著，且中部地区延展性呈收敛的趋势，西部地区延展性呈拓宽的态势。

第四，除了北方和中部地区的个别年份存在双峰现象（中部地区的2018年和北方的2018年），全国及五大区域高质量发展水平分布的单极化现象始终存在，而且全国、东部地区、中部地区、北方和南方的主峰峰值均随着时间的推移逐渐下降，表明其极化现象逐年得到缓解；西部地区的主峰峰值反而逐年上升，说明西部地区发展不均衡，其极化现象并未得到有效控制。

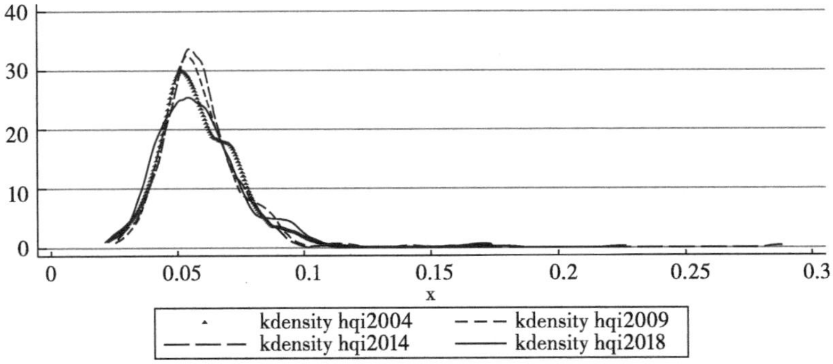

图4－3　全国高质量发展水平的分布演进

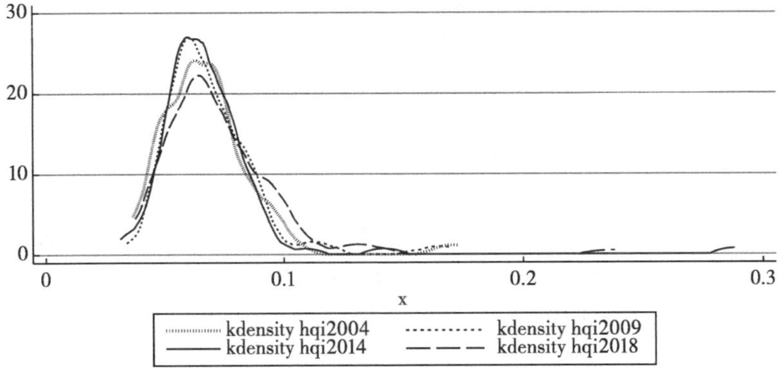

图4－4　东部地区高质量发展水平的分布演进

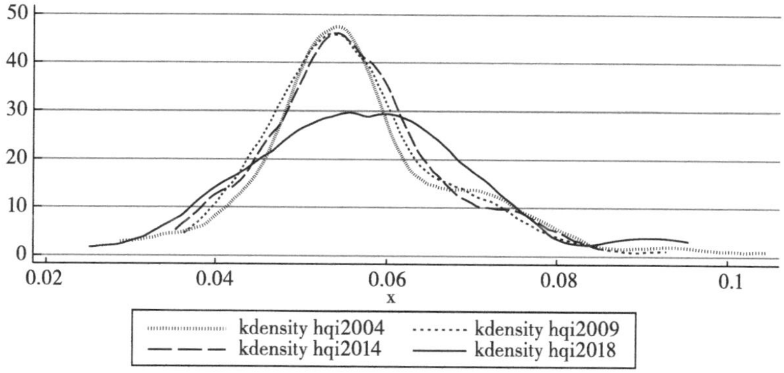

图 4－5　中部地区高质量发展水平的分布演进

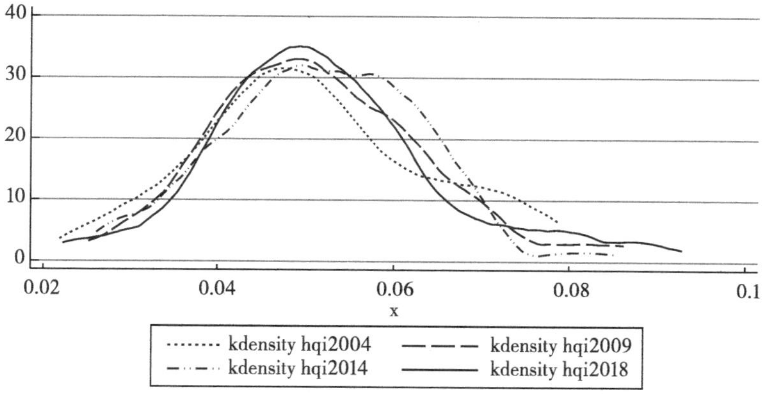

图 4－6　西部地区高质量发展水平的分布演进

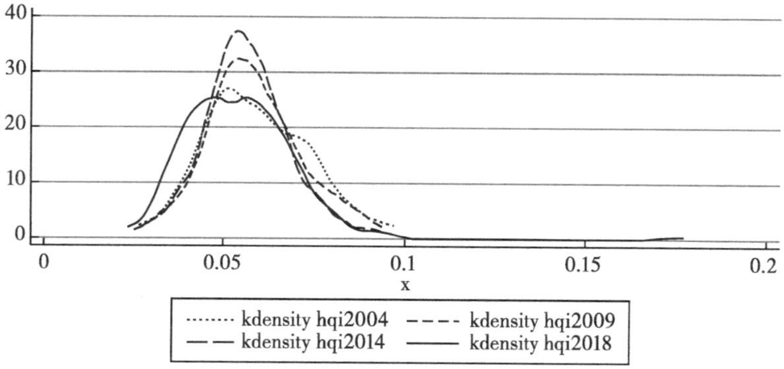

图 4－7　北方高质量发展水平的分布演进

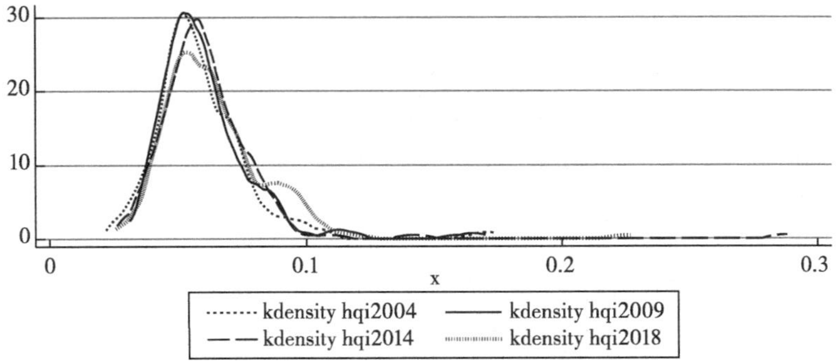

图 4-8　南方高质量发展水平的分布演进

4.3.3　中国城市经济高质量发展差异的结构分解

图 4-9 显示了 2004—2018 年我国城市经济高质量发展差异的结构分解结果。

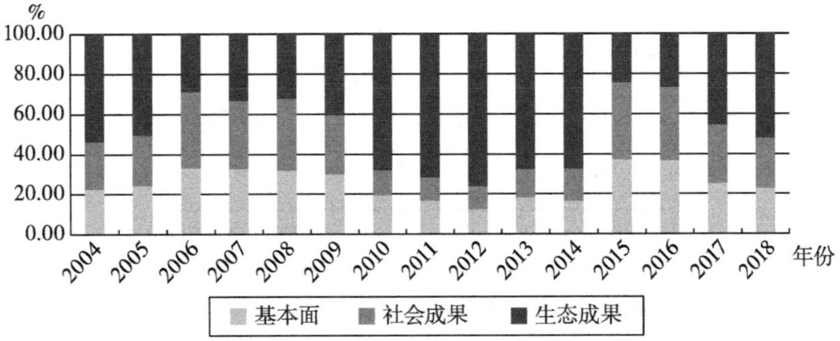

图 4-9　2004—2018 年我国城市经济高质量发展差异的结构分解

从静态角度看，生态成果差异是城市高质量发展的主要结构性来源，其差异贡献率的均值为 49.26%；基本面差异和社会成果差异的贡献比较相近，分别为 25.27% 和 25.46%。从动态角度看，生态成果差异的贡献率先上升后下降，贡献率最高可达 76.26%；基本面差异和社会成果差异的贡献率波动趋势比较相近，均呈先下降后上升的态势，二者贡献率最高分别为 37.25% 和 38.34%。由此可见，缩小我国城市总体高质量发展差异的关键在于降低生态成果的差距。

4.4　中国城市经济高质量发展的区域差异及来源

上文分析反映了全国及五大区域经济高质量发展的动态演进，为了更加深入地探讨全国及五大区域经济高质量发展分布差异的大小及差异的主要来源，我们选用 Dagum 基尼系数及其分解方法，按照东中西和南北两种划分依据，对中国城市高质量发展的区域差距进行进一步研究。

4.4.1 东中西部地区高质量发展的区域差异及其分解

（1）总体区域差距

表4－2报告了中国城市高质量发展差异的测度结果，由表4－2可知，样本期内中国城市高质量发展差异的总体基尼系数位于区间（0.1852，0.2296）内，均值为0.2076。从其演变过程来看，总体基尼系数先从2004年的0.2101缩小至2013年的0.1852，又上升至2018年的0.2286，表明经济高质量发展的总体差距先降后升，但整体有小幅上升趋势。可能的原因是，虽然我国在2017年提出了区域协调发展战略，但政策的落地实施终归有一定的滞后性，进而导致基尼系数在2018年延续了上升的态势。

（2）区域内差距

整体来看，东、中、西三大区域高质量发展的区域差距分别处于不同水平，且呈现出不同的波动态势。在考察期内，东部地区经济差异的均值最大，为0.1510；其次为西部地区，均值为0.1317；中部地区差距均值最小，为0.1087。这表明东部地区高质量发展的差距最大，中部地区差距最小，西部地区处于中间水平。具体来看，东部地区2004—2013年一直在固定区间内呈“W”形上下波动，而在2013—2018年呈波动中上升的趋势；中部地区在2004—2012年呈波动中下降的趋势，在2012—2018年呈波动中上升趋势；西部地区和中部地区相似，波动曲线大致呈“U”形，在2004—2010年波动下降，在2010—2018年波动上升。

（3）区域间差距

整体来看，东部地区和西部地区差距的均值最大，为0.1866；中部地区和西部地区差距的均值最小，为0.1275；东部地区和中部地区差距的均值居中，为0.1543。从变动趋势来看，三者的波动态势大致上一样，呈“下降—上升”的趋势，且总体上均有小幅度的上升，表明东部地区和中部地区、东部地区和西部地区、中部地区和西部地区之间的差异逐渐扩大。具体来看，东西部地区之间的差距在2004—2013年逐渐缩小，在2013—2018年差距逐渐扩大；东部地区和中部地区之间的差异在2004—2011年逐渐变小，在2011—2018年差距逐渐变大。由此可见，区域发展不平衡问题在东部地区和西部地区之间尤为突出，西部地区经济高质量发展水平亟待进一步提升，继续推进西部大开发战略是必要的。

（4）区域差距来源及其贡献

表4－2的后三列显示了经济高质量发展差距来源的贡献率，从差距来源的大小来看，区域内差距来源最大，贡献率稳定在50.00%，始终高于区域间差距和超变密度的贡献率；超变密度差距来源最小，贡献率介于13.51%与19.66%之间；区域间差距来源居中，介于30.34%与36.49%之间。这表明东中西部地区内部的差距是中国经济高质量发展总体区域差距产生的主要来源，为此，缩小区域内差距是解决区域不协调问题的关键。从贡献率的演变趋势来看，区域内差距的贡献率为一条直线；区域间差距和超变密度的贡献率都呈锯齿形小幅波动，其中区域间差距总体呈上升态势，超变密度差距总体呈下降态势。

表4－2　基尼系数及其分解结果（分东、中、西）

年份	总体 G	区域间差距			区域内差距			贡献率（%）		
		东—中	东—西	中—西	西部	中部	东部	G_w	G_{nb}	G_t
2004	0.2101	0.1500	0.1865	0.1411	0.1475	0.1166	0.1470	50.00	30.81	19.19
2005	0.2142	0.1563	0.1923	0.1361	0.1361	0.1172	0.1412	50.00	34.28	15.72
2006	0.2296	0.1702	0.2037	0.1443	0.1509	0.1244	0.1596	50.00	32.25	17.75
2007	0.2086	0.1510	0.1901	0.1310	0.1407	0.1055	0.1418	50.00	34.37	15.63
2008	0.2153	0.1580	0.1995	0.1279	0.1343	0.1035	0.1464	50.00	36.49	13.51
2009	0.1980	0.1460	0.1799	0.1208	0.1310	0.0990	0.1397	50.00	34.13	15.87
2010	0.1859	0.1418	0.1709	0.1045	0.1114	0.0872	0.1444	50.00	34.71	15.29
2011	0.1865	0.1391	0.1668	0.1148	0.1300	0.0917	0.1358	50.00	31.47	18.53
2012	0.1884	0.1402	0.1706	0.1138	0.1345	0.0853	0.1459	50.00	30.34	19.66
2013	0.1852	0.1417	0.1659	0.1084	0.1173	0.0927	0.1403	50.00	33.44	16.56
2014	0.1935	0.1463	0.1742	0.1149	0.1224	0.0984	0.1491	50.00	33.10	16.90
2015	0.2196	0.1707	0.1914	0.1306	0.1232	0.1282	0.1638	50.00	32.13	17.87
2016	0.2248	0.1713	0.1987	0.1358	0.1291	0.1257	0.1753	50.00	30.88	19.12
2017	0.2256	0.1641	0.2026	0.1443	0.1396	0.1260	0.1640	50.00	32.53	17.47
2018	0.2286	0.1675	0.2057	0.1443	0.1278	0.1292	0.1706	50.00	32.98	17.02

注：G_w 为区域间差距，G_{nb} 为区域内差距，G_t 为超变密度差距。

4.4.2 南北地区高质量发展的区域差异及其分解

（1）总体区域差距

表4-3直观地刻画了总体地区差距及其各部分差距来源，由表4-3可知，样本期内中国城市高质量发展差异的总体基尼系数位于区间（0.1291，0.1662）内，均值为0.1461。从其演变过程来看，总体基尼系数先从2004年的0.1487缩小至2010年的0.1291，又上升至2018年的0.1662，表明经济高质量发展的总体差距先降后升，但整体有小幅上升趋势。

（2）区域内和区域间差距

整体来看，南方地区差距的均值最大，为0.1575；北方地区差距的均值最小，为0.1308；南北地区差距的均值居中，为0.1478，说明南方区域内差异大于南北方区域间差异。从变动趋势来看，三者的波动态势大致一样，呈“下降—上升”的趋势，但南方内部差距和南北地区之间差距均有小幅度的上升，只有北方的差距有小幅度的下降，表明南方内部城市和南北方城市之间的差异逐渐扩大，北方内部城市差距在逐渐缩小。因此，我们不仅要缩小区域内差距，也要致力于缩小南北地区之间的差距，加快构建新发展格局，这样才能推动全国经济的高质量发展，推动中国经济航船乘风破浪、行稳致远。

（3）区域差距来源及其贡献

表4-3的后三列显示了经济高质量发展差距来源的贡献率，从差距来源的大小来看，区域内差距来源最大，贡献率稳定在50.00%，始终高于区域间差距和超变密度差距的贡献率；区域间差距来源最小，贡献率介于1.76%与22.36%之间；超变密度来源居中，介于27.64%与48.24%之间。这表明南北地区内部的差距是中国经济高质量发展总体区域差距产生的主要来源。从贡献率的演变趋势来看，区域内差距的贡献率为一条直线；区域间差距和超变密度的贡献率变动方向相反，其中区域间差距在波动中呈上升态势，超变密度在波动中呈下降态势，表明随着时间的推移，南北地区之间的差距对总体高质量发展差距的贡献作用越来越强，而南北地区之间差距与南北地区内部差距的交互影响作用逐渐减弱。

表4-3 基尼系数及其分解结果（南北地区）

年份	总体	区域间差异	区域内差异		贡献率（%）		
		南—北	北方	南方	G_w	G_{nb}	G_t
2004	0.1487	0.1499	0.1613	0.1367	50.00	1.40	48.60
2005	0.1484	0.1498	0.1348	0.1634	50.00	3.55	46.45
2006	0.1611	0.1623	0.1827	0.1374	50.00	1.76	48.24
2007	0.1443	0.1458	0.1290	0.1604	50.00	4.84	45.16
2008	0.1477	0.1492	0.1299	0.1661	50.00	5.36	44.64
2009	0.1379	0.1392	0.1233	0.1532	50.00	5.00	45.00
2010	0.1291	0.1306	0.1073	0.1504	50.00	11.97	38.03
2011	0.1316	0.1332	0.1232	0.1387	50.00	14.96	35.04
2012	0.1337	0.1355	0.1143	0.1471	50.00	19.63	30.37
2013	0.1298	0.1313	0.1070	0.1504	50.00	10.77	39.23
2014	0.1364	0.1381	0.1110	0.1580	50.00	14.29	35.71
2015	0.1548	0.1567	0.1304	0.1763	50.00	11.74	38.26
2016	0.1605	0.1626	0.1208	0.1882	50.00	15.84	34.16
2017	0.1618	0.1643	0.1369	0.1716	50.00	21.16	28.84
2018	0.1662	0.1688	0.1498	0.1650	50.00	22.36	27.64

注：G_w 为区域内差异，G_{nb} 为区域间差异，G_t 为超变密度差距。

4.5 结论与政策建议

本章从发展的基本面、社会成果和生态成果3个维度测算了中国城市经济高质量发展水平，并使用方差分解、Kernel 密度估计和 Dagum 基尼系数分析其区域差异及其来源。研究发现：①全国城市高质量发展水平先降后升，总体呈上升趋势，其中拐点出现在2010年，核密度估计也支持这一结论；通过划分东中西区域可以发现，高质量发展水平从高到低依次为东部地区、全国、中部地区、西部地区；通过划分东中西区域可以发现，经济高质量发展水平从高到低依次为南方、全国、北方。②全国高质量发展指数和密度分布曲线的主峰宽度逐渐变宽，表明我国的经济发展差距在逐年拉大；分布曲线始终存在明显的右拖尾现象，表明高质量发展水平在不断提高，与区域高质量发展平均水平的差距逐年增大，延展性差距逐年扩大；虽然分布曲线一直是单峰，但其主峰的峰值逐年下降，表明经济高质量发展水平的单极化现象虽然不曾消失，却有所缓解。③样本期内中国城市高质量发展差异的总体基尼系数先缩小后扩大，表明经济高质量发展的总体差距先降后升，但整体有小幅上升趋势；从结构分解来看，生态成果差异的贡献率居高不下，故缩小生态成果差异是降低我国经济高质量发展差距的关键；从差距来源的大小来看，不管是以东中西部区域划分为依据，还是以南北划分为依据，区域内差距来源最大，始终高于区域内差距和超变密度的贡献率；区域间差距来源最小，超变密度来源居中，表明区域内部的差距是中国经济高质量发展总体区域差距产生的主要来源。而且，东部地区、中部地区和南方的区域内差距均呈上升态势，西部地区和北方的区域内差距则呈现出下降的态势。

相应的政策建议有：①坚持创新驱动发展战略，强化科技研发投入，优化区域创新环境，既要鼓励“卡脖子”的应用技术研发，也要激励“捅破天”的基础研究，以创新驱动中国经济高质量发展；②深化绿色发展理念，绝不因经济增速下滑而放松对环境保护、生态治理的力度，贯彻“绿水青山就是金山银山”的绿色财富观，强化生态环境的产权激励；③构建“为提高质量而竞争”的激励制度，鼓励地方政府加大教育、医疗和民生领域的财政支出；④构建现代化区域合作机制、区域互助机制以及区际利益补偿机制，确保各地区在高质量发展路径上协同并进。

5 高质量发展背景下中国现代化指数的测算

改革开放以来，中国依靠要素驱动实现了经济的高速增长，经济总量不断增强，综合国力不断提高。然而这种依靠要素大量投入实现经济高速增长的同时也带来了产业结构失衡、资源消耗过大、环境污染严重、地区和城乡发展不平衡和自主创新能力低下等问题。这些问题的存在说明粗放型增长方式不能实现经济的高质量和可持续发展，未来中国应转变经济增长方式，重塑经济增长动力。

党的十九大报告中指出："我国经济已由高速增长阶段转向高质量发展阶段，正处在转变发展方式、优化经济结构、转换增长动力的攻关期。"高质量发展成为未来中国经济唯一的选择和路径。党的十九届五中全会对"十四五"和更长远的中国发展定了基调，即开启全面建设社会主义现代化国家的新征程。鉴于此，对中国当下的现代化水平进行审视正当其时。本章综合现有的现代化评价指标，从数据的可得性和有效性出发，选取了反映现代化程度的 3 个维度和 18 个指标，构建衡量中国高质量发展背景下现代化程度的评价体系。本章从中国总体和分省区两个角度对高质量发展背景下的现代化程度进行分析，并提出相应的政策建议，以期对未来的高质量发展和建设社会主义现代化有所启示。

5.1 高质量发展背景下中国现代化的内涵界定及评价维度

5.1.1 高质量发展背景下中国现代化的内涵界定

5.1.1.1 现代化的基本含义

现代化既可以表示为一个成为具有现代特点的、适合现代需要的过程，也可以表示为一种具有现代特点的、满足现代需要的状态，现代特点通常是指最新的、最先进的和最发达的特点。现代化作为一个过程时可以指追赶或达到世界先进水平的过程，作为一种状态时可以指具有世界或地区先进水平的状态，“现代化”一词只有时间上限，没有时间下限，没有领域限制。

现代化的理论含义是学者们对现代化过程特征和规律的系统阐述，由于不同的学者研究角度不同，于是就产生了现代化理论的不同流派。艾森斯塔特（1988）认为，现代化是社会、经济、政治体制向现代类型变迁的过程。它从17世纪至19世纪形成于西欧和北美，而后扩及其他欧洲国家，并在19世纪和20世纪传入南美、亚洲和非洲。罗荣渠（1993）认为，广义而言，现代化作为一个世界性的历史过程，是指人类社会从工业革命以来所经历的一场急剧变革，它以工业化为推动力，导致从传统农业社会向现代工业社会的全球性的大转变，它使工业主义渗透到经济、政治、文化、思想各个领域，引起深刻的相应变化；狭义而言，现代化是指落后国家迅速赶上先进工业国家水平和适应现代世界环境的发展过程。作为人类近期历史发展的特定过程，把高度发达的工业社会的实现作为现代化完成的一个主要标志也许是合适的。何传启（2010）认为，现代化是指18世纪工业革命以来人类文明所发生的一种深刻变化，它发生在政治、经济、社会、文化、环境和个人行为等领域；它既发生在先行国家的发展过程中，也存在于后进国家追赶世界先进水平的过程中。其中，经典现代化是指从农业文明向工业文明的转变，它的典型特征是工业化、城市化、民主化和理论化等，第二次现代化是指从工业文明向知识文明和生态文明的转变，它的典型特征是知识化、信息化、全球化和绿色化。

现代化的政策含义是现代化理论的实际应用，即推进现代化的各种战略和政策措施。现代化理论有不同流派，不同理论的政策含义也有差别。何传启（2010）提到，经典现代化理论的政策含义与工业化、城市化、民主化和普及初等义务教育等紧密相关。第二次现代化理论的政策含义包括信息化、全球化、绿色化、生态化、郊区化、城乡平衡、普及高等教育和提高生活质量等。现代化理论在不同国家和不同领域有不同的政策含义。例如，在经济领域，经典现代化的政策含义是推进工业化、标准化、规模化、农业现代化、工业现代化、科技现代化、管理现代化等；在社会领域，经典现代化的政策含义是推进城市化、专业化、流动化、社会保障、教育现代化、国防现代化等。对于发达国家来说，现代化意味着领先和创新，对于发展中国家来说，现代化意味着追赶和目标。

5.1.1.2　高质量发展背景下中国现代化的含义

党的十九大报告中提出："我国经济已由高速增长阶段转向高质量发展阶段，正处在转变发展方式、优化经济结构、转换增长动力的攻关期，建设现代化经济体系是跨越关口的迫切要求和我国发展的战略目标。"转向高质量发展这一论断的本质含义，就是我国经济已经从主要依靠增加物质资源消耗实现的粗放型高速增长，转变为主要依靠技术进步、改善管理和提高劳动者素质实现的集约型增长。中国的经济发展，不再纠结经济增速快一点还是慢一点，而是以提高全要素生产率为抓手，推动经济发展质量变革、效率变革、动力变革。郑新立（2017）强调："高质量发展阶段表现在产业结构上，是由资源密集型、劳动密集型产业为主向技术密集型、知识密集型产业为主转变；在产品结构上，由低技术含量、低附加值产品为主向高技术含量、高附加值产品为主转变；在经济效益上，由高成本、低效益向低成本、高效益的方向转变；在生态环境上，由高排放、高污染向循环经济和环境友好型经济转变。最终将体现为国家经济实力不断增强，居民收入得到较快增加。"

中国高质量发展背景下的现代化，即高质量现代化，是经济现代化、知识现代化和生活现代化融合的产物。研究高质量现代化即研究高质量发展背景下在经济、知识、生活领域追赶世界先进水平或地区先进水平。在经济领域主要通过经济发展、经济转型和经济进步来追赶世界先进水平，经济转型即产业结构的转型升级，经济进步的潜力包括环境质量改善。知识现代化主要通过知识创新和知识传播两种途径来实现。生活现代化也是实现高质量现代化不可或缺的一部分。

综上所述，综合高质量现代化是经济高质量现代化、知识高质量现代化和生活高质量现代化的统称，是以三种现代化为内涵的复合衡量。

5.1.1.3　高质量发展背景下国内外现代化指标体系综述

迟树功等（2004）认为，现代化指标体系实际上就是利用具体指标对现代化所包含的领域、现代化的本质特征进行具体化、层次化的统计描述和综合评价。何传启等（2020）认为现代化指标是反映现代化现象的水平、特征和状态的指标，现代化指标体系是根据现代化原理建立的、具有系统结构的现代化指标的有机集合。

无论是定性研究还是定量的指标体系，对我们认识现代化并在此基础上构建指标体系都具有重要的参考价值。对现代化的定性认识是构建基本现代化指标体系的基础，已有的定量指标体系则为我们构建更为科学的指标体系提供了最为直接的借鉴。

关于现代化社会定性特征的代表性研究成果包括著名的箱根模式、列维模型、现代人模型等。这些定性研究通过对社会变迁轨迹的分析或通过发达国家与落后国家的比较，总结归纳了现代化社会与传统社会在经济、社会、制度等方面的显著区别。例如，箱根模式将城市化、能源的非生命化、经济的商品化和社会的服务化、社会的参与化、社会的流动化、知识化和科学化、社会的沟通化、社会的组织化、国家化和全球化列为现代化社会的几大标准。列维（1962）概括出现代化社会的几大特征，即社会结构的层次化与精细化、社会功能的专门化与多样化、社会运行机制的市场化与法制化、社会阶层的流动化与平均化、国家制度的理性化与权威化、政府能力的综合化与集约化。英格尔斯（1985）认为，人是现代化进程的基本因素，人的现代化是政治、经济和社会现代化的基础。

经济社会的统计数据是现代化社会特征的具体反映，跟踪经济社会统计数据的变化可以揭示现代化的动态进程，发现各国或各区域在现代化进程中所处的相对位置和相对发展水平。自20世纪60年代以来，国际上具有影响的指标体系主要包括：布莱克指标体系、英格尔斯现代化指标体系、联合国开发计划署的人类发展指数（HDI）等。国内提出的指标体系也很多，如中国科学院现代化战略研究课题组于2010年提出的新人类发展指数等。

对国内外现代化指标体系进行比较可以发现：除联合国HDI指数以外，绝大多数现代化指标体系均采用了较多的指标内容，力求反映现代化的各个方面。①在分类方法上，一般采用二级或二级以上的大类指标。简单地分成经济指标和社会指标两大类，而有些指标体系大类指标多达9个，分为经济、社会、文化、科技、教育、生活、环境、人口等类别。指标越细化，科学性越强，但也因此带来操作困难、指标重叠的问题。②在经济发展、社会发展大类指标基础上，增加生活质量、环境两大类指标成为近期流行的大类划分方式。引入生活质量指标突出了以人为本的理念，引入环境指标反映了现代化社会对环境质量的重视。③所有的指标体系中均包含英格尔斯提出的11个指标，反映了英格尔斯现代化指标体系是现代化指标体系建立的基础。伴随着社会的发展，该体系设定的标准值已经难以适用，但其指标项目依然是各指标体系中的核心内容。④由于制定标准的时代不同或对象不同，各指标体系设立的标准值具有非常大的差异。这一方面反映了基本现代化指标体系设立的标准仍然存在着较大的主观性，但另一方面也说明对于不同的区域和不同的时代来说，很难存在一个完全统一的现代化表征参数。

5.1.2 高质量发展背景下中国现代化的评价维度

本章认为综合高质量现代化是经济高质量现代化、知识高质量现代化以及生活高质量现代化的复合总称，其中经济高质量现代化是经济发展现代化、产业结构现代化、环境质量现代化的总称。所以对中国高质量发展背景下现代化指数的度量，需要从经济、知识和生活三个维度构建现代化指数，其中，经济现代化指数需要从经济发展、产业结构、环境质量三个维度构建，知识现代化指数需要从知识创新和知识传播两个维度构建（见表5-1）。

表 5－1 中国高质量发展背景下的现代化指数测算评价体系

一级指标	二级指标	三级指标	指标含义和单位	指标属性	
				正指标	逆指标
经济指标	经济发展	人均 GDP	人均国内生产总值（元/人）	√	
	产业结构	服务业增加值比例	服务业增加值/GDP（%）	√	
		产业高级化指数	第三产业增加值/第二产业增加值	√	
		服务业就业比例	第三产业就业人数/总就业人数（%）	√	
		高技术人才占比	R&D 人员数/总就业人数（%）	√	
	环境质量	环境压力	单位 GDP 的能源消耗（吨标准煤/万元）		√
		$PM_{2.5}$年均浓度	$PM_{2.5}$年均浓度，微克/立方米		√
知识指标	知识创新	知识创新经费投入	R&D 经费投入强度（%）	√	
		知识创新人员投入	R&D 人员全时当量（年/人）	√	
		知识创新专利产出	国内专利申请授权量/项	√	
	知识传播	大学普及率	在校大学生人数/适龄人口（18～24 岁）（%）	√	
		互联网普及率	互联网普及率/%	√	
		人均公共教育经费	国家财政性教育经费/所有的在校生人数（元）	√	
生活指标	生活质量	城镇人口比例	城镇人口/年末常住人口（%）	√	
		平均预期寿命	平均预期寿命（岁）	√	
		居民消费水平	居民消费水平（元）	√	
		居民人均可支配收入	居民人民可支配收入（元）	√	
		汽车普及率	私人汽车拥有量/总人口（辆）	√	

本章从经济、知识和生活 3 个维度，选取与之相关的 18 个指标，构建我国高质量发展背景下现代化的评价指标体系。

其中，经济高质量现代化程度从经济发展、产业结构和环境质量三个层面度量，用人均 GDP 来衡量经济发展现代化程度；用产业增长结构和产业就业结构来衡量产业结构现代化程度，其中产业增长结构用服务业增加值比例和产业高级化指数来度量，产业就业结构用服务业就业比例和高技术人才占比来度量；用环境压力和 $PM_{2.5}$ 年均浓度来衡量环境质量现代化程度。知识高质量现代化程度需要从知识创新和知识传播两个层面度量，用知识创新经费投入、知识创新人员投入和知识创新专利产出来衡量知识创新现代化程度；用大学普及率、互联网普及率、人均公共教育经费来衡量知识传播现代化程度。生活高质量现代化程度用城镇人口比例、平均预期寿命、居民消费水平、居民人均可支配收入、汽车普及率 5 个指标来度量。

5.2 高质量发展背景下中国整体的现代化指数分析

5.2.1 数据选取、评价模型和具体测算方法简介

5.2.1.1 数据选取

高质量发展背景下中国整体的现代化指数分析选取数据起止时间为 2009—2018 年，数据来源于历年《中国统计年鉴》。

5.2.1.2 评价模型

$$\begin{cases} MI = (EI \times KI \times LI)^{1/3} \\ EI = (EDI + ISMI + EMI)/3 \\ EDI = x_i^* \\ ISMI = \sum x_i^*/4(i = 2,3,4,5) \\ ISMI_1 = \sum x_i^*/2(i = 2,3) \\ ISMI_2 = \sum x_i^*/2(i = 4,5) \\ EMI = \sum x_i^*/2(i = 6,7) \\ KI = (KII + KTI)/2 \\ KII = \sum x_i^*/3(i = 8,9,10) \\ KTI = \sum x_i^*/3(i = 11,12,13) \\ LI = \sum x_i^*/5(i = 14,15,16,17,18) \end{cases}$$

其中，MI 是高质量现代化综合指数，EI 是经济现代化指数，EDI 是经济发

展现代化指数，ISMI 是产业结构现代化指数，$ISMI_1$ 是产业增加值结构现代化指数，$ISMI_2$ 是产业就业结构现代化指数，EMI 是环境质量现代化指数；KI 是知识现代化指数，KII 是知识创新现代化指数，KTI 是知识传播现代化指数；LI 是生活现代化指数；x_i^* 是第 i 个指标标准化后的值。

5.2.1.3 测算方法

由于各基础指标的属性、量纲和量级不同，无法对其直接进行合成，因此本章采用极差标准化方法对数据进行进一步的变换与处理。主要测算过程如下：

（1）对数据进行极差标准化，其中正指标处理公式为 $x_i^* = \frac{(x_i - \min x_i)}{(\max x_i - \min x_i)}$，逆指标则采用 $x_i^* = \frac{(\max x_i - x_i)}{(\max x_i - \min x_i)}$，使所有指标对经济发展质量的作用力趋同化。其中 x_i 表示指标的原始数值，$\max x_i$ 表示第 i 个指标最大值，$\min x_i$ 表示第 i 个指标最小值，x_i^* 为指标经过标准化处理后的数值。

（2）运用“简单算数平均值”法分年度计算各维度指数，即计算2009—2018 年中国整体经济现代化指数、知识现代化指数和生活现代化指数。

（3）运用“加权平均值”法计算得到 2009—2018 年中国整体高质量现代化综合指数。

通过上述方法和步骤对 2009—2018 年中国整体现代化综合指数及其三个维度的指数——经济现代化指数、知识现代化指数和生活现代化指数进行测算，某项指标数值越大，代表该指标现代化程度越高，数值越小，则代表该指标现代化程度越低。

5.2.2 高质量发展背景下中国现代化指数的时序演变

5.2.2.1 高质量发展背景下中国现代化综合指数分析

从表 5 - 2 中国整体现代化综合指数（MI）的时间变动趋势来看，自 2009 年以来，我国高质量现代化综合指数逐年上升，且增长速度较快，这表明我国在高质量发展背景下现代化程度越来越高，我国正在努力全方位地向高质量现代化的国家迈进，追赶世界先进水平，这与现实情况也是吻合的。

表 5-2　2009—2018 年中国高质量现代化综合指数及其各维度指数

年份	EDI	$ISMI_1$	$ISMI_2$	ISMI	EMI	EI	KII	KTI	KI	LI	MI
2009	0.00	0.03	0.00	0.02	0.00	0.01	0.00	0.00	0.02	0.00	0.00
2010	0.12	0.00	0.07	0.04	0.15	0.10	0.13	0.17	0.09	0.11	0.10
2011	0.25	0.01	0.19	0.10	0.30	0.22	0.22	0.35	0.18	0.22	0.21
2012	0.34	0.14	0.30	0.22	0.41	0.32	0.43	0.54	0.34	0.32	0.33
2013	0.44	0.29	0.45	0.37	0.52	0.44	0.55	0.67	0.48	0.43	0.45
2014	0.53	0.44	0.59	0.51	0.62	0.55	0.60	0.74	0.59	0.53	0.56
2015	0.60	0.74	0.67	0.71	0.72	0.68	0.71	0.81	0.77	0.64	0.70
2016	0.70	0.93	0.77	0.85	0.78	0.78	0.77	0.87	0.90	0.76	0.81
2017	0.85	0.94	0.88	0.91	0.88	0.88	0.83	0.93	0.93	0.88	0.90
2018	1.00	1.00	0.99	1.00	1.00	1.00	0.99	1.00	1.00	1.00	1.00

5.2.2.2　高质量发展背景下中国现代化分维度指数分析

(1) 中国经济现代化指数分析

中国经济现代化指数反映中国在高质量现代化发展的过程中经济现代化的情况，从图 5-1 中可以看出，自 2009 年以来，中国经济现代化指数(EI) 逐年上升，且每年的增速比较快，说明中国经济在高质量发展背景下正不断向现代化的方向迈进。中国高质量发展背景下，经济方面表现良好。

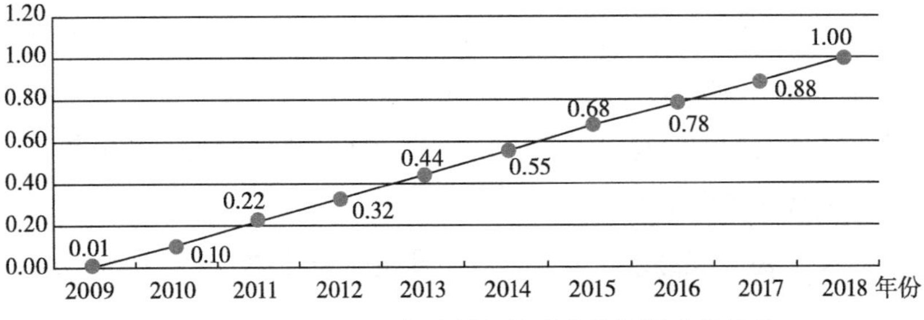

图 5-1　2009—2018 年中国经济现代化指数变化趋势

其中，人均 GDP 的变动、产业结构的变化以及环境质量的改善都不同程度地促进了经济高质量现代化的进程：经济发展现代化指数（EDI）的变动即人均 GDP 的变动反映了经济发展一般情况，从图 5-2 中都可以看到我国经济发展水平不断提高，且 2016—2018 年经济发展速度与以往相比有所加快，说明近年来中国经济现代化进程加快。

产业是经济体系的基础和内核，构建现代产业体系是建设现代化经济体

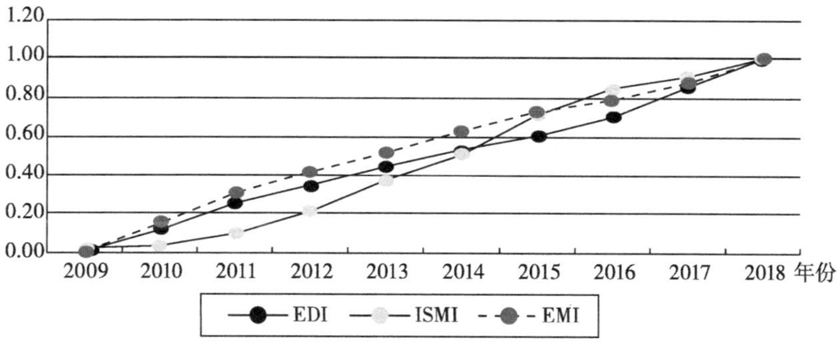

图 5-2 2009—2018 年 EDI、ISMI 和 EMI 变化趋势

系的主战场。图 5-2 中显示 2009 年以来中国产业结构现代化指数（ISMI）逐年增加，且 2011—2016 年产业结构现代化指数增速比较快，说明近年来中国产业结构正在不断转型升级，产业结构现代化的程度不断提高。

图 5-2 显示我国的环境质量现代化指数逐年上升，同时环境质量指标原始数据中单位能源消耗和 $PM_{2.5}$的年均浓度都不断下降。表明近年来环境治理是有效果的，中国的环境质量正在逐年改善，中国将朝着更绿色化的方向发展，这最终都将促进经济现代化的进程。环境质量的改善与产业结构转型升级二者并驾齐驱，共同发挥作用，以更快的速度促进经济高质量现代化的实现。

图 5-3 中显示自 2009 年以来中国产业增加值结构现代化指数（$ISMI_1$）逐年提高，且 2011—2016 年中国产业增加值结构现代化指数增速较快，因为产业增加值结构包括服务业增加值比例和产业高级化指数，所以上述结果说明近年来中国产业增加值结构正不断朝着“服务化”的方向发展，产业增加值结构现代化程度不断提高。2014 年后，产业增加值结构现代化对产业结构现代化的支撑作用增强，在促进产业结构现代化的过程中占据着较大比重，说明近年来服务业的发展支撑着产业结构现代化，且 2014 年之后，产业增加值结构的“服务化”对产业结构现代化的支撑作用增强，占据主导地位。除此之外，自 2009 年以来中国产业就业结构现代化指数（$ISMI_2$）逐年提高，因为产业就业结构包括服务业就业比例和高技术人才占比，所以上述结果说明近年来中国产业就业结构也正不断朝着“服务化”的方向发展，且就业人员中高技术人才占比也逐年上升，二者共同促进产业就业结构现代化不断提高。

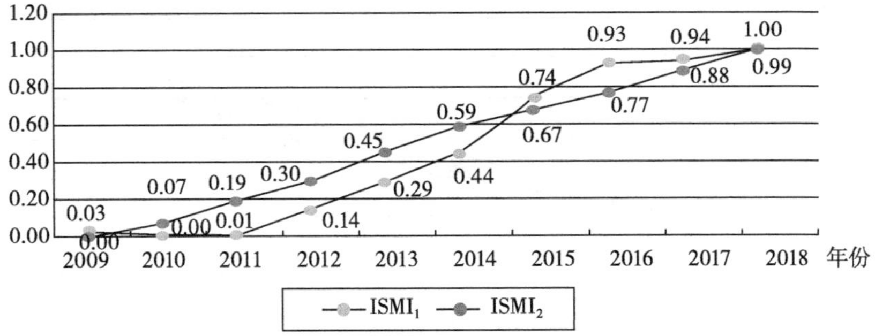

图 5-3　2009—2018 年 $ISMI_1$ 与 $ISMI_2$ 变化趋势

（2）中国知识现代化指数分析

知识传播和知识创新不同程度地推动知识现代化的实现。从图 5-4 中可以看出，中国知识现代化指数、知识创新指数和知识传播指数都在不断增加，说明中国总体的知识现代化程度、知识创新程度和知识传播程度都不断提升。但对知识创新指数和知识传播指数进行比较分析，结果显示，近年来知识创新程度虽逐年提高，但知识创新对知识现代化的促进作用相对较小，仍是知识传播在知识现代化进程中占主导地位。

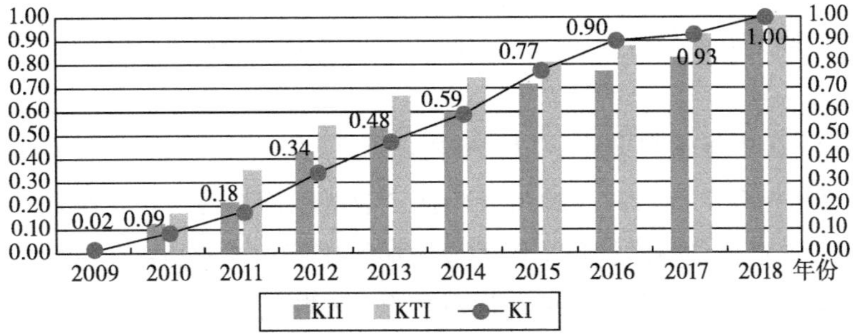

图 5-4　2009—2018 年中国知识现代化指数变化趋势

（3）中国生活质量现代化指数分析

如图 5-5 所示，中国生活质量现代化指数正以相对稳定的速度逐年提高，其中，城镇人口比例从 2009 年的 46.99% 增加到 2018 年的 59.58%，人均可支配收入从 2009 年的 9028.96 元增加到 2018 年的 28228.05 元，居民消费水平从 2009 年的 8483 元增加到 2018 年的 25378 元，平均预期寿命从 2009 年的 74.08 岁增加到 2018 年的 77.25 岁，汽车普及率从 2009 年的 2.64% 增加到 2018 年的 14.75%，这些生活质量现代化指数都在不断增加。

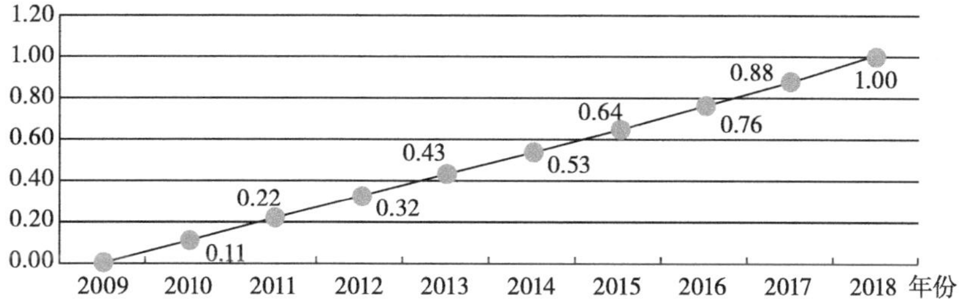

图 5-5 2009—2018 年中国生活质量现代化指数变化趋势

5.3 高质量发展背景下中国分省份的现代化指数分析

5.3.1 评价模型、测度方法以及数据选取

上述中国整体的现代化指数的方法、模型并不适用于分省份的测度，因为其中一些指标数据存在分省份获取困难、可比性差等问题。鉴于此，为了评价的可操作性和可比性，修正现代化的评价模型，形成分省份现代化指数的测算，具体模型如下：

$$
\begin{cases}
MI = (EI \times KI \times LI)^{1/3} \\
EI = (EDI + ISMI + EMI)/3 \\
EDI = D_1 \\
ISMI = \sum D_i/4(i = 2,3,4,5) \\
ISMI_1 = \sum D_i/2(i = 2,3) \\
ISMI_2 = \sum D_i/2(i = 4,5) \\
EMI = \sum D_i/2(i = 6,7) \\
KI = (KII + KTI)/2 \\
KII = \sum D_i/3(i = 8,9,10) \\
KTI = \sum D_i/3(i = 11,12,13) \\
LI = \sum D_i/5(i = 14,15,16,17,18) \\
D_i = 100 \times (i_{\text{实际值}}/i_{\text{基准值}}) \\
(i\text{ 为正指标}, D_i \leqslant 100, i = 1,2,3,4,5,8,9,10,11,12,13,14,15,16,17,18) \\
D_i = 100 \times (i_{\text{基准值}}/i_{\text{实际值}}) \\
(i\text{ 为逆指标}, D_i \leqslant 100, i = 6,7)
\end{cases}
$$

其中，MI 是高质量现代化综合指数，EI 是经济现代化指数，EDI 是经济发展现代化指数，ISMI 是产业结构现代化指数，$ISMI_1$ 是产业增加值结构现代化指数，$ISMI_2$ 是产业就业结构现代化指数，EMI 是环境质量现代化指数；KI 是知识现代化指数，KII 是知识创新现代化指数，KTI 是知识传播现代化指数；LI 是生活现代化指数；D_i 是第 i 个评价指标的发展指数（$D_i \leqslant 100$）；$i_{实际值}$是 i 个指标实际值，$i_{基准值}$是 i 个指标基准值，即为高收入地区指标的平均值，这里的高收入地区指的是北京、上海和广州。

根据上述测度模型，在此采取如下测算方法：

（1）计算各个指标的基准值，本章选取北京、上海和广州作为高收入地区，以这三个地区指标的平均值作为各个指标的基准值。

（2）用“比值法”分省份计算单个指标的发展水平，单个指标的发展水平的最高值为 100 点（如果超过 100 点，取值 100 点），达到 100 点说明该指标已经达到我国前沿水平。

（3）采用“算术平均值”法，分省份计算经济现代化、知识现代化和生活现代化指数，即计算各维度指数。

（4）采用“几何平均值”法计算各省份高质量现代化综合指数。

本章选取中国 31 个省、自治区和直辖市 2009—2018 年的数据进行分析，数据主要来源于中经网统计数据库和各省的统计年鉴。

5.3.2 高质量发展背景下中国各省份现代化指数的时序演变和地区差异

在此，对中国 31 个省份 2009—2018 年的高质量现代化指数（MI）及其三个分项指数进行测算，与上文类似，某项指标数值越大，代表省份现代化程度越高；反之则反是（见表 5－3）。

（1）中国各省份现代化指数时序演变与地区差异

表 5－3　2009—2018 年中国各省份现代化指数

省份	2009 年	2010 年	2011 年	2012 年	2013 年	2014 年	2015 年	2016 年	2017 年	2018 年	平均年
北京	91.8	91.7	91.7	91.9	92.5	93.1	93.0	93.4	92.7	90.6	92.2
天津	70.5	71.5	73.0	73.5	75.6	76.5	77.3	76.9	74.8	68.3	73.8
河北	43.6	44.9	46.0	47.6	48.3	49.2	50.9	51.0	51.2	49.9	48.3
山西	43.1	44.0	45.1	46.9	48.4	48.9	50.4	49.6	49.5	48.3	47.4

续表

省份	2009 年	2010 年	2011 年	2012 年	2013 年	2014 年	2015 年	2016 年	2017 年	2018 年	平均年
内蒙古	47.6	50.2	52.2	54.0	55.7	56.5	57.1	57.2	54.6	52.7	53.8
辽宁	58.5	59.7	60.8	62.0	63.1	62.6	61.8	59.1	59.3	57.1	60.4
吉林	49.0	49.2	49.7	51.0	51.8	52.1	52.8	53.9	52.8	49.5	51.2
黑龙江	48.5	49.4	50.2	51.1	51.5	52.0	52.4	53.3	51.9	49.0	50.9
上海	88.0	87.0	87.5	87.1	86.6	86.9	86.9	88.4	88.0	86.3	87.3
江苏	71.1	73.6	76.0	78.1	80.1	82.4	84.4	85.6	85.9	83.3	80.1
浙江	75.7	78.2	79.7	81.1	81.3	82.0	82.7	83.1	83.2	81.9	80.9
安徽	42.5	44.7	47.9	50.0	52.0	53.1	54.4	55.7	55.6	56.5	51.3
福建	56.3	58.8	60.8	63.3	65.0	66.6	68.2	68.4	68.5	68.2	64.4
江西	39.6	41.3	43.4	44.8	47.1	48.3	50.6	52.2	52.4	53.6	47.3
山东	60.7	62.5	64.5	66.4	68.1	68.7	69.3	70.1	69.6	65.5	66.5
河南	42.6	43.8	45.1	46.6	49.3	50.8	51.6	52.3	53.4	53.8	48.9
湖北	48.5	50.0	51.2	52.9	55.1	56.8	58.4	59.8	60.1	60.1	55.3
湖南	45.2	46.1	47.2	49.2	50.9	52.1	53.6	54.9	55.3	54.9	50.9
广东	72.2	73.2	74.9	76.5	77.8	79.0	80.6	81.6	81.5	79.9	77.7
广西	37.6	39.6	40.7	42.3	43.9	45.2	46.9	48.6	48.5	47.3	44.1
海南	42.8	45.2	46.7	49.0	50.0	50.5	51.4	51.4	51.8	51.5	49.0
重庆	46.7	48.0	49.5	51.2	53.5	54.7	56.8	58.3	58.6	58.4	53.6
四川	47.1	48.5	48.2	50.8	52.4	53.7	55.6	56.2	56.9	56.8	52.6
贵州	31.9	33.8	35.2	37.5	40.2	42.4	44.5	45.8	46.9	47.2	40.6
云南	37.3	38.5	40.2	42.2	44.6	46.0	47.8	48.7	49.8	50.4	44.6
西藏	34.3	34.3	34.1	35.1	36.3	37.2	38.7	38.5	39.1	39.4	36.7
陕西	48.3	49.3	50.2	52.0	54.3	55.4	56.5	56.5	55.5	54.4	53.2
甘肃	35.1	36.0	37.0	38.9	40.3	41.8	43.3	43.9	44.1	43.5	40.4
青海	32.6	34.2	35.6	37.2	38.9	40.5	41.9	42.2	43.9	42.0	38.9
宁夏	38.7	40.4	42.8	45.1	46.3	47.0	47.6	47.5	48.0	47.8	45.1
新疆	38.3	39.5	40.2	41.4	42.6	43.1	43.9	43.3	42.9	43.1	41.8

从时间层面来看，自 2009 年以来，我国 31 个省份的现代化指数大体呈增长趋势，表明中国各省份的综合高质量现代化程度均有所提高。

从地区层面来看，北京市的高质量现代化综合指数自 2009 年以来稳居第一，上海紧随其后，说明这两个地区现代化程度高。江苏、浙江、广

续表

省份	2009年	2010年	2011年	2012年	2013年	2014年	2015年	2016年	2017年	2018年	平均年
云南	39.4	40.8	43.2	45.1	47.9	49.8	50.8	50.4	50.7	50.1	46.8
西藏	55.2	55.7	55.3	56.1	55.7	55.5	55.2	53.9	53.1	51.5	54.7
陕西	41.9	43.6	45.0	47.6	49.6	51.3	52.3	50.5	49.6	47.1	47.8
甘肃	32.8	33.7	35.4	36.9	38.5	39.8	41.5	41.6	41.1	39.2	38.0
青海	34.2	36.1	36.7	38.5	40.1	41.9	44.4	44.4	47.4	41.0	40.5
宁夏	45.0	46.5	47.4	47.9	47.4	46.9	46.1	45.2	45.0	43.7	46.1
新疆	40.6	41.5	42.1	42.7	43.6	43.5	42.9	40.8	40.0	40.1	41.8

从地区层面看，北京和上海历年都位于第一、第二的位置，二者水平不相上下，其经济现代化程度处于全国领先水平。江苏、浙江、福建、广东也在全国处于领先的位置。东部地区经济现代化指数的平均值为65.05，中西部地区经济现代化指数的平均值为47.18，这说明东部地区经济现代化程度较高，但东部地区经济仍有很大的发展空间，而中西部地区经济现代化程度较低，其经济高质量现代化发展的步伐需要加快。另外，西藏的经济现代化程度高于一些中部地区，这主要因为其环境质量指数的拉动作用，其离真正意义上经济现代化还有距离。

图5-8显示产业结构现代化指数排名靠前的基本是东部省份，其中上海、北京的产业结构现代化指数位于全国领先地位，中西部省份排名靠后，其中河北、广西、河南位于该指数的后三位，表明东部省份尤其是上海、北京这两个地区的产业结构现代化程度较高，这是因为东部省份的服务业发展迅速，而且高技术人才占比较大。而几乎所有的中西部省份产业结构现代化程度都不高，其亟须进行产业结构的转型升级。图5-8还显示出海南、福建、广东三省的环境质量指数领跑全国，而青海、山西、河北的指数位于后三位，说明近年来海南、福建、广东三省环境治理效果显著，青海、山西、河北的环境治理效率不高，未来仍需加大环境治理力度。

本章采用分维度指数的变异系数来度量东中西部地区的经济发展态势。从图5-9中分维度指数的变异系数的变动趋势可以看出，自2009年以来东部地区的经济发展指数变异系数先下降后上升，产业结构现代化指数变异系数呈下降趋势，环境质量指数变异系数整体呈下降趋势；中部地

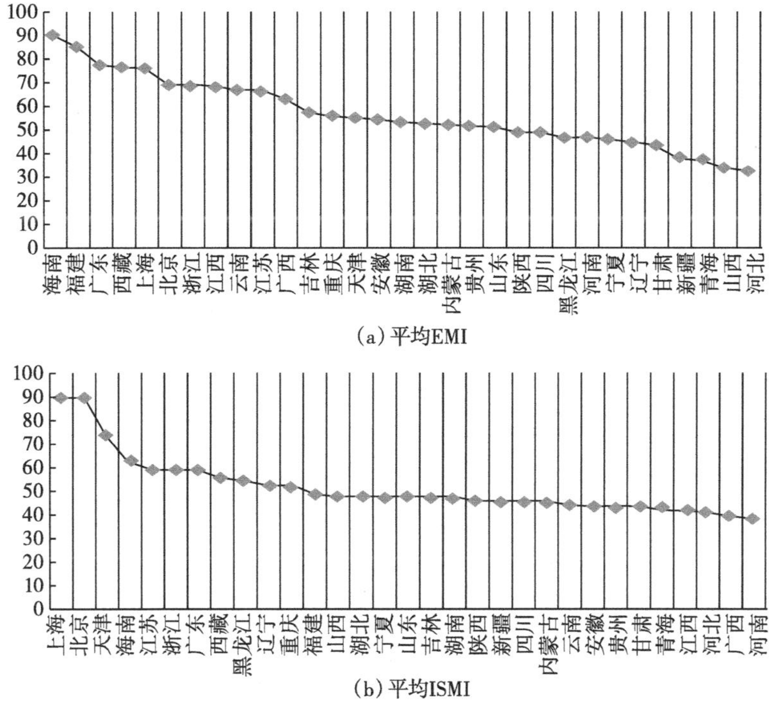

图 5-8 各省份产业结构现代化指数和环境质量现代化指数年均值

区的经济发展指数、产业结构现代化指数和环境质量指数变异系数整体比较平稳；西部地区的经济发展指数、产业结构现代化指数和环境质量指数变异系数均呈下降趋势，但其中产业结构现代化指数和环境质量指数变异系数的变化趋势不显著。以上结果说明自 2009 年以来，东部地区的经济发展差距逐渐缩小，但 2014 年之后差距又逐渐拉大。另外，东部地区产业结构现代化和环境质量的差距逐年缩小，产业转型升级以及环境治理有一定成效；中部各省份经济发展潜力、产业结构现代化程度和环境质量变化不大，未来还需继续转变经济增长方式；西部各省份经济发展潜力、产业结构现代化程度和环境质量的差距逐年缩小，但未来仍需进行产业结构的转型升级以及改善环境质量，力争实现均衡发展。

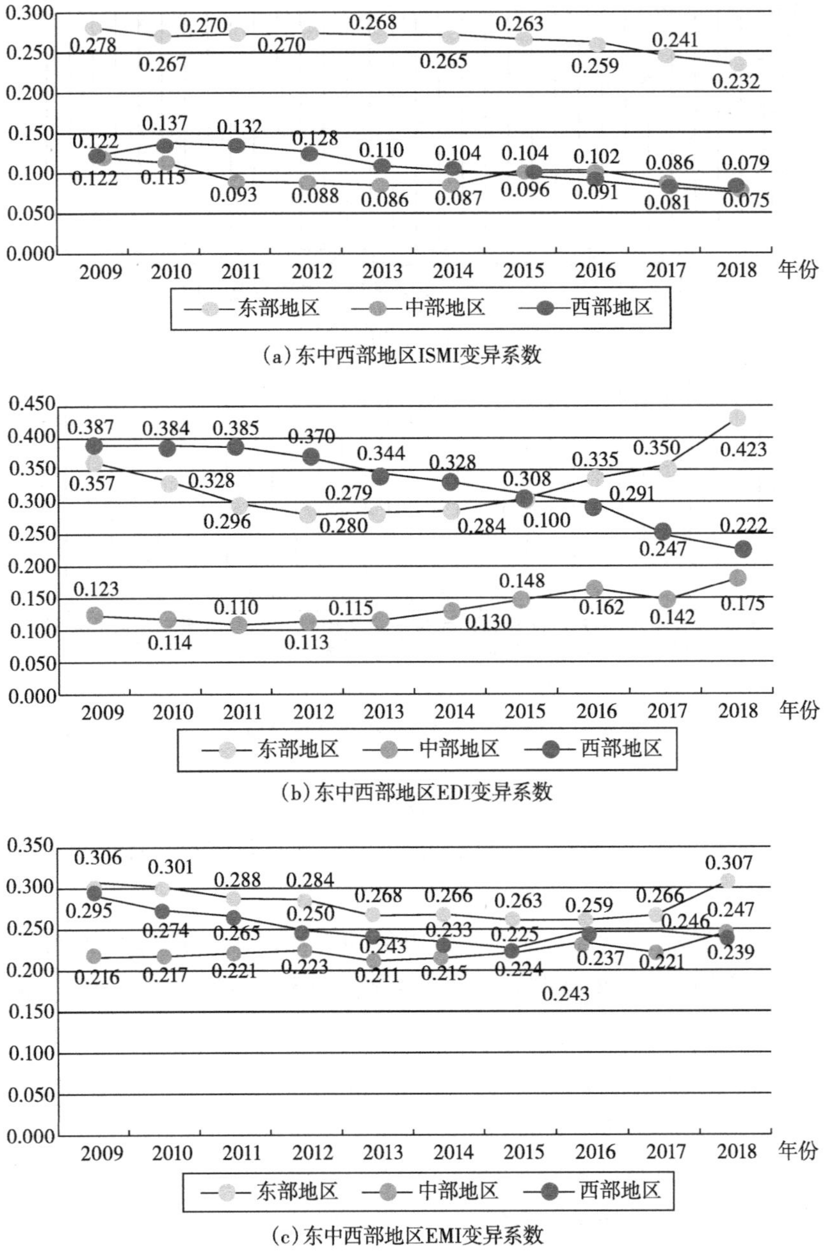

图5-9　2009—2018年东中西部地区分指数变异系数

（3）中国各省份知识现代化指数的时序演变与地区差异

知识现代化指数（KI）是当下衡量地区高质量程度的一个非常重要的指标，表示各省份知识水平的高低，知识通过知识创新和知识传播两种途径来促进各省份高质量现代化的进程。表5－5中显示2009—2018年31个省份的知识现代化指数逐年增长，表明近年来各省份整体知识水平取得较大的进步。其中，北京的知识现代化指数多年都在全国各省份中排名第一，江苏、浙江、广东、上海紧随其后，说明这5个地区在知识现代化方面领跑全国。新疆、西藏、青海和宁夏的知识现代化指数多数年份排名靠后且十年间增幅有限。

表5－5 2009—2018年各省份知识现代化指数

省份	2009年	2010年	2011年	2012年	2013年	2014年	2015年	2016年	2017年	2018年	平均年
北京	88.3	87.8	87.5	87.6	89.0	90.3	89.6	89.3	86.9	82.4	87.9
天津	55.2	56.5	58.5	58.8	62.0	62.6	62.1	60.3	56.5	55.3	58.8
河北	41.0	42.8	42.3	44.2	45.1	46.0	48.2	48.7	49.1	49.1	45.7
山西	38.3	38.5	39.0	41.1	43.8	44.2	44.8	43.5	43.4	42.9	41.9
内蒙古	32.4	35.8	36.4	37.8	39.5	39.7	41.6	42.2	41.7	40.5	38.8
辽宁	60.6	60.8	59.4	58.3	58.4	55.9	53.8	54.6	54.0	52.7	56.9
吉林	42.9	42.1	40.9	41.8	41.8	41.8	42.7	42.7	42.0	40.8	42.0
黑龙江	46.8	46.3	44.8	46.3	47.0	45.8	46.3	45.9	44.9	43.6	45.8
上海	85.3	83.2	84.0	82.3	81.0	80.5	79.5	79.9	79.2	76.7	81.2
江苏	86.5	87.4	88.2	89.0	89.1	89.5	89.6	90.0	90.0	89.5	88.9
浙江	84.8	86.7	86.0	87.1	86.6	87.8	88.2	88.3	88.9	89.0	87.4
安徽	41.5	44.9	50.7	54.0	58.0	57.9	58.5	58.8	58.4	58.4	54.1
福建	47.5	51.0	53.0	55.8	57.9	58.9	61.3	61.0	59.8	59.9	56.6
江西	31.7	33.1	35.0	35.9	39.4	40.4	42.4	44.6	46.3	48.8	39.8
山东	69.8	72.5	75.1	76.8	77.7	77.1	78.3	78.3	76.9	73.6	75.6
河南	44.4	45.2	45.6	46.9	51.3	52.2	52.8	53.6	54.2	55.1	50.1
湖北	53.2	54.2	53.5	55.1	56.3	57.5	58.4	59.3	59.2	59.3	56.6
湖南	44.3	45.3	45.2	47.9	48.9	49.2	49.8	50.8	52.2	52.8	48.6
广东	79.9	81.5	83.5	84.6	85.5	86.5	87.5	88.2	88.9	89.1	85.5
广西	28.5	31.3	31.3	32.7	34.2	35.3	37.2	39.0	40.5	40.5	35.0
海南	24.7	27.0	28.8	31.5	32.2	32.4	33.0	33.0	32.7	32.5	30.8
重庆	43.2	44.2	44.2	45.1	46.2	46.3	48.7	50.2	50.0	50.3	46.9
四川	56.6	58.0	53.0	57.3	58.8	59.2	61.8	61.7	62.0	62.0	59.0
贵州	24.4	26.6	27.4	30.4	33.9	36.0	37.1	37.5	38.9	40.2	33.2
云南	28.3	29.8	30.5	32.4	35.0	35.9	38.3	40.0	41.7	43.4	35.5

续表

省份	2009年	2010年	2011年	2012年	2013年	2014年	2015年	2016年	2017年	2018年	平均年
西藏	18.5	18.4	17.9	19.0	20.0	20.7	22.4	22.1	22.8	23.3	20.5
陕西	52.9	52.1	50.8	50.7	53.5	53.1	54.0	55.4	52.5	51.1	52.6
甘肃	32.2	32.8	32.6	34.7	35.7	36.8	38.0	38.4	38.5	38.4	35.8
青海	21.5	22.8	23.9	24.5	25.6	26.4	26.8	27.0	28.0	27.9	25.4
宁夏	23.7	25.4	27.8	30.7	32.5	33.0	33.7	34.0	35.0	35.2	31.1
新疆	29.1	29.9	29.5	29.8	31.2	31.3	32.8	32.7	32.1	32.3	31.1

我们重点从构成知识现代化指数的两个维度，即知识创新指数和知识传播指数进行分析。在知识创新指数方面，2009—2018年大部分省份的该指数总体呈上升趋势（黑龙江、吉林、辽宁除外），但上升幅度十分有限。这说明各省份知识创新能力虽有所增强，特别是在知识创新经费投入方面有了明显的改善，但创新效率依然不高，创新产出比较有限。北京、上海、江苏、浙江和广东的知识创新现代化指数平均值处于领先地位，其中排名第一的是江苏，说明江苏近年通过创新驱动赢得增长空间，成绩卓越。西部地区省份的知识创新能力普遍偏弱，特别是新疆、西藏、青海、宁夏等省份的知识创新指数相对较低。另外，海南的知识创新现代化指数平均值也比较低，其发展模式需要引起反思。值得注意的是，东三省在知识创新指数方面表现出明显的下降态势，这与东北近年的经济发展困境息息相关（见图5－10）。

在知识传播指数方面，2009—2018年多数省份的知识传播指数总体呈上升趋势。其中，江苏、广东、浙江、北京、山东位于该指数的前5位，说明基于互联网技术的快速发展以及大学众多等因素带来了这些地区知识传播的显著提升。西部各省份的知识传播现代化指数平均值相对较低，说明与东部地区相比，以新疆、西藏、青海、宁夏为代表的西部地区依然差距明显。

各省份知识创新指数平均值与知识传播指数平均值的比较如图5－11所示，在促进各省份知识水平提高的两个途径中，各省份的知识创新能力明显弱于其知识传播能力，知识传播依然是目前提高知识现代化程度的主要途径。其中，北京、江苏、浙江、山东和广东的知识创新程度与知识传播程度相差不大，其余中西部各省份知识创新能力与知识传播能力相差极

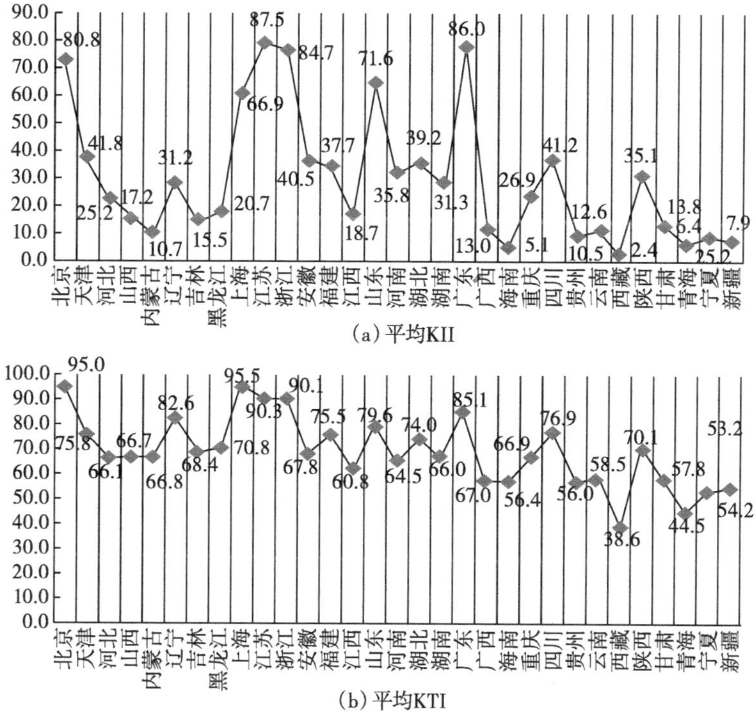

(a) 平均KII

(b) 平均KTI

图5-10 各省份知识创新指数和知识传播指数年均值

大，由此可见，中西部地区需要以知识创新为支撑促进知识传播，从而带动知识现代化水平的提升。

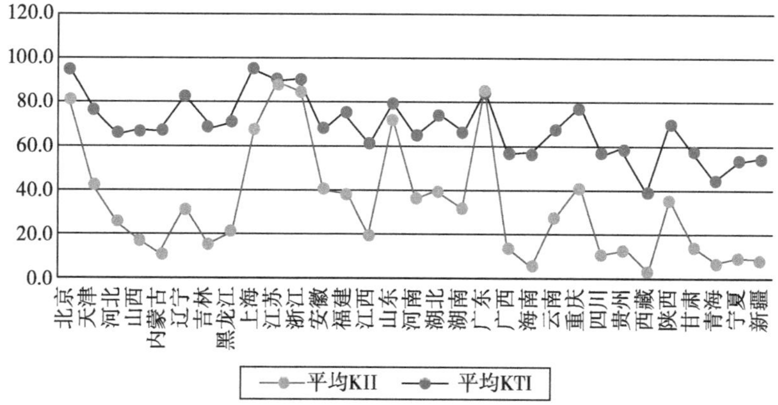

图5-11 2009—2018年各省份知识创新指数和知识传播指数的比较

（4）中国各省份生活现代化指数（CI）时序演变与地区差异

表 5-6 2009—2018 年各省份生活现代化指数

省份	2009 年	2010 年	2011 年	2012 年	2013 年	2014 年	2015 年	2016 年	2017 年	2018 年	平均年
北京	100.0	100.0	100.0	100.0	100.0	100.0	100.0	100.0	100.0	100.0	100.0
天津	88.2	88.6	89.7	90.3	91.2	91.4	92.4	92.0	91.4	90.4	90.6
河北	55.8	56.4	59.1	61.5	62.8	64.3	66.5	67.4	68.0	68.4	63.0
山西	55.9	56.8	59.1	60.8	62.5	63.8	65.5	65.7	67.3	68.7	62.6
内蒙古	62.4	63.8	67.3	69.9	72.2	74.4	75.4	75.3	75.4	75.4	71.1
辽宁	64.7	66.0	69.1	71.7	73.4	75.3	76.5	75.6	75.8	76.1	72.4
吉林	57.4	57.4	59.1	60.8	62.6	63.5	64.4	63.9	64.5	65.0	61.9
黑龙江	56.3	56.7	58.4	59.4	60.5	62.1	63.1	63.1	63.5	64.0	60.7
上海	89.3	89.2	89.8	90.6	91.2	91.8	92.7	93.6	94.2	94.6	91.7
江苏	68.1	70.2	73.8	76.5	80.1	84.0	86.7	87.0	87.7	88.2	80.2
浙江	80.6	82.3	85.9	87.4	87.7	88.1	88.3	87.6	88.1	88.5	86.4
安徽	47.7	49.0	51.3	52.9	54.1	55.9	57.6	59.1	60.8	62.1	55.0
福建	62.9	63.9	65.9	67.6	69.0	71.0	72.5	73.2	74.3	75.2	69.6
江西	46.4	48.1	50.3	52.1	54.0	55.0	57.7	58.9	60.3	61.5	54.4
山东	62.8	63.8	66.4	69.2	71.4	73.7	75.3	76.8	77.4	77.6	71.4
河南	47.5	48.7	51.1	53.1	55.2	58.5	59.4	60.6	62.3	63.8	56.0
湖北	50.9	52.4	54.7	56.6	58.5	60.7	62.8	64.0	65.6	66.8	59.3
湖南	50.6	50.8	52.8	54.3	55.8	57.5	59.5	60.4	61.8	63.1	56.7
广东	74.8	74.9	76.7	78.4	79.6	80.3	81.3	81.4	82.1	82.6	79.2
广西	46.7	47.6	49.5	51.5	53.2	54.7	55.9	56.6	57.8	59.0	53.3
海南	51.6	52.5	54.7	56.5	58.0	59.7	62.6	63.3	65.1	66.3	59.0
重庆	53.2	54.1	56.3	58.7	60.8	63.3	65.4	66.7	67.9	69.0	61.5
四川	48.8	50.1	52.3	54.2	55.8	57.5	59.1	59.8	61.0	61.9	56.1
贵州	40.4	42.2	43.8	45.6	47.6	50.3	52.7	54.6	56.7	58.5	49.2
云南	46.3	46.9	49.2	51.5	53.0	54.5	56.3	57.2	58.4	59.0	53.2
西藏	39.4	39.2	40.0	40.8	43.0	44.7	46.9	48.0	49.4	50.9	44.2
陕西	51.0	52.7	55.3	58.3	60.4	62.4	64.0	64.5	65.7	66.9	60.1
甘肃	41.1	42.1	44.0	46.0	47.8	49.7	51.7	52.9	54.2	54.9	48.4
青海	47.1	48.7	51.8	54.7	57.4	59.8	61.8	62.7	63.7	64.5	57.2
宁夏	54.3	55.9	59.5	62.2	64.6	67.1	69.4	69.5	70.3	70.9	64.4
新疆	47.5	49.7	52.4	55.4	56.8	58.8	60.1	60.8	61.6	62.1	56.5

2009—2018 年各省份的生活现代化指数逐年增加，表明我国整体的生活质量呈现出逐年改善的态势。北京、上海的生活现代化指数位于全国的第一、第二位，天津、江苏、浙江、广东这些城市的生活现代化指数也相对较高（见表 5－6）。

2009 年和 2018 年我国东部地区的生活现代化指数的变异系数分别为 0.22 和 0.18，2009 年和 2018 年我国中西部地区的生活现代化指数的变异系数分别为 0.12 和 0.11，上述结果表明，中西部省份的生活质量与东部省份仍有差距，但可喜的是差距在逐年缩小。

5.3.3 高质量发展背景下中国各省份现代化综合程度的划分

首先，用聚类分析法对 2009 年我国 31 个省份的现代化综合程度的情况进行分类。聚类分析是一种对多个样本进行定量分析与分类的多元统计分析方法，本章根据现代化指标体系数据变量的相近程度对各省份进行分类，聚类方法选择组之间的连接，测量区间选择欧式距离，由此得到聚类分析的树状图谱（见图 5－12）。

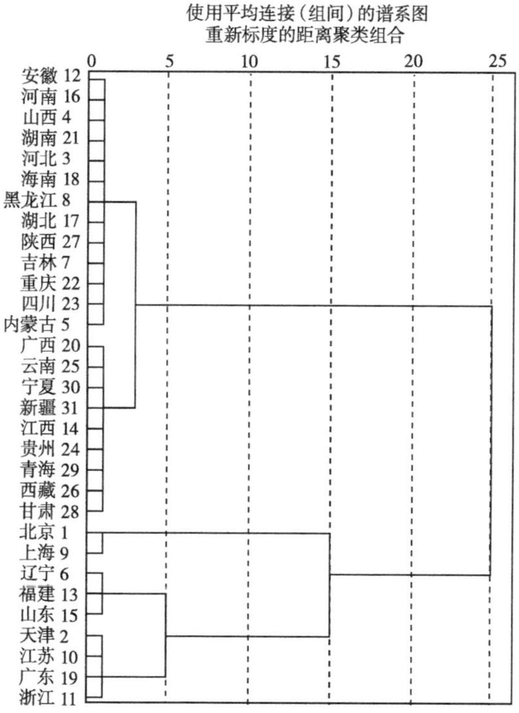

图 5－12　2009 年各省份现代化综合程度的聚类分析树状图谱

根据图 5 – 12 聚类分析的结果可将中国 31 个省份的高质量现代化综合程度划分为 5 类，具体如表 5 – 7 所示。

表 5 – 7　2009 年各省份现代化综合程度高低划分

高质量现代化程度	省份
高质量现代化程度最高	北京、上海
高质量现代化程度较高	广东、江苏、浙江和天津
高质量现代化程度中等	山东、福建和辽宁
高质量现代化程度较低	四川、重庆、湖北、湖南、海南、陕西、安徽、山西、河北、河南、黑龙江、吉林和内蒙古
高质量现代化程度最低	广西、云南、宁夏、新疆、江西、贵州、青海、西藏和甘肃

其次，同样用聚类分析法对 2018 年我国 31 个省份的现代化综合程度的情况进行分类。根据现代化指标体系数据的相近程度对各省份进行分类，聚类方法选择与测量区间同上，由此得到聚类分析的树状图谱（见图 5 – 13）。

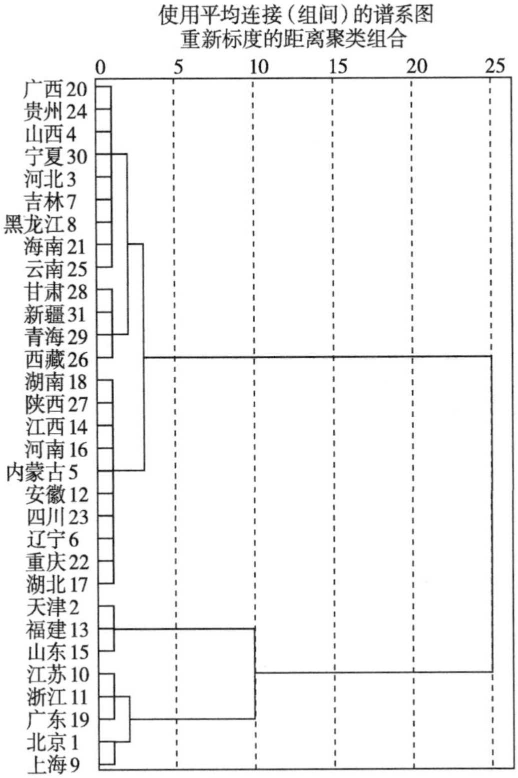

图 5 – 13　2018 年各省份高质量现代化综合程度的聚类分析树状图谱

根据图 5-13 聚类分析的结果将 31 个省份的高质量现代化程度划分为 6 类，具体如表 5-8 所示。

表 5-8 2018 年各省份高质量现代化综合程度高低划分

高质量现代化程度	省份
高质量现代化程度最高	北京、上海
高质量现代化程度较高	广东、江苏、浙江
高质量现代化程度中等偏高	天津、山东、福建
高质量现代化程度中等偏低	四川、重庆、湖北、湖南、安徽、辽宁、陕西、江西、河南、内蒙古
高质量现代化程度较低	黑龙江、吉林、河北、山西、广西、云南、宁夏、贵州、海南
高质量现代化程度最低	甘肃、青海、新疆、西藏

对比 2009 年和 2018 年各省份现代化程度的分类，2018 年对各省份现代化程度有了更为精确的划分，但分类情况基本变化不大。经过 10 年的演变，各省份现代化程度的分类变化呈现出如下特征：①北京和上海的地位稳固不变，是全国现代化程度较高的省份，走在全国高质量现代化发展的前列；②广东、江苏、浙江位于现代化程度的第二梯队，这 3 个省份的共同点是现代化建立在繁荣的经济、密集的高素质人才和有序的产业结构基础上；③新疆、西藏、甘肃和青海四省份，仍处于全国现代化程度最低的位置，说明这些省份局限于地域和发展环境，在现代化方面仍存在较明显的短板；④天津的现代化综合程度明显下降，广西、云南、贵州、江西的高质量现代化程度明显上升。由于地缘的问题，天津近年人才流失严重，其经济总量受到严重影响；此外，天津以重工业发展为主，第三产业发展水平与先进省份相比还有差距，并且近年来的海港优势下降导致其受到较大影响。以上因素共同导致天津的 GDP 总量呈现出断崖式下降，从而使得 2018 年天津的现代化程度明显下降。通过上文可以发现，广西、云南、贵州、江西四个省份分经济现代化指数、知识现代化指数、生活现代化指数均明显上升，说明四省份的产业结构转型升级、环境质量的提高、知识传播和创新以及生活质量改善等因素共同作用推动了其现代化进程。另外，广西北部湾经济区和自贸区的建立，以及贵州科技创新园的建设使两省份未来有更大的发展潜力，有力地推动了这些地区现代化程度的提升。

5.4 结论与政策建议

本章立足高质量发展的背景，通过构建经济、知识和生活三个维度的现代化指数，并利用中国整体和各省份2009—2018年数据测算并分析了中国现代化水平的时序演变和区域差异。通过以上分析，得出如下结论：

（1）在中国总体现代化指数方面，2009—2018年中国现代化的步伐逐年加快，以逐年增加的速度追赶世界先进水平。其中三项分指数——经济现代化程度、知识现代化程度、生活质量现代化程度均呈逐年提升的态势。

（2）中国各省份现代化指数方面，不论是现代化综合指数，还是分维度的经济现代化指数、知识现代化指数、生活质量现代化指数，地区间差异都比较大。其中北京、上海两市遥遥领先于其余各省份，江苏、浙江和广东三省份紧随其后，追赶态势明显；西部地区各指数相对较低，说明在经济发展方面、知识创新方面以及生活质量提高层面，西部地区仍有较大的空间；另外，东北三省近年“塌陷”明显严重，拖累了其现代化程度。总体来说，中国各省份现代化水平分化明显，强弱格局分明。

综合以上分析，本章基于中国未来谋求高质量发展的视角，在提升中国现代化水平方面提出如下政策建议：

第一，实施创新驱动，助力高质量发展和现代化提升。随着大数据、人工智能以及信息通信技术的快速发展，创新在经济发展中的地位日益凸显，成为引领发展的第一动力和建设现代化经济体系的战略支撑。当今社会，在新工业革命与我国高质量发展形成历史性交汇的大背景下，面对国内、国际复杂的经济形势，加快从要素和投资驱动转向创新驱动，形成创新驱动新格局，已成为未来发展的首要任务。一方面，需要加快建立以企业为主体、市场需求为导向，并与产、学、研、用深度融合的技术创新体系；另一方面，应注重推进基础性、系统性、前沿性的科学发展，加强基础科学研究，助力科技进步，成为科技发展的最重要基石。

第二，人才培养和引进人才并举，推动高素质人才集聚。中国现代化程度的提升必然需要高素质的人才作为支撑。我国大体上呈现出东部地区高素质人才集聚水平较高，而中西部地区高素质人才匮乏的局面。鉴于此，对于中西部地区，一方面，在人才培养方面应加大对中西部地区政策倾斜，尤其是要在中西部地区重点扶持建设区域性的高水平大学，为区域经济和社会发展提供有力的支撑；另一方面，中西部地区应该多措并举“留住人”和“引来人”，改善营商环境，建立激励相容的机制，探索中西部地区人才高地的新模式、新路径。

第三，提升高端服务业和高技术产业水平，促进产业结构的高级化。中国目前亟须进行产业结构的转型升级以尽快转变经济增长方式，而高端服务业和高技术产业的发展是产业结构高级化的关键。高端服务业和高技术产业水平的提升离不开资金的支持、城市功能和品牌形象的提升、人才队伍和技术研发投入，所以政府需要加大投资力度，设立高端服务业和高技术产业发展的专项基金以拓宽其发展的资金来源，此外，完善的城市功能为高端服务业和高技术产业的发展提供了良好的外部环境，各地需要优化城市功能和品牌形象以提高现代化程度，另外，高端服务业是知识密集型产业，其发展需要积极建设高端人才队伍，最后，要加大技术研发投入，促进技术与产业的融合，鼓励自主创新，从而引导高端服务业和高技术产业的发展。

第四，紧随新技术革命的发展趋势，以新经济发展拓展增长空间。新经济是第四次科技革命的成果，是经济的新增长点和经济发展的新动能。为了拓宽经济增长空间以实现现代化，需要大力发展新经济。一方面，可以通过应用“互联网+”“数字化+”等信息技术手段，发挥现代信息技术对产业发展的渗透作用，以信息化带动工业化，以工业化促进信息化，形成产业和技术协同发展的新业态；另一方面，发展数字化、网络化、智能化的制造新模式，以加快传统制造业的转型升级和跨越发展，拓宽经济增长空间，同时加快实现新一代信息技术与制造业的深度融合，促进产品和装备制造的智能化。

第五，注重生态保护推动绿色发展，绘制高质量发展亮丽底色。实现产业升级与环境保护的相得益彰，大力发展绿色经济。构建绿色经济体系，坚持绿色富省、绿色惠民，走节约优先、保护优先、自然恢复为主的绿色发展道路，促进人与自然和谐共生。加强生态环境制度建设，建立长效发展机制。建立健全政府、企业和公众共同参与的长效机制，实行最严格的环境保护制度，进一步提高绿色指标的权重，把保障人民健康和改善环境质量作为更具约束性的硬指标。除此之外，对于生态环境问题，全社会参与是关键。环境问题是由社会结构、社会过程和社会成员的行为模式共同导致的社会问题。仅依靠政府行为还不够，只有政府、企业、个人、社会一起发力，才能让绿色发展成为“绿色动力”，同时让绿色成为转型升级、高质量发展的亮丽底色。

第一篇

新经济背景下微观高质量发展

6 新经济背景下消费者行为的新特征

在农业经济与工业经济后，网络经济、数字经济和人工智能经济等融合发展形成新经济形态。以互联网技术、数字技术以及人工智能技术为核心生产力的网络经济、数字经济以及人工智能经济已经渗透到了人类社会的各个领域，引起了全世界范围内的经济环境和经济形态的重大变革。新经济作为一种全新的经济形态，包括新的技术、模式、业态以及现代产业等诸多方面，网络经济、数字经济和人工智能经济在国内都呈现出了蓬勃发展的态势。目前，随着新经济产业的逐渐发展及其与其他领域的深度融合，中国的经济表现出了鲜明的新经济特点。在新经济背景下，消费也受到了深刻影响，目前正面临着结构优化升级的关键节点，因此，要高度重视国内消费需求的发展态势并分析消费者行为的新特征，以期进一步了解消费的发展趋势。

6.1 文献综述

作为拉动经济发展的“三驾马车”之一的消费，目前已受到来自新经济的深刻影响。我国经济自步入新常态以来，消费活动在国民生活中的重要性日渐提升，国民消费规模显著增大，消费结构也得到优化升级，消费已经成为我国经济能够稳步发展的重要驱动力。国家统计局数据表明，2020 年最终消费占我国 GDP 的比重达 54.3%，已连续 7 年成为我国经济发展的第一拉动力，消费仍然是经济稳定运行的“压舱石”。2018 年，《中共中央 国务院关于完善促进消费体制机制、进一步激发居民消费潜力的若干意见》中指出，消费是最终需求，既是生产的最终目的和动力，也是人民对美好生活需要的直接体现。同时，对完善促进消费体制机制、激发居民消费潜力提出了指导性意见。2020年，国务院办公厅发布《关于以新业态新模式引领新型消费加快发展的意见》，指出要发展新业态新模式为特征的新型消费，重视新型消费的重要作用。要促进新型消费发展的体制机制和政策体系更加完善，通过进一步优化新业态新模式引领新型消费发展的环境、进一步提升新型消费产品的供给质量、进一步增强新型消费对扩内需稳就业的支撑，并要加强对新型消费的保障能力建设和政策支持。根据《2021中国经济趋势报告》，我国消费需求逐步回暖，消费对经济增长的拉动作用明显增强，2021年国内消费将呈现强势复苏态势，主要体现为国内消费仍会保持平稳增长并且消费对经济发展的基础作用不会改变。在全球经济疲软和新冠肺炎疫情导致经济下行压力显著增大的情况下，国内的疫情控制已相对平稳，并且在以国内大循环为主体的新发展格局下，要更加注重国内消费需求对促进经济发展的重要驱动功能。消费优化升级能够进一步引导各种要素流向实体经济，促进要素的优化配置和创新组合，也可以解决当下经济的发展困境，减少经济结构升级中的负面效应。

目前，国内众多学者围绕新经济背景下的消费与经济发展等相关问题展开了研究，主要包括以下三点：第一，关于新经济背景下的消费行为及特征的相关研究。赵明辉（2018）认为互联网平台技术提升了消费服务水平，减少了消费者对于产品信息不知晓的现象，即在一定程度上解决了信息不对称的问题，促进了消费结构的升级。周楠（2018）分析了互联网时代居民消费行为的特征，并指出消费者心理需求转变、消费动机转变和消费心态转变是影响居民消费行为特征的主观因素，而客观因素主要包括产品价格等。陈兵（2019）认为，在人工智能场景下，以消费数据为核心的信用体系是消费活动的基础，消费者行为发生变化以及“消费者主权经济”得以形成并发展。马香品（2020）认为在数字经济时代，消费者的个体特征表现为网络消费趋于个性化与特色化、消费者的主导地位愈加凸显、消费结构优化调整以及消费行为的不确定性增加。崔光野和马龙龙（2020）认为，在数字时代消费行为出现了以下变化：消费从应用型转向体验型、从功能型转向数据型、从一次性转向持续性以及从个体消费转向社群消费。张峰和刘璐璐（2020）认为，在数字经济时代，消费者行为主要受在线消费方式、广告营销以及畸形消费理念的影响。林晨等（2020）认为，人工智能通过减轻住房资本和基建资本对居民消费的挤出效应，从而实现扩大消费的目标。第二，关于新经济背景下的消费结构优化的研究。刘媛媛（2016）提出了互联网经济通过影响就业、产品营销、商贸流通等来影响居民消费结构。杜丹清（2017）指出互联网时代消费升级的动力是技术创新引致的供应侧产品创新与需求侧消费内容和方式变革。李旭洋等（2019）通过实证分析得出了互联网使用有助于提高家庭发展与享受型消费在总消费支出中的比重从而促进居民家庭消费升级的结论。师博（2020）认为人工智能会加速绿色消费与智能消费从而引导产业升级，提升教育和医疗消费质量，为培育高端生产要素创造条件，驱动消费升级并助力高质量发展。祝仲坤（2020）证明，互联网可以释放农村居民消费潜力，优化农村居民消费结构，推动农村消费升级。第三，关于新经济背景下生产等环节的关系与理论的研究。刘淑春（2019）指出中国的数字经济出现“三二一”产业逆向渗透趋势，消费和流通领域的数字经济引领发展，但在工农业领域的数字化发展仍然不够充分。张昕蔚（2019）认为在数字经济时代，大数据、云计算、人工智能等技术的发展在推动产业结构升级和产业组织方式变革的同时，拓展了网络空间功能和创新资源配置的空间范围，使生产和服务朝着开放式创新模式发展和演化。李冀恺和尹玉婷（2020）认为新经济通过影响需求端主导层次的变迁，为居民消费的变化提供了方向，而新一轮技术革命对生产、流通等环节的变革，为消费需求的实现提供了技术保障及模式创新，最终在需求、供给二者合力的作用下使居民消费在新时代下表现出新特点。

综上所述，以互联网技术、数字技术、人工智能技术等新技术及现代产业发展为核心的新经济形态正在引起消费者行为、消费结构以及生产消费及服务的关系的重大变化。总而言之，新经济形态正在影响着消费环境、消费结构以及消费者行为的重大变化。在新经济背景下，研究与分析消费者行为的新特征对于推动我国经济高质量发展过程中的消费结构优化升级具有重要意义，亟须对消费升级过程中消费者行为的新特征进行深入探讨。为此，本章以国内的消费现象与相关经济数据为依据，对新经济背景下我国消费市场的基本发展态势和消费者行为的新特征进行分析。

6.2 新经济背景下消费市场的发展态势

要深入考察新经济背景下消费者行为的新特征，需要先了解我国消费市场所呈现出的基本发展态势。结合消费者行为现象与相关数据，本章总结了当前我国消费市场所呈现出的六大基本发展态势。

6.2.1 消费需求持续拉动我国 GDP 增长

在最近十年间，我国 GDP 以接近 7.2% 的平均实际增速实现快速增长，并于 2020 年首次超过 100 万亿元。从拉动经济增长的“三驾马车”对我国 GDP 增长的贡献率来看，在新经济背景下，消费需求对我国 GDP 增长的贡献率呈现出显著的波动上升的发展态势（见图 6－1）①。

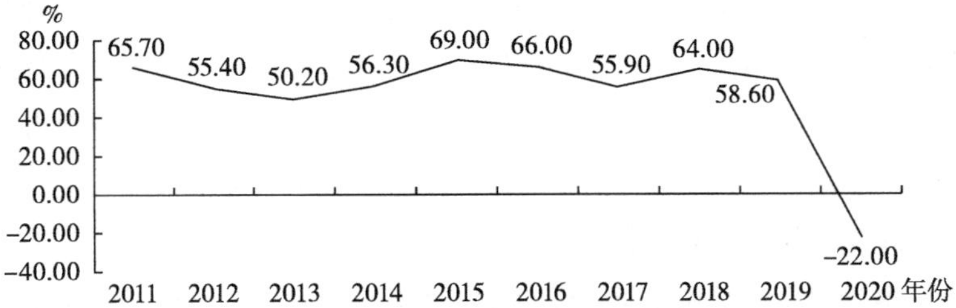

图 6－1 2011—2020 年最终消费支出对我国 GDP 增长的贡献率

由图 6－1 可以看出，自 2015 年以来，消费需求对我国 GDP 增长的贡献率大多维持在 60% 左右（2020 年受疫情影响有所下降）。在新经济背景下，传统的以投资为经济发展导向的经济增长方式的效益呈现出显著的下降趋势，但与此同时，消费正在加速提升，消费对经济增长的贡献率逐渐提升，新经济背景下的消费升级正逐渐成为我国经济社会的新发展方向。

6.2.2 消费者的人均可支配收入快速提升

在我国经济发展的推动下，我国居民的人均可支配收入不断增加，从 2015 年的近 2.2 万元提升至 2020 年的 3.2 万元多，居民的人均可支配收入的增加使国内消费能力迅速增强，推动扩大了内需。由图 6－2 可以看出，2015—2020 年我国居民的人均可支配收入增长率的平均值接近 8.1%②。并且随着我国经济的健康有序发展，在城市群建设、新型城镇化建设、乡村振兴以及农村人口加速向城镇转移等众多因素的驱动下，我国居民的人均可支配收入在未来有望实现加速提升，这也能够进一步帮助释放国内消费者的消费潜力、扩大国内消费需求，实现国内消费结构的优化升级，推动新发展格局的构建。

① 资料来源：国家统计局官网。

② 资料来源：国家统计局官网。

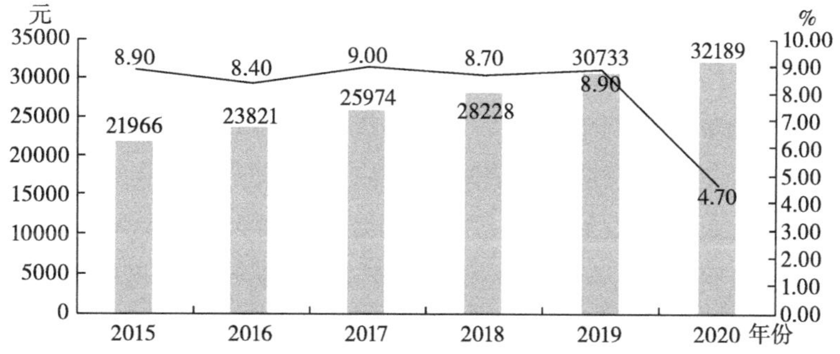

图 6-2 2015—2020 年我国居民人均可支配收入及增长率

6.2.3 网络经济营收规模不断扩大，增速趋稳

根据艾瑞咨询研究院统计口径所得数据，2019 年我国网络经济营收规模达 53774.2 亿元，同比增速为 21.3%①，在社会消费品零售总额中的占比继续提升。近年来，随着国内各大网络平台的流量持续增长以及电商平台的改版，直播带货得到进一步发展，尤其在新冠肺炎疫情期间大大促进了国内的商品交易，部分人认为直播带货创造了商业奇迹，这种新业态的变化将加速推动电商业态的发展，从而引起网络经济营收规模持续增大。至于增速趋稳的主要原因，则是受宏观经济的影响：2019 年我国 GDP 实际增长率为 6.1%，2020 年受疫情影响增速仅为 2.3%，增速下滑，网络经济受宏观经济增速下行影响，规模增长逐渐呈现出放缓态势。除受国内宏观经济环境的影响外，在金融市场监管趋严等背景下，对网络经济贡献率较高的互联网金融行业的发展受到影响，这也成为网络经济整体营收增速趋稳的重要原因。

6.2.4 新经济驱动消费内容多元化

随着新经济逐渐成为国民经济发展的重要力量，我国的消费规模正在不断扩大，消费内容更加多元，其重要原因之一是新经济向社会经济各领域的深度渗透提高了就业弹性，并由此带来居民收入结构调整，进一步推动了消费增长。在新经济背景下，消费者的消费理念和行为正在发生改变。近年来，随着新经济进程的推进和网络消费渠道的逐渐成熟，网络消费并不再仅局限于网络购物，传统领域与新经济的结合开始加速发展，如

---

① 资料来源：艾瑞咨询研究院《中国网络经济年度洞察报告——简版（2020 年）》。

汽车、房屋等高价值商品也开始在网上进行销售。在新经济背景下，服务性消费同样也在不断发展，正在逐渐成为网络消费新热点，这些服务行业的发展也促进了消费的增长。具有代表性的是线上教育和线上办公，在2020年国内新冠肺炎疫情严重期间，师生在网上进行授课与学习，促进了线上教育相关行业的发展；线上办公也促进了线上办公行业的发展。此外，还有在线问诊等新兴需求的出现，带动了相关行业的迅速发展与消费提升。总而言之，新经济的发展使消费行为和消费内容发生变化，促进了消费升级。

6.2.5 高价值商品消费大幅提升，基础消费相对不足

受2020年年初新冠肺炎疫情冲击，国内的消费上半年呈负增长，全年经济呈现出的是“宏观数据强反弹、微观主体弱修复”态势。2020年，国内的消费提升在高价值商品领域尤为明显。高价值商品的消费提升中最具代表性的是新能源汽车消费显著增加。随着“实现碳达峰、碳中和”目标的提出以及我国消费者全球公民意识的提高，国内新能源汽车的销量不断提高。同时，受新能源汽车基础设施的完善以及安全性能提升、价格下降等因素的影响，我国国内消费者对新能源汽车的消费需求大幅提升，根据工信部的数据，2020年国内新能源汽车销量增幅接近8%，预计2021年销量增幅很可能超过30%。新能源汽车消费将是促进我国扩大内需、构建新发展格局的重要推动力，对提升国内消费有着显著的积极作用。但同时，出现新能源汽车消费需求提高这一现象也表明国内消费者除汽车外的基础消费相对不足，新能源汽车消费的提高必然挤占了其他类型的基础消费，可能导致基础消费相对不足。

6.2.6 消费主体力量的更替

随着新经济的发展，我国消费的主体力量也在更替，出现了一些消费的新生力量，并且逐渐成为扩大内需的重要力量。首先是Z世代。Z世代是指1995—2009年出生的、深受科技产品影响的一代人。Z世代是年轻且充满着无限可能性的一代，在新经济背景下，Z世代消费者展现出了巨大的消费潜力。随着“95后”踏入职场、众多“00后”成年，Z世代人群成为我国消费市场的新群体，目前，Z世代人群的消费潜力正在不断释放。虽然目前“80后”仍然是消费的中流砥柱，但Z世代的消费潜力更大，其

线上消费能力更强并且呈现出不断增加的态势。Z 世代人群带来了消费新需求和新机遇，他们蕴藏着巨大的消费潜力，对消费的要求更高，他们的群体特征与消费偏好将会成为未来消费升级与消费变革的全新驱动力。其次是中老年人。随着我国居民生活水平的不断提高，部分老年人已不再只是单纯满足于老有所养，而是有了许多新的爱好，加之新经济的全面渗透，生活方式趋于多元化，中老年人不断触网进而接触到更多新的事物。中老年人的消费越来越多注重精神层面的需求，追求社交、旅游、新的健身方式等，中老年人的消费能力在不断提升，中老年人的消费升级趋势愈加明显。阿里研究院 2020 年发布的《后疫情时代的老年人数字生活》的微报告认为，我国人口老龄化呈现出边富边老与数字经济加速发展叠加效应，因此要重视中老年人的消费需求对我国消费结构优化升级、扩大内需的促进作用。再次是下沉市场的消费人群。CBNData 发布的《2019 中国互联网消费生态大数据报告》显示，目前我国三线及以下城市的消费增速明显要快于一二线城市。“有钱又有闲”是我国下沉市场消费人群的主要特征，其加班时间较少，且房贷车贷压力较小或者没有，增加了其对商品和服务消费的需求。下沉市场的消费者正在不断进入电商平台，从而增加了线上消费。虽然下沉市场消费群体的收入和消费的总量相较一二线城市偏低，但消费的增速有加快趋势。最后是单身一族。单身一族没有家庭的负担，因此群体中大多数人的储蓄倾向较低，消费也往往会更高。这个群体更愿意为商品和服务的质量埋单，热衷于那些能提高生活品质的商品和服务，并且热衷于“吸猫”“撸狗”，关注宠物市场。且单身一族往往更热爱社交，喜欢参加线下聚会。单身一族带来了很多商机，有利于促进扩大内需以及消费升级。

总之，在新经济、新业态、新模式的推动下，我国的消费需求对 GDP 的贡献率、市场规模、消费方式、消费结构和新生力量的发展等的促进作用都有所增强。

6.3 新经济背景下消费者行为的新特征

受网络经济、数字经济与人工智能经济等融合的新经济的驱动，国内的消费需求、消费内容和消费群体新生力量等都呈现出了强劲的增长态势，要了解新经济对消费的深层影响，有必要进一步考察这种影响之下的消费者行为呈现出什么样的新特征。新经济不仅改变了传统生产服务模式下的消费环境与消费方式，拓展了新的消费者群体，带动了消费升级，而且派生了消费者行为的新特征。消费者行为的新特征具体表现在以下六个方面。

6.3.1　消费者行为更加个性化、特色化和多元化

与传统的实体经济的消费行为相比，新经济背景下的消费者的行为更加自由化，且具有个性化、特色化和多元化的特征。在新经济背景下，由于互联网技术、数字技术以及人工智能技术等新技术的驱动，消费的个性化、特色化和多元化已经成为消费者行为的重要的、不可代替的特征。当前国内的生产环节会满足消费者的个性化、特色化的需求，消费者可以通过网络对产品进行个性化、特色化定制，而不是像在传统的实体经济中只能购买已经生产好的商品。因此，消费者行为个性化、特色化的新特征，不仅能够使消费者的个性得到张扬，也有利于为新经济的发展开发出更多的消费市场与新的消费者群体。消费者行为的多元化主要是针对消费内容的多元化，不同的消费者群体创造了不同的商机，比如中高收入群体对新能源汽车的消费需求以及单身一族对宠物的消费需求等。随着商品消费和服务消费的发展，不同消费者群体的消费需求不断得到满足，消费内容正向着多元化方向发展。

6.3.2　新经济背景下消费者行为的不确定性增加

从消费者的选择上来看，相对于传统的消费模式，当前新经济背景下的消费模式加大了消费者行为的不确定性，在消费者行为上表现为消费者对消费对象选择的不确定性增加。在新经济背景下，消费者在生活中接收到的信息冗杂，加大了信息不对称，且受众多电商平台的直播带货等信息的影响，消费者的冲动性消费行为持续增加，往往会购买一些对于消费者本人来说作用甚微的商品。同时，由于当前我国存在网络环境监管不严等问题，网络环境的信息冗杂导致对商品信息敏感的消费者很容易陷入选择困境，这对部分消费者的消费行为也产生了一定程度的影响。

6.3.3　消费者更加热衷于体验和多途径消费

在新经济背景下，我国的消费模式正在从商品消费转向体验消费，消费者不仅重视商品品质，而且愈加关注购买商品带来的体验。对于国内部

分消费者来说，买东西时喜欢比实用更重要，买东西过程中带来的愉快体验比优惠的价格更能引起消费者的消费行为。埃森哲中国消费者调研数据显示，59%的受访者表示购物购买的不仅是商品，更是购买一种体验，这包括购买商品本身带来的消费体验和购买的全流程体验；52%的消费者表示期望通过虚拟现实和增强现实设备体验想要购买的商品，他们也期待智能设备能够明白他们所需要的东西①。商品在与体验结合后，会给消费者带来更多的乐趣与满足，将更有利于消费者展示其生活方式。新经济让消费者对购物有了新的体验，让他们有了更多的购物需求。同时，消费途径也在发生变化。随着线上购物的不断发展，线下购物也在逐渐升级：线上购物方便快捷，线下消费则是综合体验。目前，消费者对"逛街"式体验的偏爱、对社交与娱乐的需求都促进着线下消费的发展。例如，盒马鲜生的成功是由于消费者需要"一边网购、一边逛店"的消费体验。随着购物信息的透明化，消费中货比三家的行为变得越来越受欢迎。当前，消费者并不想单纯地追求商品最低价，而是喜欢比较商品的各方面优点以减少信息不对称，有利于消费行为的产生。

6.3.4 社交活动消费需求提升

社交活动会带来消费的升级，对于很大一部分消费者来说，消费已经成了社交的副产物，消费往往是伴随着社交活动产生的（在热爱社交活动的中老年人和单身一族身上体现得尤为明显）。中老年人和单身青年的社交需求往往会更高，中老年人的社交活动包括聚餐、旅游等，他们往往会伴随着社交活动产生消费行为；而单身一族的消费行为多产生于线下聚会，以及为了在社交生活中体现自己生活品质产生的一些线上或线下消费。当前，国内的社交活动消费需求正在不断提升，应继续提高社交活动消费需求，扩大内需、提振经济。

6.3.5 消费者倾向于消费共享化和运动消费

新租赁经济的产生依托于互联网的发展，目前，新租赁经济也受到新经济发展的影响。消费共享化的主体力量是年轻消费者群体。从租房、租车到租衣服、租包，年轻消费者愈加喜欢以租代买的消费方式，新租赁经

---

① 资料来源：埃森哲《2018埃森哲中国消费者洞察系列报告》。

济在年轻的消费者中受到欢迎，他们认为以租代买的消费方式更加经济环保。CBNData 数据显示，相较于“80 后”，“90 后”购房的期望较低，他们偏爱租房。新租赁经济已成为年轻消费者的追求，其重要原因在于，年轻消费者的消费能力不足，消费分层导致年轻消费者没有能力购买房屋、汽车等高价值商品，新租赁经济能够明显缓解他们当前的经济压力。运动消费者存在于各个消费群体中。随着我国越来越多的人关注身体健康，运动健身成为新的生活方式。偏爱运动消费目前也成为消费者行为的一个新的特征，运动相关产业已经成为一个庞大的消费市场。运动爱好者是运动消费的主要力量，他们在运动健身方面的花费往往比较高。随着数字技术升级给运动产业带来的影响，运动相关消费也将进行结构的优化升级。埃森哲中国消费者调研显示，“运动 + 新技术”逐渐成为运动消费者备受期待的组合：44% 的消费者表示希望将虚拟现实和增强现实技术应用于运动健身领域；41% 的消费者希望人工智能和物联网在运动健身辅助方面得到应用①。这体现出高科技的运动产品更受运动爱好者的欢迎，也为运动产品供应链的升级提供了方向。运动消费在消费者群体中越来越受到欢迎。

6.3.6 消费者更愿意为品质和效率埋单

消费者拥有自己的判断力，不容易被品牌观念所影响，他们更愿意通过自己的判断来购买商品。近年来，随着国内消费持续升级，消费者在购买商品时已经实现了从追求量到追求质的提升，高质量的商品越来越受到消费者的欢迎。很多消费者往往更注重的是使用商品时的感受，商品应该满足消费者对质量的预期，越来越多的消费者愿意为质量埋单。数据显示，消费者在网购时价格已非影响消费的主要因素。消费者也会注重效率，部分消费者选择 O2O 平台购买商品的原因是其具有方便快捷的特性。例如，消费者更看重商品的配送速度，比如消费者会很在意外卖的配送时间，希望在短时间内收到外卖，他们也愿意为此支付额外的费用。对于一些消费者来说，时间更有价值，他们意识到了时间的重要性，觉得花钱省时间是有必要的。

---

① 资料来源：埃森哲《2018 埃森哲中国消费者洞察系列报告》。

6.4 新经济背景下消费升级的方向及实现路径

随着新经济的发展和物质产品的不断丰富，出现了消费的碎片化，其主要表现为品牌和时间碎片化。如今品牌效应正在减弱，消费者更加重视消费的实际功效。同时，随着微博、微信等媒介日益迎合消费碎片化特征，拓展了线上线下多渠道的消费路径，有效地推动了传统消费的升级。而且新一代信息技术和数字技术还通过挖掘消费者碎片化信息形成了新经济与新零售的融合模式。新经济背景下消费结构优化升级的方向及其实现路径有如下几个方面。

6.4.1 释放国内消费者的消费潜力，扩大内需

新经济以技术的力量构建了消费的新业态新模式，拓宽了消费的新领域和新渠道，拓展了消费结构优化升级的新路径。促进消费结构优化升级，一方面要借助大数据、云计算与深度学习等技术的发展，针对不同类型商品的使用价值展开需求分析，引导消费者更合理、更有价值地进行消费；另一方面要依靠物联网和数字技术向生产领域快速渗透，让消费者可以随时随地了解各种商品，并建立供给侧和需求侧畅通的机制，进而引起消费冲动。新经济通过充分挖掘商品的使用价值，激发消费者的消费潜力，实现消费结构优化升级。通过新经济背景下消费革新与数字技术应用，可以引导消费者在文娱、教育及投资领域增加消费比重。同时，借助当前消费时间碎片化的特征，依靠微博、微信等主要媒介，拓展线上消费路径，释放消费者的消费潜力。通过新经济背景下消费变革与数字技术应用，特别是消费大数据带来的流通环节减少和空间障碍突破，释放消费者的消费潜力，合理引导消费结构升级，驱动消费结构的优化。

6.4.2 推动线上线下消费的有机融合

商家需要通过创新性的设计思考和创造性的零售元素重组，重新设计未来店铺，营造让消费者更难忘和值得分享的愉快购物体验。近年来，我国网购数量迎来指数级增长，随着智能手机的普及，移动端购物的增长更为明显。移动互联网让消费者可以随时随地获取商品信息，然后下单购物。然而消费碎片化的特征使消费者的时间成本增加，因此，推动线上线下消费的有机融合，促进线上线下消费双向提速，对于消费者至关重要。

当前，针对消费者越来越重视线上线下相结合的购物体验的需求，零售业可以通过共享供应链、精准营销等方式，提高电商渗透度，加强客户黏性。同时，要大力发展“云逛街”模式，让消费者通过网络即可准确了解商场的当季活动，通过线上购物入口，最终形成购买行为。

6.4.3 推动绿色健康消费

由于我国消费者的地球公民意识增强，消费者希望可以更有价值、更合理地去使用物品。绿色消费理念是“健康、快乐、品质、环保、可持续”，首先，引导消费者以健康和可持续的方式去消费。例如，闲鱼是成立于2016年的二手交易平台，目前已有千万级活跃用户。消费者在利用二手平台交易闲置物的同时，希望共享信息可以在更多领域得到应用。其次，健康消费。面对拥有健身习惯的众多消费者，运动产业是最大受益者，其可以利用数字技术、人工智能技术等新技术为喜爱运动的消费者带来更愉快的体验，相关企业还可以把商品以及市场营销活动与运动健身和健康理念相结合来吸引消费者。埃森哲中国消费者调研显示，消费者学历越高越愿意为运动投资时间与金钱，因此有必要加大力度开发高价值的产品来吸引高学历消费者群体。比如2020年由任天堂开发的游戏《健身环大冒险》在国内发行，受到广大运动爱好者和游戏迷的喜爱，它可以使游戏玩家一边健身一边在游戏中冒险，这为国内运动产业的产品开发提供了很好的思路。推动生活方式绿色化、健康化，需要加强制度建设，采取激励引导与惩戒并重的措施，同时要加强思想教育，让人们养成绿色健康的消费习惯，形成全社会热爱绿色健康生活、崇尚生态文明的良好氛围。

6.4.4 发展服务消费，放宽服务消费领域市场准入

当前，全球经济结构正在向“服务型经济”转型，新业态新模式加速涌现，网络化、数字化、智能化发展态势正盛。服务消费已经成为经济结构转型的重要驱动力，且将成为促进我国经济可持续发展的重要力量。目前，我国服务消费比重不断提升，消费结构不断升级。随着居民消费的个性化发展和升级，国内的服务消费潜力将进一步释放，以服务为主导是我国经济结构升级的重要方向。我国要进一步放宽服务消费领域市场准入，引导社会资本进入服务消费重点领域。同时要加强基础设施建设和制度建设，促进服务消费健康有序发展。鼓励企业强化服务意识，运用新要素和

新技术创新服务方式，不断提高服务质量。大力推动国内医疗、教育等主要服务性消费的生产和销售等链条的发展与完善，把创新作为根本动力实现扩大服务性消费的内需，构建以国内大循环为主体的新发展格局。

6.5 政策建议

本章探讨了新经济背景下我国消费的发展态势、消费者行为的新特征以及未来消费升级的方向与路径。新经济与新技术的结合成为消费升级的驱动力并且加速了驱动过程，引发消费结构优化升级及消费者行为特征的改变及其他新的变化，推动着未来消费释放新时代消费者的消费潜力，推动线上线下消费有机融合，注重绿色健康消费和服务性消费发展。综合上述分析，本章提出如下政策建议：

6.5.1 推动新经济背景下供给侧结构性改革和消费需求提升的协同发展

抓住目前消费结构优化升级的基本发展态势与消费者行为的新特征，以及国内未来消费发展的方向和路径，深化供给侧结构性改革，释放国内消费潜力。基于新经济背景下的消费新业态新模式，通过淘汰落后生产力调整产能并释放库存，以技术创新带动产业结构优化升级，从而提升消费者的消费需求。推动新经济背景下供给侧结构性改革和消费需求扩大的协同发展，发挥消费对经济发展的积极作用。

6.5.2 继续实施积极的就业政策，提升消费者群体的消费能力

严格落实新增城镇就业超1100万人的目标要求，要切实做好“六稳”中稳就业的重要工作，鼓励国内发展新就业形态，支持发展多种途径灵活就业；加强对我国劳动力的就业培训，完善对就业困难人员的就业帮扶政策；指导企业规范开展用工余缺调剂，鼓励有能力的企业创造更多的就业机会从而促进就业；建立就业与用工数据库，推动劳动力的就业和转移，实现企业与劳动者的最优匹配，减少摩擦性失业。就业增加能够显著提高我国居民的人均可支配收入，进而推动消费，并进一步推动我国的消费结构优化升级。

6.5.3 加强对电商平台的建设，重视直播带货促进消费的积极作用

直播带货是当前促进消费最有效的途径，尤其是在新冠肺炎疫情期间，直播带货在国内创造了商业奇迹，构建了新的商品交易模式，已成为我国很大的消费市场。要认识到直播带货的受众很大一部分来自下沉市场，因为它能够迎合下沉市场消费者的爱好，且廉价的商品在一定程度上解决了下沉市场消费者群体消费能力相对不足的问题，从而刺激下沉市场消费群体的消费。要保障直播带货在未来继续发挥积极作用，需要制定严格的规章制度，引导行业走向规范化、正规化，同时要确保商家和主播都能从中获利。

6.5.4 加快推进乡村振兴战略，开拓农村地区消费市场

在新经济背景下，要促进国内小城镇以及广大农村地区在消费方面的协同发展，改善农村地区的消费环境，加快农村电商平台建设，加快农村消费互联网平台建设，助力农村居民消费升级，拉动城乡消费协同发展。同时要切实提高农村消费者收入水平，在增加农业收入的同时拓宽农村消费者增收途径，完善农村物流基础设施建设和农村便民消费措施，规划建设乡村新型消费网络节点和农村社区综合性服务网点，进一步挖掘广大农村消费群体的消费潜力。

6.5.5 完善商品和服务市场，满足消费者多元化需求

在新经济背景下，消费者需求的多元化将是不可避免的发展趋势，这就要求在生产环节必须保障消费品的供给，满足消费者需求，进而推动消费升级，扩大内需。满足消费者需求能够保障生产和消费的可持续，推动生产环节与消费的可持续发展，促进我国消费结构优化升级，推动构建新发展格局。在保障消费者需求得到满足的同时，也要对商家进行监管，加大对价格欺诈等行为的打击力度，促进消费健康发展。

6.5.6 完善相关规章制度，营造良好的消费环境

当前，要针对国内消费市场存在的不良现象，从多方入手改善国内市场消费环境，维护商家和消费者的合法权益。同时要做到顺应国内新型消费的发展规律，加快出台完善电商领域的相关规章制度；加大立法、执法的力度，加大对销售假冒伪劣商品、欺骗消费者等行为的打击力度，营造

诚信的消费市场环境；同时要求商家提高售后服务水平，消除消费者在购物时的顾虑。要健全市场监管、完善消费者和商家权益保护等机制，提高消费市场的质量。

7 新经济背景下企业创新的新特征

新经济时代发展创新要有微观基础的支撑，越来越多的企业意识到只改变自身不足以实现竞争优势，破坏性的创新才能实现突破性的成功，因此我们有必要全面了解中国企业创新的现状和新特点，形成坚固的微观基础助力高质量发展。各方人士对这个问题有着各自的见解。李兰等（2015）调查发现，整体来看，我国企业较为重视创新，创新成绩有所提高，创新意识逐渐加强，注重自身的创新能力并增加对创新的投入。随着创新越来越深入人心，黄茂兴（2017）总结出，全球创新环境在向好变化，良好的外部环境使得创新越来越活跃，越来越综合和集成，越来越全球化。越来越好的创新环境催生了越来越好的创新成绩，新的创新成绩又开拓了新的天地。例如，艾瑞集团的报告（2019）表明，互联网的广泛应用使得用户下沉逐步得以落实，使得线上服务和线下服务可以更好地配合，更重要的是，在不断发展并且不断满足客户需求的过程中，也创造了前所未有的更加先进的技术。创新在我们熟知或未知的领域不断开花结果，为我们带来便利。郭海威（2020）指出当前出现了科技创新内容覆盖面扩大的特征。米晋宏（2020）也指出大量创新成果诞生，这些成果也在帮助企业快速发展，解决企业在创新能力、资本结构和市场估值等方面的问题，助力本国制造业转型和高级化。无论是企业自身在应对激烈的竞争中需要依靠创新脱颖而出，还是外部环境牵动着企业的创新积极性，创新已经是企业的重要任务，充满创新活力的企业，拥有创新高效率的企业才能形成稳固的微观基础，助力经济发展。

7.1 新经济背景下企业创新的新特征：新技术带来创新方式的变革

改革开放的40多年里，我国企业经历了制度创新从而破除陈旧体制，建立了现代企业制度；经历了技术创新从而改变生产水平落后的局面，提升了我国科技水平的世界地位；经历了管理创新从而减轻了官僚主义，提高了企业效率和竞争力。如今企业又处在一个新的时代，企业要面对日新月异的科学技术成果，比如微处理器取代了传统半导体；企业要面对发展迅猛的互联网带来的变化，比如智能网络取代了传统网络；企业赖以生存的市场环境也变得异常复杂，这意味着企业的竞争对手将会来自各行各业。新经济带来了更大的“蛋糕”，也带来了未知的危机，面对这场战争企业有必要重新思考自己的战略和定位，蜻蜓点水般的变革已经无济于事，企业需要的是深刻的、具有创造性和破坏性的创新变革，而新时代的科学技术可以满足企业的这一需求。

7.1.1 企业创新数据驱动特征越发明显

人类社会经历了几千年的农耕时代，土地和劳动力等有形资源一直以来是最重要的生产要素。1881年进入工业时代后资本和技术成为不可或缺的新的生产要素，提升了对能量资源开发与利用的效率。20世纪末迎来互联网时代后，人们大力开发利用数据、信息、图像等无形资源作为生产要素，使得人类社会在短时间内就有了翻天覆地的变化。全球知名咨询公司McKinsey & Company是大数据时代的“吹哨人”，他们强调大数据的重要性，认为数据作为重要的生产要素已经覆盖到各行各业。郭晗（2020）指出，相比于传统要素，数据要素具有数量庞大、可重复使用、打破要素稀缺性等新特征，现有的手段可以计算铺天盖地的数据并加以分析，创造新的价值和财富，整合创建出前所未有的巨大价值链。我国的数据市场也有着较好的成绩，从图7-1中可以看出，近年来我国大数据市场规模逐年增长，2017年、2018年、2019年的市场规模增长率分别为15.8%、25.6%、20.06%，中国大数据市场蒸蒸日上的成长离不开政策的引导，也是经济发展的必然趋势。

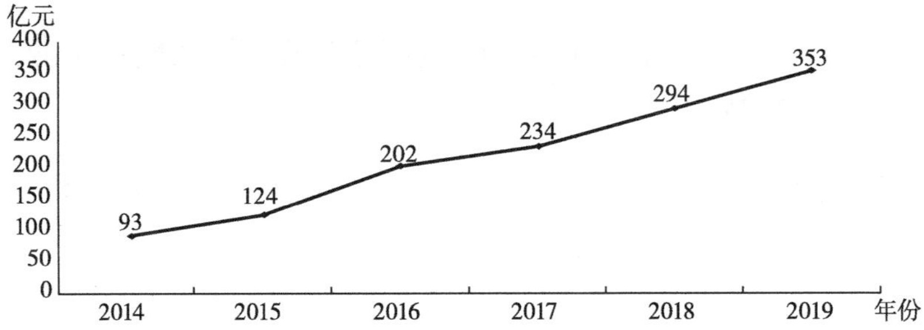

图 7 -1　2014—2019 年国内大数据市场规模

资料来源：笔者整理。

曾经海量数据造成了管理、调取、储存困难等问题，技术进步提升了对数据的处理能力，数据成为新的"金矿"，人们争先恐后发掘其价值，提升了全社会的生产率。对于数字经济，人们还知之甚少，尚不能对其构成模式和理论体系轻易下结论，但数据毫无疑问是新时代最重要的生产资料。现如今，数据在企业中也颇受重视。在大环境的影响下，众多企业获得了大数据带来的红利，这激励它们更深层次地挖掘数据价值，不断对其进行研究和应用，企业的发展理念也逐渐从产能驱动转向数据驱动。中国行业研究网的一组调查数据表明，近六成的企业创设了有关数据的岗位和部门，而且在受访企业中已经有 59.2% 的企业成立了数据分析部门，同时，有 27.3% 的企业将成立数据相关部门作为其短期规划之一。在众多战略资源中数据已脱颖而出，越来越受到企业重视，也越来越控制着企业的未来。

企业转向数据驱动颠覆了传统方式，有效提升了企业创新的质量。首先，企业利用数据准确营销，实现了由广撒网向准定位的转变，企业之间的竞争也更多是以数据分析为基础，因为数据分析比传统调查得到的更多，所费成本更少。比如美团、淘宝、京东等平台会根据消费者的搜索内容、浏览内容、购买的商品等数据为消费者定制个性化的首页，从而提升交易量。其次，企业利用数据进行产品研发，这也是对人的有限能力的延伸，过去的创新更多是靠企业自己，现在则是依靠大数据定制。比如福特公司大力收集市面上汽车的实时数据，工程师可以根据公司提供的数据及时采取方案，这有利于汽车产品的改进研发，使得新产品趋于快速和安全贴合市场需求。同时，数据能够很好地促进"产销合一"的模式，工业时代靠大规模生产发展经济，那么新经济时代大规模定制将带来新的经济增长，个性化是生产的未来趋势，个性化也将帮助企业形成竞争优势，比如现代化面包店可以根据顾客选择的糖分、软硬度、口味等标准做出独一无二的面包。此外，企业利用数据制定发展战略，比如女装连锁品牌 Talbot's 利用顾客的邮政编码数据来规划新店的地址。不仅如此，企业还可以利用数据计算风险、了解竞争对手、招聘人才、降低成本、扩大效益等。

7.1.2 企业创新云上竞争愈演愈烈

在新经济的背景下，云计算市场"借风使舵"创造了可观的成绩，近年来我国整体云服务市场规模保持在30%左右的增速，根据《中国云计算产业发展白皮书》的数据（见图7-2）可以看出，云计算的市场规模与日俱增，到2019年，其市场规模突破千亿元大关。如今对于互联网价值的衡量早已超越了网站曝光率和点击量等指标，云计算的出现与发展更是推波助澜，放大了"互联模式"，催生了无处不在的互联型业务、互联式商业、互联式生活，甚至互联型政府。企业对互联网的应用也超越了传统的方式，正在通过积极上云建立互联型企业，比如企业实现了在云端储存信息，以便员工能随时随地享受到公司资源，这一功能大大解决了企业组织成本高和信息分享慢的问题，提高了企业一体化程度。

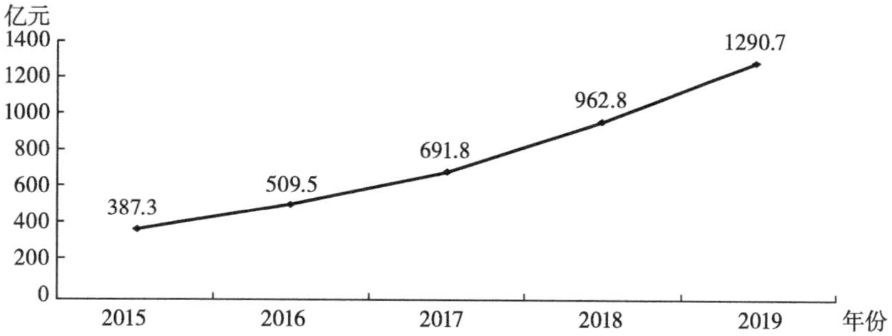

图7-2 2015—2019年云计算市场规模

资料来源：笔者整理。

互联网的广泛应用加速了云计算的基础技术和应用场景不断创新，云计算具有的降低企业成本、提升企业管理水平、缓解企业自身发展难题等优势也逐渐显现，云上服务惠及各大企业，云计算也趁热打铁快速地蔓延到各行各业。根据《中国云计算产业发展白皮书》的数据（见图7-3）可以看出，互联网行业仍然占据着大部分云计算市场，这离不开走在前沿

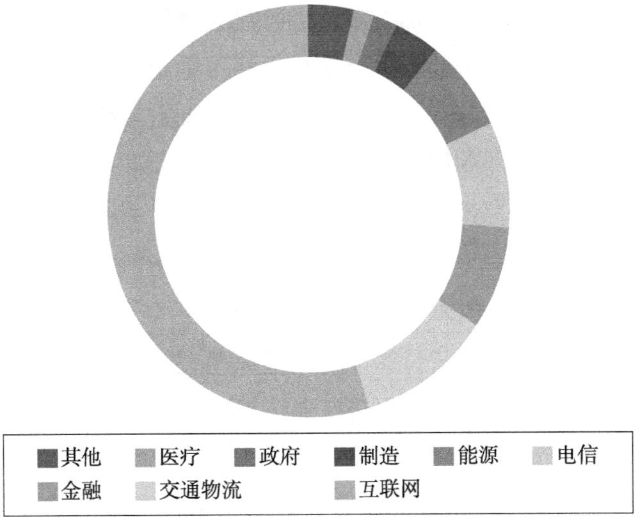

图7－3　中国云计算产业结构

资料来源：笔者整理。

的新兴技术企业多年沉淀下来的坚实基础。同时我们发现，传统企业正在慢慢跟进，逐步扩大自己的云计算市场份额，其中，金融、交通物流、电信、能源等行业的企业表现较为突出。虽然我国上云企业的基数并不大，还比不上英美等发达国家的水平，但是不得不承认企业上云已经是一种趋势。

云计算是企业数字化转型的重要力量，我国企业争相利用云计算提升自身的管理水平和生产效率，导致互联网时代企业创新的速度加快。一方面，新兴产业掌握先进技术，不仅附加值高，还具有资源集约的优势，它们很早就接触到了数字化转型，已有的技术较为成熟且先进，易于进一步创新。比如阿里巴巴积极布局"神龙云服务器""FPGA 云服务器""云盾 DDos 高防"等云服务建设；腾讯提供了底层云服务以及各项基于场景的应用型云服务；京东提供从 IaaS、PaaS 到 SaaS 全栈服务。另一方面，传统型企业以制造加工为主，具有劳动密集的属性，但是传统企业间的竞争也逐渐在云上展开。比如爱启航、新东方、文都等教育机构开设了多种科目的线上课程，招收到全国各地的学生，解决了传统线下课程所存在的地域问题。新冠肺炎疫情期间更是加快了企业上云的步伐，云计算为有效抗击疫情、复工复产以及便利人们的生活做出了巨大贡献。目前，企业上云的重心有向中小企业偏移的趋势，将进一步激发市场活力。

7.1.3 企业创新有赖于人工智能的应用

1956 年“人工智能”初出茅庐，达特茅斯会议使其出现在人们的视野中，经过无数人稳扎稳打的钻研，人工智能有了突飞猛进的发展，各行各业的企业关于其应用也是铺天盖地且越来越高级。从图 7 –4 中可以看出，人工智能的市场规模呈现逐年扩张的趋势，2014 年为 71.7 亿元，至 2019 年已达到 510 亿元，短短 5 年时间其市场规模就扩张了 7 倍。然后我们再进行简单的计算可以发现，近年来人工智能市场规模的增长率也是居高不下，一直保持在 40% 以上并且有逐年递增的发展趋势，到 2018 年达到了顶峰，为 59.35%。2019 年人工智能市场规模增长率因为整体投融资大环境趋冷而有所下滑，但是仍然达到了 42.94%。这样的发展成绩离不开人们对人工智能的乐观预期、宏观经济快速发展、国家政策大力支持等利好因素的推动。

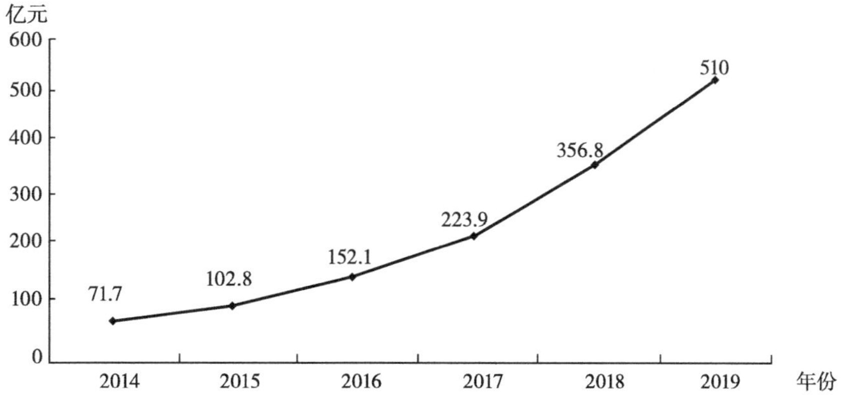

图 7 –4　2014—2019 年人工智能市场规模

资料来源：笔者整理。

目前的人工智能企业水平参差不齐，主要分为两类：一类是重视技术研发的高知识势能企业；另一类是将人工智能与自身业务相结合的企业。技术研发型企业主要是在人工智能的技术层和基础层展开研究，催生高级创新成果，比如阿里巴巴依托阿里云、达摩院推出了图像识别、语音交互等面向各种场景的丰富多样的产品；京东关于 AI 设立了不同层次的主题研究，逐步实现在智能物流、智能消费、智能供应等方面的创新；小马智行在无人驾驶领域的研究使之拥有较高的估值。

依靠技术研发型企业构建的稳固基础，应用型企业得以开枝散叶、繁荣发展。处于三大产业的企业越来越深入探索人工智能，带来许多新兴玩法。首先，第一产业的企业运用人工智能催生了人工智能选种、人工智能管理灌溉和用水、无人机监视等智慧农业的创新，使得延续了几千年的种植技术在短短几年内就有了翻天覆地的变化，变得更加高级、更加智能。其次，第二产业的企业运用人工智能激发了企业研发设计、企业作业方式等方面的创新，提高了生产效率。最后，第三产业的企业对人工智能的运用最为广泛，物流企业应用人工智能进行 AI 质检产品和视觉导航 AGV；线下零售门店应用 AI 实现商店无人化、服务机器化等突破；金融机构应用人工智能提供移动支付、风险控制等新服务。

7.2 新经济背景下企业创新的问题：互联条件下微观主体能力缺陷的逻辑

企业创新在意识方面和行动方面日益进步，有效应用人工智能、大数据和云计算不仅是企业现阶段的创新新特点，也是未来改进的方向，三大武器能帮助其更好地完成数字化转型，从而顺应新时代。但是，企业不断创新、谋求发展的同时，也存在着一些问题阻碍着企业创新，就目前来说包括：企业自身无法满足新时代创新要求；市场体系无法适应新经济时代企业的创新；政府治理模式无法有效支撑新时代企业的创新。

7.2.1 企业自身无法满足新时代创新的要求

在新经济背景下，在当今经济转型和创新型社会环境中，缺乏创新的企业最终将被淘汰。因此，企业要在新经济时代顺水行舟，注重创新速度和创新能力的提升，实现自身的可持续发展。在新经济背景下，需要对企业运行和管理体系进行认真分析与研究，发现企业在创新过程中存在的不足之处。

（1）内部人控制问题严重。对于我国企业，内部控制是经济取得瞩目成就的有效武器之一，良好的内部控制有利于推进企业各项经济活动的健康运转；有利于整合企业资源，使得“木桶效应”得以更好发挥；有利于形成预防财务危害的坚固屏障。因此，在新经济背景下，对于企业内部控制问题的研究和探讨刻不容缓，这对避免和防范企业经济活动发生风险具有非常重要的意义。目前，还有一些尚未解决的问题与隐患遗留于我国企业内部控制制度中：首先，内部控制还未在企业高层领导的思想中占据重要位置，导致优化制度成为纸上谈兵，制度落实不力；其次，企业相关部门存在岗位设置北辕适楚的矛盾，岗位不适应新经济的需求，不利于工作效率的提升，并且利益至上的观念使得各部门对权力和利益的关注远远超过了责任和协调；最后，企业高层没有被严格的内部控制制度约束，就难以对高层领导形成压力，对违纪违规行为不加以严格约束就会导致贪污腐败、以权谋私等行为的横行。

（2）学习方式保守。当前新经济时代下，一场深刻的变革正声势浩大地在世界范围内进行，这场变革有关经济、有关技术、有关管理，这场变革也使得企业身处的市场环境发生翻天覆地的变化。成功的经营战略和模式引导过去企业的发展方向，传统的管理理念在一定程度上促进了企业的发展，但这些和今日的企业需求已不相匹配。不变的是，企业学习一直都能给企业进步带来源源不断的动力，企业学习将竞争力和创新优势带给企业乃至产业集群，不仅促进了企业升级，还提升了企业在竞争中的地位。企业学习为企业能够长久发展注入力量，是全面提升企业能力的基础，因此有必要在高知识势能企业以及低知识势能企业中积极展开企业学习活动，努力提升自己的技术能力与学习能力，增加企业知识存量的同时，加大对新知识内化的数量与深度，使企业的创新能力得以最大化发挥。但是企业学习过程还不成熟，其中尚有诸多风险。“学习近视症”是企业学习中存在的主要问题之一，表现在：只关注短期现状，忽视长期的可持续发展；缺乏经验的总结；没有做到结合实际、灵活变通等。同时企业学习方式与知识特性的匹配程度较低，随着知识特性的变化，企业的学习方式也应有所变化，但在新经济时代知识特性变化的过程中，企业所采用的学习方式仍较为保守，不能与知识特性的变化深度匹配。

（3）薪酬体系不合理。在新时代，企业的首要战略资产便是知识，而知识掌握在知识型员工手中，知识型员工掌握的知识总和就是企业所拥有的知识总和，知识型员工素质越高，企业的地位就越高。面对新时代的全新挑战，企业需要依靠知识型员工的不断创新来创造价值和提高竞争力。无论是处在转型阶段的中国，还是以科学技术创新作为核心的新经济，都离不开活要素劳动力，或者说是人力资本的投入。习近平总书记也在两会期间强调人才的重要性，将其视作第一资源，人才能助力中国顺利走上创

环境中时，信息不对称加剧，研发活动面临更大的风险，管理层对于创新的积极性降低，企业的创新成本居高不下，降低了企业的治理效率和创新效率。

7.2.3 政府治理模式无法有效支撑新时代企业的创新

政府的经济职能主要在于作为市场的补充手段而对经济进行调控，完善经济发展所需的环境，新经济时代，政府职能对企业创新乃至对我国经济社会的发展具有举足轻重的作用。拥有财政资金和绝对信息优势的政府不仅有动机而且有能力对创新企业进行引导和激励，但政府在支持企业创新方面仍存在有待改进之处。

第一，政策制定和引导存在不足。五大发展理念在2015年首次亮相，其中创新居于首位，国家也发布了各项政策支持万众创新，比如国税地税联合办税、收纳培养高层次人才、面向中小企业提供一站式投融资信息的服务等。但是政策是否恰当地促进了企业创新还有待检验，同时一些政策在具体实施时未能很好落地，政策与政策之间不能很好地配合，更糟糕的是存在于制度中尚未解决的问题又进一步阻碍了政策的实行。比如，创新项目报销程序繁杂、贷款评审程序复杂、用于融资的质押品审核困难、人才分布不平衡等问题仍然存在并且影响着企业创新的动力。第二，在弥补市场缺陷方面存在不足。林毅夫认为中国道路成功有其秘诀所在，即“有效市场”和“有为政府”齐头并进，使得市场与政府相辅相成，形成有机统一、相互补充、相互促进的格局。政府作为市场的补充在市场对于创新资源配置的基础性作用发挥不足时要及时助力企业进行创新，然而政府在实践中往往难以准确地界定公共决策与市场决策的边界，无法保证资源的最优配置，同时政府工作机构的低效率影响了政府的补充作用，甚至阻碍了企业的创新活动。

7.3 新经济背景下企业创新助力高质量发展：全社会新型学习机制构建和革新

企业是牵动国家经济的“快马”，企业依靠陈旧思路得到的发展难以让企业长久生存下去，只有走创新这条路得来的发展才是可持续的，才能让我们的国家在当今百年未有之大变局中一马当先。企业创新的积极性越发高涨，其中的问题也层出不穷，针对现有的一些问题，本章给出一些建议和措施：构建有效的企业创新机制；构建健康的市场治理环境；构建有力的政府治理体系。

7.3.1 构建有效的企业创新机制

（1）强化内控监督制度。当前亟待解决的就是如何完善法人治理结构，首先，“阳光操作”要求将企业领导层的行为与职权全面纳入内部制度的监督体系，领导人行使职权的过程需要公开透明，特别是要加强对重大经济活动中的职权监督，有效制衡各种可能发生腐败问题的环节。其次，执行力度关系到制度落地效果，科学教育和强化意识是有效防范风险的方法，帮助责任人树立正确的三观在一定程度上可以降低风险，在思想上摆正态度才能在行为上避免犯错，相关责任人才能承担得起身上的重任，坚守底线，廉洁自律；此外，企业设立机构时要注重相互监督和相互牵制，对重要岗位定期或不定期检查，确保各项经济活动健康安全运行。

（2）完善企业激励机制。首先，员工福利体系是员工满意度的重要组成部分，员工基本生活需求的满足和特殊权利的保障是其基本要求，在此基础上要给予有特殊情况的员工特殊的待遇。其次，改善绩效评价体系，使其更加科学合理；完善激励机制，让员工感受其人性化、科学化、合理化和规范化的优点；创新激励手段，在分配激励、事业激励、荣誉激励等手段的基础上发挥特殊福利的吸引力，个性化的激励有助于增强创新型人才的动力。此外，建立和完善一套与企业发展相适应的员工培训体系至关重要，健全的培训体系可以增强企业的竞争力，为企业培养储备不可多得的知识型人才。

（3）构建企业学习机制。建立企业学习机制的过程绝不是一蹴而就的，它不能停留在口头或浅显的意识层面，必须落实到具体行动。企业创新应该是一种双向式的，抑或是反思式的学习，应该是各个部门和系统之间在适应型或创造型组织引导下相互配合的结果。需要强调的是，反思式学习才是主要的学习方式，在创新过程中占据主要地位，其精髓在于有意识地学习、怎样学习。企业要想办法引导员工之间进行合作，建立科学机制从而激励员工参与知识共享，通过员工之间广泛、即时、连续的交流与合作才有可能实现知识的共享。同时要重视企业间的交流合作和共同发展，真正做到合作共赢；企业要树立持续学习的理念并建立相应机制，比如一些企业已经通过企业大学来培育企业持续创新的能力，企业大学也成为企业持续学习的支撑平台，有利于企业保持竞争优势，也有利于企业实现持续创新。

7.3.2 构建健康的市场治理环境

（1）营造浓郁的创新氛围。企业创新活动需要在良好的创新环境中进行才能在平稳发展的基础上实现突破，良性的创新氛围也是企业创新活动的重要支撑力量，在这样的环境下企业更容易得到创新资源，全社会助力企业创新会显著增强员工的创新意愿，人们的创新意识也会随着创新环境的改善而提升。应强化企业在经济发展中的地位及企业主导作用，充分发挥高技术企业创新创业的影响力，坚持提倡“大众创业、万众创新”，形成全社会积极创新的态势，将创新活力注入全社会，打造崇尚创新创业的创新环境。例如，可以加大力度举办面向各个年龄阶段的创新活动，让企业创新不再局限于自身，而应集全社会的力量解决企业创新的难题。

（2）为企业创新提供宽松的市场环境。市场环境越宽松活跃，企业就越会积极地增加创新投入，进而提升创新绩效。在确保安全的情况下，可以放宽管制，允许企业利用多种金融工具吸收市场中的资金进行创新，形成以银行贷款为主、多种融资手段为辅的融资形式，企业资金充足才有能力进行创新。创新需要持续稳定的资金投入，没有足够多的融资渠道伴随高的融资成本会使得部分企业没有足够多的资金用于创新，企业资金链断裂会直接影响企业的研发进度，甚至对企业造成更大的破坏。因此适当降低企业与金融机构合作的门槛，助力企业与金融机构的合作，利用金融机构进行筹资等，加大创新资金的投入量，提高资金的使用效率。再者，市场竞争在一定程度上是有利于企业创新的，良性竞争有利于增强企业研发活动的密集性，从而提升创新绩效，但恶性竞争会阻碍企业的自我研发和创新能力的提高，因此需要引导市场良性竞争，让市场更加公平公正，减少垄断，杜绝寻租和腐败，这样才能激发企业竞争的积极性，激发企业创新的积极性。

7.3.3 构建有力的政府治理体系

（1）落实财政补贴等相关政策引导企业创新。国家政策是最好的宣传方式，国家政策的方向就是企业对未来规划的方向，也是市场资金的走向，因此国家有必要在各项会议中强调企业创新的重要性并出台联系紧密的政策为企业创新指明方向。政策最重要的不是提出而是实践，落实好各项政策时要注重联系、注重时效、注重实际，只有政策与政策之间形成一股合力才能勇往直前。企业的创新活动离不开政府支持，政府作为经济发展中重要的“扶持之手”，往往通过财政补贴支持企业创新，而且政府补助能有效调控由于企业正外部性引起的融资难及市场失灵等问题。我国出台了创新驱动发展战略、产业引导政策和创新补贴政策等，意在激发社会和企业的创新激情和创新活力，提升我国的创新能力和创新水平，因此，政府应落实创新补贴等政策，给予企业直接或间接支持，比如给予企业直接资金支持用以开展研发，缓解企业创新支出的压力；给予间接支持，比如税收优惠、税收返还等，为企业争取更多用于创新的资金。政府可以在充分考虑企业所有制、发展阶段等异质性因素的基础上，进一步丰富对制造业企业创新活动补助的形式和内容，使得政府资金物尽其用，提升其针对性和精准性。

（2）构造正确的制度环境支持企业创新。制度环境在经济领域主要表现为国家或地区的市场化、知识产权保护、金融深化等方面的发展水平和健全程度，良好的制度环境能够通过创新补偿效应促进企业进行创新的积极性，同时制度环境的优化有利于增强政府补助对企业创新激励效应作用的发挥。要深化“放管服”改革，扫清企业创新在外部制度环境中的障碍。同时企业的创新成果需要被保护，但也不能被过度保护，国家需要健全保护企业创新成果的各项法律法规，比如严格检查知识产权领域的违法行为，营造公平公正的法制环境来保障企业创新活动。国家需要将现有的制度体系化繁为简，简化机构设置、简化评审程序，让制度更加透明公开、及时有效。由此可以简化企业在创新过程中的烦琐步骤，企业创新成果也会得到应有的保护。

（3）促进企业快速发展需要有效发挥政府职能。首先，政府需要转变职能，以政策和制度作为手段促进社会公平，为企业营造良好的生存环境。其次，政府应该加强法制建设，积极开展立法工作，让有法可依更加落到实处，与此同时政府还要完善司法制度，公共服务要想公平、公正地进行就离不开强有力的行政监督。此外，政府应在对企业进行有效管理和引导方面挺身而出以优化市场经济的发展环境，摆脱管理型政府的形象，逐渐转变为服务型政府。另外，企业拥有了在投资决策、人才开发等方面的自主权有利于发挥企业的创造性和积极性，因此政府的责任之一就在于引导企业的发展方向，从强制型政府变为引导型政府。部分企业并非完全依赖政府补贴生存，而是依托政府支持，迅速提升技术水平，以核心、持久、独有的竞争优势打开市场，政府应从财政补贴和政策上支持企业创新、产业发展，通过资源和信号渠道发挥杠杆作用，将社会资源引至新兴行业和国家战略支持行业。同时政府应提升发放补助的门槛和标准，在质与量上引导企业创新。严格划定政策优惠和补贴的期限，既给予企业成长成熟的时间，又避免其过度依赖补贴。

8 新经济背景下企业新产品开发的新特征

党的十九大以来中国经济已经进入高质量发展阶段，这一阶段我国不仅要完成全面建设社会主义现代化强国的历史性任务，同时也面临把握新一轮科技革命和产业变革的重大挑战。在高质量发展阶段中，实现供给侧与需求侧的协调发展，能够解决我国当前经济发展阶段中供需失衡的结构性问题。从微观层面来看，供需协调的核心在于产品和服务，新产品开发和新服务产生能够为社会提供更多高质量供给，也能从消费端创造更多高质量需求，从而突破经济增长前沿面，从生产、分配、交换、消费、贸易诸环节打通国内大循环，促进国内国外双循环发展。因此，企业新产品开发是我国经济在微观层面实现高质量发展的重要环节。

企业新产品开发本质上是通过对新知识、新技术、新组织模式、新商业形态进行价值创造与实现的创新活动。创新不仅是企业可持续发展的关键，更是经济发展的第一动能。创新主导的新经济正成为当前经济发展的最新形态，云计算、物联网、人工智能等新技术快速衍生，新能源、新材料等新兴产业蓬勃发展，产业升级与信息技术革命的快速发展倒逼“互联网+”等新业态的兴起，新经济发展成为推动新时代中国经济高质量发展的必然要求[①]。新经济背景下，企业新产品开发的新特征与发展方向成为当前微观层面高质量发展关注的重要问题。基于此，本章结合新经济内涵和范围，通过探讨企业新产品开发的新变革、新特征，结合我国企业新产

① 任保平，李佩．以新经济驱动我国经济高质量发展的路径选择[J]．陕西师范大学学报（哲学社会科学版），2020，49(2)：113-124.

品开发的发展困境，进一步提出新经济背景下我国企业新产品开发实现高质量发展的提升路径。

8.1 新经济背景下企业新产品开发的新变革

“新经济”这一概念本身源于20世纪90年代美国技术革命，其经济形态以“创新驱动”为核心内涵，“以互联网和计算机为代表的数字经济1.0”为典型表现，领跑行业为信息传输、软件和信息技术服务等具有信息技术变革特征的行业①。在经济全球化背景下，我国经济信息化水平快速提升，随着以人工智能、大数据和云计算为代表的新一代数字经济2.0技术的不断发展，生产领域的“连接”出现重大突破，技术经济效率不断提升。新经济逐渐演变为包含知识经济、数字经济、智能经济、绿色经济和开放经济的多元经济发展状态，这为企业进行新产品开发的创新活动提供了新的发展可能。企业新产品开发的核心在于产品创新过程，主要包含产品理念塑造、技术路径选择、商业模式选择、服务与创新环境几个方面。因此，我们从以下五个方面分析新经济背景下企业新产品开发过程中的新变革：

(1) 知识经济赋能技术路径

技术路径是企业新产品开发的核心环节，企业通过技术创新和工艺改造实现对新产品的开发。新产品开发的技术路径主要来源于两个方面：一是基于科技新知识转化而来的新技术原理或者新设计构思，研制并生产全新的产品；二是基于设备升级或者工艺方面的新知识，对原有产品进行结构、材质、工艺方面的改进。在这其中，知识作为重要投入要素，具有“革故鼎新”的力量，通过与原料和设备结合，转化为技术创新和工艺创新来完成产品更新和换代。新经济不同于传统经济模式，知识是其发展基础，知识创新是其发展的主要驱动力，知识密集型经济状态能够帮助企业在新产品开发中突破技术瓶颈。新经济形态下，知识创造成为主要的经济演化模式，这其中高素质人力资本和高科技的投入至关重要。知识的无限性能够使其在使用中实现增值，知识的终身学习和知识体系的螺旋式上升能够产生技术创新的规模效应，带来新产品品种数量的爆炸式增长。同

---

① 许宪春，张钟文，关会娟．中国新经济：作用、特征与挑战[J]．财贸经济，2020，41(1)：5－20.

时，知识的使用具有外溢性，能够从深度和广度提升企业新产品开发的技术前沿面，不仅能够实现自身演化，带来渐进性的技术创新和产品改造，还能从新的思想碰撞中产生新的知识，通过颠覆性技术创新创造更高的经济价值。

（2）数字经济赋能平台运营

传统经济形态下，企业进行新产品开发活动具有相对局限的平台基础。在新产品开发的前期，技术的创新和产品的改造主要依靠企业技术部门或者科学实验室完成，相对扁平化研发平台限制产品研发中各要素的使用效率。在产品开发的后期，新产品的商业化依靠专门的营销部门，缺乏网络化、链条化的产品商业化平台。新经济的数字化浪潮推动了实体经济与虚拟经济之间的快速融合，正加速由消费领域向生产领域拓展，工业互联网、智能制造等新模式、新业态不断涌现，并逐渐衍生出各种新的生产方式、交易方式、组织方式和生活方式。由数据中心、云计算中心、数据与算法平台支撑的平台经济，将从平台运营上对企业新产品开发带来非线性溢出效应。平台经济的核心是由多方参与形成的网络生态系统，通过数字化的平台多维连接企业新产品开发的前端和后端，用户、供应商和开发者借助平台参与企业产品创新，同时通过网络平台实现新产品商业化的范围效应。由此，借助数字平台的网络化效应，企业新产品开发的规模乘数化扩张，从三个转型创造新的利润来源：一是研发业务转型，通过深度互动了解市场新需求，强化客户联系，实现差异化；二是组织转型，打造产品行业生态圈，强化上下游互动，协同创造价值；三是商业模式转型，借助数据平台加速产品变现，占据营收和竞争双优势。

（3）智能经济赋能服务转型

企业新产品开发的内容不仅包含实物状态的产品创新，也包含虚拟状态的服务转型。产品创新通常处于产业的价值链上游，对于行业发展方向具有先导作用，而服务转型能够聚焦产业的价值链下游，具有行业发展的长尾效应，其经济作用也不容忽视。智能经济的快速发展，使得企业新产品开发中的服务转型上升到前所未有的重要地位。人工智能是智能经济的核心内容，随着信息技术不断发展成熟，人工智能技术的应用逐渐渗透到生产、服务和消费的各个层面，为企业延长产品价值链指引新方向。基于此，传统代表性制造企业或者专注于产品创新，如华为等通信设备商在智能产品创新端的大量投入和升级，或者实施服务转型，如中联重科等机械设备商对金融租赁等服务业务的持续投入。在服务转型方面，新产品开发应当基于人工智能实现服务质量提升，一是以智能消费和智能流通为新产品开发方向，为消费者提供更丰富多彩的消费体验，如智能引导员等能够节约服务行业所需的劳动成本，智能管家、智能家电等能够改善人们的生活水平，使人们生活更加便捷；二是以产业链“产品+服务”的全包和个性化定制作为发展新方向，不仅重视产品技术性创新与改造，同时适应新时代的服务转型需求。

（4）绿色经济赋能创新理念

传统经济状态下，企业进行新产品开发活动遵循功利主义价值观，以实现利润最大化为核心价值，因此产品生产环节以高投入、高消耗、高污染为特点，产品设计理念以功能化、多样化、美观化和高档化为原则。在新时代背景下，良好的生态环境是经济高质量发展的重要条件，企业在新产品开发过程中更应该注重生态文明需求，融入绿色发展的创新理念。新经济的发展模式是一种符合环保发展要求、注重生态文明建设、以新能源和节能环保产业推进节能减排的绿色发展模式。这表明，新的发展模式对于企业新产品开发提出了新要求，企业在新产品开发中应当遵循三大理念：一是以清洁能源和清洁材料为产品开发的重点投入。通过投入的清洁化实现产品开发过程中的集约和可持续，缓解资源约束，降低生产成本，实现开发过程的绿色可持续。二是以绿色环保为产品开发的核心理念。通过绿色赋能产品创新理念实现对新产品开发和设计的绿色改造，开发绿色环保产品、降解可回收产品和循环再利用产品。三是以清洁可持续为新产品开发的技术创新要求。研发清洁高新技术并将其投入生产活动，从而提高生产效率，降低生产过程中的能源浪费和污染物排放。

（5）开放经济赋能创新环境

企业新产品开发过程本身充满了极大的不确定性，外部环境的变化、技术创新本身的难度和复杂性、企业自身实力和能力的有限性都会导致新产品开发的失败，成为新产品开发过程中的潜在风险因素。一个好的创新环境对于降低企业新产品开发风险至关重要，其能够从创新要素集聚、政策制度保障、管理创新提升和融资环境改善几个方面为企业新产品落地营收保驾护航。在以信息化和全球化为主要特征的新经济时代背景下，开放发展成为经济高质量发展的重要特征。对外开放充分发挥了市场对资源配置的决定性作用，积极推动国际合作，为企业新产品开发实现新发展提供条件。一是生产全球化促进各类创新要素向新经济领域集聚，加快了核心技术交互与高技术国际化人才流动，借助大型国际化科创中心增强了产品创新的辐射力量，促进企业新产品开发提质增效。二是政策理念全球化加快创新制度完善，创新科技研发和产业化应用机制加速改革，能够激发企业新产品开发活动中的创新活力。三是交易市场全球化提升企业管理创新水平，贸易开放扩大了产品交易市场，国际标准的交易准则倒逼产品在生产和商业化过程中不断标准化，促进企业在生产和管理中进行流程创新，保障新产品开发实际应用的全过程。四是金融资本全球化改善创新融资环境，新经济背景下的开放经济要求放宽对国内外金融资本的投入限制，金融资本的全球化拓宽了企业的融资渠道，为新产品开发提供了丰富的资金来源。

8.2 新经济背景下企业新产品开发的新特征

新经济不是对传统经济的修补或者延伸，而是全新的经济发展领域和经济发展形态。在这一经济发展形态下，伴随着新需求的产生、新基础设施的不断建构、新生产方式和消费方式的不断变化，企业新产品开发的创新活动的投入产出过程发生改变，产出结果展现出新特征。相比传统经济模式，新经济背景下的企业新产品开发主要有以下五个方面的新特征：

（1）以数据和信息为新投入要素

新经济背景下数字革命席卷全球，信息技术与经济社会以前所未有的广度和深度交汇融合，社会生产正在被网络化连接、数据化描绘、融合化发展。在这一进程中，获取知识、应用知识的能力成为核心竞争力，数据和信息成为重要的基础性战略资源，也成为企业新产品开发的新投入要素。相较于传统经济模式下产品研发所需要的人力资本、技术研发经费和技术改造支出，数据和信息作为新的创新投入要素有三大特性：一是外部经济性。以人脸识别行业为例，这一类技术的产品开发具有数据密集性特征，需要大量公民信息和数据作为训练支撑。当新软件开发成功并实现推广商业化，这部分信息和数据投入将源源不断地为企业带来经济价值增值，并带动相关领域其他企业的快速发展。二是平台扩张性。数字经济下云计算等技术构建了更加丰富的网络生态平台，数据和信息借助平台能够实现共享，显著提升数据的广度、深度和速度，为企业新产品开发活动营造新互动生态，开拓新的发展路径。三是普惠性。新经济下数据和信息的使用具有"人人参与、共建共享"的特点，为企业新产品开发过程提供了"新价值"。以"云计算"为例，企业在新产品开发过程中无须购买昂贵的软硬件产品和设备，仅通过很低的成本即可得到所需的计算，大大减少了开发成本，同时也使得新产品能够以更低的价格快速实现市场的普及。

（2）以知识产品为新产品形态

传统经济形态下的新产品开发以物质产品为主要形式，物质产品是人类社会运行的基础条件。新经济下知识的爆发式增长促进了知识经济的发展，知识产品是知识经济的直接产物，成为企业新产品开发的形态。知识产品是通过知识、智力结合资本、劳动等因素的投入而产生的满足消费者物质或精神需求的创造性成果，具有两大特征：一是虚实相生的产品形式。知识产品没有特定的表现形式，既可能体现在某一实物产品或服务之中，也可能以独立的价值形式体现，还有可能只体现在某一综合价值形式内。比如电子商务、数字交付服务等服务新产品均以数字化的形态存在，并不像工业产品那样必定会有实物产品相对应。二是高的价值附加性。马克思主义经济学认为，产品创新是创新要素与传统生产要素结合进行价值创造的过程，在这一过程中凝结为新产品的"两类"价值。新产品的基础价值包括劳动力和资本等生产要素转移的价值，附加价值则决定于创新要素的密集程度和创新程度，所投入的创新要素数量越多、密集度越高，创新程度越大，新产品本身的附加价值越高。知识产品本质上是大量高技术、新思想、新知识的凝结，其附加价值量与其投入技术的尖端程度、思想理论的创新程度、新知识的传播速度成正比，即越是知识密集型产品，其附加价值越高。

（3）以跨领域融合为新技术路径

技术融合是产业融合的重要标志，对引导重大颠覆性技术创新和新产品开发具有非常重要的推动作用。开源时代，技术的门槛逐渐降低，为不同领域技术跨越边界相互交叉渗透创造了可能，催生出更多新兴技术和新业态，更多新产品以更快的速度走向新市场。随着以信息和互联网技术为主的新技术体系与各行各业的深度融合，产品创新日益向多样化、复合化、智能化方向发展。这就要求企业不能再简单地依靠传统单一的技术发展模式，而应拓宽原有知识范畴，开展跨领域技术融合。技术融合视角下，企业新产品开发的新技术路径有两种方式：一是替代性技术融合。企业进行新产品开发时，将研发设备、人力等资本投入相似的技术领域，以更低的研发和沟通成本实现产品与业务间的知识转移，降低不同技术之间的融合与重组成本。二是互补性技术融合。企业将原本各自独立的技术在同一路径下通过重组创造逐步融为一体。新经济下，大量增加具有高度创新性的复杂产品的开发需要跨领域技术知识的协作，尤其在智能机器人、新能源汽车等复杂产品创新领域，产品零部件涉及多种知识和技术。采取这种技术路径能够极大地促进新技术的产生，进而开发更多新产品。

（4）以绿色发展为新产品理念

凸显产品的理念相当于赋予产品一个“灵魂”，产品理念直接决定了产品的主题、设计思路、造型、色彩、结构和工艺等，熔炼于产品的研发和商业化过程。新经济背景下，我国在经济高质量建设中对绿色发展予以极高的重视，提出“提供更多优质生态产品以满足人民日益增长的优美生态环境需要”等新理念，树立建成和谐美丽的社会主义现代化强国的新目标。这就要求企业在新产品开发过程中以可持续发展为目标，开发能够显著降低对环境影响，并且能够使个人和企业实现增值的新工艺、新产品。新经济中的大量新产品和前沿技术领域都具有“绿色”特征。例如，在线教育、互联网医疗、在线办公等应用的普及，借助数字互联网平台，极大地减少了城市交通出行流量，降低生产办公的设备成本，形成绿色可持续的数字生活新模式；新能源汽车通过采用非常规的车用燃料作为动力来源，综合车辆的动力控制和驱动方面的先进技术，极大减少对于环境的污染和碳排放，形成绿色出行的低碳生活新趋势；绿色物流行业通过借助网络平台和大数据分析，充分利用物流资源，采用先进的物流技术，合理规划和实施运输、储存、装卸、搬运、包装、流通加工、配送、信息处理等物流活动，降低物流对环境影响的过程。

（5）以个性化为新产品方向

新经济下，新消费的兴起、现代市场不断细分、消费结构的快速转型与消费环境的快速变化，使得消费需求、消费特质及需求结构正在快速变革。信息社会高速发展下，消费者的需求被发现，并通过电商等各种渠道精准投放，从而改变需求结构的既有层次，新消费日益呈现出个性化、多元化的突出特征。大数据、云计算、人工智能等新一代信息技术为产品的小规模、个性化和定制化方向转变创造了可能。一方面，借助物联网技术实现物与物、人与人、物与人的互联、互通或互动，极大地提升了企业获取市场和消费者信息效率，增强了企业在新产品开发中的获取、实施、反馈和随时随地更正产品方向的能力，以便更好地挖掘消费者个性化和多样化的潜在需求。另一方面，主动为消费者创造需求，通过线上互动主动进行产品自我优化，主动满足消费者的情感、个性化需求、自我价值和自我实现等。例如，小米、锤子等智能生活领域企业在新产品开发过程中以线上社区论坛、客群生态运营等方式让消费者在线参与产品研发，通过用户反馈意见来优化自身系统和机型，更容易引领市场新需求，技术上也不断开拓和发展。

8.3 新经济背景下中国企业新产品开发面临的发展困境

中国经济在高质量发展阶段，需要借助于新兴领域和新兴产业发展促使传统经济向新的经济形态转变。企业新产品开发的创新活动是新兴产业发展的前提条件和微观基础，通过开发具有巨大市场潜力的新产品，使其转化为企业利润进而形成产业规模。当前，我国国内有相当数量的企业进行技术研发，研发经费支出在企业经营中的占比逐年上升，但在新产品开发方面仍旧难以迈出切实有效的步伐，严重制约了新经济中新领域和新业态的发展。新经济背景下，我国企业新产品开发面临以下困境：

（1）技术路径受限，新产品创新程度不足

新经济为我国企业新产品开发带来了前所未有的良好机遇，在这一背景下，企业能够借助信息技术将技术更快地转化为市场需求、企业价值，促进经济中的生产和消费在互动中实现平衡。要想发挥新经济的这一功能，抓住技术这一关键节点尤为重要。而当前我国企业新产品开发在技术层面仍存在发展局限，其核心在于创新能力不足，新产品创新程度低。首先，关键核心技术缺乏。2019 年我国发明专利、实用新型专利、外观设计专利申请数占比分别为 31.97%、51.78%、16.25%，实用新型专利占据较大比重，在以发明为主要内容的核心技术创新力上还有很大的进步空间。这意味着当前企业新产品开发中难以通过技术提升产品创新程度来开辟差异化的新市场，目前市场的分散度较高，市场竞争相对激烈，新产品开发难度增大。其次，创新资源存在错配，具体表现为私营企业领先国有企业成为新产品开发排头兵。当前，我国企业新产品开发态势不断向好，2019 年规模以上工业企业新产品开发项目达 671799 项，企业新产品开发绩效（新产品销售收入/研发支出）达 0.08。其中私营企业贡献数额超过国有企业 30 倍之多，绩效近乎国有企业的 1.5 倍。由于我国市场化程度不足，二元所有制体制下创新扶持政策向国有企业的倾斜仍然存在，然而国有企业在新产品开发的整体绩效上要明显低于私营企业，阻碍整体创新能力的提升（见图 8 －1）。

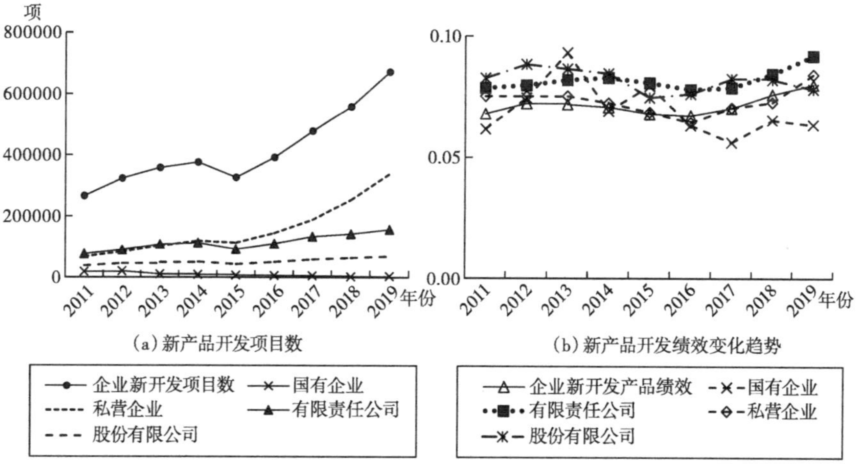

图 8 －1　2011—2019 年规模以上工业企业新产品开发项目数与新产品开发绩效变化趋势

资料来源：根据历年《中国统计年鉴》整理。

（2）平台运营不足，新产品商业化模式单一

平台化运营是新经济形态下数字经济向传统行业延伸的重要特征，直接改变了产品的供产销模式，平台运营应用率直接影响新经济企业新产品商业化模式，制约新产品开发绩效。当前我国基于平台的新产业生态正逐渐形成，以工业云为代表的云平台能够融合先进产业技术和新一代信息技术，以公共平台为载体，通过虚拟化、服务化、协同化汇聚分布，实现产品需求与企业资源高质高效对接。在平台规模上，我国仍存在较大的提升空间。相关研究表明，2017 年全国工业云平台的应用率为 40.4% 左右，各

省级应用率平均在21.3%，多数地区和企业在平台运营的新产业生态上仍旧落后，新产品开发后期的商业化模式仍旧单一。这将从两方面具体制约企业新产品开发绩效：一方面，因为缺乏平台的资源配置改善效应，各要素的使用效率降低，企业开发成本上升，不利于企业在新产品开发中实现高质量发展。另一方面，组织创新和营销创新滞后，难以将产品创新转化为规模化产值。这一现实，从2019年我国企业实现组织和营销创新情况可以得到验证，我国新产品开发的产品创新行为主要集中在制造业，排名前七位的行业均不同程度地存在创新行为，实现组织创新和营销创新的企业占比低于产品创新和工艺创新，新产品开发的商业化模式和组织变革仍有待加强（见图8-2）。

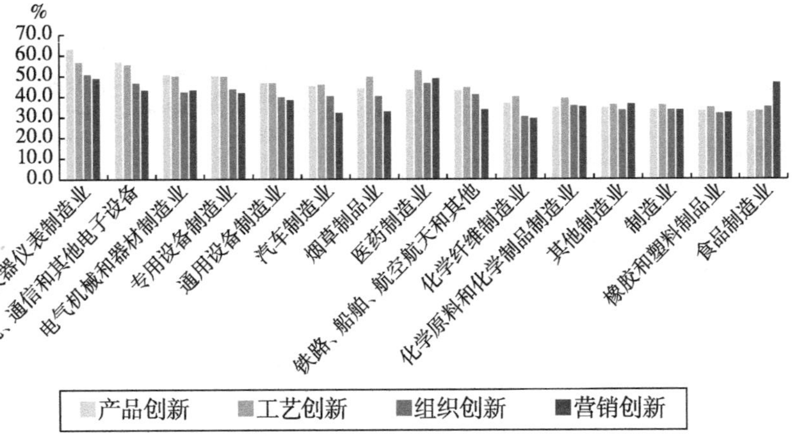

图8-2　2019年不同行业实现产品创新的企业占比（前15位）

资料来源：根据历年《中国统计年鉴》整理。

（3）服务转型滞后，新产品价值链偏低

服务是产业的前沿，服务转型能够聚焦价值链下游环节，强调向服务链条的延伸以及建立稳定的企业—顾客关系。新经济背景下，服务转型意味着企业从单一产品模式向基于信息技术的混合产品+服务生态的转变，这本质上是一种商业模式的创新，实现服务转型是企业适应新的经营环境的关键。制造业是国民经济的命脉，因此我们以制造企业服务转型为例探讨新经济下企业新产品开发的服务转型困境。我国制造企业服务转型滞后主要体现在以下两个方面：首先，从制造企业服务收入来看，调查数据显示，目前我国制造企业的服务收入占总营业收入比重不到10%，发达国家已超过30%，个别领先企业如美国GE公司高达70%。从制造企业的整体服务化水平来看，我国2011年到2014年制造业服务化平均水平仅为13.634，距离美国和日本仍有差距，远落后于英、法、德等高水平国家（见表8－1）。其次，低端制造业服务化水平略高于中高端制造业，说明目前我国低端技术行业相对更注重服务、品质、渠道、服务管理。服务转型的滞后体现出我国企业对于服务所带来的价值链整合和延伸作用的忽视，以及对于高端品质和需求的淡漠。新经济背景下，企业新产品开发必须通过多维度创新创造新的服务内容、服务方式、供应链和与客户互动的方式，形成新型生产服务生态。

表8－1 2011—2014年主要国家制造业服务化平均水平① （%）

国家	制造业	高端制造业	中端制造业	低端制造业
中国	13.634	13.321	12.529	13.568
法国	25.107	25.561	25.174	26.61
美国	18.448	17.308	18.141	21.954
英国	23.778	22.982	23.838	25.373
德国	21.271	23.39	19.596	26.188
日本	17.869	21.225	16.014	17.694
意大利	25.534	27.376	25.391	29.329

（4）创新理念落后，新产品绿色价值缺乏

高质量发展阶段的人文要义在于绿色发展，绿色环保的创新理念必须凝结在企业新产品开发的商品价值中，即新产品的绿色价值。绿色创新是实现新产品绿色价值的重要途径，是指能够促进环境可持续发展的新的改良过程、行为、系统、产品等，能够在技术扩散阶段和产品形成过程中实现环境友好型良性循环。我们以分行业技术市场成交情况来研究当前企业的绿色创新行为和新产品绿色价值。当前新经济背景下，电子信息技术、城市建设与社会发展、现代交通、先进制造技术成为我国创新转化的主要发展领域，这几个领域近三年技术市场成交额均在1500亿元以上。在绿色技术领域，除了新能源与高效节能技术外，新材料技术、环境保护与资源

① 肖挺，孙苏伟. 制造业服务化对国际贸易影响的实证分析——基于OECD经济体的研究[J]. 宏观质量研究，2020，8（3）：61－70.

综合利用技术的技术成交额均不足2000亿元（见图8－3）。表明当前企业新产品开发在绿色技术创新的发展上仍有待加强，其原因可能在于：一是创新理念的落后。传统技术创新未能实现由粗放到集约、由关注利润成本到绿色生态的完全转化，绿色、清洁、环保的绿色发展理念在技术创新领域仍有很大的应用空间。二是绿色创新的双重外部性。企业采用绿色技术实现清洁生产的同时生产成本会提升，这将束缚绿色技术市场与绿色产品开发的活力。

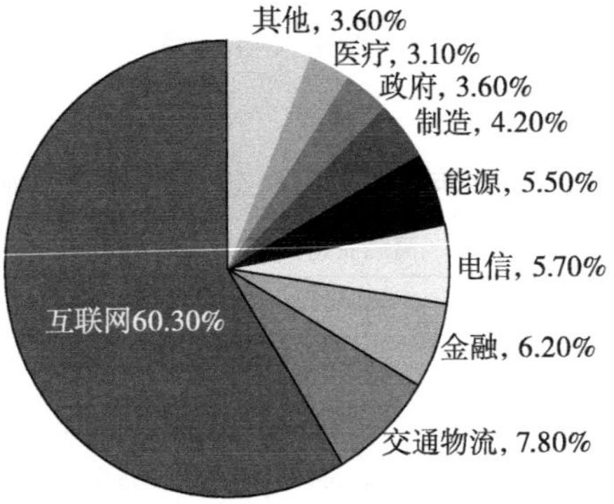

图8－3　2017—2019年分领域技术市场成交额占比

资料来源：根据历年《中国统计年鉴》整理。

（5）创新环境约束，新产品开发风险增大

新产品从研究到开发到生产和销售，是一个充满风险的过程，这种风险既蕴含着可使企业发展和盈利以及获取技术优势与市场优势的机会，也存在着失败的风险。基于调查数据，新产品开发的成功率在消费品领域为40%，工业产品领域仅为20%，服务类产品领域为18%，新产品开发综合成功率仅为65%。因此，为了规避风险，一个良好稳定的创新环境至关重要。创新环境的要素包括企业在新产品研发过程中的基础设施、制度环境、融资环境、人才等。当前，我国企业新产品开发过程中仍存在创新环境约束，由此可能增大产品开发中的风险。一是新基建有待完善，以人工智能、工业互联网、5G、云计算和大数据为代表的新型基础设施具有高技术、高投入性，资金和相应政策的保障可能成为制约瓶颈，成为新经济领域产品创新的潜在风险。二是制度环境约束。宏观经济环境会对身处其中的经济主体产生深刻影响，企业作为最主要的经济体，其战略选择、管理活动都会受到宏观环境的影响。后疫情时代国际形势的复杂冲突加大了经济政策的不确定性，直接影响企业的创新预期。三是融资环境约束。新经济背景下我国企业进行新领域的创新必然需要大量的资金支撑，直接影响企业的创新投入，加大企业新产品开发活动的不确定性。四是人才短缺问题，科学技术创新作为核心的新经济，离不开活要素劳动力或者说人力资本的投入，我国的人才市场并不健全，政策支持力度有限，都有可能增大新产品开发风险。

8.4 新经济背景下中国企业新产品开发实现高质量发展的提升路径

新经济背景下，以知识经济、数字经济、智能经济、绿色经济和开放经济为代表的新经济形态为我国企业新产品开发带来巨大的机遇和挑战。在新产品开发阶段实现高质量发展不仅是企业生存与发展的时代诉求，更是国家布局新经济高质量发展的必要路径。基于新经济背景下企业新产品开发的新变革和新特征，结合我国企业当前困境，提出我国企业新产品开发实现高质量发展的具体路径，可从以下五个方面着手：

（1）加强企业自主创新，以关键核心技术突破技术难题

我国科技发展正处于提升的重要时期，近年来中国产品品牌品质软肋的背后，反映出来的是核心技术积累和研发投入的支撑不够，是企业缺乏自主核心技术能力和产品创新能力的外在表现，一味靠洋品牌零部件“加身”并不能提升产品品质，创造市场价值。企业只有在技术路径上实现自主创新，掌握核心关键领域的“卡脖子”技术，才能进行高水平的产品创新，从而跳出传统产业领域，开辟新的市场增长领域，打破产品生命周期规律对产品市场规模和容量的限制。自主可控是掌握关键核心技术的第一步，这要求企业转变传统经济模式下的战略思维，从营销型企业向科技型企业转型。一是要重视基础和应用研究，深耕技术，抓住变革机遇。在产品核心技术、产品工程开发、未来基础领域的有益探索方面积累自身优势，在研发上舍得投入，在技术上不断深耕，建立自己的核心技术优势，构建相应的技术壁垒，提升新产品的创新程度，实现创新能力从量的积累向质的飞跃、从点的突破向系统能力提升。二是要重视专利布局，建立符合自身发展和市场需求的整体专利战略。在明确企业行业定位和战略定位的基础上，结合企业自身实力和中长期技术规划，借助数字经济平台瞄准

新市场和新需求，对技术专利进行全面布局，保障新产品开发的系列性和持续性。

（2）加强商业模式创新，借助数字经济布局平台运营

数字经济提升了新经济企业的信息化水平，企业能够借助互联网大数据平台深度挖掘用户需求，经过系统分析后的数据反馈到研发、生产等环节，保证所有的计划都有数据支撑，确保新产品为市场所需，降低新产品开发的市场风险。这一背景下，改变原有商业模式、布局平台经营是我国企业适应当前宏观技术变革的重要需求。一是布局交易平台，利用网络倍增效应扩大新产品营销渠道的范围效应。借助亚马逊、阿里巴巴、滴滴等电商服务、共享服务平台开拓新产品的交易渠道、布局新产品的营销体系，降低产品销售流通成本，实现产品利润的倍增。二是布局技术支撑和产业平台，利用平台开源特性降低新产品开发成本。例如，智能汽车领域企业可以借助百度自动驾驶平台，进行技术搭建和平台运营，压缩新产品开发周期，降低自动驾驶技术门槛，创造企业竞争优势。三是布局社交内容平台。数字时代利用微信、抖音、知乎等社交平台提供了企业与消费者隔空对话的机会。借助社交平台布局新产品开发，可以从消费者需求的定向调研、消费者个性化定制产品开发、企业产品价值和品牌形象建设和新产品宣发的营销布局创新等方面入手，时刻了解消费者细分需求，深刻洞察新市场机会，提升新产品开发的商业价值。

（3）加强产品服务创新，以品牌建设推动服务转型

新经济背景下，相关行业技术发展迅速，产品生命周期不断缩短，企业通过短时间内占领市场实现投入产出最大化越来越困难。因此，产品价值链的延长成为必然，产品服务创新成为企业新产品开发中的新内容。新经济企业开发新产品必将从设计、开发、制造和销售的“线性过程”发展成“一体化并行”过程，企业不仅单纯追求核心产品优势，试图通过售后服务等手段来实现推销，而且要通过提供基于产品的一体化的服务来实现营销，服务质量在新产品商业化的过程中愈加重要。加强产品服务创新，一是要重视消费者价值的创造与引领。新产品在生产前端重视对消费者情感价值、物质价值和自我实现的设计融入，后端服务重视消费者需求的个性化、多样化以及细分客群的新特征，加强线下场景的全覆盖和服务网络的飞速完善。二是重视品牌建设，推动服务转型。品牌背后所蕴含的背书

效应成为企业新产品开发的动力和保障。品牌建设的核心在于质量提升和服务完善，优质的产品和完善的服务才能带来更多消费者对品牌的认同，建立属于自己的消费市场。

（4）加强产品理念创新，借助绿色经济提升新产品绿色价值

新经济企业新产品开发必须重视产品的绿色价值，以绿色发展为核心进行产品理念创新，坚持经济和生态共赢发展。绿色产品的开发也是保证企业开展绿色营销、塑造绿色企业形象、承担社会责任的关键战略。绿色经济对企业新产品开发的产品设计理念有以下两个方面要求：一是遵循“敬畏自然、保护生态环境，推动经济、社会、环境协调发展，实现人与自然、人与社会和谐，形成生态文明文化”的价值取向。这要求企业在新产品开发核心追求上以节约资源、保护环境为产品核心价值内涵，体现以生命、生理、生活、生产、生态为内容的“五生”融合需求，能够反映“人与自然和谐共存”理念的价值观。二是符合“勤俭节约、节能低碳、文明健康、力戒奢侈消费和过度消费”的生活方式和消费模式。企业在新产品开发设计上以高科技为技术方向，产品功能和外观设计符合绿色环保和低碳生态，在生产过程中符合环境要求，同时能够带来新的绿色利润增长点。例如，在新产品开发领域，大力涉足新材料、新能源、环境综合治理等方面的新技术和新产品研发；在研发过程和产品服务后期，对绿色研发设计与其他技术服务、节能与环保服务、商务服务等提供资金和激励机制支持。

（5）把握全球化机遇，以制度激励创造良好创新环境

开放经济下，对外开放充分发挥了市场对资源配置的决定性作用，促进各类创新要素向新经济领域集聚，积极推动国际合作，为新经济企业新产品开发实现高质量发展提供发展条件。在这一背景下，以制度激励为企业新产品开发打造良好创新环境，促进人才、资本、技术、知识自由流动，企业、科研院所、高等学校协同创新，创新活力竞相迸发，创新成果得到充分保护，创新价值得到更大体现。一是建立更加自由公正的市场机制。知识产权就是竞争优势，产权明晰关系到企业的切身利益，当前我国应该做好产权保护工作，完善相关的法律法规，努力缩短专利的申报周期，同时做好知识产权的争端解决和快速维权，积极开展国际合作，打击侵权假冒，保护知识产权。二是打造更加畅通宽松的融资环境。完善各类

资源支持政策、加强多层次资本市场建设、加强信用信息体系建设，通过增加市场供给、拓宽融资渠道、疏通资金流向、提升精准“滴灌”水平，为企业新产品开发奠定坚实的资金基础。三是更加抓住“一带一路”倡议的黄金机遇，促进国际合作，借助生产技术全球化、交易市场全球化、金融资本全球化的国内外团结协作的开放经济格局，以国际手段帮助企业新产品开发解决核心问题，促进企业新产品开发的高质量发展。

9 新经济背景下企业决策的新特征

“新经济”是建立在新一轮产业和科技革命基础上的，以新一代信息技术为支撑，在经济组织方式、经济运行结构和经济增长成果方面发生系统性变化的新型经济形态。新经济的特征体现为以创新为核心动力、以数字化为基本形态、以网络化为组织方式和以高质量为发展目标。新经济体现为显著的创新驱动性，企业的创新不仅体现在传统的产品创新、技术创新、服务创新等方面，更体现在市场创新、组织创新、管理创新和商业模式创新等方面。

9.1 新经济影响企业决策的机制

根据微观经济学理论，企业作为市场中的生产主体，通过投入生产要素产出产品，企业是生产要素的需求者和产品的供给者。新经济影响企业决策的具体机制包括要素供给机制和产品需求机制。

首先，从要素供给方面来看，新经济改变了企业的要素供给结构。在传统经济中，企业所利用的要素资源主要包括资本、劳动力、土地、技术等，因此，企业的决策主要是实现这些传统生产要素的最优组合，以实现利润最大化的目标。在新经济下，数据成为与这些要素一样的重要生产要素资源，企业的决策目标转变为基于数据信息的生产要素最优组合。与资本、劳动力、土地等传统的生产要素不同，数据要素具有其特殊性。其一，数据要素作为一种基础性资源并不能直接参与生产，数据要素只有被广泛收集、精确处理、深度挖掘和安全保护才能最大限度地发挥其商业价值。因此，新经济下企业的决策逐渐从简单的传统要素组合利用转变为对数据要素特征的分析以及对数据要素价值的挖掘。其二，数据要素的自由流动性改变了要素流动限制所导致的资源配置约束。由于数据要素能够及时、广泛流通，因此，企业决策的边界范围被拓展。

其次，从产品需求方面来看，新经济改变了企业的产品需求结构。在传统经济中，企业的生产是为了满足消费者的大规模、标准化的物质性需求，因此，传统经济时代形成了包括科技研发模式、标准化流水线、批零体系、物质资源消耗等在内的发展范式。在以数据为核心要素、以“云网”为基础设施的新一轮科技和产业革命的推动下，生产组织和社会分工方式倾向于社会化、网络化、平台化、扁平化、小微化，大规模定制生产和个性化定制生产逐渐成为主流制造范式（黄群慧，2016）。新经济下的生产运行方式使得满足消费者的小众化、个性化和服务性需求成为企业的核心目标。企业在决策制定时不再以大规模生产下实现成本最小化作为唯一的目标，而会发生目标的多元化，在此基础上，消费者成为推动创新的核心力量，企业的决策围绕消费者需求的变化而展开。因此，新经济时代的企业决策是在协同创新体系、个性化服务定制、新型营销、数字信息资源利用等方面形成对新的消费需求的满足。

9.2 新经济背景下企业决策的新特征

管理决策理论认为，决策贯穿于管理的全过程，管理就是决策。微观企业的管理决策包括战略制定及其实现战略的具体执行过程，这些决策通过预测组织的未来和组织环境来实现资源的协调配置。微观经济主体进行经济决策的基本逻辑是，以现有的激励和约束为前提条件，在获得所有完备信息的条件下，通过自身的利益最大化目标进行决策制定。企业所面临的激励和约束条件不同、获得信息的完备程度和时效性不同、企业经营的目标不同，会产生不同的决策结果。在传统经济的利润最大化目标、信息获取有限性条件下，企业的决策具有短期性、滞后性和单一性等特征。新经济背景下，企业收集信息的渠道、处理信息的方式、信息决策的目标均发生了显著变化，企业决策呈现新的特征。

9.2.1 企业决策目标的变化

企业决策是一个高度复杂、动态、多元的过程，决策中面临数据收集、信息筛选、收益模糊、预期不确定性等诸多限制。新经济时代背景下，数据的爆炸式增长和新一代信息技术的日趋成熟对企业决策产生深刻影响，其中最主要的是对企业决策目标的影响。微观经济学理论认为，企业决策的根本目标是利益最大化，并且利益最大化目标具体分为两个方面：一是在成本不变的条件下追求收益的最大化；二是在收益不变的条件下追求成本最小化。在经济实践中，企业决策的目标可以在基本目标的基础上拓展为短期目标和长期目标，其中，短期目标主要是成本优势、市场拓展和稳定销售，而长期目标则是企业的品牌升级、技术创新和规模经济。在传统经济下，企业的决策目标主要是基于供给问题的目标多元化，如企业成本的减少、市场份额的扩张、规模经济的形成等。而在新经济下，企业的决策目标转向基于需求问题的目标多元化，如个性化产品的需求创造、需求驱动的技术创新等。

9.2.2 企业决策方式的变化

企业的决策建立在对现有信息收集的基础之上，通过对可获得信息的全面综合处理获得最优决策方案。企业决策中涉及信息收集、信息处理和信息传播等环节。企业决策方式直接决定了企业决策的效率和准确性。在传统经济中，企业获得的信息资源有限，企业决策具有滞后性、有限理性和单一性。在新经济的背景下，大数据、物联网、云计算、人工智能、移动互联网等新一代信息技术变革对企业的经营决策产生巨大影响。第一，物联网、大数据环境显著增加了企业可以获得的信息资源数量和时效性。传统经济中的信息资源主要包括价格、质量、运输等基本信息，大数据支持下的信息资源被极大拓展，有关生产资源的配置、消费者偏好、商品的生产流通等信息显著增加，因此，企业的决策不再缺乏数据支持，通过对相关大数据的科学分析和有效运用，企业能够获得更加准确的客观市场信息，促使企业及时发现问题并理性决策（杨富云，2020）。第二，企业决策的范围和精度提升。新经济下的大数据时代，网络数据呈现爆炸式增长态势。根据 IDC《数字宇宙报告》，人类每年产生的数据量已经从 TB 级别跃升至 PB、EB 直至 ZB 级别。数据中蕴含的信息数量远远超越了任何一个管理者的数据处理能力范畴，数据处理工作量和信息价值分析困难导致企业决策不能再沿用单纯的人为决策。而在相关信息技术的发展下，云计算、移动互联网、人工智能等技术的应用使得企业和市场的相关信息交流更加频繁，交流效率大大提高，传统的企业高层私人决策方式逐渐向社会化决策方式转变。通过构建基于大数据、云计算的新型的、功能强大的企业管理决策系统来帮助企业采集、甄别、分类、筛选有价值的信息，利用人工智能等新一代信息技术的广泛使用拓展人类的理性边界，通过人工智能技术对海量数据的分析大大提高决策的精确度和时效性，避免人为决策的滞后性和失误。第三，企业决策权力配置由集中式向分散化转变。传统经济下企业获得的信息有限，企业决策的方式是通过信息由下向上汇聚形成信息集中，最高的管理层通过所掌握的全部信息进行集中决策，并由上向下传递及执行。新经济下，市场竞争加剧，企业获得的信息增多，加之信息技术的支持使得中层和低层管理者能够利用有效的信息而做出最优的经济决策，因此，传统经济中"金字塔"型的权力配置组织结构被全员参与的扁平化分权式组织结构所代替（李忠顺等，2015）。

9.2.3 企业决策内容的变化

企业决策内容是企业决策目标和决策方式的拓展，决策目标决定了决策内容的实质，决策方式决定了决策内容的具体表现形式。传统经济中，企业决策的内容主要集中于供给侧的产量决策、价格决策等方面。而在新经济背景下，企业决策的内容是基于供给侧的技术决策、组织决策和基于需求侧的创新决策、产品决策的有机结合。在供给方面，企业要在新的科技革命趋势下，通过对新一代的技术应用改造传统的生产方式，以新技术的应用前景和增长潜力评估其生产效益，在此基础上形成对原有技术升级改造或新技术系统性重构的决策。并且，由于新科技革命在改进生产技术的同时，会对原有生产组织方式产生颠覆性冲击，整体经济—技术经济范式发生转变。新兴制造技术不仅可以改变制造企业的生产过程，也可以改变产业组织形态，生产组织中的各环节可被无限细分从而使生产方式呈现出社会化生产的重要特征，产业组织形态从产业链条向网络化、生态化发展（黄群慧，2016）。因此，企业要基于新产业、新业态、新商业模式形成新的组织决策，改变传统的机械化和科层式的组织管理系统，形成以数字化、信息化为特征的有机网络组织管理系统，通过分权式决策实现组织决策的最优化；在需求方面，企业要在新的技术经济环境下进行创新实践，在全产品链、价值链、产业链、供应链环节发掘创新机会，进行创新效益最大化决策。同时，产品和服务的提供和价值创造要以满足大众需求为基本出发点，企业要引导用户参与产品的创意、设计、质量保证、市场推广、销售和客户关系管理等环节，以达到企业的利益实现。在这一过程中，消费者的作用空前重要，成为企业产品创新决策的基本信息基础。

9.3 新经济背景下企业决策变化对经济高质量发展的影响

经济学理论认为，社会经济运行状态是微观经济主体分散决策的结果，企业决策目标决定了经济社会运行的绩效。高质量发展是指相对于经济系统内部单一的数量增长，在经济、社会以及自然环境复合系统中所发生的一系列质的变化。在新经济背景下，企业决策的目标和方式发生根本变化，对经济高质量发展具有显著的影响作用。

9.3.1 企业决策变化对创新发展的影响

熊彼特将创新的形成方式分为五种类型，即生产一种新产品（产品创新）、采用一种新生产方法（工艺创新）、开辟一个新销售市场（市场创新）、获得新的原材料来源（资源配置创新）和实现一种新组织（组织创新）。企业决策变化对创新发展的影响机制在于：首先，企业决策变化激发了企业的创新潜力。不同的创新环境对企业形成的创新激励效应不同，在传统经济中，企业主要面临来自对手的成本竞争和产品竞争，因此，企业创新主要集中在新产品开发、新的要素资源挖掘等方面。而在新经济中，企业不再以成本为唯一的考虑因素，而是尽可能增加产品的附加值，尽量满足顾客需求以拓展市场。因此，企业更愿意在较广的范围寻找创新机会，创新动力极大增强。其次，企业决策变化增强了企业的创新能力。传统经济中，信息流通的限制即企业创新方式的单一化决定了企业的创新主要来自自己的技术研发，由于技术研发的高投入性和产出不确定性，企业进行研发创新的动力不足，进而限制了企业创新能力。而新经济背景下，数据资源的增长和信息流通的自由化使得企业的创新方式向多元化转变，在生产技术、产品开发、销售模式、流通方式、消费体验、售后管理等多渠道都可以发生创新活动，企业的创新效率和创新能力得到提升。最后，企业决策变化拓展了企业的创新范围。在新经济背景下，人们工作、生活的空间与时间发生了变化，人们的需求结构也发生显著改变，为了满足人们变化的需求结构，新产业、新业态、新商业模式不断被催生，企业的创新范围也大大拓展。

9.3.2 企业决策变化对协调发展的影响

新经济背景下，企业基于新一代信息技术和新的组织运行模式对经济数据信息寻找全局最优资源配置方案，这一决策方式相对于传统决策方式不仅决策效率提升，而且对于微观经济主体的竞争合作框架产生深刻影响，进而推动整体经济向协调发展。企业决策变化对协调发展的影响机制在于：在微观层面，企业的决策变化有利于投资结构和消费结构的协调。在新经济下，企业的生产和供给决策发生在最大理性的消费者需求判断基础上，通过对消费者的行为偏好、消费习惯、收入水平、心理要求等各维度的数据信息的收集、处理、分析和判断，形成产品创意、生产设计、服务质量、市场推广、销售关系等各个环节的规划信息，并通过精准的投资决策实现生产供给与消费需求的对接，改善投资消费结构的协调程度。在中观层面，企业决策的变化有利于需求结构和产业结构的协调。投资和消费是最基本的市场主体行为，其影响并决定整个社会的供给和需求结构。基于微观层面的投资和消费方向的逐渐转变，将形成隐性的驱动力量引发产业结构逐渐匹配需求结构的演化升级。在宏观层面，企业决策的变化有利于城乡结构和区域结构的协调。由于企业供给满足消费的决策最终载体为生产要素投入结构和效率的变化，因此，在最优的供给需求结构关系下，整个社会的生产要素配置达到最优状态，在宏观上体现为区域和城乡要素配置的最优化，基于最优投资消费结构的生产决策将带动城乡结构和区域结构的协调。

9.3.3 企业决策变化对绿色发展的影响

传统经济下企业的生产组织方式是大规模投入、大规模生产，在此基础上不可避免地带来大规模的资源消耗和环境污染。新经济下企业的决策从单纯的规模化生产以降低成本实现利益最大化，转向更精准的需求引导以满足客户需求实现价值增值最大化。新经济下企业决策变化对绿色发展的影响机制在于：首先，生态文明是新经济下企业决策的根本性约束。在新经济发展的时期，我国已经从高速增长阶段转向高质量发展阶段，这一阶段的根本要求就是从人对资源过度索取的工业文明转向人与自然和谐相处的生态文明。因此，新经济下生态环境效益的实现将构成企业决策的硬约束，这一硬约束将规范企业的生产行为向绿色发展转变。其次，新经济相较于传统经济不仅体现在产业技术革新上，更体现在生产和消费理念的根本性变化上。在新经济下，人们对传统物质消费需求下降及对新型服务需求上升导致需求结构层次的提升，追求经济系统和生态环境和谐发展成为主流。因此，在新的经济发展环境下企业主要满足消费者私人定制的个性化服务性需求。这类需求的满足将以数据信息和劳动投入为主体要素产生价值增值，极大程度减少自然资源的投入利用，促进生态保护和绿色发展（汪明月等，2020）。最后，基于大数据和人工智能方式的决策管理系统将显著降低决策失误，减少对生产资源的浪费和环境污染的排放。

9.3.4 企业决策变化对开放发展的影响

新经济背景下的信息全球化下导致需求全球化和供给全球化，企业的决策是基于需求和供给全球化下的新的决策方式。企业决策变化对开放发展的影响机制在于：首先，需求全球化拉动企业决策从满足内部单一需求逐渐向满足内外部多元需求的战略目标转变。为了满足全球化的需求，企业的产品供应将被迫向全球化方向发展，以便能够最大限度地满足不同国家、不同地域、不同文化的消费者对不同产品的个性化需求。因此，企业将在需求全球化、竞争全球化、供应全球化的过程中重新调整开放策略，通过加强建立与国外需求主体的文化交流合作来扩大开放的范围，实现产品的贸易互通（周三多等，2002）。其次，供给全球化推动企业决策从追求单纯的规模扩大逐渐向追求灵活的新型跨国组织形式转化。与传统经济相比，新经济具有信息技术支持下利用全球资源配置的优势，为了使企业能够在全球范围内达到资源的最优配置状态，企业一方面要扩大与全球经济主体的联系和合作，最大限度地获取有效信息、利用有效知识和拓展有效规模，实现开放范围的扩展，为正确决策建立必要的前提基础；另一方面企业在供给全球化进程中处于复杂多变的供给网络中，为了维护自身的利益，企业应从被动参与全球贸易体系格局向主动参与全球贸易规则制定转变，从而实现开放层次的提升。

9.3.5 企业决策变化对共享发展的影响

新经济下企业决策会改变资源配置的方式，参与资源配置的经济主体也因此会发生利益格局的重新构建。由于新经济最本质的特征在于数据和信息作为生产要素参与产品生产、流通、分配、消费的全流程，在这一过程中，数据和信息要素收入将作为关键性要素收入在经济主体之间重新分配，要素和信息的共享也将产生经济利益在各社会成员之间进行共享。企业决策变化对共享发展的影响机制在于：首先，企业内部的管理者和基层员工在信息共享的基础上因合作决策而发生利益共享。在新经济背景下，企业利益的最大获取不再取决于集中决策的经验判断，而是取决于快速反应的决策实效性和基于数据分析的决策精确性。因此，企业的决策权不再局限于高层管理者，普通管理者和基层也需要基于信息获取而实时参与决策，其决策权力范围被拓展。在此基础上，各个层级的企业参与主体都可以利用信息资源参与利益分配，企业利益的共享性增强。其次，市场的供给方和需求方在产品生产中因信息共享而实现利益共享。在新经济背景下，生产中企业不再是唯一主角，大众也成为参与生产的主体，大众在消费中不断产生需求数据，利用数据参与决策和进行决策，这种基于信息网络而形成的新型决策关系使得市场的供需双方可以在经济活动中共享利益。最后，不同区域的经济主体在资源流通配置中因信息共享而实现利益共享。新经济背景下的资源流动不再局限于区域性范围，而是全网络配置，因此，无论处于什么物理区域位置的网络节点都能最大限度参与信息共享和资源互通，共享网络化资源配置的利益。

9.4 新经济背景下优化企业决策的路径

9.4.1 利用大数据优化企业决策的信息资源

大数据作为新经济背景下企业决策的核心信息资源之一，在企业掌握市场情况、发现市场规律、进行科学决策判断中具有基础性作用。现阶段虽然诸多企业主体意识到大数据在企业决策中的重要作用，但在大数据资源的开发利用方面还存在短板，大数据优化企业决策信息资源的具体路径为：第一，完善数字基础设施建设，加大数据资源的挖掘。数据作为新经济下重要的要素资源，数据获取的便利程度、数据信息的充分程度以及数据流动的畅通程度直接决定了企业利益实现。基于此，应尽快完善数字基础设施建设，加强信息系统、数据系统建设，为新经济下数据资源供给提供基本保障。第二，加大技术投入强度，增强大数据分析能力。新经济下的数据资源具有海量、复杂多变的特性，企业要进行科学决策需建立在对数据资源精准分析的基础上。因此，企业应升级大数据、人工智能、云计算等信息通信硬件色板，完善数据信息分析系统，推动数据挖掘与商业应用深度融合，以提高数据信息驱动企业决策能力提升的力度，帮助企业决策理性化和精准化。第三，加强信息技术法律建设，完善数据信息资源保护制度。数据资源与传统生产要素在基本属性上具有显著差异，现有关于数据资源的管理体系尚未完全建立，应针对不同的数据应用和管理层级制定相关政策法规，为新经济下的数据安全和健康管理提供法律支持。

9.4.2 加大创新型人才培育力度，优化决策主体

新经济背景下企业的决策基于更广泛的创新范畴，而创新型人才的培育是优化企业创新主体、强化创新能力的首要前提。培育创新型人才的具体路径在于：第一，应大力推动企业家型创新人才的培育。企业家是决定新经济模式在社会范围内拓展速度和应用层次的核心主体，企业家的创新才智直接决定了社会的创新潜力。新经济下社会创新型人才存在巨大缺口，应通过改革现有人才培养机制、拓展相关专业设置、建立多元化人才培养平台，使人才供给满足新经济对高端复合型和创新型潜力人才的大量需求。第二，应持续加强高端科研型创新人才的培育。新经济的发展潜力根本在于技术前沿领域和核心技术的突破，只有消除技术供给层面的限制才能实现新经济消费与企业实际生产经营的有效结合，最大限度地满足需求层次和结构的变化。基于此，应加强对大数据、云计算、物联网、智能制造等行业领军人才和科研人员的扶持力度。持续加大科研投入力度，完善成果转化路径，优化科研创新团队培育，为企业进行科学的生产和创新决策提供基本的人力资本条件。第三，应改善一般从业人员对创新环境的适应能力。通过大数据、人工智能、云计算等新技术的应用能力培训对参与生产实践的技术工人及管理人员的专业素养进行信息化改造，促使其适应新经济时代生产服务活动对人力资本的岗位要求。

9.4.3 完善激励机制，引导优化企业决策目标

企业的决策建立在一定的激励机制框架之下，完善的激励机制将对企业形成正向的激励，并且会引导企业决策在实现微观企业的既定目标的同时，达到社会经济总体宏观目标的合意结果。而不完善的激励机制不但会导致企业的决策与既定目标偏离，甚至会形成反向激励，致使企业在实现自身利益的过程中以损害社会经济整体利益为代价。建立完善的企业激励

机制的具体路径在于：第一，以高质量发展的战略目标引导企业的决策方向。高质量发展相对于高速增长而言具有多元化的特征，涉及经济、社会、环境诸多方面的协同推进，新经济下对企业激励的重点应从单一的产品功能创新为主向基础技术、应用拓展、商业模式、服务改进、生态环保等多元化创新转变。第二，以新型竞争合作框架规范企业的决策行为。新经济下企业的竞争关系转变为相互依存基础上的竞合关系，企业的利益实现建立在合作基础之上。因此，应基于新技术范式和新商业模式建立新型竞争合作框架，在新的框架下规范企业的行为，保证各经济参与主体能够在合作竞争框架下实现利益最大化。第三，以完善的利益分配体系保障企业的决策绩效。新经济下参与企业利益分配的生产要素范畴被扩展，因此，应建立基于新生产要素的利益分配体系，对生产要素分配格局形成有效的激励。

9.4.4 加强制度供给，优化企业竞争决策环境

制度是企业进行经济决策的根本保障，完善的制度将最大限度地减少企业决策的效率损失，使得企业能够以最快的速度、最小的成本做出最优的市场竞争决策。以制度供给优化企业竞争决策环境的具体路径在于：第一，加强数据安全制度供给。新经济下企业竞争核心从传统资源竞争转向数据资源竞争。要充分发挥数据资源的生产效应，其基本前提是数据资源的有效管理和安全保护。要注重智能生产标准体系建设与数据信息标准体系的对接性和应用普适性。要在加强数据开发挖掘的同时保障数据的安全性，同时在数据安全的前提下保障数据的充分自由流动性，为新经济环境下各经济主体有效利用数据资源提供基础。完善数据安全评价标准体系等制度建设，逐步建立起与新经济相适应的完备的、先进的高质量数据管理体系以支持经济向数字化方向发展。第二，加强产业生态制度供给。企业的发展受制于产业发展的生态环境，良好的产业生态环境有利于企业的发展，而不良的产业生态环境将造成企业发展与最优路径的偏离和发展机会的丧失。因此，政府对于新经济下企业扶持政策的实施，应当从简单的财政补贴、税费优惠转向企业竞争环境建设、良好商业秩序建立等方面，通过良好的制度环境促进企业自主决策和优化发展。

10 新经济背景下企业竞争的新特征

党的十九届五中全会提出，要以高质量发展为主题，提升企业技术创新能力，将新发展理念贯彻到各行业各领域，为新时代下我国企业的竞争转型提供了宏观指导方向。新经济背景下高质量发展的实质是实现新旧动能转换，新旧动能转换是实现质量变革、效率变革、动力变革的关键，而企业竞争的高质量转型则是新旧动能更迭的根本实现途径，更是经济高质量发展成效的直接表现形式。新经济背景下的经济高质量发展不仅意味着供给侧的结构性升级改革、需求侧质量的高水平提升，更意味着社会主义市场经济体制完善与营商环境优化下的企业竞争机制与竞争战略的高质量转变。本章以新经济背景下企业竞争面临的新变化为出发点，研究新经济背景下企业竞争的新特征，并进一步探讨新经济下推动企业高质量竞争的路径与政策。

10.1 新经济背景下企业竞争面临的新变化

新经济时代下，消费互联网方兴未艾，工业互联网席卷而来，企业单一流量红利竞争的“天花板效应”逐渐显露，竞争策略维度下的纵向一体数字化存量改革在新经济背景下尤为重要。且人工智能、云计算等新技术的研发普及与新型基础设施的推广加速了战略性新兴产业的崛起，开启了企业数字化运营模式的大规模普及时代，倒逼传统产业底层技术革新与经营模式智能创新。在高质量发展背景下，新技术是新动能的孵化器，是企业高质量发展战略的竞争核心。新时代高质量发展要着重培育新动能，培育新动能是供给侧改革的升级版（洪银兴，2018），企业是培育新动能的摇篮，企业高质量竞争则是实现产业结构优化升级进而实现经济高质量发展的直接实现途径。新经济背景下企业竞争面临着一系列的新变化：竞争环境更加复杂多变、竞争核心转向技术创新、竞争策略转为纵向数字一体化竞争。企业竞争已不能完全依靠传统的人口红利与时代政策红利优势。在我国由高速增长向高质量发展转型的过程中，以内生技术进步为核心的新经济增长理论客观决定了企业竞争的核心，为企业竞争面临的一系列新变化提供了理论依据。

10.1.1　竞争环境更加复杂多变

新经济背景下全球化、信息化、数字化程度不断提高，全球经济一体化程度不断加深，同时逆全球化与贸易保护主义争端也愈演愈烈。国际竞争环境机遇与风险并存，无形中对我国跨国企业国际业务的开展施加了潜在应对成本压力，导致我国企业参与国际竞争合作的不确定性风险增加。近年来全球产业数字化步伐不断加快，价值链产业链的一体化势不可当，为虚拟数字技术壁垒等软约束提供了滋生土壤，间接导致我国企业国际竞争份额的下降与商业利润的损失，更对国际企业间的竞争合作链产生了负外部性影响，容易形成国际产业合作的联动效应，进而扩大对我国产业转型的外部不经济影响。尤其是欧美等发达国家对外贸易产业转移布局的变化与内在技术优化倒逼我国产业结构转型升级，同时影响了我国国际产业布局甚至改变我国企业的产业价值链分工位置，造成了难以挽回的经济损失，更间接导致了国际竞争秩序的失衡。

国际竞争规则的破坏与竞争秩序的失衡通过国际产业链影响了我国国内竞争环境和企业的竞争策略方向。麦肯锡全球咨询公司发布的最新报告显示，近年来由于中美贸易摩擦带来的风险和不确定性，在2019年对多家机构进行的调查中，有30%～50%的受访企业考虑调整供应链战略，包括寻找替代采购来源或将生产转移到其他国家和地区。我国企业在调整供应链战略的同时也开始重视本国创新基地的建设，加强国内企业间的信息联动与技术共享，建立企业互助共生竞争合作生态圈，提高抵御国际经济风险的能力。同时，竞争环境的复杂多变反向倒逼企业内部的技术升级和结构优化，最大限度地优化自身要素配给结构、提升要素供给体系质量，实现知识、技术、人力资本等要素的正向数字化整合，激发数字要素的增长潜力，推动企业盈利的S形曲线趋于稳定，增强抵御不确定性风险的能力。

10.1.2 竞争核心转向高质量技术创新

党的十九届五中全会提出，“十四五”时期要以改革创新为根本动力，以深化供给侧结构性改革为主线，加快建设现代化经济体系，提升新经济下产业基础的高级化水平与企业技术创新能力。高质量发展背景下经济增长路径不同于传统的经济增长路径，是以内在技术改革创新为竞争驱动核心，以中高级人力资本为运作载体进行生产要素整合的新经济增长路径。当前我国的“刘易斯拐点”即将显现，传统劳动力红利的“天花板效应”逐渐显露，挤压了基于传统的比较优势竞争的企业生存空间，技术含量低的粗放式经济增长已然动力不足，传统企业技术升级的空间狭小，倒逼传统企业将竞争核心转向技术创新。

同时，以高质量技术创新为竞争核心的新经济增长路径实现了人口红利期延长下的人口红利的高级数字化转型。传统的人口红利消失的主要原因是基于我国传统企业未能实现产业的核心技术升级和数字化转型而导致低附加值产品堆积，进而出现产能过剩的背景下出现的劳动力成本优势丧失现象。只要把劳动力从附加值比较低的制造业转移到附加值比较高的制造业，就会有人口红利；除非没有产业升级的空间，只要有升级空间，就有人口红利存在（林毅夫，2018）。人口红利期的延长不仅极大地降低了中小企业的更新成本和转换成本，而且延长了企业存量与增量改革的时代红利期。当前我国企业正处于存量调整的供给侧结构性改革调整换挡期，只有实现由旧动能向新动能的转换，才能为传统制造企业创造较大升级空间。而提升索洛余量是企业获取新动能的根本途径。新经济下的新技术与数字化、智能化、信息化相融合，内在驱动企业调整生产要素结构体系，加速企业雇佣新技术驱动下的中高级人力资本，从而反向促进劳动力专业素质的提高，实现传统人口红利的数字化转型，创造新型数字化人口红利，为企业竞争提供了新的人口红利优势和广阔发展前景。

10.1.3 竞争策略转向纵向数字一体化竞争

企业传统竞争策略多集中在品牌竞争、价格竞争、市场份额竞争等层面。新经济下知识经济、网络经济的迅速发展推动了工业互联网平台的普及应用，使得数据成为企业不可或缺的生产竞争要素。同时，2020 年 4 月，《中共中央 国务院关于构建更加完善的要素市场化配置体制机制的意见》明确提出，“加快培育数据要素市场，推进政府数据开放共享、提升社会数据资源价值”，进一步肯定了数据要素在要素市场中的重要地位。数据要素市场的兴起带动了整体产业数字化进程，也加剧了企业间实际盈利的马太效应，使得企业的传统竞争策略难以为继，且新兴战略性产业的发展壮大开始倒逼传统产业的数字化改革，使得传统企业的竞争策略向数字化聚焦。同时，大数据、云计算等数字化技术帮助企业摆脱了传统的竞争路径依赖，推动企业实现柔性化生产，进而达到企业竞争间的占优均衡。

企业竞争数字化程度的提升加速了企业间的数字纵向一体化进程，正向推动产业互联网等企业平台的普及。云上平台、数字基础设施的建设也促进了物流类、仓储类、生产类企业的智能化、数字化整合。新经济下的竞争是供应链与价值链一体化程度的竞争，一旦企业的供应链与价值链数字化链接发生断裂，互联网平台的“传导效应”将引发“连锁反应”危机，届时会对企业造成难以挽回的经济损失和社会影响。因而，新经济下企业的纵向数字一体化水平很大程度上决定了企业竞争策略的输赢与盈利模式的好坏，更是企业能否实现高质量竞争的关键环节。

10.2 新经济背景下企业竞争的新特征

当前我国经济发展正处于“三期叠加”和“四降一升”的关键时期，存量改革与增量提质并行，供给侧结构性改革道阻且艰。2020 年李克强总理在作《政府工作报告》时提出，要依靠改革激发市场主体活力，培育经济发展新动能。工信部最新数据显示，2020 年新经济新动能逆势成长，大力支持 5G、人工智能、工业互联网、物联网、车联网、大数据、区块链等技术创新和产业应用的同时，推动远程教育、在线医疗、网络视频等新兴需求快速扩张，且发挥互联网应用在满足人们正常生产生活需求方面的重要作用。同时，2020 年前三季度信息传输、软件和信息技术服务业增加值同比增长 11.4%，移动互联网流量在上年同期增长 129.1%的基础上再增长 33.5%，全国实物商品网上零售额增长 9.7%。在产业发展方面，前三季度集成电路、自动售货售票机、电子元器件产量分别增长 16%、35.3%和 16.2%，规模以上高技术制造业增加值增长 5.9%，新经济下新动能助力新兴产业发展，推动数字经济形态与新技术、新产业融合，为企业高质量竞争提供不竭动力。当前新经济与数字经济相互交叉渗透，协同推进数字化产业和产业数字化进程，从源头上为经济增长动力结构失衡问题提供了解决方案。

经济高质量发展背景下要以新发展理念引领新经济发展，推动宏观层面经济运行的有效循环累积—中观层面产业间的良性自我循环—微观层面企业自我良性反馈的三维导向模式，进而为经济发展提供新的动能（钞小静、薛志欣，2020）。党的十九届五中全会指出，“十四五”时期我国要坚定不移地贯彻创新、协调、共享、绿色、开放的新发展理念，将新发展理念渗透到新技术、新业态、新模式、新产品中，推动传统制造业的绿色工业化、数字化转型，扩大新兴战略产业群中龙头企业的扩散和辐射效应，保持领先型产业群中带头企业的竞争优势，为追赶型企业提供发展红利。同时整体激发企业作为市场竞争主体的积极性和创造性，发挥企业竞争在供给侧改革中的杠杆作用，推动以新发展理念为引领的企业竞争新特征的形成，进而实现企业竞争特征在创新、协调、绿色、开放与共享维度的高质量转变。

10.2.1 以创新为驱动企业高质量竞争的根本动力

创新作为引领发展的第一动力，也是决定经济发展高效率的关键因素（师博、史萌，2020）。新经济下企业竞争不只是单一的流量红利争夺与企业短期盈利水平的比较，而是企业创新能力的博弈。市场竞争则是对企业综合创新能力最直接的考核方式。2020 年 8 月，习近平总书记主持召开经济社会领域专家座谈会时指出，要以科技创新催生新发展动能。实现高质量发展，必须实现依靠创新驱动的内涵型增长，大力提升自主创新能力，尽快突破关键核心技术。打好关键核心技术攻坚战，创造有利于新技术快速大规模应用和迭代升级的独特优势，加速科技成果向现实生产力转化，提升产业链水平。要发挥企业在技术创新中的主体作用，使企业成为创新要素集成、科技成果转化的生力军。且《中国企业创新动向指数报告》研究指出，激烈的市场竞争成为倒逼企业创新的重要推力，当前企业创新动向指数呈上升态势，企业已持续进入创新活跃期；企业创新仍存在诸多问题、风险与挑战，企业创新动向指数的增幅较小，外部环境亟须进一步改善，企业创新战略水平仍处于相对较低水平，创新投入带来的创新效果仍有待提高。新经济下推动创新生力军逐渐摆脱同质化、低端化的市场竞争模式，实现新技术驱动下的外延式增长向内涵式发展模式转变，将成为创新驱动企业高质量竞争发展的关键环节。

创新作为企业竞争体系的核心投入要素，不仅是产品创新，而且应该是企业竞争制度、中高级人力资本培养体系的创新，是各个生产要素配给结构与产出效率之比的高度提升。熊彼特认为，创新就是整个经济社会以企业家为创新载体实现生产要素或者生产条件的“新组合”，创造产业链的内在新价值。新经济下企业创新价值的产出是企业家才能、人力资本、竞争制度、资本劳动、数据等要素全新组合方式的结果，也是创新驱动发展战略在微观层面最直接的应用。当前我国企业创新意愿不断增强、创新能力不断提升，但相对发达国家而言仍存在诸多不足。《2019 全球创新指数报告》显示，在全球 130 多个国家或经济体中，中国位列世界最具创新能力经济体第 14 位，排名较 2018 年上升了 3 位，成功跻身全球创新型国家行列，但在 GII 创新指标体系中人力资本和研究、商业成熟度、知识和技术产出得分却远低于发达经济体。充分激发企业市场竞争的“创新效应”，改善企业竞争的创新环境、提高企业竞争的创新投入产出比是企业顺应经济新常态、适应新形势进而实现高质量发展的必然选择。

10.2.2 以推动企业可持续发展下绿色竞争为长期目标

产能过剩、资源错配与闲置是引导供给侧结构性改革进行的主要问题导向，也是我国企业竞争过度依赖土地、劳动力、煤炭钢铁等一般性要素资源与传统经济增长路径的结果。企业绝不能以“绿水青山”换取“金山银山”，更不能只着眼于短期竞争的经济利益，应放眼于企业的绿色持久发展，进而推动我国经济发展方式的转变，推动由“中国制造”向“中国绿色智造”转变。新经济下企业借力新技术、新业态、新商业模式的“三新经济”，在分享产业巨头信息技术红利的同时，通过集数字经济与知识经济、网络经济信息优势于一体的产业互联网平台，借助“扩散效应”传导路径，有力地推动传统资源型企业的数字化转型，实现了外部性红利的内部性转化。

绿色工业技术创新驱动下的低成本投入—高质量产出模式是企业实现绿色永续发展的关键。新结构经济学认为，一个经济体在每个时点上的产业和技术结构内生于该经济体在该时点给定的要素禀赋和结构，与产业、技术相适应的软硬基础设施也因此内生决定于该时点的要素禀赋结构（林毅夫，2018）。资源禀赋结构的改变必然伴随着产业结构和技术结构的转变，更意味着企业竞争优势的转变。当前我国资源禀赋结构的改变使得企业竞争优势不同以往，人力资本、技术水平竞争环境等软约束成为企业竞争难以跳脱的隐形门槛。投资、消费、出口“三驾马车”的拉动力逐渐减弱，2019 年，消费、投资、出口对国民生产总值增长拉动分别为 3.5%、1.9%、0.7%，其中，消费和投资近五年来对国民经济增长贡献率总体呈下降趋势。资源型企业的生产面临资源不足、成本过高、环境污染、产能过剩等问题，企业投入成本与盈利产出不成正比，与高技术、信息软件类企业的数字技术鸿沟日益加大。据测算，2019 年转型升级指数为 141.4，比上年增长 1.0%。从主要构成指标来看，2019 年，战略性新兴产业增加值占 GDP 比重为 11.5%，比 2014 年提高 3.9 个百分点，逐渐成为提升供给体系质量的中坚力量。同时倒逼新经济下传统制造型、资源型企业的绿色工业化、数字工业化转型，推动企业走绿色可持续发展之路。

10.2.3 形成以开放合作为主的竞争模式

习近平总书记指出，要提高产业链、供应链的稳定性和竞争力，更加注重补短板和锻长板，加快形成以国内大循环为主体、国内国际双循环相互促进的新发展格局，要以高水平对外开放打造国际合作和竞争新优势。封闭必然落后，加强国际国内企业间的开放合作才是企业竞争发展的长久之计。传统中小企业的竞争路径多为依靠切入国内行业龙头企业产业链生存，数字经济的发展推动了国际企业联通的实现，推动中小企业竞争格局从区域竞争扩展到国际竞争。企业竞争短板效应开始凸显，推动本土企业内部、国内企业与国际企业间的开放合作成为新经济下企业竞争的主要竞争模式。

当前世界经济格局变幻莫测，企业生产价值链通过互联互通的信息互联网平台与国际产业链相连接，推动国际企业成本风险共担、红利共享的联动性竞争机制的形成。且庞大的国际市场规模与风险波动迫使企业不再局限于国内区域经济下的产业集聚，使得企业认清竞争优势、明确自我定位。通过结构关联效应—结构开放效应—结构成长效应激活中小企业竞争的国际下沉市场，借助产业互联网平台提高产品的国外客户渗透率（任保平、朱晓萌，2020），进一步实现企业竞争的高度专业化、国际化的线上线下双引擎发展。

同时，开放合作的主要竞争模式逐渐缩小了区域不均衡发展下的企业技术效率差距，借助网络经济的正外部性对不同区域企业竞争的正反馈机制传导，有效提高新动能的驱动效率，推动企业由低质化竞争向高质量竞争转变。据测算，2019 年网络经济指数高达 856.5，比上年增长 42.0%，对经济发展新动能指数增长的贡献率为 80.5%。与其他分指数相比，网络经济指数增幅最高、贡献最大。网络经济的发展不仅为企业开放合作提供了联通平台，更通过梅特卡夫效应传导扩大了企业内在的竞争优势。同时有效地提高了中西部地区中小企业的知识吸收能力，发挥知识溢出效应对传统中小企业竞争短板的替代效应，通过新旧动能转换的实现降低了中小企业竞争的市场风险，建立起国际国内企业联动竞争生态圈。

开放合作的竞争模式更缩小了中小企业与大型企业的发展差距，通过以云计算、区块链等数字技术支撑的互联网平台，形成产业集群下中小企业长尾效应。同时充分发挥中小微企业群的产业集聚效应，利用中小企业的市场竞争力形成推动行业发展的推动力。据中国人民银行调查统计司统计，小微企业贡献了全国 80% 的就业、70% 左右的专利发明权、60% 以上的 GDP 和 50% 以上的税收，且在国民经济中的支撑作用越来越大。但小微企业的生存环境与竞争处境却极度堪忧。新业态的出现为中小企业带来了短期流量红利，更使诸多小微企业陷入被动竞争困境；行业加速化集中发展推动了诸多小微企业集聚联合，有效利用不同企业的规模优势与部分领域的先发优势，推动形成层次化的资源配套体系，加速开启了小微企业群体开放合作的竞争模式。更推动大中小微型企业的产业内合作，形成稳定的垂直一体化供应链。开放合作的竞争模式不仅是优化市场经济的稳定器，更进一步拓展了各类型企业的成长空间，是引导供给侧高质量发展的风向标。

10.2.4 建立协调共享的竞争联动生态圈

协调共享下竞争联动的企业生态圈是保持企业竞争优势、延长竞争红利期的隐形保护伞，更是减少企业交易道德风险和信息不对称的最佳途径。新经济下网络经济的发展拓宽了企业的经营范围，促进范围经济与规模经济相结合，加强了企业间的互联互通，形成了市场规模—生产规模的双向反馈机制。企业在享受新技术带来的新业态红利时，也无形中卷入了竞争联动生态圈，从线上线下的生产供应、销售服务到库存管理，协同组成了行业完整的供应链与价值链，最终实现产品的专业化、规模化生产。布赖恩·亚瑟提出的新经济地理学认为，产业集聚是收益递增的一种外在表现形式，产业扩散和区域专业化则是规模报酬递增、外部经济、运输成本、要素流动和投入产出联系的综合结果。而以互联网为主要竞争合作平台的产业集聚不仅体现为实体企业的线下集聚，更体现在企业线上供应链的协调连接。这是协同推动建立协调共享生态圈的新经济表现形式之一。企业通过接入产业互联网等虚拟化平台进行实时业务操作与业务往来，很大程度上降低了企业实体经营的物理成本，减弱了资源型企业物理空间的集聚效应和拥堵效应，加强了资源型企业虚拟空间集聚的正空间外溢效应（任阳军等，2020），真正实现了异质性企业间的信息交流和资源共享，增强了企业间的合作协调性与有效竞争，建立起企业在虚拟空间和物理空间之间的有效互动和红利共享的生态圈。

协调竞争的发展理念是新经济下中国特色社会主义市场经济发展成果撬动“布罗代尔钟罩”的关键杠杆，表现为宏观层面上经济结构的健康协调、中观层面上产业结构的融合优化、微观层面上企业间生产合作的竞争配合。宏观经济结构的变化必然伴随着中观产业结构的调整，表现为三大产业比重的内部协调优化，第三产业比重不断提高，生产型服务业和服务型制造业逐渐发展壮大，弥补制造业企业发展短板，打造新经济下的制造业数字化新业态。中观产业间融合促使资源配置与要素流动趋于合理，派生出中小企业发展的增值机会，增强竞争性的同时塑造了新市场结构，为中小微企业提供了良好的发展机遇与时代红利。

通过增强企业竞争性和塑造新市场结构，优化企业营商环境，破除企业竞争的隐形门槛、消除不良竞争下的多重体制管制重叠边界，重塑企业核心价值链，为新参与竞争的中小企业提供了多样化竞争优势和发展可能性。且新经济下生产性服务企业和制造型服务企业的出现，为传统制造企业提供了新的商业模式，通过结构成长效应传导促进了传统制造业与服务业的数字化融合，同时通过“结构成长效应—结构弹性效应—结构供给效应”的良性循环推动了产业结构高级化与产业基础高级化，同时实现了微观层面企业的高质量竞争，进而推动经济转向高质量发展。

10.3 新经济背景下推动企业高质量竞争的路径和政策

新技术是新经济下企业建立竞争优势的主要推动力，随着数字经济与新技术、新业态、新模式的融合渗透，冲击了以资源制造型企业为代表的传统企业的竞争模式与竞争战略，推动新经济下一系列企业竞争新变化出现，重塑了企业竞争的新特征。同时加速传统制造型、资源型等产能过剩或资源错配等数字化程度较低的企业实现从底层数字基础设施到内部核心技术的更新换代。当前我国企业竞争的创新环境趋于优化，创新驱动效应不断增强，但企业产业数字化进程总体较慢，数字化竞争意愿较发达国家企业整体较弱。根据2019年国家统计局社科文司《中国创新指数研究》课题组测算，中国创新指数达到228.3（2005年为100），比上年增长7.8%。分领域看，创新环境指数、创新投入指数、创新产出指数和创新成效指数分别达到249.9、199.1、295.3和168.8，分别比上年增长10.5%、3.0%、11.8%和3.1%。测算结果表明，2019年我国创新环境明显优化，创新投入稳步提高，创新产出大幅提升，创新成效进一步显现，创新发展新动能不断增强。《2018中国企业数字化转型进程调研报告》调查显示，没有考虑和正在规划数字化转型的企业占31%，已经开始数字化转型部署的企业大多集中在局部推广和单点试验阶段，局部推广企业占23%；单点试验企业占18%；数字化转型较为领先的企业占28%，其中广泛进行和优化创新仅为14%。《2019企业数字化转型报告》显示，我国企业数字化转型整体仍处于起步阶段，在已开展数字化转型的企业中，也普遍面临系统化建设滞后、数据管理水平及数据质量不高的困境，企业的数字化进程推进较慢。2020年我国的“十四五”规划提出，将“加快数字化发展，推动数字经济和实体经济深度融合，打造具有国际竞争力的数字产业集群”作为我国下一个五年规划的发展目标，将进一步推动数字化与新经济深度融合，加快以“新技术、新业态、新模式、新产品”为主的“四新”经济对大中小微企业的数字化推动作用，也是推动企业转向高质量竞争的关键。基于新经济下我国企业竞争的一系列新变化和新特征，我国企业转向高质量竞争的路径和政策有以下几个方面。

10.3.1 打造数字一体化创新链条，全面塑造企业现代化竞争发展新优势

新经济下企业竞争逐渐趋于高级化、数字化、专业化。通过创新型企业领头羊的引领示范效应，借助技术创新的内核驱动作用，实现创新型企业数字技术下的柔性化与生产要素资源的创新性整合。同时借助数字一体化机制传导，打造企业的创新型生产韧性和柔性化特征，发挥创新型企业生产的辐射效应和传导效应，进而实现传统企业的整体数字化进程，也为进一步打通数字一体化创新链奠定柔性化技术基础。规模各异的异质性企业间创新链交叉渗透，通过工业互联网等数字产业聚合平台实现数字一体化整合。同时打造新经济下新兴产业创新链，借助产业间前后向联动效应实现对全行业上中下游企业群的整体扩散，进而打通企业间新技术的数字一体化脉络，加快企业竞争的数字化步伐。

同时，企业间数字一体化创新链的建立，强化了企业竞争的联动性与发散性。使得企业分享竞争红利的同时共担竞争成本与风险，进一步推动“新技术催生新产品—新产品形成新业态—新业态呼唤新模式—新模式加速新技术成熟”的竞争联动生态链条的建立。进而全面开启了企业间竞争与创新相互促进的高级竞争模式，形成企业间更高级化、更高质量的竞争态势。且数字一体化创新链的建立加速了企业生产的集中专业化，推动产业链与供应链的多元化、一体化整合，发挥创新要素对人才、数据、资本等要素的“虹吸效应”。提升企业竞争的现代化、专业化水平，塑造新经济下各具企业特色的竞争优势，推动企业竞争转向以技术创新为核心的更高质量、更有效益的竞争态势，为实现企业高质量竞争奠定基础。

10.3.2 健全产学研深度融合的人才培养体系，加快中高级人力资本形成

党的十九届五中全会进一步强调，在我国的“十四五”规划经济时期，要激发人才创造活力，深化人才发展体制机制改革，实行更加开放的人才政策，构筑科研创新高地，这是我国转向高质量发展阶段的必然要求。新时代下企业不仅要根据企业管理创新需要建立人才培养体制机制，更要加快人才向中高级人力资本的转化速度，发挥人才对产业链和价值链的深度链接作用。创新是企业高质量竞争的内核所在，而人才培养则是实

现企业创新的首要前提和根本保证，更是创新的摇篮所在。其中加快创新人才向人力资本的转化环节则是实现创新成果转化成生产力的关键一环。

健全企业间人才培养体系，需要企业建立生产实践—中间环节—售后服务等层层递进的一体化流程环节的人才培育模式，深入推动“干中学”效应与人才培养相融合，加快人才培养过程中的知识溢出与扩散，使得生产服务知识内在集中化，进而加速人力资本的高级化。同时承接生产实践环节建立基础研究实验机制，连接同类研究型大学、研究所等高等人才培养基地，真正建立健全产学研深度融合下的人才培养转化体系，为高质量研究创新提供不竭的动力支撑。

随着新经济下知识经济与数字经济的交叉融合，人力资本更趋于专业化、高级化，且企业间开展产学研合作的企业比重增速稳步提升，创新环境优化的同时也推动创新人才竞争空前白热化。据2019年国家统计局社科文司“中国创新指数研究”课题组测算，2019年有研发机构的企业比重占比同比上升3.1%，创新投入指数同比上升5.7%，而创新成效指数同比增长3.1%。我国的创新成果转化成效不甚理想，其中创新人才培养转化则是创新成效转化的关键。当代企业要在产学研一体化人才培育的基础上建立官产学研的人才培养体系，建立由上至下的人才制度支撑机制，推进良好制度保障下的产学研一体化进程。夯实人才培育过程中的资金与机制基础，消除企业间中高级人力资本转化的隐形行政壁垒，真正为企业创新提供高质量的人才保障，为企业竞争建立更具优势的动力支撑。

10.3.3 构建更高标准的市场经济体系，创造新经济下的制度红利

高水平的市场经济体系是企业实现高质量竞争的良好营商环境保障。党的十九届五中全会提出，要健全市场体系基础制度，坚持平等准入、公开监管、开放有序、诚实守法，形成高效规范、公平竞争的国内统一市场。这是新时代下我国企业竞争大环境的新准则，也是塑造企业高质量竞争的制度新优势所在。当前企业间关联性不断增强，竞争环境软约束与硬性门槛叠加，阻碍了营商环境的优化进程，进而成为企业实现更高质量竞争的拦路虎。

中小企业是我国市场经济下的活跃主体，构建高水平、高标准的市场经济体系，破除各类交叉重叠的体制机制约束进而为企业竞争提供隐形制

度优势，同时使得企业分享制度红利和收益。加快对商品市场、要素市场的深化改革，优化商品要素等交易机制，防止由于行政壁垒和体制缺陷带来的信息不对称，降低区域间企业交易成本。同时实现“有效市场”和“有为政府”的高效结合，发挥市场机制的资源配置和政府的宏观调控作用，进而构建起以国内大循环为主体的发展格局。同时也利于最大限度地实现企业各类资源的数字化整合，提升企业供给体系的供给效率，为企业转向高质量竞争创造条件。

第二篇

新经济背景下中观高质量发展

11 新经济背景下新产业的创造与发展

新经济背景下产业的创新是构建新型产业体系和新经济增长支柱的重要方面。而创新产业的培育和发展是一个系统工程，主要包括发展关键共性技术、发挥创新产业自身优势带动产业升级和价值链攀升以及为创新提供制度保障①。随着国内发展环境的改变和国际环境的逐渐严峻，以传统产业发展带动经济增长的动力体系已经难以维系在新时代我国对高质量发展的迫切需求，新产业的创造和发展能够创造新的增长动力。企业通过嫁接或裂变进入新的产业领域，或两种方法兼而有之（Donald，Lange，Steven et al.，2009），也就是说，作为通用技术代表的5G、人工智能、大数据和云计算的信息技术的发展不仅会形成一大批战略性新兴产业，而且能通过通用技术与其他产业的融合发展形成一批高效率发展的新产业。因此，本章从横向和纵向两个维度构建分析框架（高培勇、杜创等，2019），从新经济背景下我国新产业创造的特点、创造机制和运行逻辑、新产业创造和发展面临的约束与新产业发展的路径选择四个方面展开研究。

11.1 新经济背景下新产业创造的特点：一个比较静态分析

新产业创造遇到了新经济发展和“十四五”规划发展时期的双期叠加，这是我国经济从高速增长的旧经济向高质量发展新经济的全面转换时

---

① 高菲，王峥，龚轶．创新型经济的内涵、架构与中国情境[J]．云南财经大学学报，2019，35（12）：22.

期。旧经济是产业分立的，而新经济是产业融合的①。因此，在探索这一时期新产业创造和发展的过程中，必须首先对新经济背景下新产业发展相较于传统产业发展的时代特点和特性进行分析。新产业的发展是一个动态概念，新产业的发展是与时代特征相结合而形成的动态演变过程。作为先导技术的计算机和互联网技术所形成的相关产业在第三次工业革命时期可以称为新产业，而随着第四次工业革命进程的展开和程度的不断深化，人工智能、大数据、云计算、新材料、新能源和生物科技等新兴技术已经成为主导产业发展的基础要素。新产业的定义具有时代特点，新产业创造是在现有先进技术和理念的基础上进行的某一类技术规模扩大和不断商业化的集群过程。因此，探索新经济背景下新产业的创造和发展必须明确新产业与传统产业之间的区别。

新产业是在新一代通用技术的发展基础上形成的通用技术直接产业化或与其他产业融合进而商业化所形成的一批具有典型代表性的企业集群。其形成路径包括横向的通用技术扩散所形成的相关产业以及纵向的技术溢出对整个产业链带来的创新和变革。

表 11－1　传统产业与新产业的区别

产业分类	基础要素	技术特征	产品性质	组织结构	发展模式
传统产业	①以劳动力、资本为核心 ②通用技术的线性发展	①技术向生产力转化时滞较长 ②迭代速度低	①同质化、标准化消费品 ②产品所有权	①大规模标准化生产，产业边界清晰 ②以自然资源和市场为核心的集群	①大规模生产降低成本 ②比较优势
新产业	①以大数据、物联网和云计算为核心 ②通用技术的网络化发展	①技术的产业化和商业化速度加快 ②技术创新速度加快	①个性化、差异化产品、消费与服务 ②产品使用权	①产业边界模糊，融合和联合生产 ②以知识为核心的企业集群	①差异化生产提升质量 ②竞争优势

在表 11－1 中，从与传统产业的对比角度出发，我国新产业的特点主要体现在产业发展基础要素特征、产业支撑技术特征、产业组织结构特

① 任保平．中国特色社会主义政治经济学如何迎接新经济时代的挑战？[J]．天津社会科学，2020(1):81.

征、产品特征和产业发展模式特征上。通过比较静态分析方法可以对新经济发展背景下新产业创造和发展的独特性进行清晰梳理。

11.1.1 产业发展基础要素的转变

新产业与传统产业的最大区别在于用以构建产业的基础要素不同，因此所导致的产业类型和产业发展路径也存在显著的差异。产业发展的基础要素是指新产业创造所要求的核心要素支撑，即劳动力、资本、自然资源和技术。对于传统产业和新产业来说，这四种基础要素均是产业发展的必要条件，但四种要素在数量、质量和结构方面的显著差异决定了传统产业发展和新产业发展方面存在的巨大差异。

一方面，新产业与传统产业在基础要素利用结构上存在明显差异。传统产业以劳动力和资本为核心，对这两种要素的使用程度较高，而对技术创新和新技术的使用持保守和观望态度，在基础要素投入结构中呈现出这种对于传统要素的高度依赖倾向使产业呈现出劳动密集和资本密集的特征。而对自然资源的高度依赖也是传统劳动密集型和资本密集型产业的典型特征。新产业的最主要特征是基于创新理念和新技术发展起来的，产业发展的核心驱动是创新，核心要素是技术，尤其在新经济背景下，以在第四次工业革命基础上形成的5G、大数据、云计算等新技术为代表。同时，新产业的发展要求传统要素投入实现结构的优化，从低质量劳动力和无差异化资本投入转向高层次人才和资本的合理配置，要求要素投入结构从传统数量型向质量型转变。

另一方面，在支撑每一次产业变革的通用技术的创造和发展方面，传统产业和新产业也存在着明显区别。通用技术（General Purpose Technologies，GPTs）是指具有得到广泛应用、可以进行持续的技术改进、可以在应用领域促进创新等三个特征的技术（霍尔、罗森博格，2017）。在第四次工业革命之前的新技术以计算机和互联网为代表，这也是相对当前新产业来说的传统产业时期各产业创新和发展所依赖的通用技术，而这两个时期的通用技术在发展程度和发展方向上也有不同。因此，将第四次工业革命之前的通用技术视为传统通用技术、新经济时期的通用技术称为新通用技术。传统通用技术的出现不但自身形成了新产业，而且通过扩散和溢出对其他产业的发展产生了促进作用，但相比新通用技术对整个产业体系带来的根本性和基础性变革，传统通用技术对产业体系变革的基础性作用较弱。另外，传统通用技术的发展更多地作用于与其有紧密关联的产业，在模式上更趋向于一种线性和带状发展，而新通用技术对产业体系和经济社会发展的基础性变革则具有打破产业边界的作用，将发展触角伸向更为广阔的空间，从发展模式上更趋向于网格化和面状发展模式。

11.1.2 产业支撑技术特征的转变

新技术的创造和发展是引领每一次产业革命变革的基础和动力，新产业的创造离不开新技术的发展，现代科技具有群落性、高频更迭性、交叉融合性和快速转化性特征①。智能化技术经济范式的构建将为产业发展创造一个更高平均生产率水平的新框架和新标准，从而为产业转型升级创造新的空间②。得益于通用技术发展速度加快的推动力和人民需求结构升级的反向刺激，建立在知识、信息基础上的技术创造不但在产业技术融合效率和技术更迭上实现突破，更提升了技术产品化进而产业化和商业化的速度。

一方面，新经济时代下的新技术创造在数量和速度上远超第四次工业革命之前的新技术。综观四次工业革命以来的新技术创造和发展，可以看出，正如计算机和通信领域所遵从的摩尔定律一般，每一次工业革命所带来的技术创新也基本遵从着数量从少到多、速度由慢变快的基本规律。以在第三次工业革命中出现的计算机、互联网等技术和第四次工业革命中出现的5G、大数据、云计算、AR/VR等技术的对比来看，不但通用技术的数量出现显著增加，而且在基础技术细分类目下的技术创新也呈快速上升趋势。另外，新技术溢出和扩散到其他领域的速度明显加快，新技术与产业融合发展的效率较前几次工业革命大幅提升。以第三次工业革命为例，虽然计算机和互联网的发展已经推动了诸多传统领域的变革，但这些与其他领域的融合大部分集中在新技术产业链的上下游以及与其关联度较高的产业中。而第四次工业革命中的新技术不但提升了传统领域的运行效率，而且突破了产业界限，创造了从未存在过的新型产业形态。新技术产业融合程度的大幅提升，使其发展已经不仅局限于其所在产业链的上下游和紧密关联领域，更将经济社会中各领域和各行业的发展交织起来，编织成一

① 刘振中."十四五"时期我国产业发展环境的五大趋势性变化[J].经济纵横,2020(8):54.

② 胡俊,杜传忠.人工智能推动产业转型升级的机制、路径及对策[J].经济纵横,2020(3):96.

张巨大的社会发展网络，助力互联互通型智慧城市的构建。

另一方面，伴随着新技术的出现，跨越新技术向产品转化和产品向商品转化两道鸿沟的难度被逐渐减弱。从科学技术向市场化产品的跨越，从产品化的技术向盈利性商品的跨越是新兴产业所要经历的两次“死亡之谷”①，而从具体的实践结果来看，当下的新技术在表现上要强于前几次工业革命的技术实践表现。缩短新技术商品化的时滞是新经济时代的新技术创造与传统技术创新的重要区别之一，在代表第三次工业革命的计算机和互联网的产业化和商业化过程中，首先需要建设新型的网络通信基础设施，同时由于社会发展的主要矛盾仍然是人民日益增长的物质需要与落后生产力之间的矛盾，由需求倒逼所引致的新技术商品化压力不足，新技术商品化的时滞仍然较长。但进入新时代以来，我国社会发展的主要矛盾已经转变为人民日益增长的美好生活需要和不平衡不充分的发展之间的矛盾，由多元化需求和高质量需求引致的需求结构升级所倒逼的供给结构升级对新技术商品化的压力增强，产品生产和经营模式的变革对新技术快速应用的依赖性和黏性增强，以共享经济和平台经济形态为例，企业面对的生存压力和发展要求促使新技术转化为商品的时滞大幅缩短。从而最终表现为新技术相较于传统技术对不同领域融合发展程度和商业化盈利期提前上的明显优势。

11.1.3 产品形态性质的转变

相对于产业发展基本要素和技术支撑的转变，产品形态和性质的转变则更为直观。这主要体现在以下两个方面：首先，从传统经济时代产业产品的实物形态为主向新经济时代产业产品的实物形态产品 + 虚拟形态服务转变。其次，在新产品创造理念和对产品的需求方面，产品在使用权层面的意义越来越重要，而对产品排他性所有权的概念逐渐淡化。

一方面，产品形态从以实物消费品为主向综合提供实物与虚拟产品和服务为主转变。传统产业为消费者提供的最终消费品多表现为实物形态和人工服务形态，尽管第三次工业革命以来，部分与高技术相关的行业已经出现了虚拟产品和服务的身影。比如，以互联网为基础建立起来的线上缴

---

① 刘畅，王蒲生．“十四五”时期新兴产业发展：问题、趋势及政策建议[J]．经济纵横，2020(7)：79.

费模式和线上娱乐模式，但并未从根本上改变传统产业的发展模式，产品的实体化形式和数量丰富，而虚拟化形式的发展不足，这导致在面对社会不确定因素时产业发展弹性不足。第四次工业革命以来诞生的新技术和新模式则在产品层面极大地丰富了消费者的选择空间，借助5G等移动通信基础设施的广泛普及、通过云计算对数据的快速高效处理以及线上虚拟应用和产品的井喷式爆发，线上教育、线上医疗和线上金融等虚拟产品和服务正在全面改变消费者的消费模式和消费需求。大数据和3D打印等技术的应用使个性化生产成为可能，在产业为消费者提供的最终消费品上，同质化的产品正在被个性化的产品所替代。

另一方面，产品生产和消费过程中从对产品所有权的排他性为核心转向对产品使用权的合理配置为核心。传统产业的产品所有权属性的观念更为关键，消费者购买产品基本同时获得了产品的所有权和使用权，而对使用权的行使是建立在独占所有权的基础上，尤以实物产品和服务为代表。而在新经济时代，新产业的发展中，随着虚拟产品和服务的发展，产品使用权的行使则与所有权分离开来，产品在生产和设计时则更加注重使用权层面的合理配置和运用。在平台经济和共享经济模式中，产品的所有权性质被大幅削弱，取而代之的是使用权的不断突出。以云计算产业为例，云空间的所有权掌握在开发企业手中，而个人消费者通过支付租金的形式获得一定时段内的产品使用权，这种所有权和使用权的分离是新产业中产品发展的新特点。新产业中越来越多的产品呈现出两权分离的特性，在数量和规模上远超第四次工业革命之前。相较于传统产业产品，以新技术为支撑的虚拟产品和服务两权分离的特性在为企业降低生产成本和为消费者减少购买支出的同时满足消费需求，实现产品使用新模式。

11.1.4 产业组织框架结构的转变

传统产业和新产业在组织框架方面的差异主要体现在从以边界清晰的产业自发展和大规模标准化生产为主的产业组织向以产业边界模糊的产业融合发展和小规模差异化生产为主的产业组织转变，以及产业集群从以自然资源为主的产业集群向以知识为核心的产业集群为主转变。

一方面，产业边界的模糊化加深了产业间融合发展的程度。以第四次工业革命为界限，由于缺乏打破产业间界限和壁垒的基础要素和技术的支撑，这之前的传统产业在发展中基本在一定的明晰界限中进行，产业边界的存在使产业内相关企业在进入和退出产业时面临一定的阻碍，提升产业组织成本。随着第四次工业革命带来的大数据、云计算等知识和技术的井喷式增长和市场环境的动态变化，产业边界逐渐呈现模糊化的状态。区别于传统产业发展组织中的封闭性和静态性特征，新产业的组织结构更多呈现出开放性和动态性的特征，数据、知识和通用技术在不同产业间的渗透，为产业边界的模糊化提供正向推动力，大众需求的多样化逆向倒逼产业边界的透明化。为满足多元化、个性化的新消费需求，产业间只有通过相互协作、数据共享才能实现产品生产和销售的正常进行，因此所带来的结果就是对产业间技术边界、业务边界、运作边界和市场边界的突破。新产业的发展正是在产业边界模糊化的基础上融合其他产业为自身的发展提供助力。

另一方面，产业集群核心要素从自然资源转变为以知识为代表的新资源，产业集群形态发生改变。传统产业集群基于成本节约的原则，基本以自然资源和销售市场为核心进行聚集，通常在某个地理范围内形成数个同质产业或关联产业的集群，从而获取集群中的溢出效应和通过规模化生产的方式进行同质化商品生产，以满足市场的大规模需求来获取利润。但在新经济时代，多样化的消费需求不可能通过大规模同质化生产得到满足，而数据、知识等要素通过先进技术的加持则能够解决这样的问题。大数据、3D 打印等新技术的普及使商品存储、流通等的范围大幅扩展，生产成本的降低甚至为个人生产产品创造了现实条件。而此时制约新产业发展的主要因素是知识和数据等新生产要素。而知识和数据的流动不易受到地理界线的限制，因此，以这些新要素为核心形成的产业集群突破了产业集群对地理条件的要求。产业集群的形式更趋向于在一个具有通行标准和水准平台上的创新，这样的平台既可以是实体的，也可以是基于互联网基础上的虚拟平台。

11.1.5 产业生产和发展模式的转变

产业的发展模式和范式是决定一个产业能否可持续发展的关键，传统产业与新产业在这一模式上的区别尤为明显，尤其是在我国发展新经济的要求下，随着全球经济环境的封闭化氛围越来越严重，新产业的创造和发展模式必然要实现创新，为提升产业发展质量和价值链升级以及培育竞争力提供激励。传统产业与新产业在发展模式上的区别主要表现在二者的生产模式和发展理念上。

一方面，从传统产业大规模标准化生产同质产品降低成本转向新产业分散化差异化生产个性化产品以提升质量。首先，传统产业以福特式生产模式为标准，大批量标准化生产的同质产品占据市场份额的大头，定制化产品的消费要求较高，仅为少数人所享有。而以大数据和 3D 打印为基础的新兴技术则使商品生产模式发生变革，产品借助大数据技术对数据的收集和分析能力，能够精准了解普通消费者对相同产品在设计、外形和材质等方面的差异化需求，而 3D 打印技术使产品的生产从“减式生产”向“加式生产”转变，二者的结合使产品个性化生产的特性有效发挥，对“二八定律”实现了彻底叛逆，使长尾需求得到满足。其次，产业发展中以集群和大规模生产的方式降低成本，从而提升企业和产业的整体收益，但个性化需求对这种生产方式提出了挑战。新产业通过产品质量竞争而非数量竞争的方式为企业提供了增加收益的另一种途径。通过对高质量品牌、高质量产品、高质量销售和高质量服务等环节的不断创新和有机融合，新产业的发展能解决因规模报酬递减所带来的产业可持续发展困境，在一些新兴产业中甚至能够通过质量竞争战略实现产业发展的规模报酬递增。

另一方面，从比较优势发展战略向竞争优势发展战略的转变。在全球化视角下，通过观察和研究我国产业在全球产业链和价值链上所处的位置可以发现，传统产业的发展由于技术加成有限，虽然在全球价值链和产业链上有逐渐上升的趋势，但总体来看，仍然处于边缘地带。基于比较优势理论的发展理念，传统产业多处于产品附加值低、竞争力差的中低端产业中，而随着全球贸易壁垒的逐渐加深以及我国人口红利的萎缩，这种依靠出口低附加值产品的发展模式已经不可维系。而新经济以创新为驱动，对于在第四次工业革命中所形成的各种新技术和新模式，我国新产业的发展与发达国家处于同样的起跑线上，是一次实现产业链和价值链升级的重要机遇。而此时新产业的发展则更加注重培养产业的竞争优势，新产业的发展通过创新驱动实现在全球产业链上高端位置与发达国家的竞争，提升产品质量和产品附加值，为未来技术密集型和知识密集型主导产业在高端位置的持续健康发展提供保障。

11.2 新经济背景下新产业的创造机理和运行逻辑：一个动态体系

新产业的创造和发展遵循着一定的逻辑机制，现代产业体系运行逻辑的基础是新的内生比较优势①，当旧有产业发展不能满足社会主要矛盾变化时，通过技术创新所引发的产业革命便从产业发展的基础要素性质、要素组织形式、技术融合程度、产品形态特征、产业组织模式和产业发展模式方面变革和环环相扣的递进关系推动新产业新的内生比较优势形成。

如图 11－1 所示，本章将新经济背景下新产业创造机理和运行的逻辑概括为以下 4 条：

（1）产业发展基础要素决定产业的技术构成和特征。

（2）产业技术特征影响产品形态和性质。

（3）产业技术特征与产品性质共同决定产业生产组织形态。

（4）产业生产组织形态决定产业发展模式。

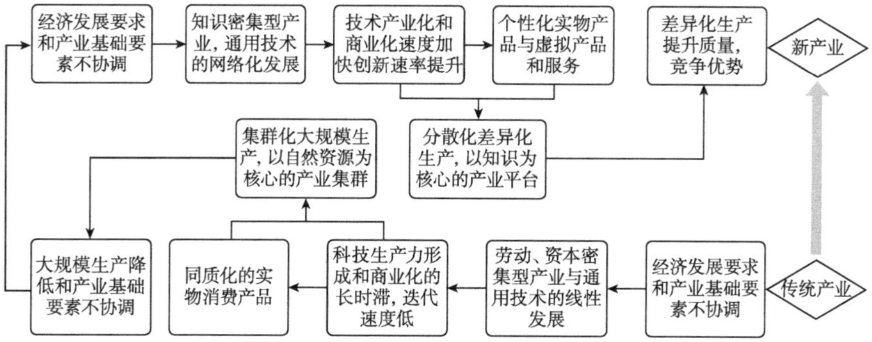

图 11－1　新产业的创造逻辑

11.2.1 新的基础要素决定了新产业的技术构成和特征

经济发展要求的实现与产业的发展密切相关，当遭遇传统产业发展瓶颈时，需要从产业发展基础的核心要素入手进行变革，创造更符合发展要求和时代特征的新产业。而产业基础要素的特征与产业中技术的投入、使用数量和程度是基本匹配的。基于供给与需求数量尚不匹配的社会主要矛盾，在传统产业的发展中，以劳动力和资本投入所形成的劳动和资本密集

① 芮明杰．构建现代产业体系的战略思路、目标与路径［J］．中国工业经济，2018(9)：38.

型行业是实现经济快速增长的必由之路，技术没有被作为主导要素投入生产，因此技术的发展存在着通用技术线性发展及与产业融合程度较低的问题。产业发展基础要素的低端化导致了产业发展中对新技术的需求有限，进而导致了科学技术产品化和商品化的时滞较长，科学技术的更新迭代速度较慢。传统产业中科学技术生产力发挥的作用有限，新技术应用的领域存在局限性，未能从根本上改变产业发展模式和经济发展结构。

当社会主要矛盾转变为供给与需求在结构和质量上的不匹配时，以大规模劳动力和资本投入换取增长的方式难以持续，需要引入新的生产要素发展新的主导产业。进入新经济时代，知识在规模和层次上的突破使其成为发展新产业和主导产业的新的投入要素，第四次工业革命带来的通用技术创新在知识密集型产业的发展中得了广泛普及，产业融合程度得益于通用技术的网络化发展而不断提升。因此，新技术作为推动新产业形成的重要因素，与传统产业中对技术的要求有较大区别。知识作为产业发展的核心要素需要通过新技术的形式落实到具体产业的发展实践中，新经济背景下，新产业发展对新技术的需求程度加深，新知识在新产业创造中核心功能的发挥要求新的通用技术能够快速普及更多行业和产业，打破行业之间的壁垒，加深通用技术与产业的融合程度，进一步促进新技术的形成和更新迭代速度加快，缩短知识向新技术的转化和新技术的产业化和商业化时滞。

11.2.2 产品形态和特征由新技术特征所决定

由通用技术之间的相互融合所形成的新技术在渗透到其他产业中时会创造出更多的新技术，而这些技术的特征决定了新产业中产品具有与传统产业产品不同的特性。由于在传统产业中新技术的应用存在着一定的进入壁垒和成本制约，因此以劳动力和资本作为核心投入要素的传统产业在所生产出的产品中存在着附加值低、同质化程度高等特征，技术更新迭代的速度较慢导致了这种产品的低端特性长期存在。并且由于通用技术的发展对传统产业的渗透和融合程度较低，产业技术程度不高，无法与全球范围内的相同产业拉开差距，只能提供高度同质化的商品，并且由于投入要素中劳动力和资本的比重过大，导致在产品和服务的开发中多以实物形态为主，产业间的融合发展受到限制。

新产业的最大特征就是知识和技术作为核心要素参与产品生产过程，

通用技术所发挥的基础性作用进一步增强，使其推广成本和对各产业的渗透性不断加强。更新迭代速度的加快确保新产业能最先体验到领域内的最新技术，使新产业在国民经济发展中始终保持引领地位。而借助通用技术的排列组合所产生的新技术使新产业产品的生产和制造具有独特性，产品差异化程度增强，能够满足社会主要矛盾转变下消费者的多元化需求。同时由于5G、大数据和云计算等通用技术在新产业中的发展，使新产业在生产和提供产品时更多以一种虚拟化的产品形态展现，实物形态产品在产品结构中的比重大幅降低。产品从实体化向虚拟化的转变是新产业与传统产业在产品形态上的巨大差异，同时通过互联网所进行的虚拟化交易相较于传统产业的实物产品来说，节约了大量的交易成本。产品差异化的特点和虚拟化的产品形态共同构成新产业产品生产的新特性。

11.2.3 产业组织形态和生产模式由新技术和新产品特征共同决定

产业的组织形态和生产模式受到了产品形态特性和技术特征的共同影响。传统产业中，在数量上大规模生产、在质量上同质化生产、在工艺上标准化生产的产品决定了产业发展必须形成一定地理范围内的产业集群，形成规模经济效应，以共享溢出和节约生产成本。而实物产品在产品结构中占比较重的特性则决定了产业集群必然是以自然资源为核心的，从而节约运输成本。同时技术创新的应用不足和技术更迭速度慢的特点使传统产业内部组织更倾向于固守产业壁垒的封闭化管理模式，这种组织模式能够解决因需求和供给数量不匹配所引起的矛盾，但面对新经济时代的产品供需结构矛盾则无能为力。

新经济背景下，新产业产品的多样化和多元化决定了产业生产模式的差异化和分散化，新产业的产品逐渐从实体化走向虚拟化。与此同时，通用技术的大力发展和新技术的不断创新使产业边界逐渐模糊，产业融合成为发展趋势，传统产业“圈地自治”的管理模式已经失效。新产业的知识密集特性形成以知识和数据为核心的新产业集群，新技术的发展为新产业集群的组织形式打破了地理界线，促使新产业在外部集群模式上摒弃空间的限制，形成以互联网为平台的新的平台型产业集群。新产业的生产模式从地理范围上的集群生产形式转变为以互联网为平台的集群形式交流信息和知识，共享溢出效应，从而形成空间上分散化生产个性化产品的模式，解决了规模经济与产业内部竞争活力之间的矛盾。同时，产业间壁垒的打破和产业边界的模糊使产业内部的组织和管理模式也从封闭式转向开放式，以数据和信息作为沟通各产业之间融合发展的桥梁。产业组织的集群平台化和虚拟化，以及产业生产模式的分散化是产业新产品和新技术的特征直接决定的，为解决新经济发展背景下，消费的供需结构不匹配提供了可行路径。

11.2.4 新产业生产模式和组织决定新产业的发展模式

产业生产模式是在遵从一定发展理念的基础上形成的最符合当下生产力发展条件和经济社会发展要求的合理产业配置，这直接决定了产业在面对竞争时的反应能力和在全球价值链和产业链上所处的位置。新经济发展要求提出之前，在传统产业的发展中，产业在空间范围内形成集群，主要以标准化流程大规模生产同质化产品的形式来获取标准化需求的市场份额，从“节流”层面减少成本损失，提高企业收益。这种集群和生产的模式建立在比较优势理论的基础上，虽然能够在一定程度上满足经济社会发展的要求，但由于知识和技术等新要素的投入不足，导致传统产业的发展处在全球产业链的中低端位置，在与国际产业的竞争中难以发挥优势，因此只能获取价值链非核心位置的收益。

新经济发展要求以技术创新为驱动发展新产业，使其顺利发展为主导产业，从而最终实现产业结构的全面升级。新经济背景下新产业的发展理念则是打造和培育产业的竞争优势。得益于第四次工业革命带来的平等的技术起跑线，新产业的创造和发展与发达国家处在相同的平台和地位。新产品的分散化生产模式、个性化产品特性和平台型产业集群组织的创造和发展使新产业的发展模式出现创新，以生产差异化高质量的产品和培育具有知名度的品牌等方式实现新产业的竞争优势，通过提升产品和服务质量，发掘和利用个性化产品需求市场份额，从“开源”层面扩大企业的经营收益。在新兴科学技术的加持下，新产业的高质量竞争优势发展战略能够使新产业实现全球产业链位置的跃迁，在新产业领域能够实现与发达国家竞争甚至引领的局面。竞争优势随着新产业从新兴产业转变为主导产业而扩散到各产业中，促进产业结构的全面升级，实现新经济下以创新和新技术驱动产业发展的要求，打造具有全球竞争力的产业体系。

11.3 新经济背景下新产业创造和发展面临的制约

新经济背景下，新产业与传统产业的发展存在着截然不同的环境和发展条件，对传统产业发展和壮大的制约因素可能继续影响新产业的发展，而新产业的自身发展特点也在新经济发展要求下面临着新的制约因素。从前述分析的传统产业与新产业在自身特点、创造和运行逻辑上的差异入手，可以得出对新产业发展的潜在制约因素可能存在于以下几个方面。

11.3.1 新产业对劳动力的需求与市场供给不匹配

传统产业以大规模廉价劳动力投入推动的发展模式在全球竞争加剧的格局下难以继续维系，新产业的发展是突破技术封锁和提升竞争力的有力保障。然而在对人力资本要素的投入上，当前存在着较为严重的结构不匹配现象。新产业的发展需要的是接受过完整和良好教育的专业技术和管理人员，这一类型的劳动力拥有竞争性较强的专有知识和技术，能够对通用技术的创新和发展起到推动作用，从而从产业发展的根本基础上提高新产业的技术创新水平和技术迭代速度，使新产业的发展在较长一段时间内成为引领一国经济及发展的主导产业。而当下的劳动力供给则存在着数量大且质量低的结构特点，这些低素质人力资本的高度同质化无法满足新产业在创新和生产活动中对人力资本异质性和培育核心竞争力的要求，从而出现劳动力市场同质化，劳动力供给多，高素质劳动力供给少和新产业发展对同质化劳动力需求少而对专业人才需求大的结构性矛盾。劳动力要素的供需结构矛盾制约了新产业的创造和发展，并且由于专业性技术人员的不足导致在新产业的发展中试错风险较大，增加新产业的创造成本。

11.3.2 新型企业家的培育与新产业发展进程不匹配

产业发展的最终落脚点在于产业内企业的发展，而企业的发展除基本的劳动力要素投入外，企业家作为统筹企业生产和经营的核心成员，是企业创新的引领者，对企业的发展具有至关重要的作用。传统产业中由于技术投入程度有限，企业家的创新性思维也有限，这种对创新和新技术较为保守的态度则决定了传统产业的发展是在守成基础上的缓慢进步。而由于新产业与传统产业在技术特征、产品形态和产业组织上的巨大差异，尤其在当前技术快速更迭的背景下，需要新产业中相关企业家具有敏锐的市场眼光和对创新与试错的包容性，能够重视新技术在产业发展中的关键作用，并且以敏锐的觉察力挖掘和创造市场需求。这种创新型企业家的培育并未与新产业的发展同步进行，新企业家的培育滞后于当前新产业的发展。根据新产业组织结构的新特点，企业家对产业的传统管理和运营方式也需要转变，而新兴企业家的培育方法和模式也处在探索中，因此新型企业家的培育相较于新产业的形成具有较长的时间差，而这种时滞性也对新产业的发展产生了不利影响。新型企业家的数量不足也降低了新产业中相关企业的创新活力和创新激励，从而延长创新、研发和技术商品化的时间，降低企业和行业整体竞争力。

11.3.3 结构性产业政策与新产业的技术范式不匹配

产业政策就是要通过对市场发展的适当干预，使相关要素向特定产业流动和集中，从而实现该产业的优先发展。结构性产业政策是否合理有效，取决于其是否符合新兴产业的技术经济范式要求和一国特定的产业发展环境①。而当前我国的结构性产业政策则与新产业发展的要求存在矛盾。与发达国家相比，我国在产业政策重点领域发展的选择中存在着选择主体不够广泛和选择程序不够合理的问题。在重点和有限发展领域的抉择中，企业家、科学家和非官方技术人员的参与程度较低，社会各界对产业政策的制定讨论程度较低，从而导致对新产业发展中决策主体的权威性和广泛性不足。同时，产业政策的发展更多指向产品和项目而非更加具有持续发展价值的技术研发环节。产业政策在目标指向上的产品、项目和技术研发具有不同的结果，指向具体产品和项目的产业政策会导致在新产业生命周期过短，在发展中造成过度重复投资和产能过剩，而指向技术研发环节的政策则能够增加创新性科研成果的产量，从根本上提升通用技术的创新和产业技术融合。此外，政策工具在具体使用中存在着不合理配置的现象，财政补贴和税收优惠或者市场化产业政策的一边倒倾向对促进新产业的发展存在着局限作用。而忽视新产业的发展阶段和生命周期的产业政策更倾向于体现为一次性和同质性，从而难以对新产业不同发展阶段的政策要求做出合理回应。

---

① 贺俊. 新经济与结构性产业政策的精细化调整[J]. 探索与争鸣,2017(1):47.

11.3.4 新型产业集群特点与传统产业集群组织不匹配

传统产业以自然资源为核心，受制于地理范围的集群形式已经不能适应和满足新产业以知识为核心，突破产业边界的发展方式。当前的产业集群发展形势表现为以传统集群方式为主，而以互联网平台为基础的新型产业集群形式的建设存在滞后。产业边界的模糊化和产业发展的融合化要求为各产业之间知识和数据交流提供一个基于通用标准建立、不受地理界线制约的平台，这样的平台能够为新产业的发展和新产业与传统产业的融合创造基本条件，并且形成知识溢出和扩散效应，推动新知识和新技术的不断更迭，实现“1 +1 >2”的发展效果。而当前，我国的新产业在集群方式上还以传统的地理界线进行区分，并未充分利用通用技术发展为新型产业集群平台建设带来的机会和便利，降低新知识和新技术在各产业间扩散和溢出的速度，同时不利于规模发展效应的形成，降低知识和技术的更新和迭代速度。新型平台的建设和产业集群组织变革的缺乏不利于进一步打破产业之间的发展壁垒和界限，使新经济下产业发展的融合化程度和互动程度降低，不利于新产业链的全面升级和提升参与全球价值链的国际竞争力。

11.3.5 功能性制度环境与新产业发展要求不匹配

新产业与传统产业的不同特点要求发挥辅助产业的功能，其制度环境也需要作出变革，而当前我国新产业在发展环境中主要面临着知识产权保护、金融服务支撑和地方创新驱动激励等方面的问题。新产业的发展建立在新知识和新技术的基础上，而知识作为一种新的生产要素相对于传统要素具有的弱排他性导致对新产业的收益保障存在较大困难，因此所造成的知识产权侵犯不利于新产业发展。而我国在知识产权的保护层面和知识产权制度改革层面相比于发达国家还存在较大差距。同时，新产业在发展中主要依靠企业对新技术的探索，而新技术研发具有不确定性，从而导致新产业发展也存在一定的风险。而这种风险性使传统金融机构在面对新产业发展的资金需求和金融支持方面存在过度谨慎、保守和封闭性，这与新产业发展初期需要及时的金融服务来支持技术研发的要求相矛盾。最后，地方发展驱动激励结构是政府对于本地产业和经济发展所依赖的根本动力，新经济下新产业的发展是以知识和技术为核心，以创新为激励而发展的。

这需要构建包括地方政府在内的创新驱动发展激励结构，而各地区由于对传统发展方式存在的路径依赖，创新发展驱动激励结构的构建存在滞后，使新产业发展的要求与外部环境不匹配。

11.4 新经济背景下新产业发展的路径选择

从新产业的创造和发展逻辑入手，分析我国新产业在发展过程中面临的高素质劳动力不足、创新型企业家缺乏、新兴产业集群平台建设滞后、结构化产业政策发展不充分和制度环境改革缓慢的问题，因此，要实现新产业的成功创造和健康发展，要追本溯源，从以上问题出发提出合理的解决方案。

11.4.1 提升教育质量，培养高素质人才和管理者

以专业技术人员为代表的高素质劳动力是新产业发展和壮大的基础，因此，探索一条有效培养高素质劳动力的途径是为新产业发展提供高质量人力资本的重要路径。我国高质量人才培育应以产业发展趋势为导向，对新型技术人才和管理人才进行培养。首先，转变人才培养理念。以高校和科研院所为代表的相关机构是高素质人才培养的重要基地和来源，因此，应该转变培养理念，以现实为导向，创新学科发展规划，培养具有适应现代化发展要求的学生，引导学生个性化发展。同时，紧密结合社会发展趋势和要求，不断完善高素质人才的培养机制和培养方案。其次，提升科研院所的创新交流能力。通过不断引进高素质师资力量和增强现代化交流平台建设，提升师资团队的创新能力和创新思维，激励创新型人才的创新积极性，形成以创新为导向的科研聚集平台和技术孵化地，建立科研立院和科研立校的发展模式。最后，培养创新型企业家。创新型企业家是新产业和新企业健康发展的重要保障，能够实现新企业的平稳和持续发展，降低企业初创风险。因此，参考国外在新产业发展中对新型企业家培育的方法和路径，结合具体企业和产业发展要求，以创新思维为导向，培育具有长远发展视角、科学管理手段和风险承担能力的创新型企业家。

11.4.2 充分发挥技术优势，建设新型产业发展平台

新产业发展的边界模糊化使传统产业集群在地理上的界线受到挑战，而借助通用技术和互联网的发展所建立的线上化、虚拟化产业集群平台则

能够突破产业地理界线的限制。建设新型产业集群平台需要充分利用通用技术和新技术发展的优势，建立企业和产业间互联互通的新渠道，提升产业融合发展效率。首先，积极构建新型基础设施。以5G、大数据和云计算为代表的通用技术的发展为代表，通用技术的线性发展和融合发展已经产生了大量的新技术，使传统互联网发展呈现出新的形态。因此，以基础通信和网络互联为主的新型基础设施建设能够推动互联网经济和数字经济进一步发展。新型基础设施是新型产业集群平台得以建设的物理基础，是保证平台建设顺利实现的物理基础。其次，以通用标准构建产业发展和交流平台。物理基础设施与虚拟线上平台是新产业线上集群平台建立的两个方面。在产业的发展中，应该制定产业遵循的通用标准，并在此基础上开发和形成虚拟的互联网平台。以知识为关键概念，相关企业和产业可以通过核心知识和技术的关联性加入一个或多个产业集群，集群之间通过线上平台的互联互通打破产业和集群边界，形成产业间的融合发展，提升技术和知识扩散效率，促进产业链整体升级。

11.4.3 立足技术经济范式差异，完善结构化产业政策

新产业和传统产业在技术经济范式上面临着巨大差异，新产业在技术特征上的正向研发与经济特征上的不确定性使产业在面临外部封锁环境下的发展上表现为“调整阵痛”的特征。因此，需要根据我国新产业发展的特点和趋势，完善和改革产业结构化政策。首先，在产业政策重点和优先领域加深各类社会主体的参与程度，充分参考企业家和专业技术人才在产业政策制定中的相关建议，提升产业政策决策过程主体的多元性和过程的科学性。其次，变革产业政策发展的目标指向。以技术研发环节而非具体产品和项目建设为政策发展标的，提升技术创新效率，促进新产业的可持续发展，规避产品导向下新产业的发展走上传统产业发展的老路，降低过度投资以免造成资源浪费。最后，合理运用政策工具。以产业发展阶段和生命周期理论为依据，在产业创立、发展和完善的不同阶段，综合运用市场化产业政策和财政补贴、税收优惠等政策工具，实现各时期的差异化、多次性和连续性的产业政策施加，强化结构性产业政策促进新产业发展的影响效果。通过产业决策主体、产业发展标的和产业政策工具的有机结合，实现从制定到执行的结构性产业政策全面优化，促进产业政策对新产业发展的积极作用。

11.4.4 改革制度环境，构建公平、竞争和有效的市场体系

实现公平、竞争、有效和透明度的市场体系建设是提升新产业发展效果的制度环境保障。其中，知识产权保护、现代金融支撑和地方创新发展驱动激励体制构建是新产业发展需要解决的重要问题。首先，完善知识产权保护体制，确保新产业实现发展收益。通过参考发达国家对产权保护的实践，当前的产权保护制度需要进一步完善，确保新知识这种弱排他性的要素对新产业发展带来的收益得到保障。为提升新产业发展激励，应当通过严格的产权保护制度打击产权侵犯行为和保证一定时段内新产业对新知识和技术的独占性和垄断收益。其次，构建现代金融服务体系，支撑新产业融资需求。构建具有适应性、普惠性和有竞争力的现代金融体系。通过建设互联网信用平台等措施实现对企业融资风险的精准把控，同时以直接融资体系实现金融体系结构与产业结构的匹配发展，解决新产业发展中面临的金融供给结构失衡问题。最后，促进政府发展驱动转变，巩固新产业发展的核心地位。转变政府发展理念，树立以创新驱动发展、以新产业引领地区经济增长的发展理念。通过构建包括地方政府在内的创新驱动发展激励体系，强化创新对新产业和新经济发展的促进作用，打破对传统发展道路的路径依赖，确保新产业发展的优先地位。

12 新经济背景下新业态的创造与发展

新业态是新经济背景下催生出的新的经济活动形态，已经成为当前我国经济高质量发展的重点。盛玉雷（2020）强调“新业态新模式的茁壮成长是促进传统产业转型升级、实现经济高质量发展的主动作为”。2020 年 7 月 15 日，以国家发展改革委为代表的 13 个部门联合发布《关于支持新业态新模式健康发展激活消费市场带动扩大就业的意见》，文件中明确强调了发展新业态新模式对促进我国经济高质量发展、推进现代化强国建设具有重要意义。新经济背景下的新业态发展不仅能够打破传统经济发展的思维禁锢、为其提供新的发展思路，也为我国紧跟最新一次信息技术革命浪潮，加快实现信息化、网络化、现代化建设提供了发展动力，成为新时代背景下我国经济高质量发展的主要引擎。目前我国新业态尚处于成长初期，表现出巨大的经济潜力，但在其创造与发展的过程中仍面临诸多阻碍，呈现出许多新的问题。而加快推进我国新业态的健康发展、以新业态助力高质量建设，对其未来创造与发展路径的深入探讨就显得尤为重要。

12.1 新经济背景下的新业态

新经济发展伴随着新要素、新技术、新产品、新产业、新业态的不断涌现。新产业、新业态都是新经济背景下受信息技术革命浪潮冲击而形成的新的经济表现形式，对比分析新业态与新产业之间的区别和联系，能够更好地把握新时代背景下新业态的发展特点。技术革新是新产业和新业态的共同动力，且都能够产生更高的经济运行效率，对实现新旧动能转换、拓宽实体经济发展空间、促进新经济领域高质量发展具有重要的战略意义。新经济背景下的新产业是指由新技术的直接产业化和新技术改造传统产业所形成的新的产业活动领域以及为匹配产业发展所演化出的新的金融发展领域，新产业的出现最终推进了产业结构升级。胡春燕（2013）指出，信息技术的深刻变革和广泛渗透会对生产方式产生重要影响，导致产业分工和产业组织的重大变化，从而涌现出大量新业态和新模式。信息科技革命浪潮中技术革新不仅带来了新的生产手段、新的消费需求、新的产品组合，而且企业为追逐核心竞争力纷纷开始探索新的生产经营模式、开发新的市场领域，导致产业分工更加细化，产业内部价值链重组、产业组织形态发生变化，出现了一系列新业态、新模式。新经济背景下的新业态是指以现代信息技术成果应用为发展基础、以产业结构升级为指引、以满足新时代背景下消费者不断变化的消费需求为目标，以现有产业的分化融合、行业跨界整合以及互联网融合实体经济形成具有更高经济运行质量的新型产业组织形态。不同于新产业，新业态强调的是对已存在产业进行改造转型，改变其组织模式、经营策略和盈利手段，以产业或行业之间的价值链整合重组为基本表现，形成新的产业组合形式、新的生产经营模式、新的人力资源分配方式（见表12－1）。

表12－1　新产业与新业态的区别与联系

区别与联系		新产业	新业态
区别	形成原因	技术革新 匹配产业发展需求	技术革新 消费需求倒逼 产业升级引领
	形成路径	新技术直接产业化 新技术改造传统产业	产业分化、融合 行业跨界整合 互联网融合实体经济
	形成结果	新的产业活动领域 新的金融活动领域	新的产业组合形式 新的生产经营模式 新的人力资源分配方式
	形成特点	前所未有	既有重组
联系	①技术革新是新产业、新业态发展的主要动力 ②新产业、新业态均具有更高的经济运行效率 ③发展新产业、新业态是实现新旧动能转换、拓宽实体经济发展空间、促进新经济领域高质量发展的必由之路		

12.2 新经济背景下中国新业态的创造分析

12.2.1 新经济背景下新业态的创造方式分析

目前我国新业态发展呈现出农业新业态、旅游新业态、服务业新业态、文化产业新业态、互联网金融新业态等多种新业态形式百花齐放的局面。按照其创造方式的不同，一般可分为三大类，即产业融合创新型、产业分化发展型以及“互联网+”与传统实体产业融合实现产业网络化发展型（见表12-2）。

表12-2 新经济背景下我国新业态的创造方式

基本创造方式	具体创造方式
产业融合创新型	不同产业之间的融合创新
	同一产业中不同行业融合创新
	不同经营理念、不同盈利模式的企业或品牌的融合创新
产业分化发展型	纵向分化
	横向分化
产业网络化发展型	“互联网+生产”
	“互联网+消费”

（1）产业融合创新型

产业间融合创新、行业跨界整合已经成为新经济发展背景下的产业发展必然趋势。产业间的融合创新表现为不同产业之间组合创新形成新的产业组合发展模式。现代农业产业园即是产业间融合创新型新业态，它以技术、产品、服务为纽带将三大产业联系起来，形成集现代化农业生产、农产品加工、生态旅游等多种功能于一体的产业融合发展网络，使其在具有生产消费功能的同时兼备旅游观赏价值，成为农业现代化建设健康发展的必经之路。近年来，现代农业产业园已经成为我国响应乡村振兴战略号召的重点政策扶持项目，2019年全国新增创建国家现代农业产业园45家，2020年继续新增创建国家现代农业产业园31家①，农业新业态在引领农村现代化建设、培育农村农业发展新动能方面发挥了重要作用。此外，产业融合创新也表现为同一产业中不同行业性质、不同经营理念、不同盈利模

① 数据来源于中华人民共和国农业农村部发展规划司通知公告。

式的企业或品牌之间的协同作战。现代生态循环农业利用生态学、经济学、管理学知识将同属于第一产业的种植业、畜牧业、水产养殖业连接起来，充分利用物质能量流动规律，形成绿色集约、可持续的循环农业发展模式。新时代背景下的消费者开始追求更方便、快捷、舒适、多元的消费体验，行业跨界经营成为提升竞争力、抢占市场的重要手段。著名药企江中集团跨界卖食品、全球著名饮料品牌可口可乐跨入快时尚服装行业等跨界融合案例已数不胜数。南方黑芝麻集团股份有限公司年度报告显示近年来其支柱产品芝麻糊销量增长乏力，自 2015 年销量高达 900.67 万件后，近年销量基本保持在 650 万件，行业表现大不如前①。为实现增收，该公司迅速转换传统市场定位，相继推出新产品，并频繁跨界经营物流、锂电池、电商、健康等行业。这种"跨界"经营新业态模式打破了传统产业发展模式的思维禁锢；跨界投资合作经营追求互利共赢，企业之间利用自身品牌优势与核心技术优势的相互渗透、合作营销，增强企业竞争力的同时也打破产品市场定位的禁锢，满足了消费者的多元化消费需求。

（2）产业分化发展型

经济发展伴随着社会分工的不断细化，新经济背景下新业态的形成离不开产业内的分化发展。产业内的分化发展是指以提质增效、开拓市场为目的，从现有产业中分离出多个不同子产业独立成长为新业态。子产业之间重新整合产业内部价值链，进一步细化产业内部边界、划分更具有针对性的目标市场。吴淼（2015）指出目前我国产业的分化发展分为两类，即产业内纵向分化和产业内横向深化。产业内纵向分化表现为产业价值链的延长，将产业价值链划分为多个环节，每个环节形成新的产业活动领域；而产业的横向分化表现为产业价值链的拓宽，产业价值链中心环节不发生改变，利用技术创新催生新的经营领域实现某一环节价值链的横向拓展。生活服务业中逐渐趋向多元化、专业化的家政服务业正是以满足消费者多元化、个性化消费需求升级而导致分化发展的最好例证。近年来我国老年人口抚养比持续上升，2019 年我国老年人口抚养比已上涨到 17.8%，抚养比持续升高不仅带来了社会养老基金方面的压力，也需要青年劳动力付出更多赡养老人的时间和精力，养老产业发展成为解决老龄人口赡养问题的

① 数据来源于南方黑芝麻集团股份有限公司历年年度报告。

重要途径（见图 12－1）。2018 年我国家政服务业经营规模达到 5762 亿元，从业人数已超 3000 万人，涉及产业已达 20 多个门类，200 多种服务项目①，除专业化保洁、母婴护理等传统家政服务领域外，也在积极开发家庭理财、保健养生等新的服务领域，对从业人员的专业能力、职业素养要求也更高，能够为消费者提供更高质量的专业化、多元化的服务。

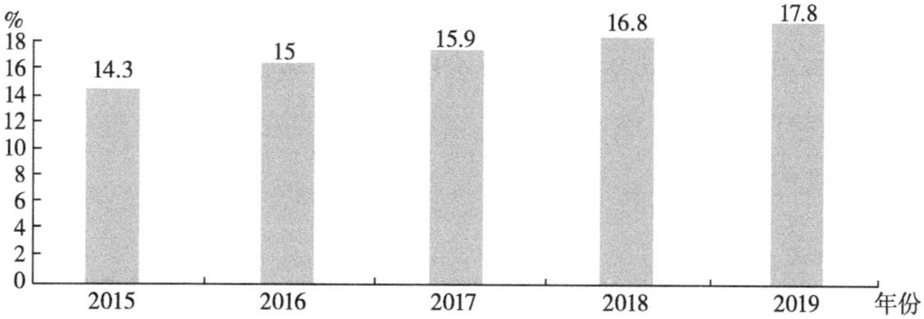

图 12－1　2015—2019 年我国老年人口抚养比

资料来源：国家统计局。

（3）产业网络化发展型

新经济背景下，互联网平台与实体经济的快速融合催生出诸多形式的互联网新业态，将成为未来我国经济高质量发展的重要动力引擎。“互联网＋传统实体经济”新业态以大数据、云计算、人工智能等信息技术革新为发展基础，通过互联网对信息、资源进行整合、处理、传播，与实体产业的生产经营过程相融合，线上线下同步发展，开拓了新的市场成长空间、创造出新的经济增长动能。“互联网＋”新业态的发展优势在于它具有跨空间、跨时间的特性，并具有强大的数据处理运算能力、资源整合能力，能够在有效降低发展成本的同时快速提升生产经营效率。我国“互联网＋实体经济”新业态主要表现为互联网与第三产业的融合创新，目前已经形成在线医疗、在线教育、网约车、新零售等一大批新业态发展模式，并在此基础上进一步促进“互联网＋金融”“互联网＋物流”等相关新业态的成长，迎来“宅经济”时代。自 2012 年我国首次出现滴滴打车 App 以来，网约车、共享单车、共享汽车等城市移动出行新业态迅速扩张，我国移动出行用户规模呈稳定增长态势，2019 年网约车用户规模达 40426 万人次，共享单车用户高达 26000 万人次，移动出行新业态需求旺盛（见

① 数据来源于《2019 年中国家政服务行业市场前景研究报告》。

图 12－2)。新经济背景下利用大数据、人工智能等先进技术对我国传统零售行业进行升级改造，以互联网为平台发展线上交易，打破时空限制扩大了交易市场，以人工智能技术优化线下消费体验，以完善的物流体系实现线上线下一体化发展新零售。2019 年我国网上零售额超过 10 万亿元，占社会消费品零售总额的 21%，且其中实物商品零售达 80%，占据重要地位(见图 12－3)。据电商平台公布数据，2020 年 11 月 1 日零点至 11 月 12 日零点天猫“双十一”总成交额高达 4982 亿元，发展势头迅猛。与此同时，我国也正在努力推进互联网与第一、第二产业的融合渗透，进一步推进信息技术发展的产业化、市场化。

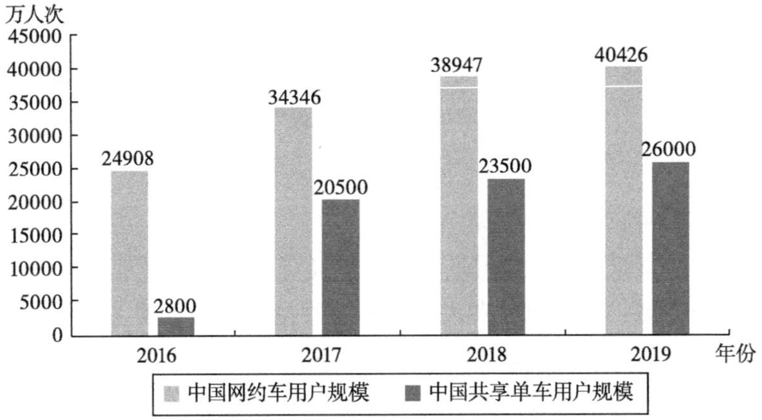

图 12－2　2016—2019 年我国移动出行新业态用户规模

资料来源：CNNIC、我国电子商务研究中心。

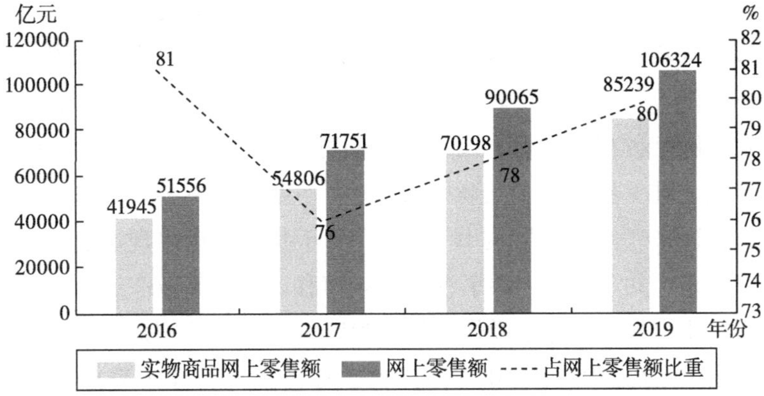

图 12－3　2016—2019 年我国实物商品网上零售情况

资料来源：我国经济社会大数据研究平台、国家统计局。

12.2.2 新经济背景下新业态的创造特征分析

新经济背景下，我国新业态发展表现出鲜明的时代特征。它以最新一次信息技术革命为发展背景，技术革新是其动力基础，新型基础设施建设是其环境基础，互联网是其平台基础；它以新经济时代背景下不断升级的新消费理念为目标指引，以形成新的消费方式、新的产业组合形式、新的生产经营模式为主要表现；最终形成新的融合发展生态、新的人力资源分配形式。

（1）新的动力基础

新业态发展以新一代信息技术革命为背景，将技术革新作为其动力基础。新业态发展的技术革新驱动作用主要表现在以下三个方面：①技术革新打破了时空束缚。以云计算、大数据、物联网、人工智能等为核心的新一代信息技术革命使人类收集、处理、传播、利用信息的能力有了质的飞跃。网络化、信息化已成为新经济背景下新业态发展的主要特点。现代网络技术与实体产业的融合应用打破了时空边界，促进了生产网络化、工作网络化、交易网络化、生活网络化的快速发展。②技术革新提升了发展效率。利用现代信息技术促进要素充分流动优化资源分配模式、转化利用科技创新成果优化生产模式、深度挖掘市场有用信息优化经营模式、网络协同生产实现价值社会化共享，为实现新业态发展经济效益、社会效益、生态效益“三大效益一体化”打下坚实基础。③技术革新开辟了新的经济领域。技术革新不仅加快了传统企业数字化转型步伐，为传统产业发展注入新的活力，也推动形成新的生产方式和生活方式，为形成新经济领域提供动力支持。

（2）新的环境基础

新经济发展背景下新业态的创造与发展伴随着市场基础环境的不断升级。新经济背景下市场环境基础表现在更加智能便捷的基础设施环境，更加开放互动的国际环境、更加公平公正的法规环境、更加高效有序的竞争环境、更加个性化品质化的消费环境。智能便捷的基础设施环境为新业态发展提供了以互联网与云计算为代表的信息技术设施环境，以智能交通、智慧能源为代表的引导传统基础设施转型升级的融合基础设施以及以教育基础设施为代表的为创新活动提供支持的创新基础设施；开放互动的国际市场环境为新业态发展打造了一个国际化的科技、要素、产品、金融的合作交流平台；公平公正的市场法规环境为新业态发展营造了和谐稳定、权责分明的市场发展环境；高效有序的市场竞争环境为新业态发展创造了活力四射、健康高效的市场营商环境；个性化、品质化的消费环境为新业态发展和创造提供了方向指引和市场发展空间。

（3）新的产业组合形式

新经济发展背景下的新业态是由既有产业的融合分化所形成的，它不仅表现为单一产业的价值延伸，也表现为不同产业之间的深度融合，进而形成新的产业价值链组合模式。目前，影响我国产业组合模式形成的原因主要有以下三个方面：①技术革新推进。技术革新提高了生产效率，进一步加速产业分工的同时又与实体产业深度融合构建网络化的产业链互动关系。②消费理念变化。消费需求的多元化、个性化进一步细分市场，形成企业发展新业态的市场契机。③产业自身升级。实现产业结构升级、寻求新的市场动力、创造新的发展空间、提升三大效益是形成新业态的直接原因。目前，我国已经形成多种新型产业组合模式：①第一产业与第三产业融合发展型。集农业生产、观光旅游、体验消费、文娱时尚多重功能于一体的创意农业与集疗养保健、修身养性、生态环保功能于一身的森林康养等新业态的出现延伸了第一产业价值链，推进了第一产业与旅游、文化、教育、健康养生等产业的深度融合。②第二产业与第三产业融合发展型。服务型制造模式是新经济背景下先进制造业与现代服务业融合发展的新产业组合形态，促进了我国从生产型制造向服务型制造的积极转变。③第三产业内部各行业融合发展型。“文化＋”新业态，这一概念是指新经济背景下文化产业与消费、交通、体育、传媒、物流等经济领域融合创新而形成的新业态。张湘涛（2015）指出“文化＋”主要表现出三个方面的重要特征：从“老思维”向“新思维”的转变、从“小文化”向“大文化”的扩展、从“浅融合”向“深融合”的推进。

（4）新的生产经营模式

新一轮信息技术革命的到来，使人们的生活更加便捷，消费更加追求品质化、个性化、多元化、健康化。为捕捉碎片化的消费者需求、尽快适应不断变革的市场并在竞争中始终保持优势地位，企业必须要不断适应调整其生产经营模式。当前我国正处于新业态发展的关键时期，催生出许多新的生产经营模式：①共享经济新业态优化了社会资源配置模式、开拓了新的共享消费市场空间、打造出共享型经济发展新动力。新经济背景下资源使用权、所有权分离成本降低，共享汽车、共享住宿、共享护士等新业态模式不断涌现，依靠互联网平台将海量、闲散、碎片化的社会资源收集整合并将其使用权转交给有需要的人，不仅充分利用了资源价值，也使共享双方共同获得收益。②宅经济新业态。新经济背景下互联网信息技术的普及成熟对现代消费者的消费观念、消费习惯都产生了影响。宅经济就是以互联网为发展平台、以移动支付和现代物流等相关产业为发展基础，形成如宅兼职、宅办公、宅消费等形式的网络经济新业态。而且从长远来看，未来我国宅经济发展趋向于与传统实体产业融合形成线上与线下融合发展的新生产经营模式。

（5）新的人力资源分配形式

新经济背景下新业态的快速发展对我国就业市场产生了深远影响。新业态发展促进产业分工进一步细化、产业组织形式出现重大变革，产生了新的就业需求，出现新的就业岗位，互联网信息技术以及人工智能技术的快速发展催生出新的就业形式，呈现出新的人力资源分配形式。高传胜（2019）指出以互联网、物联网、人工智能等技术为支撑的智能养老新业态能够节约人力资源、提升人力资源配置效率，还能为人类提供多方面的服务功能。零工经济是在最新一次信息技术革命浪潮的推动下以互联网为交流平台形成短暂灵活的雇佣关系的经济活动领域。零工经济不仅节约了交易成本，提升了人力资源的流动性，提高了社会运行效率，而且也为劳动者提供了更多自由化、平等化、多元化的就业渠道，提高了居民收入水平。这种新型雇佣关系对传统劳动力就业雇佣关系提出挑战，形成诸如共享员工、跨界用工这样的新型用工形式，开启了新的人力资源分配时代。一方面，使雇佣关系的主体边界逐渐模糊，企业工作不再仅由本企业员工完成，企业员工也不单单只为所在企业创造价值，共享经济下的劳动者能充分利用自己本职工作以外的闲暇时间为其他企业短暂贡献个人价值以获取报酬。另一方面，使雇佣关系的稳定性发生变化，零工经济依靠互联网平台形成短暂的、临时的雇佣关系，工人们可以同时拥有多个雇主，也可以利用碎片化时间打零工，交易完成后雇佣关系即刻解除。陈明生（2019）认为无人经济模式对我国人力资源分配形式产生强烈冲击，无人经济以互联网、大数据、人工智能等现代信息技术发展为基础，在生产、经营活动中的某些环节机器完全替代人力，实现无人值守的自动化劳动，将人力资本从简单重复劳动中解放出来重新投身于经济建设，形成新的人力资源分配形式。目前我国无人经济发展态势迅猛，已经逐渐渗透到经济生活中的各个方面。

12.3 新经济背景下中国新业态的发展分析

12.3.1 新经济背景下中国新业态的发展效益分析

新业态是新经济背景下更具有经济效益、社会效益、生态效益的新的产业组合模式。新业态之所以能够成为当前我国重点支持、具有巨大发展潜力的经济形态，是因为它不仅能够提升发展效率、加快产业升级、扩大经济市场、为经济市场提供源源不断的支持动力，而且能够更好地满足人民对美好生活的追求，有利于维护社会稳定、加强社会文明建设；同时，新业态也是符合可持续发展理念的经济发展状态，对新经济背景下我国绿色财富积累具有重要意义。

（1）经济效益分析

新业态的蓬勃发展将会为我国新经济的高质量建设带来巨大的经济效益。新业态通过既有产业的融合分化、行业跨界整合、产业网络化等途径对现有产业进行价值链重组，形成新的产业组合发展形态。产业融合创新能够开辟新的经济活动领域，形成新的发展模式。产业间的融合发展打破了传统经济发展模式的禁锢，不同产业、不同行业、不同企业之间形成合作，在市场竞争中发挥各自优势实现互利共赢，改变了传统产品、服务的功能单一性，不同生产经营理念的思维碰撞形成新的生产经营模式，不同经济领域的交叉也有助于探索新的市场活动空间。运用现代技术知识将传统产业领域与新兴产业领域相结合，能够提升传统产业领域生产经营效率，丰富产品功能，拓展经营市场的多元化定位，从而为传统经济领域注入源源不断的生命活力、形成巨大经济效益。以“互联网 + 实体产业”融合发展为主的产业网络化发展新业态是最新一次信息技术革命浪潮的产物，它充分利用大数据、人工智能、物联网等新一代信息技术的发展，依靠互联网技术建设新的生产经营平台、依靠大数据分析市场消费需求走向、依靠人工智能解放劳动力、依靠物联网实现万物互联信息共享。据商务部统计数据，2020 年 1—8 月，我国网上零售额达 70326 亿元，同比增长9.5%，电商直播超1000万场，活跃主播数超40万，观看人次超500亿，上架商品数超2000万，网络消费新业态保持良好发展势头，在促消费、稳外贸、扩就业、惠民生等工作中发挥了重要作用。产业发展的数字化、网络化打破了经济活动的时空边界，不仅大幅降低生产经营成本，实现经济效率的提升，而且也拓宽了市场活动领域。产业间的融合创新、分化发展以及产业的网络化发展加快了我国产业结构的质变升级优化进程，对促进我国经济高质量建设具有重要意义。

（2）社会效益分析

新经济背景下我国大力扶持新业态发展的原因还在于新业态的蓬勃发展能够产生巨大的社会效益。新业态的形成与发展伴随着社会分工的进一步细化，细化分工使劳动者各司其职、从事专精，充分发挥个人专长，提升工作效率；同样生产经营市场的准确定位也是细化社会分工的表现，企业各自面向不同市场分工领域进行生产研发经营活动，不仅有助于相关领域的技术研发与改进，而且加快了相关产品的进步升级、提升了服务经营质量，从而更好地满足新经济背景下消费者品质化、多元化、个性化的消费追求。新业态的蓬勃发展同样也对改善我国就业质量具有重要意义，新的产业组合模式有助于提升就业吸纳能力、新的生产经营模式有利于提升就业收入水平、新的人力资源分配形式有助于打破就业时空壁垒，人工智能等信息技术的生产经营型运用也有助于改善就业环境。新业态发展同样能够改善人民生活水平、改变传统消费观念、促进消费升级。集多种功能体验于一身的产业间融合新业态的发展能够为消费者带来更好的消费体验感，产业内分化发展型新业态的发展能够为消费者提供更加专业化、品质化、多元化的消费产品，共享经济、宅经济、无人经济等新业态的发展也为消费者带来极大的便利。根据美团研究院的测算，2019年美团平台上的新业态交易额达到4837.4亿元（不包括传统业态数字化改造部分），2016—2019年，美团平台上的新业态交易额增长了2.7倍，年均增长率达到55.1%，生活服务业新业态的发展已经成为引领我国数字经济发展的新生力量①。当前我国社会主要矛盾已经转化为人民日益增长的美好生活与不平衡不充分发展之间的矛盾，因此在注重提升消费者物质消费体验的同

① 数据来源于《2020年生活服务业新业态和新职业从业者报告》。

时更需注重精神消费层面的发展。新媒体文化产业新业态的快速发展使文化传播更加快捷广泛；以创意为核心的文化创意产业新业态能够提升产品文化附加值，激发文化创造力；文化休闲旅游产业新业态的发展将传统文化与现代设计相结合，将充分挖掘地区文化底蕴，在实现经济特色发展的同时促进地区文化传播。因此，新业态发展对社会文明建设具有重要意义。

（3）生态效益分析

新业态发展过程中始终坚持以可持续发展理念为指引，生态循环经济、生态旅游经济等新业态发展形式将会在实现经济效益、社会效益的同时创造出巨大的生态效益。高质量发展建设过程中不仅需要积累物质财富、精神财富，生态财富积累同样重要。新业态以满足消费需求升级为指引对现有产业进行融合创新、细化分工，推动产业的网络化、信息化发展，利用现代信息技术对原有产业组合模式、生产经营模式、人力资源分配形式进行优化升级，形成绿色循环的资源利用模式、科学高效的生产经营模式、权责清晰的组织管理模式，从生产到消费全过程都以清洁高效、节能减排、绿色低碳以及可持续发展为检验标准。数字经济时代信息和数据的获取与使用成本极低，依靠现代信息技术发展起来的新媒体业态充分利用互联网平台活动，它们无须像传统媒体行业一样生产实物产品，数字化的虚拟产品将会以更低廉的经营成本、更快速的传播速度、更广泛的受众群体创造出巨大的经济收益，与此同时，对实物资源的需求降低同样会对缓解资源约束意义重大。共享经济新业态发展将部分人手中的闲置资源重新整合起来将其使用权转移到其他人手中，将社会资源重新分配，提高了社会资源的利用效率。生态循环经济发展新业态利用生态循环相关知识将自然生态规律、能量流动规律与不同产业发展中的各个环节融合在一起，实现资源从消费到形成产品再到资源再生以及资源的循环利用，缓解了资源总量的限制"瓶颈"、提升了资源利用效率、减少经济活动中的污染排放。生态旅游经济发展新业态将生态建设作为自身经济活动的基础，依靠自然生态环境优势发展相关第三产业，发展绿色经济在实现经济效益的同时也对生态建设产生重要影响。

12.3.2 新经济背景下中国新业态的发展问题分析

相比于传统发展业态，新业态的形成与发展催生出了新的产业组合形式、新的生产经营模式、新的人力资源分配方式等新经济活动业态，创造出巨大的经济效益、社会效益和生态效益，但这些新的经济活动业态在带来一派欣欣向荣景象的同时也产生了许多新的发展问题。

（1）监管不到位导致新业态野蛮生长

新业态具有成本低廉、技术简单、准入门槛低、市场空间广阔等特点，因此竞争壁垒难以形成，大量生产者快速涌入市场，监管不到位就容易导致新业态野蛮生长。首先，市场监管难度大。共享经济、宅经济、网络新零售等新经济活动形态通过网络平台发展、进入和退出市场相对灵活，对市场监管带来极大的挑战，产品和服务的质量难以保障。电子商务研究中心报告数据显示，2020 年 9 月我国网购用户投诉比率前五名分别是国内网购、商家纠纷、在线差旅、网络支付、物流快递，且投诉问题多集中于退款问题、售后服务、商品质量、网络欺诈、发货问题、霸王条款、虚假促销等（见图 12 –4）。其次，社会秩序监管难度大。以交通新业态为例，共享单车、网约车等新业态的迅速发展为人们的交通出行提供了更多方便快捷的新途径，但在其运行过程中却暴露出乱停乱放、网约车安全跟踪不到位等问题，对社会秩序带来负外部性。我国近期悄然崛起的地摊文化、后备箱文化在疫情过后对缓解失业潮、带动经济复苏意义重大，但与此同时也出现了占道经营行为，出现交通秩序、城管秩序、公共卫生难监管等一系列新问题。再次，数据安全监管难度大。新业态依赖于网络发展平台促进互联网与传统实体经济的融合，依靠大数据收集分析市场信息调整生产经营状态。大数据时代为新业态迎来万物互联、云端互动、数据指引的发展环境，然而数据信息的收集成本和使用成本都很低廉，网络平台管理不到位将会导致信息污染、信息泄露、信息攻击等一系列信息安全问题。最后，生态监管难度大。近年来，宅经济、网络新零售等新业态的迅速发展为人们生活带来便利的同时也带来了新的环境污染问题。2019 年我国餐饮市场规模达到 4.6 万亿元，其中外卖产业规模为 6535.7 亿元，相较于 2018 年增长 39.3%①。但外卖产业的快速扩张在给人们带来用餐便利的同时，也导致外卖垃圾的快速增加，外卖包装盒、一次性餐具、快递包装袋的回收处理监管不到位将会产生严重的环境问题。

---

① 数据来源于《2020 外卖行业报告》。

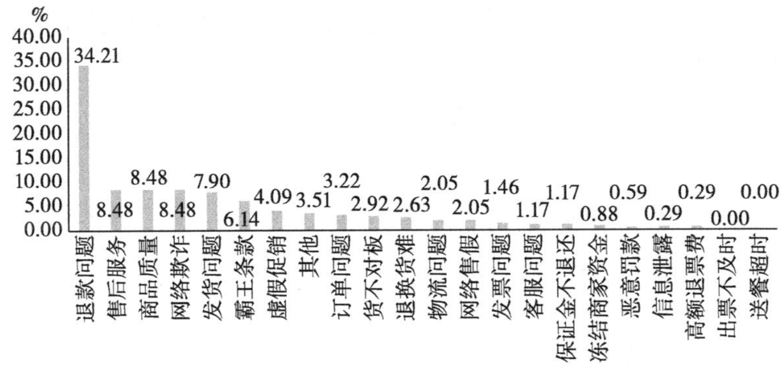

图 12-4　2020 年 9 月我国电子商务平台投诉问题分布情况

资料来源：电子商务研究中心发布的《2020 年 9 月我国电子商务用户体验与投诉监测报告》。

（2）盲目跟风导致产品同质化严重

新业态是目前国家层面大力支持、具有很强政策优势与技术优势的经济活动形态，信息技术革命对社会经济发展的不断冲击也让这一新的经济活动形态表现出持续鲜活的生命力，蕴藏巨大的经济潜力。新业态的形成离不开创新，只有对传统经济业态不断进行改革创新，才能形成越来越多具有更高效益的新业态；只有不断进行业态创新，避免产品和服务的同质化，迅速抢占空白市场才能获得竞争优势、充分发挥新业态经济潜能。在第一批新业态企业发展势头良好的情况下，各大企业也纷纷仿照前人经验盲目跟风进入市场，企图分一杯羹，然而由于缺乏创新产品功能、经营方式、营销策略同质化现象严重，为抢占目标市场只能进行激烈的价格战，行业发展前景不容乐观。以共享单车新业态为例，OFO 与摩拜两家共享单车品牌是国内陆续单车发展的第一梯队，在两大品牌完成融资实现迅速扩张之际，国内陆续出现了小鸣单车、悟空单车、酷骑单车等十余家第二、第三梯队共享单车品牌，为抢占市场，各品牌不断注入资金、增加单车投放，并派发优惠折扣吸引消费。但目前第一梯队的摩拜与 OFO 投放量占市场总量的 78.3%，App 下载量也远超第二、第三梯队下载量之和[①]。共享单车品牌之间缺乏业态创新，同质化的产品服务营销模式很难从竞争中获得优势，行业格局渐趋稳固，因此资金薄弱的跟风企业很快便迅速破产、

① 数据来源于中国信通院（CAICT）发布的《2018 我国共享单车行业发展报告》。

倒闭，被市场清出，造成资源浪费。在网络新零售业态的冲击下，同质化严重的传统购物商场竞争愈演愈烈，促使各大商场迅速从传统零售转型为集餐饮、娱乐、文艺等多种体验功能于一身的商业综合体，但这却导致了新一轮的同质化，数量过剩的城市商业综合体市场竞争异常激烈，只有实现差异化经营才能在竞争中立足。

（3）法律法规建设不完善

吴志攀（2015）指出，互联网相关产业在蓬勃发展的同时也面临着大量的风险与法律问题。新业态发展下的一系列新特征、新关系能否适应现存法律法规体系，是否存在法律法规视野盲区，如何审慎界定新特征、新关系下的权责问题，新法律新法规是否存在滞后性，法律监管工作是否到位等都是未来发展中急需解决的重要问题。新业态发展过程中形成了新的产业组合形式、新的生产经营模式、新的人力资源分配方式，具体表现为市场经济活动的主体关系、交流场所、交易方式以及营销模式的变化。新业态的发展过程中将产生许多新的权责问题，现存法律法规体系难以全面细致保障发展秩序，必须尽快完善相关法律法规建设，在为新业态发展提供法治保障的同时守住法律底线。首先，我国立法、修法程序复杂，导致法规法律的制定具有滞后性，相比于快速发展的新业态，法律法规的建设效率难以与之相匹配。其次，新业态发展相关法律法规建设存在空白盲区，缺乏全面覆盖、细致具体、灵活更新的法律法规体系。新业态发展过程中许多小微企业迅速进入市场，依托互联网交流平台发展网络微店、家庭私厨、直播带货等新的生产经营模式。据统计，2020 年前三季度 12315 平台共接收“直播”相关投诉举报 2.19 万件，同比增长 479.60%，其中“直播带货”诉求占比近六成①，产品质量疏于把关、虚假广告诱导消费者冲动消费、售后退换货难以保障等问题突出。这些网络交易新业态具有很大的信息不确定性，难以保障消费质量，由于其交易活动、支付方式形式多样且时空跨界，法律法规难以具体细化覆盖整个业态发展过程。最后，新业态发展相关法律法规的实施监管存在很大难度。新业态发展不仅将现有产业联系起来融合发展，还将互联网与传统实体经济互联，实现跨公司、跨产业、跨时间、跨区域的经济活动互联，因此新业态法律监管工作

① 资料来源于市场监管总局官网。

相当复杂，监管机构不明确同样是制约新业态法律建设的另一重要因素。

（4）新就业形势下产生的劳动关系问题

新经济背景下，移动支付、区块链等新一代信息技术的层层冲击使我国就业形态发生转变，出现了形式多样的用工方式、雇佣关系。以美团平台为例因新业态而孕育的新职业就超过 70 种，五成从业者月收入高于 9000 元①。可见新业态发展对提升我国劳动力市场的就业吸纳能力、调整就业结构、提升劳动收入水平、优化就业环境等具有重要意义，但与此同时，新的人力资源分配形式也对传统劳动关系产生强劲冲击。李超海（2019）研究发现新业态发展背景下生产消费和劳动工作的双重转变也深刻影响到劳动者的价值观念、行为选择和行动模式。堵琴囡（2020）指出新业态重塑了劳动关系，劳动者的权益保障问题逐步凸显。共享员工、跨界用工等零工经济新业态依托于互联网平台形成跨时间、跨空间、跨企业、跨行业网络雇佣关系。相比于传统就业形式，这种新的雇佣关系主体发生了变化，雇佣关系双方的市场信息具有很强的不确定性，雇佣关系存在时间较短，雇佣契约非常不稳定且往往缺乏正规劳动合同保障雇佣双方的合法权益，工作任务完成度、劳动收入合理性等难以保证，也很容易出现劳动关系纠纷问题。无人经济新业态的出现降低了经济发展的人力资源成本，满足了消费者追求快速便捷、品质多元的消费需求，是未来发展的大势所趋。但机器替代人类劳动将会产生就业极化效应：具有创造性的人类劳动以及对交互性要求较高的人类劳动难以被取代，这两类劳动者往往位于劳动者素质水平的两极，然而位于中间素质水平的从事于简单重复性劳动的劳动者很容易被人工智能设备所取代，从而引发技术性失业；同时由于这一群体本身的知识水平、职业技能有限，失业后难以适应新经济发展背景下不断变化的业态转型升级，很难快速实现再就业，从而引发结构性失业问题。

12.4 新经济背景下新业态创造与发展的路径建议

新经济背景下我国新业态的创造与发展时期较短，尚处于成长初期阶段，还存在诸多问题亟待解决。本章提出以下路径建议，以期为加快推进

① 资料来源于《2020 年生活服务业新业态和新职业从业者报告》。

新经济背景下新业态的未来发展建设、以新业态助力高质量发展提供参考。

12.4.1 宽松开放的市场准入机制与包容审慎的监管机制相结合

新经济背景下，新业态发展相关体制机制建设应当在注重鼓励新业态迅速成长扩张、为新业态发展创造良好制度环境的同时注重秩序监管以维护新业态的健康成长，以宽松开放的市场准入机制与包容审慎的监管机制相结合，进一步完善新业态创新成长环境。降低新业态市场准入门槛、简化新业态企业申请流程、提高审批服务效率以提供宽容开放的市场准入环境，为重大业态项目、重要投资建立绿色通道，为新业态小微企业的前期成长提供政策支持。但宽容开放的市场环境并不意味着纵容进入，严格谨慎的资格审查是市场准入的基本前提，尤其对于与人民生命财产安全、国家经济秩序、社会稳定相关的新业态需坚持更加严格谨慎的市场准入原则。包容审慎的监管机制是营造公平有效市场竞争环境、促进新业态健康发展的重要保证。首先，要健全相关法律法规建设，填补新业态法律空白，进一步细化法律规范，明晰权责。其次，完善市场监管机制，探索新业态发展背景下的市场监管新模式。再次，加强市场监管力度，使市场监管的行政执法与刑事司法挂钩，增强监管的公正性、规范性、权威性，严厉打击扰乱市场秩序行为。最后，注重新业态发展过程中的权益保护问题，维护新业态发展过程中的知识产权、信息安全、消费安全、环境安全等重要权益问题，并进一步完善社会保障体系以维护社会稳定。

12.4.2 业态推陈出新与业态优化升级相结合

新经济背景下的新业态发展应当在鼓励数量扩张的同时注重业态质量的提升，以业态推陈出新与业态优化升级相结合，发展健康高质量的新业态。加快推进前沿科学技术成果转化，推动创新成果驶入新业态发展快车道。突出创新驱动新业态发展，鼓励业态创新，为业态创新提供政策支持、资金支持和技术支持，切实维护知识产权，以激发业态创新积极性，积极探索未来能够创造巨大收益、为人民生活提供便利的潜力新业态。建立新业态发展的市场强制退出机制，加大对于违反市场发展基本原则、生产经营长期无效率、难以达标发展生态标准、严重侵害他人合法权益的长期无效率新业态的清理力度，释放其资源占用。以满足不断升级的消费需求为指引，鼓励产业间创新融合，进一步破除产业间、行业间的市场壁垒，提高社会资源配置效率。加快推进制造业、服务业两业融合发展，培育新的经济增长点。完善新业态发展平台建设，推动互联网平台与三大产业发展的深度融合，充分利用大数据、物联网等新一代信息技术发展智能制造和智能服务，实现跨行业、跨产业的生产链信息互联，通过互联网平台实现资源、数据、信息的集成共享，推进产业的网络化、信息化、智能化建设。

12.4.3 业态发展趋势与地区比较优势相结合

我国地域辽阔，区域间地理环境优势、文化风俗习惯、经济发展水平等均有很大不同，由于地域差异，消费者群体的消费需求不同，经济发展的客观环境也不相同。故应在面向未来业态发展大趋势的同时结合地区比较优势因地制宜发展优势新业态，结合地区资源禀赋条件、人文历史、交通区位、产业特色，积极推进特色新业态发展，助力产业转型升级。新业态发展过程中应充分发挥农村自然资源、生态环境、人文风俗特色，为农村新业态创新发展提供相关技术指导和创业支持，促进新技术、新理念向传统农业生产领域渗透，促进三大产业融合，拓展农产品功能，抓好农村现代化建设，不断探索出更多功能完善、丰富多样的农村新业态，培育农村经济发展新动能。我国社会主要矛盾已经转变，消费者逐渐从追求物质消费满足转向追求精神消费满足，文化产业新业态迎来发展的黄金机遇。要抓住这一时机，一方面要充分利用我国传统文化优势，另一方面要大力支持发展现代文化创意产业，加快推进文化产业新业态发展；不断完善文化产业新业态体系建设，加强文化产业新业态市场监管，充分保护文化产业知识产权，打造文化产业市场的良性竞争环境；拓宽文化产业消费市场，引导文化消费，促进消费结构升级；充分利用互联网发展平台，打造“文化+互联网”新业态；以消费市场为引导推动文化产业价值链的纵深发展，开发文化衍生品相关业态；紧随经济全球化趋势，打造国际文化产业新业态消费市场，弘扬中华文化。

13 新经济背景下中国传统产业转型的改造与革新

改革开放以来，我国产业不断发展，工业体系建立健全，逐渐成为“制造大国”。迈入新发展阶段以来，随着我国传统要素红利的衰减，以及数量型发展方式的转变，加之“逆全球化”的冲击与“双端挤压”挑战，促使我国产业亟须转型升级，但同时新工业革命的兴起以及国内需求的升级也为我产业发展带来新的机遇。特别是对制造业占比较高的传统产业而言，随着规模优势与价格优势的缩小，需把握这次新经济革命带来的发展机遇，破除发展困境，培育产业竞争优势，提高产业产出效能，扩大市场需求规模，充分发挥我国制造业的创新之源的作用，避免过早地去工业化引起的增长停滞，跨越“技术停滞陷阱”，突破在全球价值链中的低端锁定。因此，发挥新经济对传统产业改造升级的积极作用，是破除传统产业发展路径依赖，实现技术发展“蛙跳”的重要机遇，是转变我国制造业发展方式、推动制造业高质量发展的重要支撑。我国传统产业亟须抓住新经济革命的机遇，依据各行业的要素供给与产出效率以及市场需求特征，结合新经济带来的各种变革集聚，有针对性地选择相应的改造与革新路径。

13.1 理论基础分析

围绕我国传统产业的改造与革新，现有研究聚焦传统产业的转型升级。

一是以比较优势为基础的产业升级分析。经典的比较优势理论认为通过投入去发现一国的比较优势和能力，产业升级路径是由其比较优势演化路径所决定的，不同国家因其当前的产业结构不同，其未来的演化路径就会有所差异。一个国家只有按照国家资源禀赋的比较优势来确定经济发展战略，才能最大限度地增强产业或部门的国际竞争力（林毅夫，2010）。各地区应通过传统产业升级来巩固传统产业的优势，以此作为自己的立身之本，然后通过传统产业升级推动战略性新兴产业快速崛起。在全球价值链分工背景下，一国制造业的转型升级与其所扮演的国际分工角色密不可分（Helpman and Krugman，1985），而不同国家的要素禀赋差异是导致各国分工地位不同的重要决定因素（鞠建东、林毅夫、王勇，2004）。在专业化分工的前提下，一国制造业分工地位既受其先天的要素禀赋的影响，又受后天要素禀赋升级和专业化分工所形成的动态比较优势的影响。经过多年的发展，此前支撑中国制造业规模扩张的要素条件已经发生变化，为此，中国制造业需要升级要素禀赋，积极培育内生比较优势（包括“干中学”和知识积累等），通过加快比较优势的动态演化，完成向全球价值链中高端环节的“攀升”，实现制造业产业升级的目标。

Hidalgo 和 Klinger 等（2007）提出的产品空间理论则强调从产出的角度发现一国的能力和比较优势。不同国家在产品空间结构中的位置决定了一个国家产业升级的方向、路径以及未来经济增长的绩效。一国的产业升级受其现有能力的制约，一国出口产品的结构变化与该国产品的空间结构有关。认为一个国家的比较优势演化以及产业升级的路径不一定是线性的、连续的，可能出现分岔和断档。张其仔（2008，2013）认为中国自1978 年以来的经济之所以出现高速平稳增长，与中国根据比较优势的演化路径，调整产业升级路径有很大关系；中国的出口之谜与中国适应比较优势演化路径的分岔、实施产业升级分岔战略关系很大，其预测了我国潜在优势产业，并分析了不同邻近性阈值条件下产业的演化轨迹。

二是以价值链升级为基础的产业升级分析。Humphrey 和 Schmitz（2000）从全球价值链视角提出了产业升级的 4 种表现形式：工艺升级、产品升级、功能升级和跨产业升级。其中，部门间的升级是指从价值链特定缓解中获得的知识应用于新的领域，功能升级是指放弃现有的低附加值的功能转向附加值更高的环节，产品升级则是指企业进入高附加值产品的生产，流程升级是指通过重组生产系统或引入高新技术加强企业的投入产出。Gereffi（1999）通过对服装出口企业的研究，提出了影响产业升级的三种机制：学习效应、挤出效应、驱动效应。学习效应是指企业在生产过程中通过产业链内部学习先进技术，促使产业链不断延伸，提升产业链价值创造能力；挤出效应是指面对高端的产品需求和高价值产品时，将低端产品和低价值产品的订单转包给国内低熟练度的企业，或国外低生产成本的企业，在这一过程中原有产业链通过不断更新设备、加深专业化水平以适应市场的新需求，由此实现了产业升级。需求方面的驱动效应是指由于客户需求的多样化，导致企业的多元化发展，从而带来了需求驱动下的产业地理扩张与产业的拓展。Ernst（2001）则提出了5种产业升级的形态：产业间升级、要素间升级、需求升级、功能升级和链接升级。其中，要素间升级指的是生产要素层级中从禀赋资产或自然资本向创造性资产的升级。此外，还有一些学者基于投入—产出的分析方法。上述文献尽管分析视角不同，但都得出了产业升级的基本内涵，即产业由低附加值、低技术水平的状态向高附加值、高技术水平的状态演变的过程。

关于新经济对产业发展的影响分析，基于新经济对要素供给结构、生产方式、生产成本以及市场需求等多维度的影响，主要涉及互联网、数字经济、电子商务以及人工智能等新经济的内容的影响。贾根良（2016）详细阐述了第三次工业革命与工业智能化的核心。郭家堂、骆品亮（2016）从互联网技术、互联网平台、互联网思维和网络效应四个维度分析了互联网对全要素生产率的作用。王可、李连燕（2018）利用2012年世界银行对中国制造业企业的调查数据，讨论了互联网技术在中国制造业中发挥的作用。互联网的使用推动了我国制造业的创新活动，提高了制造业供应链上下游企业之间的信息分享意愿，且其本身也可以作为一种高效的商品销售和营销渠道在制造业当中发挥作用，并带来制造业绩效表现的提升。研究创新：“互联网 + 制造业”，实证检验了互联网使用对我国制造业的影响。张艳辉、庄贞贞（2018）提出电商嵌入度的概念，分析了电子商务对产业研发创新的作用机制。黄慧群、余永泽、张松林（2019）分析了互联网发展与制造业生产率提升的内在机制与中国经验。郭凯明、潘珊、颜色（2020）分析了5G、人工智能、工业互联网和物联网等新型基础设施对产业结构转型升级的作用。

可以看出，已有关于新经济对产业发展的影响主要集聚在对单一内容的分析，对于传统产业的分析也是基于共性的特征分析，为了全面分析新经济对我国传统产业改造与革新的多重机制，本章首先对我国传统产业的现状进行分析，其次，进一步分析新经济对化解传统产业的发展困境、释放发展潜力的作用机理，最后，提出释放新经济对传统产业改造革新动力的政策建议。

13.2 中国传统产业的基本特征分析

传统产业一般是指在工业化进程中由初级阶段高速发展而保留下来的一系列应用传统技术生产和服务的产业，包括工业化初级阶段和重工业阶段高速发展，后期因技术稳定（或技术发展缓慢）而保留下来的一系列产业集群。传统产业主要依靠劳动力、资本、自然资源等大量投入，来逐渐积累并以外延的方式来促进经济增长。主要涉及统计分类中的第二产业中的原材料工业及加工工业中的轻加工工业，主要涉及劳动密集型制造业与资本密集型制造业。本章参照傅元海（2014）、孔令池（2019）对于制造业行业的划分，重点考察劳动密集型制造业与资本密集型制造业的传统产业的情况，涉及行业如表 13 -1 所示。并从传统产业的供给效能与市场需求两大维度分析我国传统产业的发展特征。

表 13 -1　传统产业分类情况

分类	涉及行业
劳动密集型	农副食品加工业；食品制造业；酒、饮料和精制茶制造业；烟草制品业；纺织业；纺织服装、服饰业；皮革、毛皮、羽毛及其制品和制鞋业；木材加工及木、竹、藤、棕、草制品业；家具制造业；造纸及纸制品业；印刷业和记录媒介的复制；文教、工美、体育和娱乐用品制造业
资本密集型	石油加工、炼焦及核燃料加工业；非金属矿物制品业；黑色金属冶炼及压延加工业；有色金属冶炼及压延加工业；金属制品业；通用设备制造业；专用设备制造业；仪器仪表制造业

13.2.1 中国传统产业的供给效能特征

本章主要从产业的要素投入结构、产出水平与利润水平来全面反映传统产业的供给能力。

首先，在要素投入结构方面，传统产业是使用传统技术，以传统要素规模扩张为基础的。在能源消耗方面，如图 13 -1 所示，尽管我国能源消费总量不断增长，但是增速在 2003 年之后持续大幅下降。2009 年起制造业能耗增速开始低于能耗总量增速。分行业来看，资本密集型制造业的能耗增速虽有所下降，但长期高于制造业平均水平，劳动密集型制造业的能源消耗的年增速基本低于能源消耗总量增速，除在2010—2013年有所回升外，基本保持下降态势，并低于资本密集型制造业的能耗情况。可以看出，以劳动和资本密集型制造业为核心的传统产业的能源水平较高，我国传统制造业具有高能耗的特征，特别是资本密集型制造业。有色金属冶炼及压延加工业、金属制品业等资本密集型制造业的能源消耗比重持续较高，而烟草制品业、食品加工业等劳动密集型制造业的能耗不断下降。因此，随着生态环境约束的增强以及传统能源的锐减，亟须转变以高能耗、高污染为代价的粗放式发展方式。

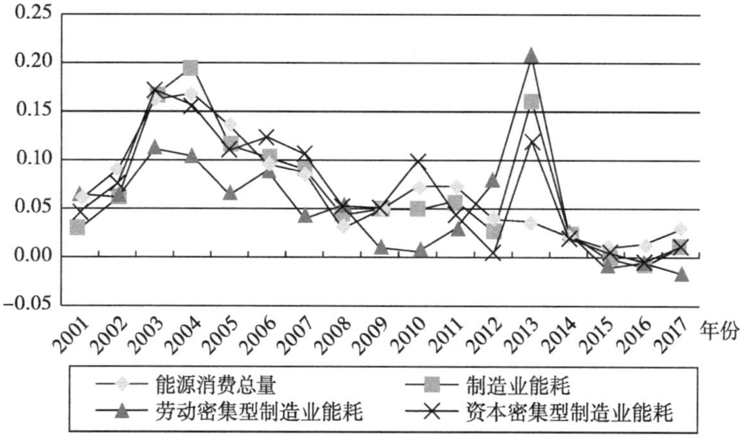

图13－1　中国传统产业能源消费时序特征与行业差异

其次，从传统产业要素投入规模来看，如图13－2所示，反映我国传统产业要素投入规模的劳动密集型制造业与资本密集型制造业的资产和就业的增速表明，我国传统产业的要素投入扩张速度不断放缓，特别是伴随着廉价劳动力红利的衰减与比较优势的转变，传统产业的就业规模扩张速度大幅下降，2013年之后呈现规模收缩的特征。分行业来看，资本密集型的资产与就业增速均高于劳动密集型，并呈现不断放缓的态势。资本密集型制造业中，专用设备制造业、有色金属冶炼及压延加工业以及通用设备制造业的资产规模扩张速度较快，石油加工、炼焦及核燃料加工业，非金属矿物制品业等扩张速度最慢。相较资本扩张的情况，资本密集型制造业的劳动力增长缓慢。在劳动密集型制造业中，家具制造业，木材加工及木、竹、藤、棕、草制品业，农副食品加工业的资本增速和就业增速较高，但波动较大，劳动密集型制造业的资本和就业的扩张速度在2012年之后呈大幅下降态势。可以看出，资本密集型制造业的规模比劳动密集型制造业大。因此，传统产业的资本规模的增速高于就业规模，且资本密集型制造业的要素投入增速也高于劳动密集型制造业，因此，可以看出传统产业正逐渐由劳动密集型向资本密集型转变。但整体来看，传统产业的要素规模扩张增速有所放缓，特别是自2008年起，我国传统制造业的规模扩张情况有所减弱。

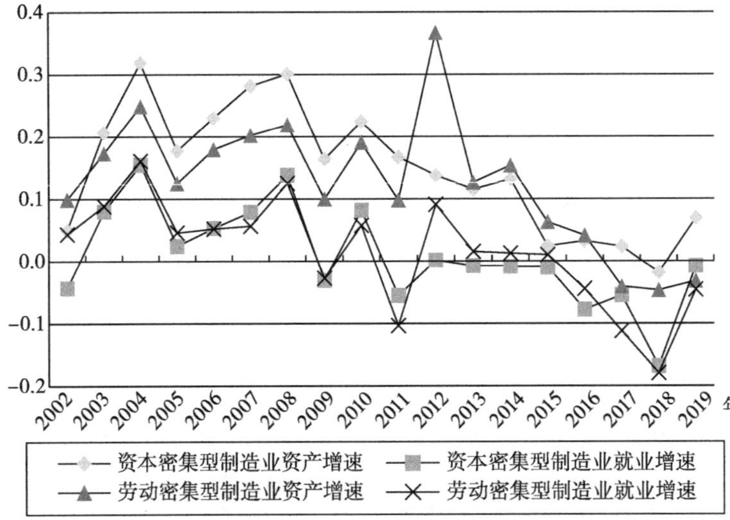

图13-2　中国传统产业要素投入规模时序特征与行业差异

最后，从传统产业产业的产出水平来看，如图13-3所示从营业收入与就业人员比重反映的劳动产出水平来看，资本密集型制造业与劳动密集型制造业的劳动产出水平均不断上升，且资本密集型制造业的劳动产出涨幅较大。其中具有垄断地位的烟草、石油等产业的产出水平较高。这表明，我国传统产业的产出水平不断提升，其中资本密集型制造业增幅较大。

但从营业收入与营业成本之比来看（见图13-4），资本密集型制造业的营业收入成本比远低于劳动密集型制造业，且在2001—2012年劳动密集型制造业的营业收入成本比不断上涨，而资本密集型制造业的营业收入成本比不断下降。2013年之后，劳动密集型制造业的营业收入成本比不断下降，资本密集型制造业的营业收入成本比不断上升。烟草业、食品加工业等劳动密集型制造业中营业收入成本比相对较高，通用设备、专用设备以及仪器设备等资本密集型制造业的收入成本比较高。由此可见，具有比较优势的劳动密集型制造业凭借其成本优势能够获得更高的收入成本比，但这种优势在2012年开始大幅下降。与此同时，对于具有较高产出水平的资本密集型制造业而言，随着工业体系的完善，规模效应逐渐显现，在2013年开始收入成本比不断上升。

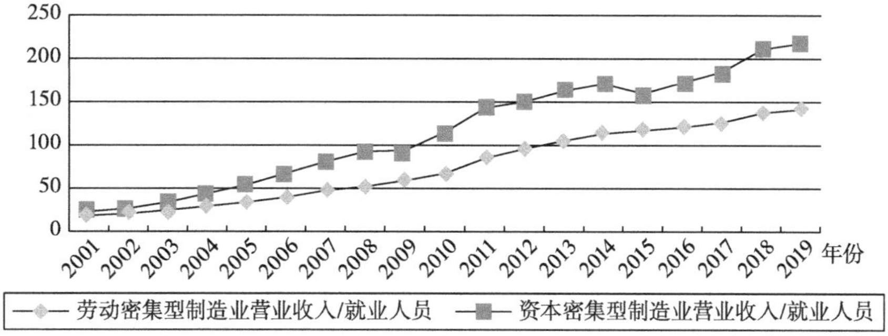

图13－3　中国传统产业劳动产出水平的时序特征与行业差异

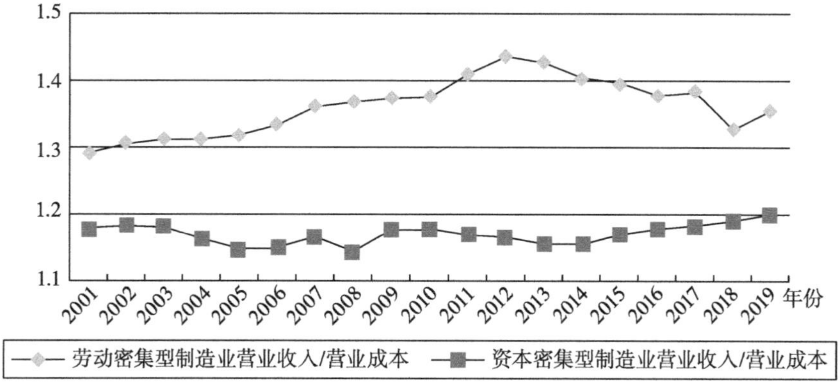

图13－4　中国传统产业营业收入成本比的时序特征与行业差异

13.2.2　中国传统产业的需求潜能特征

我国传统产业除了在要素投入的规模与结构以及产出效率方面存在显著的部门差异外，在需求侧也有所差异。作为后发追赶型经济体，我国的制造业深入全球价值链分工，国内市场与国外市场的需求拉动作用对我国传统产业的发展与升级有着重要影响。国内需求是影响我国传统产业的关键动力，特别是国内消费品市场。同时，作为深度融入参与全球产业分工的后发追赶型经济体而言，国外市场的需求对本国产业的发展也有重要的影响。因此，本章分别从国内的零售市场需求以及对外出口结构两个方面反映本国传统产业的国内外需求市场情况。

一方面，从国内消费品市场成交额情况来看，我国劳动密集型产业中，纺织、服装、鞋帽以及家具、五金及装饰材料的零售占比较大，其中纺织类呈波动下降态势，而食品、饮料及烟酒以及日用品及文化用品的消费市场份额较小并有小幅下降态势。与此同时，资本技术密集型的电器、通信器材、电子设备以及计算机及辅助设备等领域的市场份额相对较小，且有缩小态势。而涉及劳动密集型制造业以及资本密集型制造业的金属加工冶炼的家具、五金及装饰材料零售额相对较高，并有上涨态势。这表明随着发展阶段的转变以及居民收入水平的提升，我国国内消费结构有所转变（见表13－2）。

表13－2　我国主要工业消费品综合零售市场成交额　（%）

工业消费品综合零售市场成交额占比	食品、饮料及烟酒零售占比	纺织、服装、鞋帽零售占比	日用品及文化用品零售占比	电器、通信器材、电子设备零售占比	计算机及辅助设备零售占比	家具、五金及装饰材料零售占比
0.31	0.08	0.30	0.02	0.21	0.16	0.38
0.32	0.04	0.29	0.04	0.20	0.14	0.39
0.35	0.04	0.26	0.05	0.21	0.16	0.41
0.35	0.05	0.26	0.03	0.22	0.17	0.43
0.37	0.06	0.27	0.03	0.22	0.18	0.47
0.35	0.06	0.32	0.02	0.17	0.13	0.48
0.34	0.05	0.32	0.02	0.13	0.10	0.48
0.34	0.04	0.31	0.02	0.12	0.09	0.45
0.33	0.04	0.29	0.02	0.10	0.07	0.48
0.31	0.03	0.26	0.02	0.09	0.07	0.45
0.25	0.03	0.24	0.02	0.09	0.07	0.57

资料来源：国家统计局、Wind数据库。

另一方面，如图13－5所示，从出口情况可以看出，随着我国对外开放的不断深入，工业制成品出口占比不断扩大，且维持在90%以上，在工业制成品中，资本和技术密集型的机械及运输设备的出口占比不断扩大，超过50%，劳动密集型的轻纺产品、橡胶制品矿冶产品及其制品出口占比在20%左右。可以看出，我国对外出口结构不断升级，机械及运输设备出口占比不断上升，而原有的劳动密集型制造业产品的出口占比呈回落态势。资本密集型制造业的外需占比远高于国内市场需求。

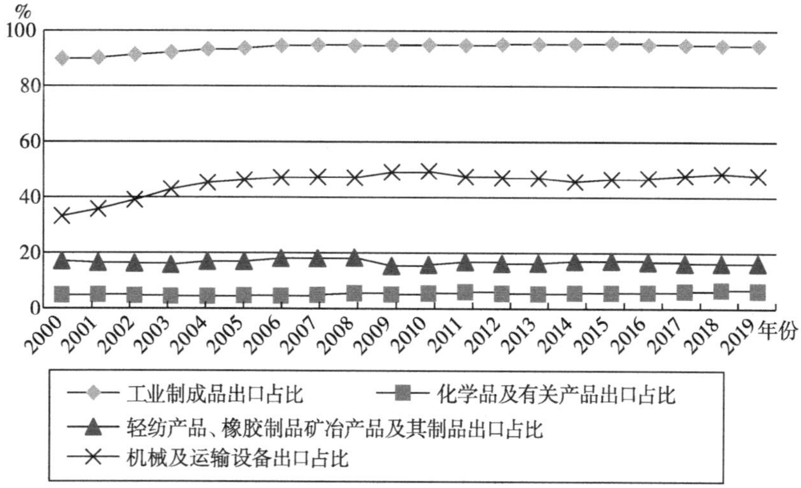

图 13－5　中国出口结构的时序特征

13.2.3　中国传统产业的产能利用率与行业景气特征

综合我国传统产业的供给效能与需求潜力的情况，结合我国传统产业的产能利用与行业景气情况来判析我国传统产业的发展特征。

一方面，产能利用率反映了产业的产能利用程度。当产能利用率超过95%以上，表明设备使用率接近全部。反之，如果产能利用率在90%以下，且持续下降，表明设备闲置过多，经济有衰退的现象。如表13－3所示，从我国制造业及其主要行业的产能利用率的季度水平来看，2016年以来，我国制造业的产能利用率水平整体较低，其中食品制造业、纺织业等劳动密集型行业的产能利用率基本维持在60%～82%，并有波动下降的态势，而非金属矿物制品业、黑色金属冶炼及压延加工业以及有色金属冶炼及压延加工业的产能利用率基本保持在58%～81%，并有小幅上升的态势，通用设备制造业与专用设备制造业的产能利率则在69%～80%波动。其中，非金属矿物制品业、食品制造业的产能利用率长期较低，纺织业与通用设备制造业的产能利用率在2018年后不断下降。可以看出，我国传统产业存在普遍的产能过剩情况。

表 13－3　各行业产能利用率季度水平　(%)

时间	制造业	食品制造业	纺织业	非金属矿物制品业	黑色金属冶炼及压延加工业	有色金属冶炼及压延加工业	通用设备制造业	专用设备制造业
2016 年 6 月					72.3		70.8	71.2
2016 年 12 月	74.3	72.2	77.2	70.1	73.0	75.7	69.6	73.2
2017 年 3 月	76.3	74.0	79.9	68.5	73.7	77.6	76.4	74.2
2017 年 6 月	75.4	73.8	76.3	69.3	75.7	78.3	75.5	74.0
2017 年 9 月	76.8	75.3	77.8	70.7	76.7	79.3	76.5	75.0
2017 年 12 月	78.5	76.9	79.5	72.2	77.0	79.6	76.9	78.9
2018 年 3 月	77.0	76.1	80.7	69.8	76.9	79.8	80.0	79.7
2018 年 6 月	77.2	75.9	81.3	68.8	78.5	79.0	77.1	78.6
2018 年 9 月	76.9	75.0	79.9	71.3	78.7	78.8	75.5	78.4
2019 年 3 月	76.3	73.8	77.7	67.4	79.2	78.8	78.8	78.4
2019 年 6 月	76.9	73.2	78.6	70.8	80.9	80.5	78.3	78.6
2019 年 9 月	76.9	71.9	77.6	71.4	79.4	80.2	78.0	78.0
2019 年 12 月	78.0	72.7	79.6	71.2	80.2	79.5	79.5	80.1
2020 年 3 月	67.2	61.4	67.2	58.0	72.4	72.0	69.6	70.7
2020 年 6 月	74.8	70.4	72.7	68.2	78.4	79.2	77.3	77.6
2020 年 9 月	77.2	74.5	76.2	71.8	81.6	80.6	79.0	77.8

资料来源：国家统计局、Wind 数据库。

另一方面，企业景气调查中的定性指标通过定量方法加工汇总为行业景气指数，其是综合反映某一特定调查群体或某一社会经济现象所处的状态或发展趋势的一种指标。景气指数以 100 为临界值，范围在 0～200，即景气指数高于 100，表明经济状态趋于上升或改善，处于景气状态；景气指数低于 100，表明经济状况处于下降或恶化，处于不景气状态。

根据各行业景气水平的季度加权得到劳动密集型与资本密集型制造业的年度景气特征。如图 13－6 所示，劳动密集型制造业的行业景气水平在 2007 年前低于资本密集型制造业，2010 年之后劳动密集型制造业的景气水平虽持续下降，但显著高于资本密集型制造业的景气水平，2018 年起有所回落。劳动密集型制造业中，纺织业，木材加工及木、竹、藤、棕、草制品业行业发展状况较差，文教、工美、体育以及娱乐用品制造业以及纺织服装服饰行业发展状况较优，但自 2007 年开始不断下降。在资本密集型制造业中，石油加工、炼焦及核燃料加工业，非金属矿物制品业以及黑色金属冶炼及压延加工业行业发展状况较差，通用设备、专业设备以及仪器仪表制造行业状况相对较好。可以看出，2007 年之后我国资本密集型制造业的景气水平转为低于劳动密集型制造业的景气水平。这表明，我国传统产业的发展状态较差，特别是对外需依赖程度较高的资本密集型产业，在国际贸易环境中恶化趋势显著。

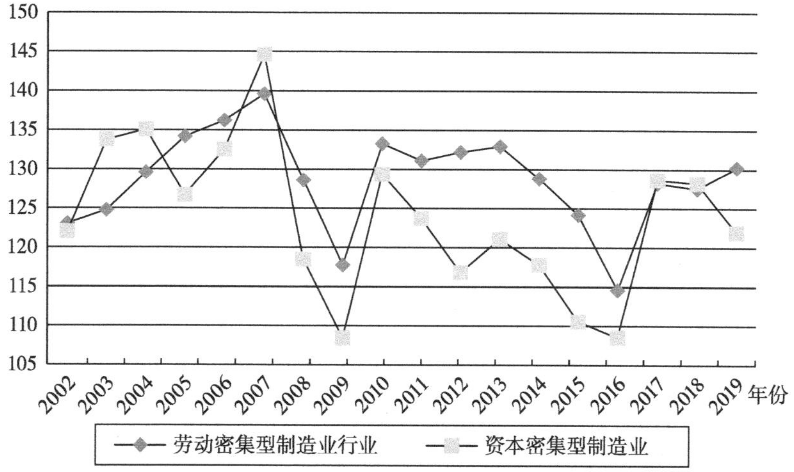

图 13－6　行业景气指数（年均值）时序特征

根据我国传统产业的供给能力与需求潜力情况，可以将传统产业大致分为四类（见表 13－4）。第一类是产业供给效能较低、市场需求较小的传统产业，主要集中在劳动密集型制造业中市场需求较小的行业，如木材加工及木、竹、藤、棕、草制品业，造纸及纸制品业等。第二类是产业供给效能较低、市场需求较大的传统产业，主要集中在劳动密集型制造业中市场需求较大的行业，如食品制造业，酒、饮料和精制茶制造业以及纺织业，纺织服装、服饰业等。第三类是产业供给效能较高、市场需求较小的传统产业，主要集中在资本密集型制造业中市场需求较小的行业，如非金属矿物制品业以及黑色金属冶炼及压延加工业等。第四类是供给效能较高、市场需求较大的传统产业，主要集中在资本密集型制造业中市场需求较小的行业，如通用设备、专业设备以及仪器仪表制造行业等。

表 13-4 传统产业的分类

供给效能	需求潜力	
	市场潜力小	市场潜力大
生产能力弱	第一类	第二类
生产能力强	第三类	第四类

13.3 新经济背景下中国传统产业改造与升级的路径选择

基于对我国传统产业的发展现状与基本特征的分析，可以看出，我国传统产业在供给效能与需求方面均有较大的潜力，因此，应根据不同特征的传统产业有差异地选择变革升级路径。结合全球价值链视角提出了产业升级的4种表现形式：工艺升级、产品升级、功能升级和跨产业升级的分类方法，可以看出，第一类传统产业面临着提高供给效能和扩大需求潜力的双重革新要求，需通过重组生产系统或引入高新技术加强企业投入产出的流程升级以及放弃现有的低附加值的功能转向附加值更高的环节的功能升级。第二类传统产业升级的关键是要提高供给效能，需要在实现流程和功能升级的同时将从价值链特定缓解中获得的知识应用于新领域部门间的升级。第三类传统产业面临的主要革新要求是扩大市场需求潜力，实现企业进入高附加值产品生产的升级。第四类传统产业尽管有较高的供给效能与市场潜力，但作为后发追赶型经济体，面临着破除技术锁定的挑战，需要在实现四个方面全面升级的同时，发挥自主创新能力，实现技术发展的“蛙跳”。

新经济背景带来的数字化制造以及新基建、物联网等基础设施条件，对传统产业的改造与升级有着重要影响，其改变了信息的价格和交易成本，带来了要素投入、生产方式以及市场需求等多维度的变革，并影响了国际产业分工格局。新经济在提高产业供给效能、释放市场需求潜力方面发挥着重要作用。

13.3.1 新经济背景下中国传统产业的改造路径选择

新经济是对传统产业供给效能的改造，以及更好发挥供给驱动作用的重要支撑。新经济改变了企业的成本，基于物联网，再利用大数据、分析方法和算法提高效率，促使生产产品和服务的边际成本不断降低，从而影响着传统产业的要素投入结构以及产出效率。

一方面，新经济通过优化要素配置结构，提高传统产出效能。新经济形成共享经济，有效地促进了知识与技术的创新与扩散，有利于促进企业创新要素的投入。同时，新经济发展所形成的大数据，作为新的生产要素，对企业的生产效率与产出规模均有着重要影响，企业通过充分挖掘新兴技术的实用潜力，显著降低了供应商搜索成本、产品研发成本、产品运输和分销成本，提升了生产效率（Goldfarb and Tucker，2019）。特别是面临我国传统要素衰减的挑战，发挥人工智能技术的作用，缓解我国要素成本上升的压力。此外，新技术与智能终端的推广，极大地拉近了消费者和生产者之间的距离，提高了消费者筛选和获得所需产品及服务的效率。并通过使用大数据技术及相关算法，在生产者和需求者之间进行精准匹配，减少搜寻成本与交易费用，有效地解决了信息不对称的问题，从而促使传统产业由劳动密集型和资源密集型的经济模式逐渐转变为知识技术密集型的经济模式。

另一方面，新经济通过优化生产与组织方式，提升产出效能。新经济下的数字化制造能够促进传统产业技术创新和设备改造，重塑传统产业的核心竞争力。不仅可以通过提高传统产业生产设备自动化和智能化水平，减少其生产环节劳动力的使用，同时还能通过产业数字化、智能化，缩短生产工序和产业链，缓解传统要素红利制约的衰减，降低生产成本，提高生产效率。与此同时，新经济通过创新生产方式和组织模式，推动传统产业转型升级。信息技术减少了工作的需求，模糊了工作和自由时间之间的边界，弱化了工作和工资之间的关系。同时，协作生产自发兴起，在传统产业中创新生产方式和组织管理模式，广泛运用。精益生产、敏捷制造、细胞生产方式和模块化生产等新的生产方式和组织管理模式，通过动态、柔性、敏捷的组织运筹、工艺再造和系统整合，提高投入要素的配置效率，推动传统产业转型升级。

13.3.2 新经济背景下中国传统产业的升级路径选择

对于技术与市场都相对稳定的产业而言，需要借助新经济的作用，实现产品升级。新经济引致了产业发展从生产驱动到以消费者为中心的价值创造。相比于传统经济形态，数字经济的市场条件发生了较大变化，传统产业的价值链中以消费者需求为中心的价值创造逻辑日益显现。数字化不仅仅是优化企业生产的关键技术支撑，更是连接市场、满足消费者需求、更好服务消费者的重要方式。

首先，应破除技术限制，实现既有路径升级。产业升级的过程存在较强的路径依赖和自我锁定。特别是对我国在全球产业分工地位较低的产业而言，不仅面临着比较优势的衰退，还面临国际分工的低端锁定。依靠新经济带来的边际成本趋于零的共享经济，依靠大数据、互联网等平台，有助于企业的自主创新能力的提升，以及不同创新主体、创新过程的协同效应，构建学习型社会，从而有效发挥国家创新体系，助力逐渐逼近技术前沿的传统产业的创新发展，通过传统产业间的协同发展，延长传统产业生命周期。一是通过不同传统产业间的协同发展，延伸上下游产业链。在我国传统产业转型升级的过程中，可通过不同产业的有机联系，将产业链向上下游延伸，实现产业间协同发展。将多个相互关联的行业有机结合，既拓展了产业链环节，实现资源充分利用，又延长了传统产业生命周期。二是传统产业创新技术应用于其他相关产业，实现产业链延伸和产业升级。在传统产业转型升级的过程中，可以通过学习迁移效应，将某一传统产业技术，特别是先进技术应用于其他相关产业，促进传统产业升级。三是通过新兴产业与传统产业的融合发展，推动传统产业转型。运用信息技术改造传统产业，推动传统产业的智能化和现代化。将信息技术应用于传统产业的生产经营和组织管理过程，推动传统产业在设备与产品、工艺流程与生产过程控制、组织管理方式、销售经营方式、产品设计与物流配送等多方面进行重构和创新，促进传统产业的转型升级与现代化。同时通过信息技术与传统产业的融合发展，推动一系列新兴产业的产生和发展。

其次，需把握新技术的“机会窗口”，实现技术发展的“蛙跳”。后发国家可以选择处于技术生命周期成熟前阶段的技术，以新技术为起点，在某些产业实现赶超。新技术轨道存在较低的进入壁垒和较好的“机会窗口”，对发展中国家十分有利。因此，在技术积累性相对较低的行业，直接占据技术制高点是发展新兴产业的重要路径，引进再创新的模式是后发国家可采用的较好方式。一些传统产业依然能够通过新技术轨道实现产业升级，这是因为技术存在有限性特征，技术发展一般都会出现最终极限，当接近技术极限时，改进的潜力小、成本高、边际效率降低，需要新技术轨道的出现进行技术革新，在新旧轨道交替期间是传统产业转轨的重要时机。新产业革命所需大量新技术尚处于初期阶段，科技知识大都处于实验室阶段，意会性程度很低，所有国家“几乎处于同一起跑线上”。某些新兴或发展中国家甚至更能抓住新技术带来的机遇。如果新兴经济体或发展中国家能够以更快的速度构筑新技术体系，就能实现跳跃式发展，实现对发达国家的追赶目标。

最后，发挥需求驱动的作用，重构生产模式。利用互联网平台以及大数据等技术可以更好地了解消费者需求，并从单一的产品向“产品+服务”的方向升级，提供满足消费者多样化需求的全面解决方案；基于智能制造推动制造业变革，以柔性化生产有效满足消费者个性化需求；基于智能产品构建起全生命周期的服务体系，通过监测、整理和分析产品使用中的数据提高企业服务附加值；鼓励消费者通过互联网社区、众创平台，直接参与产品设计。基于数字化的价值创造，使企业价值链重构，升级为既包含制造业价值链增值环节，又包含服务业价值链增值环节的融合型产业价值链。从而使得新产业革命大规模个性化定制、社会化生产、平台型企业、网络化组织、开放式创新等更为普遍，生产者与消费者的互动更为紧密，对市场需求的反应更为快速，创新型中小企业的作用更为突出，实现“大规模定制”和“批量个性化”的融合。数字化制造将使某些行业规模经济变得不明显，个性化定制、分散生产成为新特点。数字技术将改变传统的产业组织模式，使产品研发设计、生产作业、控制管理等整个制造系统发生根本改变。新的生产工艺为制造业小批量、个性化生产创造了前提条件，从而要求生产基地更加靠近消费市场，以便设计人员能够和生产线更密切合作，同时更能贴近客户并迅速回应其需求。能否把市场多样化的需求快速反映到产品的设计当中来满足多样化需求，将成为企业核心竞争力之所在。这意味着以往将研发、设计、生产、销售等价值链环节在空间上分离开来的传统产业组织模式不再具有竞争优势，取而代之的是将以上各价值链环节在时空上集聚的产业组织模式。因此发展中国家会发现，将制造业吸引到本国会比以往更加困难。

13.4 政策建议

在中国，新经济的发展尚处于初期阶段，技术层面，某些新兴产业领域尚处于起步阶段，存在多种技术路线模糊的情况。市场层面，一些领域的产业化技术不成熟，价格过高，尽管投资热情高涨，但实际市场启动的容量有限。制度层面，存在发展障碍。新经济作为一种技术革命，具有较高的风险和不确定性，既是一种赶超机遇，也是一种转型挑战。为了更好地把握这次技术的窗口期，发挥新经济对传统产业供给效能与需求潜力的支撑作用，需要政府做好顶层设计，通过战略规划、政策法规等手段，降低风险，减少外部性。

（1）要确立整体推进与实体产业融合的战略规划。由于新经济的基础支撑、核心技术以及应用场景等涉及面广泛，因此，需要政府出台相应的战略规划，设立整合推进机制，有效协调部门间、区域间新经济与实体经济融合。首先，需构建激励机制，全面释放经济主体的活力，促进新经济对经济各层级发展的带动作用。一是要整合收集各部门、各层级的数据信息，统筹协调各部门的“智能 + ”融合效率，降低协调成本与交易费用。二是要集中有限的研发要素，增加在共性基础领域的研发创新，协调产学研创新主体的创新活动。其次，需构建新经济与实体经济融合发展的支持体系。由于新经济的发展依然存在诸多模糊边界，需要在发展中不断调整完善制度法规，积极应对新产业发展带来的“创新型毁灭”造成的社会成本和代价。一是需制定新经济发展的法律法规和道德框架，特别是对信息安全、人机一体、无人自动系统等领域进行规范。二是需确立新经济技术标准和知识产权体系，加快推进应用领域和行业协会的相关标准制定，增强专利保护机制。三是需建立新经济安全监管和评估体系，针对新经济的复杂性、风险性以及不确定性等问题构建预警机制和风险管控体系。

（2）需加强新型基础设施建设，构建新经济与实体经济融合的基础设施支撑。2018 年 12 月 19 日至 21 日召开的中央经济工作会议重新定义了基础设施建设，提出了包括 5G、新经济、工业互联网、物联网在内的“新型基础设施建设”。新型基础设施建设不仅涉及道路交通等传统基础设施的数字化过程，还强调高速宽带网络、互联网协议地址、域名等新型的信息基础设施。目前我国新型基础设施建设存在不平衡的空间分布，低效的数字信息收集、传输、挖掘和利用。因此，加强新型基础设施建设，构建新经济与实体经济融合的基础设施支撑：一是要加强宽带基础设施建设，加大宽带网络的普及程度。加强大数据、新经济、新一代信息技术、物联网等领域基础设施投资，创新新经济领域基础设施投融资模式。通过提速降费，加快社会数字化进程。二是要加快推进铁路通信传输网、公路基础设施数字化、全国高速公路信息通信联网工程，整合各路段通信传输资源，优化交通信息网络的基础设施。依据新时代我国实体经济高质量发展要求，推进我国传统实体经济领域的技术改造，加大新经济关键技术、高端装备领域的投资，重视集成电路、发动机、新经济减速器等产业项目投资。三是应缩小数字基础设施的空间失衡，推进农村与偏远地区的网络宽带发展，化解数字壁垒，构建统一的大数据信息平台。

（3）要培育产业发展的环境，支持新经济在工业大数据等重点领域的应用。加速技术研发、成果转化，引导新经济技术向制造业输出。培育、组织和支持新经济在工业重点领域的应用。新经济产业的发展既需要产业政策的支持，也需要有效的学习型社会环境。合理利用竞争性产业政策对技术创新的促进作用，在保障市场机制在要素配置中的决定性作用的基础上，以市场的力量选择合适的产业发展路径。增加政府对基础创新领域的要素投入，降低新经济在深入研发过程中的风险和成本。一是要利用功能性产业政策，维护市场竞争秩序，加速具有强竞争力的产业发展，通过竞争机制实现实质创新。二是利用产业政策，优化产业技术研发与扩散的效率，提高知识创新、技术创新、产业创新、产品创新等各创新环境的协同性。三是需要利用适度的财税优惠政策，扶持战略性新兴产业的发展，分担新兴产业的创新成本。与此同时，还要积极构建“全局促进，重点突破”的新经济发展环境。在产业层面，目前新经济的发展主要集中在服务业，侧重消费端的推广应用，主要在教育、医疗、交通等服务业领域产生了积极的影响，对于农业与制造业的发展相对落后。因此，需要全面促进新一代新经济与各层级的经济活动的融合，重点推进智能制造的发展，为实现创新驱动高质量发展，实现制造强国提供有力支持。在区域层面，目前我国的新经济主要集中在北京、上海和深圳，区域集聚性较高，制约了新经济与产业的空间融合效率，因此，需要进一步优化新经济产业的空间分布与发展，应依托高校资源、企业资源，增加基础设施建设，提高各地区“智能 + ”的发展。但由于不同地区的发展阶段和产业结构的差异，新经济对各地区产业发展的作用重点也有所差异。对处于高收入发展阶段，新经济发展超前的东部沿海发达地区而言，应积极推进新经济产业链的发展，以带动全国新经济技术的发展。对处于中等发展阶段，新经济发展滞后的中西部地区，新经济应侧重于共性基础技术，推动产业转型升级，促进新兴产业的规模化。

（4）应完善资本市场支撑环境，优化新经济与实体经济的融合，完善金融市场支持体系。新经济是培育经济发展新动能的重要机遇，要积极促进新经济与实体产业的深度融合，在创新引领、数字化、网络化、智能化、现代供应链、新业态经济等领域形成新的增长点，培育高质量发展的新动能。为此，需要完善资本市场支撑环境，引导整合社会各类资金，通过创投模式培育发展新经济与传统产业融合创新，催生大量新技术、新产业、新产品、新业态、新模式，培育在工业智能产业中具有国际影响力的各类企业。进一步优化融资环境，鼓励商业银行、股票发行机构等加大对有能力提供行业解决方案的新经济企业的支持力度。一方面，建立财政资金主导、市场资金为主体的多元融资支持，完善新经济与实体经济融合的金融支持体系。我国新经济还处在发展的初级阶段，政府应加强对新经济产业的支持力度，统筹政府和市场多渠道资金投入，通过财政资金支持新经济基础前沿研究和关键共性技术攻关，实现新经济与实体经济高层次的深度融合的融资机制。另一方面，降低新经济企业的税收负担和研发成本，发挥大企业的研发优势与中小企业的成果转型效率。要鼓励大企业牵头成立市场化的新经济发展基金，利用多元投融资市场，引导民间资本投资新经济产业的发展。同时，采用政府和民间资本合作等模式，发挥中小企业具有灵活性的特点，引导民间资本参与新经济重大项目和科技成果转化应用，形成新经济与实体经济融合的多元化融资机制。

（5）要进一步深化对外开放，充分发挥新经济对产业升级的促进作用。在全球生产网络的视角下，产业升级不只是产业生产效率的提升与生产流程的优化，更是包含人力资本优势、生产组织能力、资本供给能力以及价值创造能力等四个方面的一国生产网络能力的升级。鉴于新一代新经济在培育高端要素、优化企业生产组织方式等方面的变革意义，不仅打破了技术进步与人力资本积累的传统方式，还弱化了地理位置对要素流动、产业集聚的影响。因此，充分发挥新经济对我国产业升级的积极作用，需进一步深化对外开放，通过对外贸易，促进技术溢出，加快技术进步；通过产业分工，充分发挥各地区的比较优势，促进地区经济增长。新经济不仅有利于缓解我国产业在全球价值链中低端锁定的困境与传统要素红利衰减的挑战，还能降低位于技术前沿的新兴产业的市场风险和创新不确定性，全面促进我国生产网络能力升级。一是对于开放程度较高的东部沿海地区，深度融入全球价值链，有利于发挥新经济在培育人力资本、提高生产组织能力等方面的积极作用，不仅能够促进企业在全球价值链上由低附加值的中间制造环节逐渐向高附加值的研发和售后环节延伸，还能通过进一步细化加工制造环节的分工，延长价值链，全面优化产业价值链。二是对于开放程度有限的中西部地区，不仅需要全面深化对外开放，促进内陆中西部地区直接参与全球价值链，还应积极承接东部地区产业转移，间接融入全球价值链，利用新经济的深度学习机制和大数据等新型生产要素，提高地区的产业效率，加速后发追赶，促进我国地区平衡发展。三是由于新经济的发展变革了居民的消费行为，提高了全球物流效率，因此，要全面深化对外开放。一方面，扩大进口规模不仅有利于扩大消费市场，满足居民的消费需求，还能吸引外来投资，提升资本供给能力，更重要的是，能够直接以市场需求为导向，倒逼国内企业进行技术创新，提高产品质量。另一方面，优化出口结构，不断提高价值创造能力，在加强与发达经济体产业分工的同时，发挥“一带一路”引领下与发展中国家的产业合作，形成以附加值较高的中间产品与最终产品为主的出口结构。

14 新经济背景下中国高标准市场体系的建设

伴随新一轮科技革命而催生出的以新技术、新产业、新业态、新模式为主要内容的新经济，在完善社会主义市场经济体制、建设高标准市场体系的进程中扮演着越发关键的角色，因而对新经济时代我国的高标准市场体系加以探究具有重要的理论和实践意义。新经济背景下，建设涵盖商品市场体系、要素市场体系、价格体系和市场制度体系四个维度的高标准市场体系，重点在于激发市场主体创新活力、完善新型要素市场化配置体制机制、夯实市场体系的制度根基。通过创新型市场主体培育、数字化市场基础设施完善、新型高端要素市场化改革、新经济相适配的市场环境优化和市场制度体系建设，最终从根本上扫除制约高标准市场体系建设的各种梗阻与羁绊。

14.1 新经济背景下中国高标准市场体系建设的理论逻辑构建

探究新经济背景下建设高标准市场体系的问题，需要首先对新经济背景下高标准市场体系的理论内涵加以明确界定，然后据此归纳出其存在的基本特征，最终厘清新经济背景下高标准市场体系建设的内在逻辑机理。

14.1.1 新经济的理论内涵

近年来，以互联网信息技术为先导的科技创新速度空前加快，成为推动经济社会发展的强力引擎，并渗透到经济社会生活中各个领域。2014 年 6 月，习近平主席在国际工程科技大会上发表主旨演讲时指出："世界正在进入以信息产业为主导的新经济发展时期。[①]”2015年中央经济工作会议也认为新一轮的科技革命和产业变革正在“催生智能制造、‘互联网+’、分享经济等新科技、新经济、新业态”[②]。“新经济”一词在2016年的全国两会上首次被写入《政府工作报告》。2019年10月，习近平总书记在主持中央政治局第十八次集体学习时强调，区块链是核心技术自主创新和产业创新发展的突破口，为数字化技术驱动我国新经济发展作了重要部署。可见未来很长一个时期，处于转型发展关键阶段的中国经济已经做好了迎接新经济时代到来的准备。2020年10月，党的十九届五中全会提出了“十四五”时期我国经济社会发展的主要目标，其中着重强调了创新作为国家发展战略支撑的核心地位，并提出要加快数字化发展，推进“数字产业化和产业数字化，推动数字经济和实体经济深度融合”。

实际上，“新经济”这一概念最早出现于20世纪90年代的美国，在1996年12月30日《商业周刊》上发表的一组文章富有预见性地提出了经济全球化背景下“新经济”的概念——信息技术革命带动的以高新科技产业为龙头的经济，这种新的经济形态具有“一高三低”的特点，即高增长、低失业、低通货膨胀、低财政赤字。个别学者也从广义角度出发，将20世纪90年代到21世纪初美国经济出现的高增长、低失业的这段繁荣时期的特征概括为“新经济”。汉森（Hansen W. Lee，1993）认为新经济是一种生产力水平较高、增长速度较快、产品质量较高、迎合消费者需求能力较强的一种经济形态。安东尼奥（Antonio Avgandona，2003）则将新经济描述为一场全球范围内同步进行，以知识和信息为主、网络化组织结构极为灵活的技术变革。

新经济的内涵和外延将会伴随科技革命和产业变革的演进而不断丰富和拓展。就当前而言，我国理论界对“新经济”的内涵界定尚未形成统一的认识。马建堂（2020）认为新经济是新产品、新服务、新产业、新业态和新模式的综合体。黄群慧（2020）把新经济归纳为世界范围内新一轮科技和产业革命所驱动的经济活动和经济形态，他认为新经济不仅表现为各类新产业、新业态和新模式，还表现为传统产业与新技术的融合发展。李

① 习近平．让工程科技造福人类、创造未来[N]．人民日报，2014-06-04(002)．

② 中央经济工作会议在北京举行[N]．人民日报，2015-12-22(001)．

文军（2020）提出新经济实质上是高技术迅猛发展导致的产业衍化发展、经济结构变革和经济动力源转换。师博、张冰瑶（2019）将新经济的范畴归结为三个方面：一是新产品和新产业；二是新业态；三是新商业模式和组织形态。显而易见，“新经济”的概念是相对于传统经济形态的“旧经济”而言的，新经济是由以互联网、知识经济、高新技术为代表的新一轮信息技术革命引致的新型经济形态，它是以满足消费者需求为核心的新产业、新技术、新业态、新产品和新模式的综合体。任保平、宋雪纯（2020）将新经济定义为：在全球产业信息与技术革命背景下，为适应经济环境变化并满足消费者多样化需求而产生的一种以新一代网络信息为基础、知识创新为内核，生产要素紧密联系、产业链高度融合的新型经济形态。

基于对国内外现有文献的梳理，本章将新经济的理论内涵界定为：新一轮全球信息科技革命和产业革命背景下催生的一种以新一代互联网信息技术为基础，以技术创新和知识创新及其应用为内核，能够适应市场条件变化并满足各个市场主体更高层次需求的创新导向型经济形态。

14.1.2 新经济背景下高标准市场体系的理论内涵和基本特征

从新经济理论的内涵不难看出，新经济的发展是建立在市场机制配置资源的基础之上的，而市场机制发挥作用的载体是市场体系。各经济主体得以自主地从事生产、交换、消费等市场活动，全部资源要素能够以商品的形式进入市场并实现充分的流动与配置，都要仰赖于高标准的市场体系，高标准市场体系为新经济背景下市场经济的高水平运行提供了支撑条件。

市场体系是市场主体从事市场经济活动的场所，集中反映市场主体间的经济关系，是市场达到均衡状态的重要基础。从市场客体在社会再生产中的作用来看，市场体系是由商品服务市场和生产要素市场二者共同构成的有机统一体。尽管数十年来的社会主义市场经济建设成绩斐然，但我国市场经济在产权、信用、监管等领域仍存在深层次的体制机制束缚。进入新发展阶段，亟待借助新经济发展带来的机遇提升市场体系的系统性、创新性及运行效率，从而实现由低标准、不完善的市场体系向高标准市场体系的华丽转变，为高水平市场经济运行提供重要载体，也有助于形成畅通国民经济循环、构建新发展格局关键的支撑条件。建设高标准市场体系，一方面要在完善商品市场的基础上加快要素市场化配置改革（洪银兴，2020），建立起高标准的要素市场体系，实现价格市场决定、流动自主有序、配置高效公平（刘世锦，2020）；另一方面要完善产权保护、市场准入负面清单等各项制度，从而筑牢高标准市场体系的制度基础（权衡，2020）。建设高标准市场体系的实质在于使市场在资源配置中发挥决定性作用和更好地发挥政府作用，在对标国际标准的同时永葆中国特色，其核心在于保障市场价格形成机制和市场支撑机制科学有效运行（尹俊，2020）。此外，针对市场封闭、分割和垄断等顽疾，还要通过提升企业主体地位，加快建设统一开放、竞争有序的现代化市场体系（李双金，2020）。

以上学者的研究从不同角度探讨了高标准市场体系的建设问题，需要强调的是，本章所讨论的高标准市场体系是按照市场主体间进行交易行为的媒介物——市场客体在社会再生产中的作用而划分的，主要由商品市场和要素市场构成。新经济背景下的高标准市场体系是由技术创新及其为市场经济带来的结构性变化所引致的，因而其在保留一般意义上市场体系特征的基础上，也会被赋予一些与新经济发展要求相适应的新内容。鉴于此，本章将新经济背景下高标准市场体系的理论内涵定义为：新经济时代由新一轮科技革命与产业革命催生的，由高质量、高标准的商品市场和要素市场共同构成的相互联系、高度融合的有机统一体。新经济背景下的高标准市场体系是新经济时代我国高水平社会主义市场经济运行的载体，主要是由与新经济发展相适配的高标准商品市场体系、高标准生产要素市场体系、高标准价格体系和高标准市场制度体系四个部分构成（任保平，2020），其基本特征集中体现在以下几个方面：

（1）以创新为核心动力。新经济背景下，技术、知识和信息数据的更新“一日千里”，为资本、劳动力、技术、信息等商品和要素市场的发展带来机遇和挑战。创新驱动能够有效提高市场体系的运行效率、降低交易成本，使得市场供求双方各取所需、各得其所，实现经济效益和社会效益的最大化。因此，新经济时代的高标准市场体系要求对市场主体从事技术创新、管理创新、制度创新等活动提供更多的正向激励，重点在于培育创新型人才和创新型企业，提升市场基础设施的数字化、智能化水平，建立健全数据资源市场的基础制度和标准规范，助力产业链同创新链有效嫁接、深度融合，加快形成以国内创新网络为主体，国内国际创新网络良性循环、相互促进的创新发展新格局。

（2）以统一为重要基础。市场化改革的不懈努力造就了我国高度发达的商品市场，但与之形成鲜明对比的是，发育滞后的要素市场却是我国市场体系建设中的一块短板。新经济的发展为提高要素市场化配置效率创造了有利条件，同时也对建设更高标准的要素市场提出了新的要求，进一步完善满足新经济发展需求的新型高端要素市场体系被提上议事日程。新经济背景下的高标准市场体系应当是一个结构完整、层次合理的有机统一体，且这个统一体应当建立在各个市场子系统和谐兼容、协同作用的基础之上。借助新技术搭建的数字化信息共享平台和市场交易平台有利于各个市场子系统的协调统一，使商品市场体系和要素市场体系建设共同朝着高标准的方向迈进，实现市场体系整体功能最大限度发挥和要素资源最优化配置，最终以形成高效规范、公平竞争的国内统一市场为核心目标取向。

（3）以竞争为必要前提。市场竞争是市场主体之间为追求自身利益最大化而进行决策行为的相互作用过程。在传统市场体系中广泛存在的不充分、无序竞争状态严重制约了市场机制作用的发挥，导致价格信号受到扭曲，资源配置效率产生损失。新经济背景下，高度发达的数字化技术一方面为市场配置资源提供了更为智能化、便捷化的条件，另一方面也可能造成技术、数据等要素的集聚垄断，形成不利于市场竞争的局面。建设高标准市场体系要以保障市场竞争的充分性和公平性为前提，通过健全市场决定价格的机制，破除一切妨碍生产要素市场化配置和扰乱市场竞争秩序的体制机制障碍，最大限度地减少市场垄断和政府的不当干预，形成价格机制、竞争机制和供求机制对市场主体行为的准确导向和有效调节，以助力实现市场资源的高效配置，降低全社会交易成本。

（4）以开放为内在要求。在新经济时代，得益于数字化技术手段的推广应用，市场主体间交流的时空距离得到极大缩短，从而联结起一个相互关联、相互渗透，你中有我、我中有你的市场体系。因此，新经济背景下的高标准市场体系应当是市场封闭和分割状态完全打破，在更大范围、更宽领域、更深层次对外开放的市场体系，这也是形成新发展格局中开放的国内国际双循环相互促进、建设更高水平开放型经济新体制的内在要求。

对内而言，新经济背景下我国高标准市场体系应当表现为区域间的市场连接畅通，达到以点带线、以线促面，在数字化技术支撑下，市场要素配置效率空前提高，超大规模市场优势得以充分彰显；对外而言，应顺应世界经济格局调整和全球经济治理体系变革历史趋势，依靠技术创新能力的提升塑造自身竞争优势，全面对接国际高标准市场规则体系，助推我国市场体系向规则等制度型开放转变。

（5）以有序为根本保障。低标准的市场体系和不健全的市场制度会导致无序竞争、信誉缺失等问题，严重干扰了市场的正常运行，带来资源配置的效率损失。对此，经济学说史上的德国弗莱堡学派提出了“社会市场经济模式”，强调国家在保证市场机制发挥作用的前提下，通过必要的干预建立并维护市场的竞争秩序，为我国建设高标准市场体系带来重要启示。新经济时代，大数据、“互联网＋”等数字化新技术一方面为市场经济的规范提供了有力的技术支撑，为市场监管和秩序维护提供了更多智能化的手段和渠道；另一方面也为市场秩序的破坏者提供了可乘之机，网络电信诈骗等现象为规范市场秩序、保障主体合法权益带来巨大考验。新经济背景下的高标准市场体系应当是制度化水平日益完善、法治化程度不断提升的市场体系，一切市场活动和调控行为都是在制度范围内和法律法规保障下进行的，做到“法无禁止皆可为，法无授权即禁止”。唯有如此，市场主体行为才能得到有效规范，公平竞争的市场秩序才能得以维护，真正实现市场经济有序运行、调控政策落地见效。

14.1.3 新经济背景下高标准市场体系建设的逻辑机理

新经济产生的直接动力源是以互联网数字化技术为代表的新科技，基于此催生出新产品和新产业，新技术又会与传统产业相融合而产生新的生产组织形式和新业态，进而引致新的商业模式，最终落脚到市场中消费者、企业各主体的需求满足上。在这个过程中，新技术、新产业、新业态、新模式“四轮并驱”，共同推动市场结构的调整和市场动力的转换。由此可见，新经济对市场经济和市场体系所带来的影响也是不容小觑的，而这种影响的内在机理究竟是什么，现有研究则鲜有涉足。本章试图探究新经济背景下高标准市场体系建设的逻辑机理，即新经济发展驱动我国市场体系的新变化及其内在机制。

（1）资源配置方式的新变化。在市场经济条件下，资源配置是由供求双方以价格、供求等方面的分散化信息为主要依据做出的抉择，而新经济发展会对市场中资源的配置方式产生显著影响。一方面，新经济时代所带来的新型经济形态导致市场主体间发生交换行为的媒介——市场客体及其存在形态产生新变化，市场上的商品和要素，尤其是技术、知识、数据等资源在时间、空间范围内的匹配、流动和重组都会发生颠覆性变化，传统交易中各种实物形态的商品在信息、服务等领域可能会被无形的市场所替代。另一方面，新经济背景下新的生产组织形式、新产业、新业态以及新的商业模式能够有效改善信息不完全和非对称的市场条件，通过多样化的网络信息技术手段减少市场不确定性，降低配置成本，实现要素利用和资源配置效率的提高。综而论之，新经济背景下资源配置方式的新变化有助于实现资源在要素市场和商品市场之间及各自内部顺畅传递，推动形成协调互补的资源共享、高效配置的新格局，使各个市场主体的福祉得到显著增进。

（2）市场主体间关系的新变化。传统意义上，消费者代表市场需求方；生产者在商品市场是产品和服务的供给方，在要素市场是需求方，因而兼具购买者和消费者的角色；市场中介者起着供求双方中间联系人的作用（刘诗白，2011）。而新经济时代市场主体间关系的新变化则集中体现在联结供求双方的桥梁——中介者的身上：借助数字化技术搭建的二手交易平台、网络直播销售平台蓬勃兴起，市场主体能够在产品服务的供给方和需求方之间实现自身角色的切换，新的市场交易模式不断丰富，市场中介平台化的新趋势日渐明朗。为顺应这一新趋势，市场中介者要发挥好自身的关键作用：一方面是在研发设计和生产加工环节，通过及时准确地传递市场供求信息，激励技术和产品创新研发，帮助增加更多的高质量供给；另一方面是在物流、服务等销售环节，利用“互联网+”提供的线上交易平台推动商业模式创新，从而降低市场交易成本，更好地满足各市场主体的需求。

（3）市场时间和空间的新变化。市场时间是指市场交换行为的持续性和顺序性，传统市场交换方式以“一手交钱，一手交货”的现货交易为主，而新经济背景下以新型网络技术手段为支撑搭建的交易平台，有力地推动了线上交易、非接触交易等新模式的普及，同时购买行为和产品服务享受时间上的分离也为金融信贷行业的发展创造了条件。市场空间是经济主体发生交易行为的活动范围，传统交易中市场主体和客体的交换活动往往受地域条件限制而集中在较小范围内，但随着新经济时代的到来，智能化的市场交易平台逐步完善，市场主体数量规模空前扩大，其市场参与度不断加深，交换活动的形式也日趋丰富多彩。同时，这些交易平台也能扮演交易监督者的角色，起到规范供求双方行为的作用，有效降低道德风险和交易成本，这也有助于推动市场空间的拓展和层次的升级。

（4）市场经济运行动力的新变化。美国经济学家阿罗（Kenneth J. Arrow）早在1962年就将技术进步内生化到经济增长模型中加以阐释；1986年罗默（Paul M. Romer）又提出了内生增长理论，将知识作为内生变量纳入分析框架中。新经济时代是一个创新浪潮汹涌澎湃、科技进步日新月异的时代，传统上依靠资金和劳动力追加投入、一味追求产业集聚扩张的经济发展模式早已是“明日黄花”。现如今，创新在我国现代化建设全局中的核心地位得到确立，因此，新经济背景下的高标准市场体系建设也要将创新作为内生动力。具体而言，要将技术、信息、知识和数据等作为创新的核心要素，在国家创新驱动发展战略的指引下，提升企业技术创新能力，激发人才创新活力，依托创客空间、研发中心等创新孵化器，通过技术创新、组织创新、制度创新等提高全要素生产率，增加高科技含量、高附加值产品服务的供给，从而更好地适应和满足迅速变化的市场需求，促进我国社会主义市场经济的高标准、高水平运行。

14.2 新经济背景下中国高标准市场体系建设的基本要求与核心目标

针对新经济背景下市场体系的新变化，要以建设高标准的商品市场体系、生产要素市场体系、价格体系和市场制度体系为基本要求，以激发市场主体创新活力、完善新型要素市场化配置体制机制、夯实市场体系的制度根基为核心目标，协力构建起高标准的市场体系。

14.2.1 新经济背景下中国高标准市场体系建设的基本要求

党的十九届五中全会对建设高标准市场体系提出了新的要求。新经济时代层出不穷的新技术、新产业、新业态和新模式，为市场经济发展带来了诸多新变化和新特征，要紧密围绕这些新变化及新特征，明确新经济背景下建设高标准市场体系的基本要求，具体涵盖以下四个方面：

（1）高标准的商品市场体系。商品市场是进行生产资料和生活资料交换的场所，而商品市场体系是市场体系中的基础。新经济发展会对商品市场中主体的决策行为产生直接的影响，进而影响市场供求关系，导致商品市场组织形式的变化：一方面，产品和服务可以直接从生产者转移至消费者，买卖双方瞬时完成所有权和使用权的让渡，表现形式为“生产者—消费者”，且市场主体能够实现角色切换，形成多向交互的市场交易模式；另一方面，借助信息化技术及其搭建的网络交易平台，将传统经济中“生产者—代理商—批发商—零售商—消费者”的复杂交易过程大大缩减，降低了交易成本，提高了市场资源的配置效率，更好地满足了市场主体的交易需求。新经济背景下建设高标准的商品市场体系，首先要创新发展模式，将大数据、云计算、物联网等新技术引入商品市场中，加快完善数字化市场交易平台等配套设施，提升数据整合和资源配置能力，有效降低商品市场交易成本；其次要完善全方位、多层次的开放型商品市场体系，利用商品市场的规则制度型开放实现我国商品经济与国际高标准的接轨；最后要借助数字化技术手段完善市场法治、强化市场监管，引导互联网数字化交易平台规范有序发展，依法依规创新数字化技术应用。

（2）高标准的要素市场体系。新经济背景下建设高标准市场体系的重点是要素市场化配置改革，实现要素价格，尤其是新型高端要素的市场决定。首先是土地、房地产和劳动力市场，要利用新技术和新的生产组织形式深化土地管理制度改革，推进劳动力要素市场化改革，提高要素的配置效率。其次是与新经济发展要求相适应的现代金融市场，通过加强资本市场制度建设，促进期货市场和现货市场协调发展，提高资金筹集和配置的效率，降低市场融资成本，更好地满足资金供求双方的交易需求，有效防范化解金融市场风险。再次，技术市场是新经济时代要素市场体系中的关键，表现为知识形态的技术要素以技术许可证转让为主要形式参与市场交换，要优化技术市场环境，培育技术转移机构和人才，助力科技要素和科技人才资源的合理流动和优化配置，促进科技成果和知识信息转化为现实生产力，实现科技进步与市场体系建设协同推进。最后，新经济背景下高标准市场体系必须要建立在数据要素市场化配置的基础上，通过完善数据要素市场制度体系，加快培育数据要素市场和大数据交易市场，激励市场主体、行业协会和政府机构共建数据交易平台，优化数据要素共享、分析和引流等信息化服务，充分发掘社会数据资源价值，增加更高质量数据要素的供给，助力培育数字经济新产业、新业态和新模式。此外，还要建立健全要素市场运行机制，完善要素交易规则和服务体系，并促进各要素市场间的深层互动和协同创新。

（3）高标准的价格体系。高标准市场体系的关键是在商品市场和要素市场建立价格市场化的形成机制，建设高标准的价格体系。在市场经济条件下，价格信号能够最为准确地反映市场供求关系，因而在尊重市场规律的基础上实现价格机制的有效运行是生产结构与消费结构优化、市场要素资源优化配置的前提和基础，高标准的价格体系是统一开放、竞争有序的高标准市场体系不可或缺的组成部分。新经济发展对市场决定价格的过程和结果产生了显著影响，这显著体现在技术和数据等高端要素市场上。由于自身性质和交易方式的特殊性，高端要素的价格不仅由客观的市场供求关系所左右，还更多地取决于技术和信息主观的自身性能、生命周期、市场开放程度等方面。新经济背景下建设高标准的价格体系，一方面要通过深化垄断行业价格改革，破除制约资源市场化配置的价格机制障碍，转变政府价格管制方式，充分建立由市场决定商品和要素价格的机制，更好地为实体经济服务（王微、王青等，2020）；另一方面还应注重利用数字化手段搭建更加公开透明的市场交易平台，保证供求双方的信息能够得到及时、有效、准确的传递，实现价格的市场化决定，提高市场供给质量。尤其是对于要素市场而言，要加快建设全国技术交易平台、数据共享平台，并借此优化要素市场供求结构，助力高标准价格体系建设。

（4）高标准的市场制度体系。建设高标准市场体系需佐之以成熟完备的市场制度体系，其核心在于使价格机制充分发挥作用，保障市场公平竞争。进入新经济时代，网络经济、平台经济、共享经济等新经济形态层出不穷，在给我国市场经济发展注入活力的同时，也为完善以公平竞争为核心的市场经济制度提出了更高要求。在产权制度方面，一方面要建立健全新领域、新业态知识产权保护制度和侵权惩罚性赔偿制度，激励创新研发活动；另一方面要构建起“互联网＋产权市场”的网络生态体系，推动产权市场运行的数据化和智能化。在市场准入制度方面，要增加更多符合新经济发展要求的高质量制度供给，完善市场准入负面清单制度、市场准入评估制度和生产许可制度，实行“非禁即入”，从而有效确保各类市场主体平等公平参与市场竞争，激励创新攻关活动，实现技术、数据要素的优化配置。在公平竞争制度方面，要致力于增加更多有效的制度供给，以法治化、制度化方式破除妨碍市场公平竞争的一切制度藩篱。正如法国经济学家皮凯蒂（Thomas Piketty）在《21 世纪资本论》中所揭示的：资本份额的垄断占有会带来“马太效应”，导致社会财富越来越多地集中在少数人手中。新经济为市场带来无限机遇的同时，也存在技术、数据等新要素集聚和垄断的现象，从而加剧社会不平等程度，这显然与我国发展市场经济的初衷相背离。因而要通过完善市场竞争政策的制度框架和实施机制，强化公平竞争审查的刚性约束，打破市场垄断和行政垄断的桎梏，在市场主体中大力倡导公平竞争的文化风尚。

14.2.2 新经济背景下中国高标准市场体系建设的核心目标

目标明确方能行稳致远。新经济背景下，要按照党的十九届五中全会的安排部署，着眼于激发市场主体创新活力、完善要素市场化配置体制机制、夯实市场体系制度根基这三大核心目标，力求建成高效规范、公平竞争的国内统一市场。

（1）充分激发市场主体的创新活力。以新一代互联网信息技术为代表的新技术是新经济背景下高标准市场体系建设的动力源泉，而新技术的诞生与发展依靠的是持续不断的技术创新活动，而创新的主体是企业和个人。近年来，面对全球范围内风起云涌的新一轮技术和产业革命，各国在科技创新领域展开的竞赛日趋白热化，我国也铆足力气加快创新型国家的建设步伐，力争抢占世界科技制高点。国家统计局相关数据显示，2017 年我国高技术产业企业有 32027 家，比 2009 年增长 17.7 个百分点，高技术产业利润额达到 11295.88 亿元，增长了 244%；2019 年我国专利申请授权数达 259.2 万项，较 2010 年猛增 2.18 倍[①]。但是与发达经济体相比，科技创新对我国市场经济的贡献度仍有待提高。新经济一方面为我国市场主体通过创新积极应对来自国内外市场的压力和挑战创造了机遇，另一方面也对创新主体提出了更高要求。新经济背景下，通过创新体制机制不断释放

① 资料来源：国家统计局“国家数据”网站（https://data.stats.gov.cn/）。

创新活力，培育出数量更多、结构更优、质量更高的创新型市场主体是建设高标准市场体系的不二法门。

（2）完善新型高端要素市场化配置的体制机制。正如一个人必须双腿均衡发育才能正常行走一样，同时拥有完善的商品市场和要素市场是高标准市场体系建设行稳致远的基础性前提。从发展历程来看，我国商品市场的成长先于要素市场，要素市场发育是不健全的，集中表现为两个方面：一方面，部分要素配置过程并不是在市场机制的作用下进行的，存在要素市场分割的现象；另一方面，部分要素的价格并非通过价格机制的作用形成，造成要素价格扭曲的现象。要素自由流动是市场体系永葆活力的基础性前提，新经济发展导致知识、技术、信息等新型高端要素在高标准要素市场体系的地位日益提升，这便对健全教育市场、技术市场和信息市场等要素市场提出了新的要求，因此，要在深化金融市场、劳动力市场、土地市场和产权市场改革的同时，完善技术、数据等新型高端要素市场化配置的体制机制，补齐高标准市场体系建设的短板。重点在于强化市场导向，完善高端要素价格的市场决定机制、流动机制和配置机制，要在加强对新领域、新业态知识产权保护的基础上推动技术和信息产品化、产业化，保障各类市场主体依法平等使用生产要素，实现要素流动自主有序、配置高效公平，高质量、高标准地建设以技术市场和信息市场为代表的高端要素市场体系。

（3）夯实高标准市场体系的制度根基。新经济背景下，乘着全球新一轮科技革命和产业变革加速推进的东风，借助新技术、新产业、新业态、新模式提高要素集聚效能和资源配置效率是各国抢抓发展新机遇、把握市场主动权、积累竞争优势的共同选择。我国在打造国际商品和新型高端要素资源的巨大引力场，充分发挥自身后发优势的同时，也需要从对内对外两方面入手提高市场制度的供给质量，从而有效规避后发劣势，这与推动形成以国内大循环为主体、国内国际双循环相互促进的新发展格局也是统一兼容的。党的十九届五中全会审议通过的《中共中央关于制定国民经济和社会发展第十四个五年规划和二〇三五年远景目标的建议》中提出要健全市场体系的基础制度，实施高标准市场体系建设行动。对内，要以政府治理体系建设提升市场综合监管能力，通过产权保护制度、统一的市场准入负面清单制度和公平竞争审查制度的完善来强化竞争政策基础地位，有效遏制市场垄断和不正当竞争，确保各类市场主体平等参与市场竞争，促进各类高端要素自主流动、高效集聚，营造公平的营商环境；对外，通过实行制度型开放对标国际先进的市场制度规则，博采众长、为我所用，助推我国现代高标准市场治理体系构建，并主动参与全球经济治理体系改革，积极发出中国声音、提供中国方案、分享中国经验。

14.3 新经济背景下中国高标准市场体系建设的制约因素

由新一轮技术革命和产业变革催生的新经济将我国社会主义市场经济带入一个新的发展阶段，现如今我国的市场体系已初步构建，但这是一个低水平、不完备的市场体系，仍然存在诸多与新经济发展需要和高标准要求不相适应的短板，制约着高标准市场体系的建设。

14.3.1 市场主体创新活力不足，高标准市场体系建设的新动能有待激发

新经济背景下，数字化技术的飞速进步将加速推动经济从规模扩张驱动转向质量和效益提升驱动，市场经济发展也要随之实现由规模扩张向自主创新的转变。然而，我国市场创新主体的培育仍然存在诸多问题，直接表现为企业和人才的自主创新活动缺乏正向的激励，这与新经济发展和高标准市场体系建设的要求是不相适应的。企业自主创新的动力和能力受限，一方面，由于我国大部分企业是依靠劳动力和土地价格低等资源禀赋优势而嵌入全球市场价值链的，长期以来形成的对外依赖遏制了企业开展技术研发、管理创新的动力，造成支撑原始创新的技术、人才、设备等条件匮乏，企业对创新型技术和人力资源的投入力度不够，在人才引进、联合培养等方面也缺乏积极性和主动性，而一味地依靠“山寨”模仿获取短期利润，久而久之便丧失了自身获取创新资源的能力。另一方面，受企业规模、资金条件、知识产权保护等因素影响，我国企业在某些领域仍处于技术受制于人的窘境，一些零部件生产方面拥有关键技术的国外企业在国际科技战、贸易战中某些“卡脖子”技术的断供、脱钩更会导致整个产业链的断裂或瘫痪。人才开展自主创新的动力和能力受限，一方面，新型技术的广泛应用需要大量创新型人才，而传统教育模式难以培养出完全符合新经济发展需要的各类创新型人才，人才培养与创新力培育的脱节导致就业市场出现结构性矛盾；另一方面，人才创新交流平台和创新环境的匮乏导致人才难以正向地激励创新，成果转化后不合理的利益分配、人才空间

分布的不均衡、流动的障碍等因素也限制了其主动性和创造性的发挥（任保平、何苗，2020）。

14.3.2 市场体系与新技术融合程度不高，数字化市场基础设施亟须完善

新经济滥觞于技术创新引致的科技革命和产业变革，因而新经济背景下的市场经济发展要将创新作为动力源泉，将信息、知识、数据作为核心生产要素，从而致力于形成规模报酬递增的良好发展态势。在新经济时代建设高标准的市场体系，离不开以数字技术为依托的市场基础设施。近年来，我国数字经济规模持续扩大，2019 年达到 31.3 万亿元，占当年 GDP 的比重为 34.8%[①]。但与此同时，大数据、云计算、人工智能等数字技术与市场体系的融合仍然存在一些障碍，数字化基础设施还不完备，严重限制了新经济背景下的市场体系联结互通，具体表现在以下几个方面：首先，由于缺乏数字化基础设施的保障，科技创新和战略性新兴产业、未来产业发展受限，市场经济发展的新动能难以激发，阻碍了市场经济的高水平发展和市场体系的完善。其次，与发达经济体相比我国市场体系还不健全，但我国新经济发展却在世界上处于领先的第一方阵，市场体系和新经济发展的不同步、不协调阻碍了二者的融合进程，导致具备数字化基础设施的市场平台支撑不够，相关企业和产业规模受限，大多正处于发展的起步阶段，难以形成集聚效应。最后，市场基础设施配套建设需要整体规划、协同推进，而我国现有的数字化市场基础设施存在着不均衡问题，涵盖城乡、区域的统一的市场基础设施网络迟迟无法形成，导致市场商业中心的辐射带动作用难以得到有效发挥，增加了技术、人才、信息的交易成本，为市场带来了负的外部性。

14.3.3 高端要素流动存在体制机制障碍，要素市场化改革势在必行

自由流动的各类要素是市场体系的活力源泉。数十年来，市场化改革造就了我国商品市场的蓬勃发展，但要素市场化改革起步相对较晚，二者间存在不同步和不协调。新经济背景下，高端要素流动仍然存在体制机制

---

① 数据来源：中国互联网络信息中心（CNNIC）发布的第 45 次《中国互联网络发展状况统计报告》，2020 年 4 月 28 日。

障碍，已经成为我国高标准市场体系建设和高水平社会主义市场经济发展的绊脚石。首先，要素市场的分割状态严重限制了要素配置范围的拓展和要素供给体系的优化，自主有序流动和高效配置就只能是纸上谈兵。例如户籍制度造成不同劳动力群体在教育、医疗等社会保障领域的差异，便形成了劳动力市场在地域和城乡间的分割状态。其次，政府直接参与要素价格的制定和要素资源的配置，致使要素难以在市场机制的作用下有效配置，要素价格受到严重扭曲，进而市场主体的创造力和市场体系的活力长期得不到充分激发。再次，现有的要素市场交易方式及市场规则制度已无法满足新经济时代高端要素资源配置的需要，政府对要素市场的监管水平也亟须提升。最后，技术和数据等新型要素的供给与新经济发展的需求严重不匹配。技术要素市场存在严重的信息不对称，发育不健全的中介市场也难以发挥桥梁作用，知识产权的保护和运营效果不佳都限制着技术要素的自主流动；数据要素的有偿共享和互联互通未能实现，阻碍了数字经济引领的新产业、新业态和新模式的形成。

14.3.4 市场环境与新经济要求不相适应，建设高标准的市场体系任重道远

统一开放、竞争有序是新经济背景下高标准市场体系的内在要求和建设目标。就现状而言，目前我国的社会主义市场体系与这一目标还存在一定距离，具体表现在以下三个方面：一是市场准入仍存在障碍，尽管通过深化行政审批制度改革和政府简政放权，市场准入的门槛有效降低，但一些领域的壁垒依然存在，即便是宣布放开的领域也存在“非禁即入”落实不到位的情况，未能完全建立起统一而权威的市场准入清单制度。例如，个别地方政府对本地企业提供各类显性或隐性补贴、担保及价格更低的土地，而为外地企业和产品设置歧视性的市场准入限制和市场壁垒（王微、王青等，2019）。二是市场竞争的充分性和公平性受到挑战，技术、数据等要素由于市场空间分割、企业垄断和行政性垄断的存在而无法充分流动，市场准入和市场交易中存在的不平等也限制了市场竞争、价格和供求三大机制发挥作用，没有统一开放的市场就无法实现优胜劣汰，这些都不利于形成对市场体系优化的正向激励。三是市场营商环境亟待改善，营商环境是企业在市场进入、经营和退出中外部条件的综合反映，集中体现在政务诚信建设和企业经营负担两个方面，政府招商引资的政策承诺能否不

折不扣地加以履行，通过减税降费降低企业经营成本能否真正落实到位应当被奉为衡量市场营商环境优劣的圭臬。

14.3.5 高标准市场体系建设的制度基础不牢固，制度供给质量亟须提高

制度不完善、体制机制不健全是制约我国高标准市场体系建设的一个重要原因，若缺乏高质量的市场制度供给，建立与新经济发展要求相适应的高标准市场体系便是天方夜谭。目前，我国市场体系建设的制度基础不牢固，主要表现在以下方面：一是产权制度不完善，技术要素和数据等新型高端要素是新经济时代市场价值创造的重要源泉，亟须作出更为有效的产权制度安排，依法打击侵害产权的行为，消除妨碍各种新要素和新产品自由流动和市场公平竞争的不利因素。二是社会信用体系建设滞后，联合惩戒工作机制未能完全建立，加之许多公民的社会诚信意识较为淡薄，因而利用失信行为攫取不当利益的行为时有发生，无形中增加了市场交易成本，不利于营造公平守信的市场氛围。三是政府市场监管存在的“失位”“缺位”和“越位”现象使市场机制的运行效果大打折扣，不利于市场主体形成稳定的预期。四是不合理的制度安排和政策倾斜导致行政性垄断，破坏了正常的市场竞争秩序，降低了市场配置资源的效率，也对市场主体的合法权益造成损害。五是不合理的财税制度和政绩考核制度过分强调经济指标数量上的增长，而忽视了结构的改善和质量的提升，导致了同市场规律和新经济发展要求相悖的地方保护行为（刘泉红，2020）。

14.4 新经济背景下中国高标准市场体系建设的实现路径

针对新经济背景下我国高标准市场体系的建设重点及制约因素，应当做到有的放矢，从市场主体培育、基础设施完善、要素市场化改革、市场环境优化、市场制度完善五个方面集中发力，让市场主体的创造力和市场经济的活力在新经济时代竞相迸发。

14.4.1 培育新经济的创新型市场主体，激发市场体系建设新动能

市场主体是市场经济运行的细胞，培育创新型市场主体是高标准市场体系建设的核心所在。党的十九届五中全会进一步强调了创新驱动发展的

国家战略，提出要通过“健全社会主义市场经济条件下新型举国体制”强化国家战略科技力量，全面塑造发展新优势。新经济背景下，亟待完善市场主体从事创新活动的激励机制，构建以创新型人才和创新型企业为支撑的高标准市场体系。一方面，要充分激发人才创新活力，强化企业创新主体地位，促进各类创新要素向企业集聚。通过加强对数字化技术等基础领域研究和产学研融合，催生核心原创性科技创新，依照新经济发展要求完善创新型人才培养和引进机制，促进高质量的人力资本积累和人才的全面发展，实现新经济时代人才供给与就业市场需求的有效衔接。另一方面，要完善科技创新体制机制。要在盘活存量的同时优化增量，加强国内外科技合作，通过建立创新示范区等方式营造良好的创新创业环境，培育和吸引更多科技型初创企业落户发展；利用数字化新型技术搭建企业的数字化集聚平台和信息共享平台，催生出一大批能够引领新产业发展、促进新业态形成、推动新模式再造的创新型企业，并依托这些高科技企业促进科技创新与产业创新的深度融合，从而将知识创新主体和技术创新主体有机结合，明确创新的科学研究导向、产业化导向和市场化导向。

14.4.2 加强数字化市场基础设施建设，推动新技术同市场体系深度融合

数字化基础设施的共建共享是建设高标准市场体系的前提和保障。在新经济时代，大数据、人工智能、云计算等新技术的普及应用改变了传统的市场经济交易形式，让渡使用权导致市场交易的频次增加，交换活动可以通过直接或间接方式进行，从而显著增强了交易的时效性，实现规模报酬递增。一是加快布局以高速扩容的5G、物联网、工业互联网为代表的网络基础设施和以大数据、人工智能、云计算、区块链等为代表的新技术基础设施，完善促进传统基础设施转型升级的融合基础设施，有效缩小“数字鸿沟”、获取更多“数字红利”。二是通过“智能+”等数字化手段为完善市场基础设施助力赋能，推动新经济时代市场要素配置方式、组织管理形式和商业运行模式的根本性变革，激励更多市场需求导向的、更具市场活力和竞争力的产品服务，提高市场供给端与需求端的适配度。三是借助数字技术实现市场基础设施的智能化管理，全面推进“智慧城市”“智能政务”建设和应用，有效提高设施运营效能和要素配置效率，发挥基础设施对集聚经济发展新动能、激发市场活力、降低交易成本的作用（郭晗，2019）。

14.4.3 加快要素市场化改革步伐，优化新经济高端要素配置方式

实现要素市场化配置是高标准市场体系建设的重点。新经济背景下，以技术、信息、数据为代表的高端要素在市场经济发展中的地位越发重要，这不断在向世人昭示：建设高标准的市场体系，培育市场经济发展新动能，必须推动高端要素的市场化配置改革，实现要素流动自主有序、配置高效公平。高端要素市场化配置改革的目的是实现高端要素的集聚和配置方式的创新。一方面，要汇集高校、科研院所、企业等优势科研力量，在制约我国经济社会发展的关键“卡脖子”技术上寻求突破，开展核心技术攻关，在全球新一轮科技革命和产业变革中抢占制高点；加快产学研一体化进程，培育技术含量和附加值高的新产品，提升高端要素的供给质量和配置效率，着力打造市场竞争力强的新产业和新业态。另一方面，要增加现代金融要素、技术要素、信息要素和数据要素等顺应新经济发展趋势的高端要素供给，推动数据信息共享平台建设，有效促进要素市场供给质量、市场经济发展和市场主体实际需求的衔接匹配；完善由市场评价高端要素贡献、按高端要素贡献决定报酬的体制机制，发展技术跨界转移的高质量服务网络，提升交易活跃度，建设覆盖全国统一的数据共享平台打破数据壁垒。

14.4.4 结合新经济发展的标准和要求，建设统一开放、竞争有序的市场体系

统一开放、竞争有序是高标准市场体系的基本特征。新经济背景下，针对当前存在的突出问题和矛盾，仍需提高与新经济发展要求相适应的市场环境标准，具体要在畅通市场准入、维护市场竞争秩序和优化营商环境方面聚焦发力，实现由低标准、不完善的市场体系向成熟完备的高标准市场体系的跨越。一是加快建立完备、透明、灵活的市场准入负面清单制度，减少企业在市场准入、经营、退出各环节的显性和隐形壁垒，对技术创新、信息共享、数据开发产生正向激励作用。二是明确市场与政府的界限，巩固竞争政策的基础地位，针对新经济发展中存在的市场垄断和行政性垄断问题，加强反垄断法律法规的修订工作，完善公平竞争审查制度，严格市场监管流程，从根源上打破行政垄断。三是积极优化营商环境，借

助“互联网+”“大数据+”和“智能+”等手段为市场经济发展提供更高质量的服务，优化公共产品供给体系；切实转变政府市场监管的方式，通过深化简政放权、放管结合、优化服务改革，在更大范围和更深层次上加大简政放权和减税降费力度，有效增强市场主体对市场环境和政策环境的适应性和满意度。

14.4.5 健全市场经济制度配套体系，夯实高标准市场体系建设的制度基石

高效完备的市场制度是高标准市场体系的有力保障，因而需要以制度的创新和完善提高制度供给质量，建设多元主体共同参与的高标准市场制度体系，帮助市场主体形成稳定性预期，有效降低市场交易成本。一是完善以产权保护和负面清单等为核心的市场制度体系，实行政府权责清单制度，持续优化市场化、法治化、国际化营商环境，从而打破数字化高端要素和产品的市场垄断，为数字化技术与市场体系有机融合营造有利环境，最大限度地激发企业家精神和市场主体创新动力。二是加快转变政府职能，建立并完善职责明确、依法行政的政府宏观调控和经济治理体系，探索“互联网+政务服务”等数字化新模式，优化市场经济公共产品的供给结构，确保政府调控政策对市场的影响保持在合理阈值内。三是借助数字化手段完善新经济背景下的市场行业规范和伦理道德等非正式制度并积极加以倡导，从而形成对法律制度等市场正式制度的有力补充，鼓励市场主体争当新经济时代高标准市场制度建设的忠实拥护者和积极践行者，致力于形成市场经济激励相容、良性竞争、共享繁荣的生动局面。

15 新经济背景下高质量基础设施建设

在新经济背景下，现代化经济体系的构建过程中，高质量的基础设施建设已然成为我国发展的关键助推力，高质量基础设施不仅是我国经济发展转型的关键助推力，也是现代化经济体系构建的重要基石。而面对高质量发展的基础设施建设新要求，我国政府也多次强调了基础设施建设转型的关键意义，认为随着经济增长战略的转型，我国传统基础设施建设也应向适应现代化经济体系建设的新模式转型。2018 年中央工作会议提出要加快 5G 商用步伐，加强人工智能、工业互联网、物联网等新型基础设施建设。2019 年中共中央政治局会议指出应“加快推进信息网络等新型基础设施建设”。2020 年中央全面深化改革委员会第十二次会议强调了新型基础设施的重要性，提出“基础设施是经济社会发展的重要支撑，要以整体优化、协同融合为导向，统筹存量和增量、传统和新型基础设施发展，打造集约高效、经济适用、智能绿色、安全可靠的现代化基础设施体系”。本章首先对高质量基础设施建设的概念内涵进行界定，其次对其现状进行统计分析，最后对其影响因素进行理论分析并提出相应的政策建议。

15.1 新经济背景下高质量基础设施建设概念界定

对新经济背景下高质量基础设施建设的概念进行界定之前，我们首先需要对新经济的具体内涵有所了解，任保平（2020）将新经济界定为在经济全球化背景下信息技术革命以及由信息技术革命带动的、以高新科技产业为龙头的经济形势，是时代发展的必然趋势，也是习近平总书记大力倡导的重要经济形态。而从其他视角出发对新经济进行界定的文献中，刘刚（2017）从新经济形成和发展的动力机制这一维度出发，将新经济定义为以新科技产业革命为基础，通过“双创”活动的发展变革，供给侧结构主动适应消费结构的变迁，形成创新经济新形态，表现为包括大数据、云计算和新一代人工智能在内的新兴产业发展和新技术与传统经济的融合发展，其要点在于以互联网和新一代人工智能技术为代表的新技术促进传统产业与新经济产业之间的相互融合。李国杰和徐志伟（2017）则从信息技术的发展角度对新经济作出了新的诠释，认为新经济本质上是工业经济向数字经济过渡。综上所述，新经济是以新技术推动产业优化升级形成的经济发展新业态，而在转换经济形态的过程中，需要新的能源结构与高质量基础设施建设作为关键支撑。

基于新经济背景，本章进一步对高质量基础设施建设的概念进行分析，首先从基础设施的概念出发，可以发现里夫金（2012）将基础设施界定为通信技术和能源的有机结合，可用于开创一种具有活力的经济体系，而并非经济活动基础的静态板块，且新型通信技术与新型能源系统的结合，则预示着重大经济转型时代的来临，第三次工业革命正是基于基础设施逐步实现的，基础设施就像是一种生命系统，将越来越多的人纳入复杂的经济社会中。张学良（2012）也提到，对具有典型外部性的基础设施进行投资都是政府调控经济、促进经济增长的重要手段。新经济背景下，经济的转型发展也需要高质量基础设施建设作为关键支撑，故本章在新发展理念的基础上对高质量基础设施建设进行内涵界定，并以其概念界定为基础，构建相应的指标体系，对我国的高质量基础设施建设现状进行分析。

本章立足于新经济的发展背景，提出我国应实现高质量的基础设施建设，即建设具有创新、协调、绿色、开放、共享内涵的现代化基础设施。基础设施作为经济发展的重要基石，不仅要适应本国当前的发展现状，也需要具有较强的前瞻性，引领下一步的经济发展，为我国全面建成社会主义现代化强国奠定坚实基础。因此，高质量基础设施的内涵必须统筹贯彻新发展理念，本章将其内涵总结如下：

其一，创新性，即高质量基础设施建设需要以 5G、云计算、人工智能、物联网等新技术作为基础设施的核心支撑，以新科技推动基础设施建设的数字化、智能化发展。区别于传统的物理基础设施通过改善空间的可达性促进生产要素的自由流动，钞小静（2020）认为高质量的基础设施建设应在这一基础上强调新型生产要素在我国经济发展的新旧动能转化中的关键作用。新经济背景下，传统的物理基础设施已不足以支撑发展动能的转换，随着经济发展形态的变化，我国逐渐由要素驱动转向创新驱动，而高质量的基础设施建设，必须具有创新性这一核心属性，一方面，基础设施的创新有利于匹配相应的新经济部门，并推动其快速发展。以 5G 基建为例，根据杨虎涛（2020）数据分析，5G 商用将带动 1.8 万亿元的移动数据流量消费、2 万亿元的信息服务消费和 4.3 万亿元的终端消费。只有依赖基础设施的创新化，新技术、新产品等才能实现大规模扩张。另一方面，新型基础设施建设也是传统产业转型升级的重要支撑，在 2020 年新冠肺炎疫情期间，企业在工业互联网的技术支撑下，突破地理限制，实现了信息共享和远程办公，拓宽了线上销售渠道，这一切都离不开新型基础设施建设的物质支撑。

其二，协调性，即高质量基础设施建设需要以全局视角进行布局。一方面，需要实现不同区域基础设施建设的标准化，推动区域基础设施的共建共享，避免过去传统基础设施建设中由于各自为政的规划建设出现区域衔接不足的不协调问题、区域布局重复形成的资源浪费及使用效率低下相关问题，高质量的基础设施建设需要区域政府在建设前期进行统一规划，坚持基础设施规划建设一盘棋，支撑区域一体化发展。另一方面，基础设施建设也是统筹城乡一体化发展的物质支撑，是我国城镇化的发展基础，因此，高质量基础设施必须坚持城乡协调的基本原则，在因地制宜的基础上加强城乡各要素的双向流动，以人为本，统筹城乡，发挥基础设施在城乡交互发展中的积极作用，形成城乡基础建设合力，推动城乡一体化发展。

其三，绿色性，即高质量基础设施建设必须具有节能环保的特征。新经济背景下，生态文明建设已然成为经济发展的重要内容，高质量基础设施作为我国建设现代化经济体系的重要基石，也应秉持绿色发展的原则，首先，实现基础设施能源结构的转型，以新能源新材料的应用逐步实现基础设施建设的低碳清洁，通过大规模建设新能源配套基础设施推动能源利用效率的提高。其次，绿色属性意味着高质量基础设施建设必须具有低污染、低排放的特征，为我国实现低碳发展奠定物质基础。最后，高质量基础设施建设应提供控制水质污染、提高空气质量、缓解自然灾害等基础生态服务，通过构建具有绿色属性的基础设施体系维系社会经济运行，以便吸收一定程度的自然风险冲击。以园林绿化这一基础设施的重要内容为例，截至2019年，陕西省通过70年的不懈努力，森林覆盖率由13.3%提高到43.06%，三秦大地由黄转绿，黄土高原土壤流失量比退耕前减少了85%。高质量基础设施建设应着眼于长远发展，加强基础设施的绿色属性，推动我国在新经济背景下的可持续发展。

其四，开放性，即高质量基础设施建设需要实现国际的标准化。面对全球化发展的必然趋势，高质量基础设施建设需要着眼于国际发展态势。一方面，高质量的基础设施建设需要遵守国际标准，打开国际市场。2020年，随着国际形势的不断变化，着眼于我国发展阶段、环境、条件变化，习近平总书记提出，要推动形成以国内大循环为主体、国内国际双循环相互促进的新发展格局。新发展格局强调以国内循环为主体，但绝非关起门来封闭运行，从世界大势看，经济全球化仍是历史潮流，各国分工合作、互利共赢是长期趋势。而高质量基础设施建设也应在满足内需的基础上遵循对外开放的基本国策，强调开放性内涵，进一步开拓国际市场，通过畅通国内大循环带动世界经济复苏。另一方面，高质量的基础设施建设也可以通过新技术的开发与利用加强我国在国际标准化组织中的影响力，通过积极参加国际标准化活动为本国争取利益。以5G技术的开发为例，5G基站的全球化建设有利于我国在通信领域获得制定技术标准的主动权，而标准化的制定，无疑已经是影响国际经济格局的关键着力点。故高质量基础设施建设应秉持开放性原则，在开拓国际市场的同时为国际标准的制定做出积极贡献。

其五，共享性，即高质量基础设施建设应以共享发展为目标，逐步推动共同富裕。一方面，基础设施多为准公共产品，为社会和居民提供公共服务是其本质属性，天然具有共享性；另一方面，互联网的基本特征是共享，区别于传统的集中式经营活动，新经济背景下，分散式技术带来了个人能力的聚集化与社会组织的扁平化，而高质量的基础设施正是个人能力发挥与组织结构转型的关键支撑。故高质量基础设施建设也需要强调其共享性，在切实以人民为中心、让人人享有发展成果的同时推动社会逐步实现共同富裕。以电信基础设施为例，2019 年，工信部和国资委联合发布了《关于 2019 年推进电信基础设施共建共享的实施意见》，要求持续推进电信基础设施共建共享工作，强化统筹集约建设和存量资源共享，以持续提升资源共建共享水平、有力支撑行业高质量发展，正是基础设施建设共享性的体现。共享发展理念是坚持和发展中国特色社会主义的本质要求，而基础设施的共享性正是推动共享发展、逐步实现共同富裕的重要条件。

15.2 新经济背景下高质量基础设施建设现状分析

着眼于新经济背景下经济形态的新特征，本章提出了建设高质量基础设施作为经济动能转化的关键动力，并将高质量基础设施的内涵总结为匹配新发展理念的创新、协调、绿色、开放、共享五个基本维度，本章根据其基本内涵及数据的可得性构建了科学的评价体系（见表 15－1），通过统计分析的方法对新经济背景下高质量基础设施建设的现状进行系统分析。

表 15－1 高质量基础设施建设评价指标体系

基本维度	分项指数	具体指标	指标属性
创新性	新型基础设施用户	4G 移动电话用户数	正指标
		互联网上网人数	正指标
	新型基础设施建设	移动电话基站个数	正指标
		互联网宽带接入端口数	正指标
	新型基础设施应用	纳入信息化统计的企业单位数	正指标
		企业电子商务销售额	正指标
		移动互联网接入流量	正指标
协调性	城乡信息化协调	农村宽带接入用户数/宽带接入用户数	正指标
	城乡医疗卫生协调	设卫生室的村数占行政村数的比重	正指标
		农村医疗卫生机构床位数/医疗卫生机构床位数	正指标
	农村发展概况	农村贫困率	逆指标

续表

基本维度	分项指数	具体指标	指标属性
绿色性	资源利用与处理	单位 GDP 能耗	逆指标
		生活垃圾无害化处理率（市辖区）	正指标
		一般公共预算支出（节能环保）	正指标
		水土流失治理面积	正指标
	环境保护	建成区绿化覆盖率（市辖区）	正指标
		造林总面积	正指标
开放性	高新技术产品出口	高新技术产品出口额（美元）	正指标
		高新技术产品出口额（美元）/高新技术产品进出口总额（美元）	正指标
		软件和信息技术服务业出口额	正指标
共享性	新型基础设施共享	电话普及率（包括移动电话）	正指标
		互联网普及率	正指标
	物理基础设施共享	国家铁路电气化里程	正指标
		高速公路线路里程	正指标
		用水普及率	正指标

根据从创新、协调、绿色、开放、共享五个基本维度出发构建的高质量基础设施指标体系，本章进一步对具体指标进行了测度及标准化处理，并利用主成分分析法提取了特征值大于1、累计贡献率超过90%的前两个主成分，并根据 stata 得到碎石图对主成分的选取提供依据，如图 15－1 所示①。

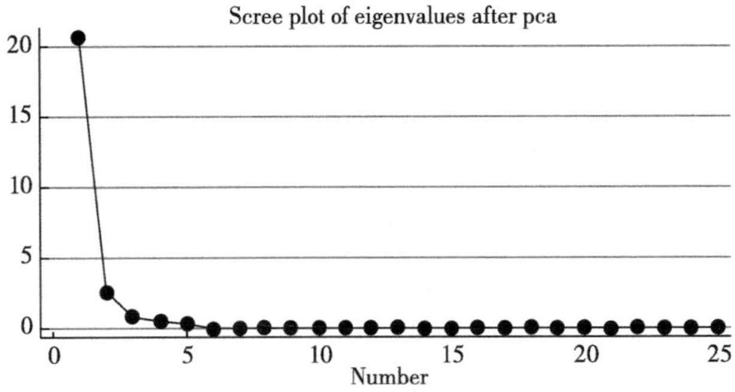

图 15－1　高质量基础设施指标体系主成分分析碎石图

① 数据来源：中经网统计数据库。

在选取主成分的基础上，本章进一步赋予其相应权重合成得到衡量我国高质量基础设施建设的综合指标 S，通过对综合指标 S 的统计分析描述 2014—2019 年我国高质量基础设施的建设态势与动态发展趋势，如图 15 - 2 所示。由图 15 - 2 可知，2014—2019 年我国高质量基础设施的建设逐步进入正轨，其整体发展水平呈显著的增长态势，且有持续上升的发展趋势。

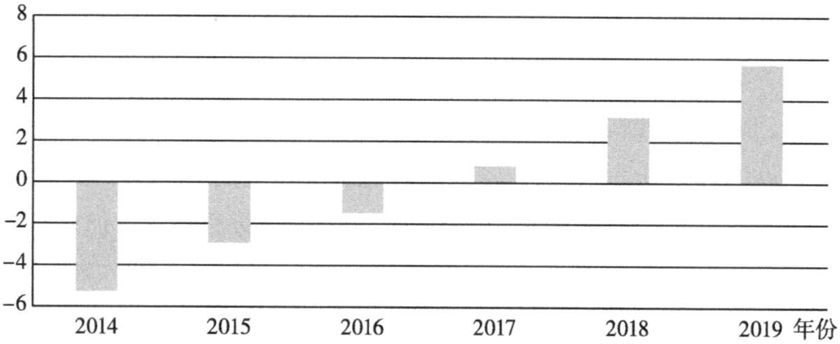

图 15 - 2 2014—2019 年中国高质量基础设施综合指标变动趋势

为进一步对 2014—2019 年中国高质量基础设施建设各维度的变动趋势进行分析，本章利用各维度分项指数进行了主成分分析，通过提取特征值大于 1 的主成分进行降维，构建了分维度的指标，如图 15 - 3 所示。

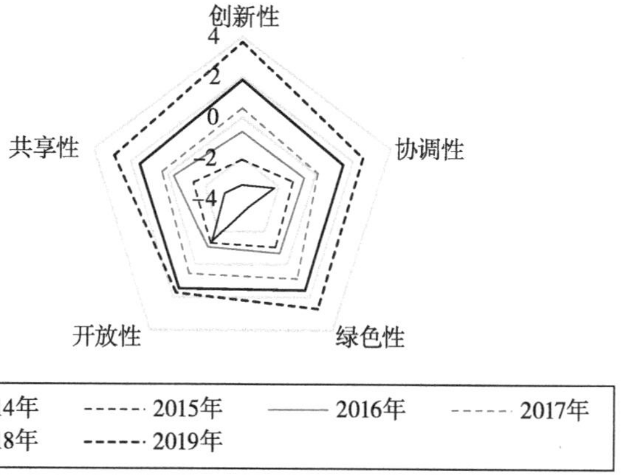

图 15 - 3 2014—2019 年我国高质量基础设施分维度指标变动趋势

从图 15 - 3 中可以发现，2014 年至今，我国高质量基础设施建设有了长足的进步，各维度均呈现不断提升的动态发展规律，且发展趋势呈持续上升的态势，基础设施建设也由最初的不均衡态势逐步实现相对均衡，逐步向均衡化高质量发展。2014 年，基础设施建设各维度间存在较大差异，其中基础设施建设的绿色属性存在明显缺失，创新性与共享性也存在不足，协调性与开放性水平相对较高，而在习近平总书记强调生态环境保护与绿色发展的政策指导下，在“绿水青山就是金山银山”的先进思想引导下，我国的绿色基础设施建设颇有成效。与此同时，基础设施建设的创新性也大幅度提高，发展速度也较为稳定，增长趋势明朗，目前已成为五个基本面中发展态势较优的维度。基础设施建设的协调性与共享性则稳中有进，实现了稳步发展。而目前相对不均衡问题主要体现在基础设施建设的开放性上，在这一维度上我国发展较为不稳定，且目前存在发展的相对滞后性，但就国际现状而言，在 2020 年新冠肺炎疫情的影响下，国际经济存在较强的不稳定性，故短期内这一维度的发展前景不明朗，但长期而言，经济全球化仍是大势所趋，高质量基础设施建设仍不能忽略开放性这一重要维度，应根据国际环境发展现状，在国内循环的基础上进一步带动国际市场复苏。

15.3 高质量基础设施建设影响因素分析及政策建议

高质量的基础设施建设，不仅“功在当代”，可以拉动消费、促进就业、切实提升人民生活质量、推动产业结构调整优化、实现经济的高质量发展，同时也“利在千秋”，为我国高质量发展与现代化经济体系的构建奠定基础，也将成为我国“向后碳时代”过渡的关键助推力。针对我国高质量基础设施建设的现状，本章首先对其影响因素进行分析，进而提出相应的政策建议以助推高质量基础设施的建设。高质量基础设施最关键的影响因素在于政府支撑，基础设施作为准公共产品，其主要生产者为政府部门，虽然人工智能、物联网等新型数字基础设施也依赖于企业部门的支撑，但多集中于软件方面，全国范围的物理基础设施仍多依赖于政府支撑。过去传统基础设施的建设也表明，政府发挥了建设主体的作用，故高质量基础设施建设应以政府为主要着力点，从政府职能的视角出发推动基础设施建设的高质量发展，而本章则从战略、资金与创新支撑三个关键维度对我国高质量基础设施建设的影响因素进行分析。

（1）从战略支撑的视角出发，政府应对高质量基础设施建设起到统筹规划与思想指导的作用。一方面，高质量基础设施的建设需要从全局视角出发，建设全国较为统一的标准，以基础设施的相对均衡推动经济的协调发展。根据缪尔达尔的二元经济结构理论，即不发达国家的经济往往会出现经济发达地区与不发达地区并存的二元结构，而经济活动扩张的发达地区将从周边不发达地区吸引人口、资本等关键资源，通过“回波效应”加快自身发展，降低周边地区发展速度，使得二元经济结构中两个地区的经济差距不断拉大，而随着发达地区经济发展到一定程度，资本、技术、劳动力等将向其他地区转移，以“扩散效应”带动不发达地区的经济发展，逐渐推动二元结构的“一元化”。这也与邓小平同志的“让一部分人先富起来，先富带动后富”的指导思想较为统一，而加强“扩散效应”、推动区域协调发展的关键着力点则在于落后地区的基础设施改善，其基础设施应与发达地区存在标准的一致性，以承接流入劳动力、资本与技术等生产要素，而其高质量基础设施的建设离不开国家的统筹规划与战略支撑。只有依据国家对高质量基础设施进行全局规划建设，才能推动区域整体布局的协调化，实现我国区域基础设施建设的高质量发展。另一方面，高质量的基础设施建设也需要政府的战略指导。新中国成立初期，在毛泽东思想的指导下，我国根据优先发展重工业的发展战略，推动了工业化基础设施的全国建设，完成了156项重点工矿业基本建设项目，建设了青藏公路、武汉长江大桥、首都国际机场一系列重大项目，完成了我国交通基础设施的初步整体布局。改革开放后，在邓小平理论的支撑下，根据“全国一盘棋”思想持续推动了工业化基础设施建设，从交通到通信，从城市到农村，基础设施服务水平大幅度提高，经济也实现了快速发展。而新时代以来，面对新经济发展现状，习近平总书记提出了创新、协调、绿色、开放、共享的新发展理念，也带动了高质量基础设施建设的发展。随着时代发展的变化，党的理论思想也与时俱进，指导着我国的改革与建设，指引我国走上了具有中国特色的社会主义道路。纵观历史发展，基础设施建设，特别是高质量基础设施建设，需要政府的统筹规划与思想指导作为战略支撑。

（2）从资金支撑的视角出发，政府应通过完善高质量基础设施建设的投融资模式为其建设提供资金保障。高质量的基础设施建设具有投资金额较高、连续性强、收益回报期长、正外部性较强等特点，故往往需要政府发挥投资主体与引导投资的作用，形成以政府为主导、充分发挥市场资源配置作用的投融资模式，打破高质量基础设施建设的融资困境，通过提供资金保障推动高质量基础设施建设与经济高质量发展。从政府作为投资主体的视角出发，政府的财政融资在高质量基础设施建设中存在基础性作用，但同时也存在政府资金有限，不足以支撑基础设施建设资金需求的问题，面对这一问题，政府应通过开源节流为高质量基础设施建设提供稳定资金支撑。开源，并非盲目追求政府财政收入的提升，而是通过抑制负外部性为高质量基础设施的正外部性"买单"。以绿色基础设施的建设为例，根据前文中高质量基础设施建设的现状分析可以发现，新经济背景下，基础设施建设的绿色性水平大幅度提高，而绿色基础设施的建设，应根据"谁污染谁治理、谁开发谁保护"的原则，考虑到环境污染的复杂性与企业主体的多元化，让排污企业参与绿色基础设施的建设，为其建设提供资金支撑，而不应将政府作为污染治理与环境保护的完全责任主体。节流，即基础设施建设资金使用的合理化，应完善政府的基础设施建设投资管理机制，确保资金使用的透明性，避免基础设施的重复建设或出现寻租现象，提高资金利用效率，在这一过程中，应拓宽监督渠道，人民作为基础设施的建设主体与服务主体，也是高质量基础设施建设的评价主体，故应发挥公众的监督作用，通过完善基础设施建设的投资管理制度为高质量的基础设施提供保障。从政府资金引导的视角出发，应扩宽高质量基础设施的融资渠道，推动其融资方式的多元化，鼓励民间投资，缓解地方政府的融资压力，为高质量基础设施的建设提供稳定的资金保障。

（3）从创新支撑的视角出发，政府对于经济发展需具有前瞻性，进而指导高质量基础设施建设的创新化发展。新经济与过去传统经济发展模式的核心差异在于新技术的应用与新业态的转型，其创新性也是高质量基础设施建设的核心要求，高质量的基础设施需要紧跟时代发展趋势，着力满足新经济下人民群众的新需求，将"普通公路"升级为"高速公路"，将"4G"升级为"5G"，将普通动力升级为"核动力"。而政府作为高质量基础设施建设的主要生产部门，也应强调其创新属性，为高质量基础设施建设构建良好的创新环境。着眼于激励创新维度，政府应激发企业、高校等微观主体的创新活力，及时实现其创新成果的转化，将前沿科技成果及时应用于高质量基础设施建设。而立足于现实创新动力问题可以发现，基础设施建设相关企业创新往往面临创新动力不足与创新风险较大的问题，政府应拒绝对国有企业的过度扶持，以规避其存在的路径依赖、创新压力小的问题，加强对国家高质量基础设施建设等重要领域中的创新补贴。同时，为降低其创新风险，政府应进一步完善知识产权保护体系，为高质量基础设施的创新活动提供法律支撑。而基于高校等科研机构成果转化问题，政府应依据2020年5月13日科技部、教育部印发的《关于进一步推进高等学校专业化技术转移机构建设发展的实施意见》，进一步探索整合各类社会力量和资源来完成科技成果转化的新模式，加大对科技人员的成果转化收益分配比例，以提高科技成果转化效率，推动高质量基础设施建设的创新化发展。即新经济背景下，政府应从长远发展的视角出发，激励创新、保护创新、赋能创新，为高质量基础设施建设营造良好的创新环境。

综上所述，新经济背景下，高质量基础设施建设已然成为推动经济转型与现代化经济体系建设的关键着力点，而高质量基础设施应与新发展理念相适应，包含创新、协调、绿色、开放、共享五大内涵。同时，通过对高质量基础设施建设指标体系的构建与测评，可以发现近年来，高质量基础设施建设指标实现了显著增长，各维度指标也均存在持续增长态势。最后，本章针对高质量基础设施的后续建设问题，提出政府部门作为基础设施的主要生产者，应对高质量基础设施提供战略支撑、资金支撑与创新支撑，进而为我国经济的高质量发展与现代化经济体系构建奠定基础。

第三篇

新经济背景下宏观高质量发展

16 新经济背景下增长要素扩展和增长方式转型

在新一轮科技和产业革命的浪潮下，新经济成为新时代我国经济发展的新趋势。新经济的发展带来了我国经济发展在技术、产业、业态、模式以及产品等多个层面的创新发展，推动了我国经济增长要素在内容、形式以及时空等三个层面的扩展，促进了我国经济增长方式呈现出从要素驱动转向创新驱动、规模经济和范围经济双发展、从粗放型增长转向集约型增长以及注重协调发展等转型特点。新经济背景下，推动我国经济高质量要把握增长要素的拓展方向，顺应增长方式的转型趋势，积极培育新主体，加快推进新型数字化基础设施建设。

16.1 新经济发展带动增长要素扩展

新一轮科技和产业革命的浪潮下，新经济成为新时代我国经济发展的重要引领与趋势，成为推动我国经济高质量发展的重要驱动力，并在我国宏观经济运行、中观产业循环、微观企业发展等各层面都发挥了重要作用。新经济发展带来的新技术、新产业、新业态、新模式、新产品等不同层面的新变化推动且显现了我国经济发展在增长要素方面的新扩展，具体包括以下三个层面：

第一，新经济发展背景下，信息、数据成为新的独立供给要素。随着信息技术的突破与发展，大数据、互联网、云计算等逐渐出现在生产活动中，催生了新产品、新业态、新模式甚至新产业的发展。与此同时，数字化基础设施日渐发展完善，信息、数据等的可获得性与流动性逐渐加强①，为其作为独立的生产要素创造了条件，突破了以往的诸多限制，成为社会生产活动中的一项要素投入。且信息物理系统的发展与使用极大地提升了信息、数据在生产中的边际贡献率，使得其在社会经济运行效率的提升与推动经济高质量发展中得以发挥更大的作用。除此之外，信息、数据作为增长要素也直接影响企业的生产决策及水平，成为影响产出水平的关键要素。

信息、数据成为新的独立供给要素参与到经济生产活动中，一方面带来了供给产品体系的新变化，出现了数字化产品的供给，丰富了产品种类，给消费者提供更多样化的产品服务。另一方面推动了资源的优化配置，新的要素为原先的配置体系带来了新活力，信息、数据使用的边际成本较低，且能够与多种要素实现融合，有效提高了资源配置效率。

第二，新经济发展背景下，增长要素实现了从实物要素向虚拟要素转变。正如习近平总书记在 2014 年关于科技创新的会议上指出“信息技术成为率先渗透到经济社会各领域的先导技术，将促进物质生产、物质服务为主的经济发展模式，向以信息生产、信息服务为主的经济发展模式转变”。随着新经济发展的推进，大数据、互联网等依托技术的发展日渐成熟，信息、数据作为增长要素更高效地运用在经济社会的生产活动中，实现增长要素从过往土地、资本、劳动力等实物要素向信息、数据等虚拟要素的转变。

增长要素从实物要素向虚拟要素转变带动了许多新产业、新业态、新模式以及新产品的出现。虚拟要素的加入使得经济活动有了许多新变化。传统制造业开始向智能制造业转变，电子商务发展迅速，智慧城市加速建设，移动办公与慕课也越发普遍，供给体系出现了数字化虚拟产品的供给，服务型产品也越发符合顾客的需要和期望。

第三，新经济发展背景下，增长要素突破了时间和空间的限制，流动性极大增强。传统经济增长模式下，传统生产要素的配置极大地受限于时空，各地要素禀赋的区别使得传统产业发展具有明显的“空间—外围”的

---

① 黄群慧.“新经济”基本特征与企业管理变革方向[J]. 辽宁大学学报(哲学社会科学版), 2016(5): 1-7.

产业秩序特征，影响各地经济相互融通的同时也使得资源配置效率提高有限。随着新经济的发展，平台、共享、众包等经济发展形式和商业模式的创新极大地促进了要素流动与要素配置效率的提高。

增长要素突破时空的限制为经济发展带来了许多新活力。互联网以及信息技术的发展，有效拓展了人的学习能力，推动了人力资本积累加快且向高端化发展。数字经济的发展推动了融资环境的完善，促进了资本配置效率的提高①。共享经济的发展则打破了原先资源要素所有权的限制，使得闲置资源要素能够得到合理的利用，有利于要素禀赋结构的优化。除此之外，智能家居、移动办公、慕课等新业态的发展给人们的工作生活带来了诸多便利，不再受限于时空，提升了人们的生活品质。

16.2 新经济发展推动增长方式转型

黄群慧指出新经济的本质是“新一轮科技和产业革命带动生产、分配、交换、消费活动的新变化，表现为人类生产方式进步和经济结构变迁、促进新经济模式取代旧经济模式而产生的一系列经济活动”②。新经济的发展带来了增长要素在“一增加、一转变、一突破”三个层面的拓展，资源配置效率提高，生产工艺技术更新，进而推动了增长方式的转型。

新经济在新一轮科技革命和产业革命发展的浪潮中应运而生，其自身的发展得益于互联网、大数据、人工智能等一系列新技术的发展。故而新经济的发展又进一步深化了我国经济增长从要素驱动向创新驱动转型。新经济发展的过程中，互联网、大数据以及人工智能等一系列新技术日趋产业化发展，技术也越发成熟，市场化应用逐渐推进。这些新技术的应用与推广进一步帮助减少了新技术研发的风险与不确定性，提高了技术研发效率，有效降低了技术创新成本。且新经济的发展除去技术方面的创新，在产业、业态、模式以及产品等不同方面都有新发展，故而带动了知识技术、产品产业、管理运营以及市场需求等多维度的协同创新。与此同时，新经济的发展也使得传统要素资本、劳动力等有了新的发展活力，与新技

① 任保平，宋文月．新一代人工智能和实体经济深度融合促进高质量发展的效应与路径[J]．西北大学学报(哲学社会科学版)，2019，49(5)：6－13.

② 黄群慧．“新经济”基本特征与企业管理变革方向[J]．辽宁大学学报(哲学社会科学版)，2016(5)：1－7.

术融合有了新发展。共同推动了我国经济增长由要素驱动向创新驱动转变。

新经济背景下，我国经济增长转向了规模经济和范围经济的双向发展。新经济的发展一方面通过新技术以及新产品的创新扩散，在新产业与新业态的形成过程中实现了规模经济。新经济作为当前经济发展的一种新趋势，以互联网、大数据、人工智能等一系列新技术为依托，其在发展过程中呈现出前期创新成本相对较高，但边际成本相对较低的技术特征，使得其在前期建设初步完成的时候带动经济发展实现规模效应。除此之外，互联网、大数据、人工智能等新技术在生产应用中自然会产生技术外溢扩散效应和“干中学”效应①，带动整体创新水平提高和规模经济发展。另一方面新经济的发展出现了平台经济、共享经济等新的经济形式，极大地推动了行业间、企业间以及企业内部的经济协作水平，有效拓展了范围经济。平台经济的发展使得各行业、各企业之间能够更容易地实现连接，有效降低各方获取信息的难度与成本，推动跨企业、跨行业的多项合作。共享经济作为当前一种新的经济形式可以有效地实现资源整合，打破原先所有权的限制，提高整体资源效率，加强经济活动各项主体的多样连接，推动范围经济的发展。

新经济背景下，我国经济增长方式实现了从粗放型向集约型的转变。改革开放以来，我国经济快速发展，经历了高速发展阶段，但近年来经济增速日趋放缓，经济增长率由 2010 年的 10.5% 逐步降至 2019 年的 6.1%，原先支撑我国粗放型经济快速增长的资源禀赋优势也日渐削弱，转向集约型经济增长方式成为必需。新经济的发展既是新一轮科技和产业革命带动下的经济发展的新趋势，同时也是我国当前为培育经济发展新动能、推动经济增长方式转型的必然选择，顺应了我国当前供给侧结构性改革的趋势与要求。新经济的发展能够通过提高全要素生产率、优化资源配置效率等提高经济增长质量和经济发展效益，推动经济增长方式从粗放型向集约型转变。人工智能、现代信息技术等的发展在经济运行的过程中展现出了生产力效应②，一方面，人工智能的发展与应用逐步取代了基础的人工劳动，

① 师博．人工智能促进新时代中国经济结构转型升级的路径选择[J]．西北大学学报(哲学社会科学版)，2019，49(5)：14－20.

② 曹静，周亚林．人工智能对经济的影响研究进展[J]．经济学动态，2018(1)：103－115.

在提高生产效率的同时也刺激劳动力资源的高端化、专业化发展需求，带来更高的经济效益。另一方面，现代信息技术的广泛应用也充分革新了现有技术，推动提高了全要素生产率。全要素生产率的提高和资源配置效率的优化有效解决了经济发展过程中的资源约束问题，提高了资源利用率，推动了经济增长方式向集约式发展。

新经济背景下，我国经济增长方式向协调发展转型。新中国成立以来，经济在取得快速发展的同时发展不均衡的问题也逐步显现，东中西部地区的发展差距日渐拉大，三大产业之间的发展此消彼长，第一产业占比日趋下降，第二产业的发展也日趋放缓，第三产业呈现出较大的发展势头，但经济发展整体呈现出“实不如虚”的发展境况，经济发展缺乏长期动力。一方面，新经济的发展拓展了原先经济发展的区域边界，平台经济的出现使得我国东中西部地区得以实现更有效的联动，改善了中西部地区经济发展中人才以及技术劣势，推动区域协调发展。另一方面，新经济的发展为传统产业注入了新活力，农业由传统农业发展模式向现代化农业转变，出现了观赏性农业等新形式，制造业由传统制造业向智能制造业转变，成为经济发展新的增长点，服务业也向个性化、定制化方向发展。新经济的发展有效解决了实体经济发展中技术创新进度缓慢、资源要素成本高等问题，培育了实体经济发展新动能，推动经济协调发展。

16.3 新经济背景下推动中国经济高质量发展的路径选择

新经济发展带来了知识经济、共享经济、平台经济等一系列新经济形式，带动了经济发展在技术、产业、业态、模式以及产品等多个层面的革新。新经济发展的背景下，如何顺应发展趋势，把握发展机遇是我国当前经济高质量发展的重要方向引领。

新经济背景下，推动我国经济高质量发展要把握增长要素扩展的方向，充分发挥数据、信息作为新的独立供给要素对经济增长的拉动作用，推动提高企业的生产决策水平，加快建立数据、信息的资源产权、交易流通、跨境传输和安全保护等基础制度与规范标准，推动数据、信息资源的开发利用。顺应增长要素向虚拟要素拓展的趋势，充分发挥虚拟要素拓展带来的新的发展机遇，推动互联网、大数据、人工智能等同各产业的深度融合，积极培育新技术、新产业、新业态、新模式以及新产品。除此之外，还要抓住增长要素突破时空限制带来的发展机会，重新整合要素配给，提高资源配置效率，完善相关监管体系，保障国家数据安全，加强个人信息保护，促进平台经济、共享经济的健康发展。

新经济背景下，推动我国经济高质量发展要顺应增长方式转型的趋势，要坚持创新驱动战略，全面塑造经济发展的新优势，培育经济发展的新动能。要注重发挥应用新技术的生产力效应和技术外溢效应，提高全要素生产率，优化资源要素配置，充分实现规模经济和范围经济的发展效益。要积极推进经济集约化发展，有效提高资源利用效率，降低能耗，推进可持续发展。要坚持新发展理念，积极推进经济协调发展，注重缩小区域、行业间的发展差距，健全区域战略统筹、市场一体化发展、区域合作互助、区域利益补偿等机制，促进各地区共同发展。推动实体经济与数字经济的融合发展，推进数字产业化和产业数字化进程，在积极发展战略性新兴产业的同时也注重对传统产业的改造升级，推进各产业协调发展。

新经济背景下，推动我国经济高质量发展要积极培育新主体，提高创新能力，跟上新经济发展对技术和人才的要求。新经济发展的过程中为顺应一系列新技术的发展，响应国家创新政策的调整，新主体、新组织以及新形式都逐步崛起。党的十九大报告中也明确指出“要推进科技体制改革进一步深化，逐步建立起以企业为主体、以市场为导向的，产学研充分融合的科技创新体系”。新时代，推动经济高质量发展要贯彻尊重劳动、尊重知识、尊重人才、尊重创造的方针，推进人才发展的体制机制改革，建立高水平的人才队伍和创新团队，搭建完善民主化、开放化、网络化的创新平台，鼓励多样化的创新形式，培育个性化的创新主体，积极推进创新创业活动，形成技术创新的良性循环，推进创新型、技能型、应用型人才培养。

新经济背景下，推动我国经济高质量发展要加快新型数字化基础设施建设，加强新时代经济发展的基础保障。新型数字化基础设施已成为新时代最主要的基础设施，大数据、云服务、人工智能以及移动支付等都是数字技术与商业模式的融合①。新型数字化基础设施建设能够突破空间的限制，充分发挥正外部性，使得不同地区、不同产业都能够享受到新技术的发展红利，推进协调发展。加快新型数字化基础设施建设要坚持以新发展理念为引领、以技术创新为驱动、以信息网络为基础，切实顺应经济高质量发展的需要，推进信息基础设施、融合基础设施以及创新基础设施的全面建设进程。

① 王忠民．基础设施的三个维度及其投资效应探析[J]．西北大学学报(哲学社会科学版)，2019，49(2)：5－9.

17 新经济背景下经济发展战略的定位和创新

新时代下，新经济发展势头迅猛，在此背景下经济发展战略也逐渐发生变化，以更加适应新环境、满足新要求。新经济时期，我国面临着愈加复杂的国内外环境，经济发展态势逐渐朝知识主导型转变，经济步入科技与产业革命的快速发展期和国内外百年未有之大变局的深化期。在此背景下，本章从推动高水平开放，畅通国内外双循环；贯彻新发展理念，引领新经济高质量发展；充分发挥新比较优势，掌握国际竞争主动权；促进动能转换，增强经济发展内生动力四个角度进行战略定位。结合战略定位和新经济发展背景，得出经济发展战略创新的五个方向：战略核心由赶超转向质量效益、战略导向由供需单一导向转向供给需求动态平衡、战略理念由传统理念转向新发展理念、战略模式由总量转向结构化战略、战略重点由工农业主导转向数字经济主导。

17.1 新经济背景下经济发展战略的理论分析

17.1.1 “战略”的内涵

“战略”一词在中国起源于兵法，最初应用于军事领域，指军事将领指导军队作战的谋划和策略，是从全局出发为实现全局目标的一种规划，一般指为实现远大目标而做出的长远规划。现在的“战略”已经不单存在于军事领域，其涉及的范围日益扩大并应用于各个领域，如“全球战略”“国家战略”“资源战略”“人口战略”等概念。《韦氏大学英语词典》中的战略是指“对一个整体组织来说最重要的、持久的、具有普遍性的计划”。罗伯特·奎恩（1998）将战略定义为将一个组织的主要目的、政策、行动计划结合为一个整体的计划或模式。希特、爱尔兰等（2009）认为，战略是一系列用来开发竞争力、竞争优势的综合的、协调的约定和行动。国内学者很少对“战略”一词给出定义，由此本章主要参考国外学者的研究，将“战略”定义为一种在特定的环境下用来指导全局的方略及对各种资源的总体部署，其核心内容是通过分析当前形势、制定指导方针来解决重大问题，并采取一系列连贯的行动计划。

17.1.2 “经济发展战略”的内涵

在国外学者的研究中，“发展战略”的概念是艾伯特·赫希曼（1991）在其著作《经济发展战略》中率先提出的，此书是世界上第一部以“经济发展战略”直接命名的著作，在书中他通过分析发展中国家利用自身发展潜力、环境和现有资源等，逐步实现本区域的经济发展目标。国内学者于光远在1981年提出经济社会发展战略，他提到“战略是制定长远规划的准备”，并认为经济发展战略就是对未来经济发展做出的长远规划，以提前25年预测最为科学。国外学者 Malefane S. R.（2010）在研究中提到经济发展战略主要是将以人为本作为战略理念，通过经济结构调整实现经济增长目标的策略计划。Rosario Turvey（2007）在研究中认为经济发展战略是围绕某一个国家发展理念去寻找国家未来发展方向和方式的一种构想。刘瑞、武少俊（2006）在其著作中以发展理论和发展观念为切入点，将经济发展战略定义为基于当下发展环境形成的发展观，一个国家或地区关于未来社会经济发展的总体性谋划。本章参考“战略”一词的定义，并通过对任保平、宋雪纯（2019）的已有研究进行总结与补充，将“经济发展战略”定义为：在一定时期，一个国家基于国民经济发展的基本思想而实施的，具有全局性、根本性、长期性特点的总谋划和总方针。

17.2 新经济时期的经济发展背景

当今中国的经济发展，无论从发展的环境、要求、理念、优势还是结构来看，都与传统经济时期有了很大的变化。我们称这一发展阶段为新经济时期，它诞生于新一轮信息技术的革命浪潮，是一种与科学技术紧密结合，以创新为核心驱动力，适应当下数字化经济发展的新经济范式。无论从理论还是实践的角度看，新经济都是一个十分重要的时代背景，同时对我国经济发展的转型与升级也有着关键意义。当下，中国已进入新经济的时代，但新经济时期我国经济发展并不是一帆风顺的，在此前提下我们从以下五个角度来分析目前我国经济发展的背景。

17.2.1 经济发展环境

从国内看，改革开放40多年的发展建设使我国的综合国力和国际地位都有了很大的提高，在国际舞台上的影响越来越大。新经济时期我国经济发展的总体趋势向好，经济发展已由高速增长时期转入高质量发展时期，经济活动的空间大多由线下转移到线上，经济发展处于由单轮驱动向“政策+市场”双轮驱动转型的关键时刻，同时仍面临着经济下行的压力和不确定因素的制约。当下我国处于“十四五”时期，陈昌盛等（2020）在研究中指出，这一时期是我国发展格局的深度调整时期，是实现“两个一百年”目标的交汇时期，也是推动国内经济转型的关键时期，内外各种因素的相互叠加塑造了新经济时期我国经济大变革阶段的复杂环境。

从国际看，世界不仅进入了新经济时期，也进入了新一轮大变革大调整时期，全球化进程中不断遇到新的挑战，世界各国经济实力不断变化，大国战略博弈全面加剧，单边主义和保护主义逐渐上升，国际体系进入深度调整阶段，国际政治经济旧秩序趋于瓦解，新秩序加速形成。国际金融危机的深层影响仍在蔓延，以美国为代表的西方大国受危机影响，在经济、政治与社会等方面的问题与矛盾日益显现，使我国的经济发展面临来自国际经济、政治、外交等各方面潜在的压力。全球经济低迷，市场持续波动，国内及国际工业制造业供应链受到严重冲击，加之新冠肺炎疫情的催化均使得我国面临的外部环境不稳定因素日益增加。

17.2.2 经济发展要求

首先，传统的经济发展方式以资源消耗为主，这使得资源使用陷入极限状态，依照新经济时期经济的发展方向和可持续发展的要求，我国亟须加快转变经济发展方式，推动转换发展动能，实现转型发展的目标。其次，数字化经济的高速发展，使得消费日益显现出多元化、个性化的特点，消费者的需求在大数据时代被精准投放，消费结构的转型及消费环境的不断变化使得消费需求进入快速变革阶段，消费者对产品的要求不断升级，使需求的现有层次结构发生变化。除此之外，新经济时期发展环境、条件发生巨大变化，供给侧结构性改革越发深入，需要供给侧与需求侧同时发力，以形成强大的国内市场，构建新时代经济社会新发展格局。最后，从长期发展规划来看，我国正处于“十四五”时期，这是两个一百年目标交汇的历史关键时期，是世界范围内新一轮科学技术与产业革命的快速发展期，也是国内外百年未有之大变局的渗入深化期，我国面临着前所未有的挑战，这就需要我们提升自身实力，掌握发展主动权，为实现两个一百年目标奠定坚实基础，为经济永续健康发展创造必要条件。

17.2.3 经济发展理念

新经济时期，经济社会发展的新现象使得传统经济理论及其架构面临重大挑战，标准化、规模化、追求速度的传统发展理念的弊端在经济升级转型中逐渐显露，亟须重塑新经济时期下的经济理论与架构体系，由此，新发展理念诞生并将之取代。党的十九大报告中提出“必须坚定不移贯彻创新、协调、绿色、开放、共享的发展理念”；2020 年 7 月召开的中央政治局会议也提出“必须把新发展理念贯穿发展全过程和各领域”，其对我国新时代新经济发展的重要性足以见得。与此同时，将物质财富的增长视为核心，认为物质财富的无限增长才是社会进步的唯一标志的传统发展观，在经济阶段性发展的过程中屡屡受阻，其考虑片面且有着不可持续性的软肋，造成经济社会“有增长无发展”的局面。吸取传统发展观的经验并结合经济发展新要求，新发展观从人与社会的角度解释发展问题，在一定程度上打破了传统发展观的局限性，但其没有考虑到经济发展与环境间的辩证关系，没有意识到人与自然和谐发展的必要性。为了与时代更迭相适应，在当今把发展作为第一要务的主题背景下，科学发展观应运而生，其考虑得更加全面并用以人为本的理念作为核心思想，更加强调发展的可持续性和整体性，这也是新时代新经济时期经济发展坚实的理论基础。

17.2.4 经济发展优势

新经济时期，我国各级政府对新经济给予高度重视与支持，为其更高质的发展营造了有利的外部环境。科学技术革命推动了国内生产力的变革，信息技术的飞速发展使得社会结构、生活方式等发生了翻天覆地的变化，为我国发展创造了许多新机遇，为新时期经济的高质高效发展奠定了客观基础。除此之外，我国作为人口大国拥有独特的人力资源优势，利用信息科技的手段可以放大我国市场规模优势，占领技术前沿，掌握发展先行权。同时，新经济时期下产业之间不断融合，各产业边界逐渐模糊，互联网及人工智能等新兴技术的高速发展使得各种跨界融合的发展方式越发普遍，催生新产业、新模式，为经济的长期发展创造新引擎，以对冲经济下行压力。目前，我国产业呈现出由东部地区向中西部地区转移的态势，这种趋势可以带动中西部地区经济的发展，并提高区域经济发展的协调性，成为新经济发展的强大支撑。新经济时期，新兴产业的快速发展在经济领域起到良好的示范效应，有助于吸引社会资源为经济发展提供充足补给。我国积极推行供给侧结构性改革，产业结构和经济结构的创新变革成效显著，2020 年国家统计局公布的数据显示，2019 年我国“三新”经济增加值占国内生产总值的 16.3%，已连续三年增长。

17.2.5 经济发展特点

新经济时期，知识与技术在经济发展中的占比不断增加，世界各国间的竞争已成为技术创新的竞争，经济发展态势逐渐向以智力经济为核心的态势转变，知识产权立国逐渐变成各个国家的竞争战略。当下，数字化经济发展迅速，高新技术产业发展强势并带动第一、第二产业高效发展，在这一过程中不只强调新兴产业的发展进步，还强调了传统产业的转型，通过高新技术与第一、第二产业的结合，推动了“互联网 + 产业”等数字化模式的产业发展。同时，各种新业态的出现改变了人们生活的各个方面，推动了经济结构的升级，成为汇聚经济发展新动能的主力军。此外，人工智能及大数据技术的广泛应用，倒逼传统企业改变原有的生产方式，加快了其创新和变革的进度，使产业结构更加优化。我国还在这一时期培育了很多促进新经济发展的微观主体，“大众创业、万众创新”等国家政策的施行给予了改革强大的推力，为经济提供了良好的发展氛围；企业在其中不断释放市场活力和创造力，给经济转型发展提供了充足动力。

17.3 新经济背景下经济发展战略的定位

新中国成立以来，我国经历了两种传统型经济发展战略，其设计与不同时期所面临的发展环境、发展阶段及发展需要是密不可分的。计划经济时期，恰好处于新中国成立初期，缺乏国家经济建设经验的我们只能向其他社会主义国家学习，由于当时受到苏联社会主义工业化建设中的赶超战略影响，加之新中国身处严峻的国际环境中，急需改变自身“一穷二白”

的现状并提高国际地位，因此我国做出赶超型经济发展战略的谋划。但连续五个五年计划盲目追求高生产快发展的操作，导致国内经济过热和国民经济比例的严重失衡。改革开放时期，世界各国竞争日趋激烈，大部分国家在经济全球化的浪潮中迅速发展起来，虽然我国保持着很高的经济增长速度，但与其他发达国家相比仍有很大差距，在国际经济竞争中始终处于不利地位。虽然改革开放时期的发展战略较计划经济时期有了很大的改进，但仍存在仅求速度而忽视经济发展质量、经济结构与产业结构不合理等问题。

新经济时期我国已步入新时代，经济发展步入新阶段，伴随着科技革命和全球一体化的迅猛发展，经济社会有了新需求和新要求，内外部环境有了新变化，经济结构有了新调整，传统的赶超型和追赶型经济发展战略不再与新的经济形态相适应。在新经济的发展过程中，发展环境的日趋复杂、人民需求和要求的日益提高、信息技术革命的不断推进、经济发展与生态环境之间关系的日益严峻等问题逐渐暴露，这就要求我国必须在短时间内做出规划，以解决当下的发展问题完成经济转型，从“新”出发，一改传统发展理念，以新的发展视角和要求来发现新经济发展的新规律、新结构和新趋势，成功设计出新时代新经济下我国的经济发展战略。

综合上述分析，结合我国经济发展背景，本章通过分析日益复杂的国内外环境和日趋激烈的国际竞争态势，从我国经济发展中提出的新要求出发，融合新的发展理念，充分发挥新经济发展优势，确定当下经济发展战略的重点，对新经济下经济发展战略进行定位。

17.3.1 推动高水平开放，畅通国内国外双循环

新经济下我国面临的国内外发展环境是复杂且不断变化的，在经济发展战略的制定中，我国更要通过“开放”这一利器增加自身的发展机会、增强自身竞争实力。改革开放至今我国一直保持以改革促发展的初心，不断开放国门，加强与世界各国的合作。新经济时期我国应继续保持以往的开放状态，坚持对外开放的基本国策，同时充分利用国内国外两个市场，逐步形成国内国际双循环的新型开放格局，打造经济高质量发展阶段的高水平开放，并为经济持续释放发展红利。开放与发展是一以贯之且不可分割的，只有把握好全球化发展的机遇，与不同禀赋的国家开展更加紧密的合作，我国经济乃至世界经济才能不断取得进步。持续深化对外开放，科

学谋划和主动参与国际经济循环，畅通国内国际双循环，使各类要素在经济循环中更自由地流动，让我国获得更加先进的技术、更高水平的人才、更丰富的资源和更充足的资金，为构建我国经济发展新格局提供充足动力，促使新时代新形势下我国经济实力的提高，推动我国参与国际竞争和合作新优势的培育。

17.3.2 贯彻新发展理念，引领新经济高质量发展

当下，我国面临区域经济发展不协调、生态环境与经济发展关系不融洽、产业结构与经济结构不合理等问题。在新时代下经济发展战略的制定中，我国仍然要将新发展理念作为经济发展战略设计的指导思想，以引领新经济高质量发展。在产业体系的构建上，我国应充分利用科技的优势，以创新引领新发展，同时注重不同产业的发展协同性，避免出现“瘸腿”问题，充分利用产业融合的手段，带动第一、第二、第三产业同时发展。对于生态环境与经济发展之间的关系问题，我国应保持尊重自然的态度，不过分消费自然，注重环境的保护，倡导绿色经济绿色发展，用清洁能源替代传统能源，形成经济与环境的协调发展。在区域发展的问题上，我国应加强与区域间的经济合作和要素流动，扩大各区域经济发展间的联动效应，凸显不同区域各自所拥有的比较优势，以区域部分发展促国家整体发展。除此之外，还要完善相关的体制，形成有利的政策环境，充分调动企业家、干部群体、科技人才等经济主体的积极性，同时提高社会公众的参与度。

17.3.3 充分发挥新比较优势，掌握国际竞争主动权

尽管外界环境存在着很多对我国经济发展不利的因素，但我国仍可以通过所拥有的要素禀赋培养比较优势，在国际竞争中扬长避短，为国际经济竞争提供强有力的支撑，掌握主动权。新经济时期，我国劳动力成本低、自然资源廉价等传统比较优势逐渐减弱，需要更能适应新的环境的新比较优势来提供动力。对此，在经济发展战略的制定中，我国应逐渐将低劳动力成本的单一优势向人力资本优势方向转变，充分发挥人力资源丰富的要素禀赋，打造高素质的人力资本优势，这是转变经济发展方式，实现又好又快发展的关键一步，为企业和国家经济发展提供源源不断的动力。同时，以我国国土广阔和人口众多为基础，推动国内市场规模和容量的扩

大，打造超大规模市场新优势，将各种资源和要素聚集于实体经济，发挥“虹吸效应”，为经济发展提供充足的供给。通过该优势还可以刺激消费和投资需求，为国外企业进入我国市场创造更多机会，抑制我国经济下行，拉动经济增长。

17.3.4 促进动能转换，增强经济发展内生动力

新经济时期，经济发展进入转型阶段，传统动能释放的能量逐渐减弱，经济面临下行压力，我国的经济发展亟须新动能的增加以对冲传统动能的减损，从而实现经济的成功转型和平稳发展。因此，在经济发展战略的制定中，我国应加快构建现代产业体系，培育新兴产业，催生新动能，改造传统产业，淘汰落后产能，为新经济下经济发展培育新的增长点。同时，激发全民参与“双创”的热情，充分利用互联网等技术手段，打造产业发展新业态，拓展产业数字化应用场景，扩大智能产品应用范围，释放数字化经济活力。利用新产业和新业态的发展催生新型服务方式，使新产品不断涌现，以进一步打开消费应用场景，为消费刺激经济带来新的契机。除此之外，企业可以通过积极发展开放共享互联网平台，汇聚人才和思想创意，使各企业在交流中各展所长，形成企业间融通发展的经济模式。充分发挥企业家精神，开展企业与高校间的大力合作，融合优势资源，助推产业转型升级，进一步增强经济发展内生动力。

17.4 新经济背景下经济发展战略的创新

我国经济发展战略确立的内在逻辑，是以人民群众的需求作为出发点和落脚点，利用多元素驱动的方式对所设目标加以实现，以协调的手段对发展的不平衡问题加以校正。本章所述新经济背景下的经济发展战略以经济转型为核心，从战略核心、战略导向、战略理念、战略重点和战略模式五个方面进行创新分析。

17.4.1 战略核心的创新：由赶超战略转向质量效益战略

新中国成立以来，我国的经济发展战略始终以赶超、追赶为主，虽然使中国经济取得了高速增长，但随着时间的推移其弊端也日益凸显，粗放型的经济增长使我国资源过度消耗，产业结构不合理问题日趋突出，有效供给不足，均阻碍了经济的可持续发展。基于现实情况，我国在新经济下

应用质量效益发展战略取代单纯的赶超发展战略，以实现经济可持续发展的新跨越。党的十九大报告中提到："我国经济已由高速增长阶段转向高质量发展阶段，增长必须是实实在在和没有水分的增长，是有效益、有质量、可持续的增长"，要"切实把推动发展的立足点转到提高质量和效益上来"，"高质量"和"效益"两个词的频繁出现，为我国经济发展战略的制定指明了方向。新经济背景下的经济发展战略与传统经济发展战略相比，在战略核心上进行了创新，这种创新是基于经济发展现状和要求做出的，通过这一创新可以提升经济发展的质量，同时也能更好地满足新时代下人民日益增长的对美好生活的需求。

17.4.2 战略导向的创新：由供需单一导向转为供给需求动态平衡导向

传统经济中，经济发展战略仅以供给为导向或仅以需求为导向，但经济发展结果显示出单一导向的战略无法达到供需两全的效果。改革开放以前，我国的宏观经济主要特征表现为供给短缺、需求膨胀，是较为典型的供给主导型；改革开放后，随着生产能力的提高，供给短缺的问题逐渐解决，但需求相对不足的问题接踵而来，宏观经济转变为需求主导型，经济运行过程中存在着供给相对过剩或需求相对不足的矛盾。对此，新经济背景下经济发展战略在战略导向上进行创新，改变单一导向的供需结构，倡导国内外双循环，构建供给需求动态平衡的发展模式，通过"内循环"构建以内需为主导的国内新经济，通过"双循环"联通国外市场，挖掘中国经济增长潜力，形成需求牵动供给、供给创造需求的新型供需结构，推动新发展格局的形成。

17.4.3 战略理念的创新：由传统发展理念转向新发展理念

传统经济发展时期，我国的经济发展观和发展理念都是不全面的，致使所指定的经济发展战略也是不平衡的，新时代我国的发展环境、阶段、禀赋都发生了变化，这就要求我国在经济发展的过程中，形成新的发展观，用新的发展理念制定以均衡和可持续为主题的新发展战略，以适应新时代经济的发展。传统经济发展理念以增长论发展，仅重视 GDP 等经济成果，忽略了社会、生态、个人等方面的发展，而新经济下的新发展理念对传统发展理念进行创新和完善，其将经济、政治、生态、个人等方面的发展统一起来，倡导全面发展、可持续发展。党的十八届五中全会提出五大发展理念，5 年来，我国一直坚定不移地贯彻新发展理念，厚植发展新优势，使我国发展迈上新台阶。历史经验证明，新经济时期我国的经济发展战略要持续落实新发展理念，为高质量发展谱写新篇章。

17.4.4 战略重点的创新：由工农业主导转向数字经济主导

传统经济发展战略主要以第一、第二产业为主导。新中国成立之初，为了一改我国“一穷二白”的经济状态，我国向苏联学习重点发展重工业，虽在短时间内使经济实现快速增长，但发展太急太快，过于强调工业化，忽视了其他产业的发展，导致经济结构失衡。改革开放前期，以第一、第二产业为导向的赶超战略虽提高了国内生产总值，但经济发展的技术含量不高，企业缺乏创新能力等问题逐渐显现。目前，我国的数字经济发展已获得了傲人成绩，2019 年中国数字经济的规模达到 5.2 万亿元，在全球 47 个经济体中位居第 2 位。因此，新经济时期的经济发展战略重点应逐渐向数字化经济转变，以技术创新作为新经济驱动力，大力发展新业态、新模式，倡导智慧经济，将产业与大数据、人工智能、区块链等新兴技术相融合，以提高生产和资源配置的效率，占据数字经济和数字技术的主导权。

17.4.5 战略模式的创新：由总量战略转向结构化战略

新中国成立之初，我国经济总量、工业生产总值等指标数值均处于较低水平，为扭转“落后挨打”的局面，我国采取总量发展战略，以达到短时间内快速提高国内生产总值和工业总产值，增强经济实力。但总量发展战略仅追求经济总量的提高，忽略了结构性发展，且属于短期发展战略，该战略的制定具有时效性，当经济发展背景发生变化时原有的发展战略便不再适合。由于新经济时期，经济发展处于转型时期，经济发展方式、经济增长方式等都需要转变，结构化发展是转型发展中必不可少的因素。因此，新经济时期的经济发展战略的创新之处在于：通过对经济发展长期趋势的综合考虑，制定中长期发展规划，充分发挥市场和政府在资源配置中的不同作用，同时加强对经济结构、产业结构等结构性问题的重视程度，推动实现经济的均衡发展。

18 数字经济发展对中国经济高质量发展的影响及其预测

在新型工业化、信息化、城镇化和农业现代化实现过程中，数字经济将融合生产和消费的多方力量发挥重塑作用，成为我国经济高质量发展的重要引擎。数字经济依托数据、算法、通信技术、平台等网络资源要素，打破了对人力资源、物质资源的依赖，为实现经济高质量发展提供强大引擎。本章将探讨数字经济对我国经济高质量发展的影响并对其进行预测，以期为数字经济引领经济高质量发展提供理论借鉴与实践参考。

18.1 数字经济对中国经济高质量发展的影响机制

本章从以下四个方面归纳数字经济对中国经济高质量发展的影响机制：

第一，数据成为驱动经济高质量跨越式发展的核心要素。数据被认为是数字经济中的“货币”，是转换新旧动能、增强内生动力的新支点。数字经济与传统经济基础资源的差异决定了经济发展导向的差异，传统经济的基础资源是自然资源、人力资本等，因此传统经济提倡可占有性，而数字经济中的数据资源决定了数字经济对共享性的提倡。在数字经济中，数字产品很容易进行复制和传播，因此更多的用户可以通过比较低廉的成本获取产品，有效地增加了产品的累积增值性。对于一般商品而言，生产一单位商品的边际成本超过一定的限度后会有所上升，然而数字内容产品基于网络传播的特性突破了这一限制。与此同时，大数据的整合功能可以依据使用者的特定需求对数据、信息进行收集、处理、分析、综合，从而形成有序的、高质量的信息资源，促进经济高质量发展。

第二，数字融合成为驱动经济高质量跨越式发展的主引擎。随着数字经济的发展，经济总量中先导性产业部门的比重将日益减少，而产业融合中的数字融合将成为驱动经济高质量跨越式发展的重要驱动力。数字经济产业融合具有深度和广度，数字经济在优化生产函数、培育新型产业、实现包容性增长和可持续增长方面发挥着重要作用，是促进经济高质量发展的重要驱动力。

第三，数字经济溢出成为经济高质量发展的外部原动力。首先，数字经济溢出部分得益于IT设备的快速更新和使用信息通信技术企业之间交易效率的提高。数字经济生产部门在竞争和创新过程中，经济溢出效应使得计算机行业的技术进步成本大幅下降，然而这样的技术溢出并不是受益者直接掌握了技术，而是通过集成、镶嵌、迭代开发等形式积累和应用了技术，促进了互补创新，产生溢出效应。其次，数字经济具有强大的传染性，数据资源、科技资源、人力资源都是经济发展的重要生产要素，而数字经济的发展可以创造各种条件，为实现资源共享提供服务。数字经济具有乘数效应与边际收益递增效应，具备规模经济、速度经济、范围经济与外部性，这些因素有助于经济个体之间相互传染与学习，促进异地的技术进步。最后，交易方或合作方数字经济的增长，将提高经济增长效率，获得外溢效应。由于各部门，地区间生产合作的密切性，一个部门或地区与数字经济相关的数字产品革新和网络基础设施升级，意味着整个生产合作网络能力的提升，因而使各个部门的效率提升，这也是数字经济溢出效应的来源。

第四，数字经济基础设施驱动经济高质量跨越式发展。网络基础设施建设是数字经济的“地基”，云平台则是中枢。云平台的特点是开放、共享、共赢，其可以构建一个多方共赢的商业生态圈，有效整合资源，打破传统的供需关系，衍生出更加共享、普惠和开放的经济生态，推动经济高质量发展。传统的经济关系旨在市场供需中寻求买卖双方的“合意”，而数字经济则在数字基础设施上追逐更大范围的“帕累托最优”。

18.2 实证研究

18.2.1 评价指标体系构建

首先，本章利用财新智库联合数联铭品每月发布的《中国数字经济指数》报告[①]中的数字经济指数，从数字经济产业指数、数字经济融合指数、

---

① 财新智库 BBD. 中国数字经济指数[EB/OL]. 财新网，http://nei.caixin.com.

数字经济溢出指数、数字经济基础设施指数四个方面构建数字经济指数的评价指标体系，如表 18 -1 所示。

表 18 -1 数字经济指数的评价指标体系

一级指标	二级指标	三级指标	四级指标	指标属性
数字经济指数	数字经济产业指数	大数据产业	大数据产业的劳动、资本、创新投入	正指标
		互联网产业	互联网产业的劳动、资本、创新投入	正指标
		人工智能产业	人工智能产业的劳动、资本、创新投入	正指标
	数字经济融合指数	工业互联网	工业互联网领域的劳动、资本、创新投入	正指标
		智慧供应链	智慧供应链领域的劳动、资本、创新投入	正指标
		共享经济	共享经济领域的劳动、资本、创新投入	正指标
		金融科技	金融科技领域的劳动、资本、创新投入	正指标
	数字经济溢出指数	制造业对数字经济的利用率	信息产业作为中间投入品的比例	正指标
			劳动投入中信息技术相关劳动力占比	正指标
			创新投入中信息技术相关专利占比	正指标
		制造业占比	制造业劳动、资本、创新投入分布	正指标
		其他行业对数字经济的利用率	信息产业作为中间投入品的比例	正指标
			劳动投入中信息技术相关劳动力占比	正指标
			创新投入中信息技术相关专利占比	正指标
		其他行业分别占比	各个行业劳动、资本、创新投入分布	正指标
	数字经济基础设施指数	数据资源管理体系	数据采集的基础设施投入	正指标
		互联网基础设施	数据存储和传输的基础设施投入	正指标
		数字化生活应用普及程度	在线支付比例	正指标
			共享经济比例	正指标
			共享经济规模	正指标

由表 18 -1 可以看出，数字经济产业指数主要用于衡量信息技术行业本身的发展状况，包括大数据产业、互联网产业、人工智能产业的发展，使用各行业劳动要素投入、资本要素投入和创新要素投入来衡量；数字经济融合指数主要用于衡量各行业数字经济和实体经济的融合程度，包括工业互联网、智慧供应链、共享经济和金融科技等方面，使用各领域的劳动

要素投入、资本要素投入和创新要素投入来衡量；数字经济溢出指数主要用于衡量各行业使用信息技术相关产品作为中间投入的比例，包括制造业对数字经济的利用率、制造业占比、其他行业对数字经济的利用率、其他行业分别占比，其中各行业对数字经济的利用率用信息产业作为中间投入品的比例、劳动投入中信息技术相关劳动力占比和创新投入中信息技术相关专利占比来衡量，行业占比使用行业劳动要素投入、资本要素投入和创新要素投入分布来衡量；数字经济基础设施指数主要从数据的采集、存储、传输和使用四个角度衡量数字经济基础设施的增长，包括数据资源管理体系、互联网基础设施、数字化生活应用普及程度三个方面，具体使用数据采集的基础设施投入来衡量数据资源管理体系，使用数据存储和传输的基础设施投入来衡量互联网基础设施，使用在线支付比例、共享经济比例和共享经济规模来衡量数字化生活应用普及程度。

其次，根据任保平等（2020）提出的从经济增长效率、经济增长结构、经济增长稳定性、福利变化与成果分配、资源利用和生态环境代价、国民经济素质六个维度衡量经济高质量发展。结合指标设置的科学性、统一性、可比性和月度数据的可得性原则，本章基于31个省份的月度数据运用熵值法构建经济高质量发展指数，具体评价指标体系如表18－2所示。

表18－2　经济高质量发展指数的评价指标体系

一级指标	二级指标	三级指标	指标属性
经济高质量发展指数	经济增长效率指数	GDP增长率	正指标
	经济增长结构指数	存款余额占GDP比重	正指标
		贷款余额占GDP比重	正指标
		进出口总值占GDP比重	正指标
	经济增长稳定性指数	居民消费价格指数	逆指标
	福利变化与成果分配指数	农村居民最低生活保障人数	逆指标
		城市居民最低生活保障人数	逆指标
	资源利用和生态环境代价指数	单位GDP原煤能耗	逆指标
		单位GDP原油能耗	逆指标
	国民经济素质指数	客运量	正指标

从表18－2中可以看出，经济增长效率用GDP增长率来衡量；经济增长结构包括产业结构、投资消费结构、金融结构、国际收支、城乡二元结

构，鉴于省级面板月度数据的可得性，本章使用存款余额占 GDP 比重和贷款余额占 GDP 比重来衡量金融结构，使用进出口总值占 GDP 比重来衡量国际收支结构；经济增长稳定性包括产出波动、价格波动、就业波动，由于省级面板月度数据的缺失，本章使用居民消费价格指数来衡量经济增长的稳定性；使用农村和城市居民最低生活保障人数来衡量福利变化与成果分配；使用客运量来衡量国民经济素质。

本章数据来源于财新智库联合数联铭品每月发布的《中国数字经济指数》报告和中国经济数据库，选取 2017 年 11 月至 2020 年 6 月我国 31 个省份连续 32 个月的月度数据来研究数字经济对中国经济高质量发展的影响及预测。

18.2.2 研究方法

(1) 相关性分析

相关性分析是指对两个或多个具备相关性的变量进行分析，本章使用相关性系数 r 来衡量数字经济方面指数与经济高质量发展指数的相关关系，具体计算公式如下：

$$r = \frac{\sum_{i=1}^{n}(x_i - \bar{x})(y_i - \bar{y})}{\sqrt{\sum_{i=1}^{n}(x_i - \bar{x})^2 \sum_{i=1}^{n}(y_i - \bar{y})^2}} \tag{18-1}$$

其中，r 的取值为 [1，-1)，$|r|$ 越接近 1，说明一个变量对另一个变量的影响越大；相反，$|r|$ 越接近 0，说明一个变量对另一个变量的影响越小。

(2) 决策树模型

决策树模型（Decision Tree Model，DTM）是基于树结构来进行决策的分类方法。通过学习大量数据，进而生成有效的分类预测模型。一个决策树包含一个根节点、若干个内部节点和若干个叶节点，叶节点表示分类的最终结果，每个内部节点表示根据不同属性进行分类，根节点表示样本全集。从根节点到不同的叶节点对应着相应的判断路径，可以帮助决策者直观地看到整个分类过程中最具影响力的关键性指标。

决策树模型建立的实质是对数据反复训练的过程，决策树上的分支就是在数据分组过程中产生的，不同的算法对应着不同的分组标准。本章根据数据特点选择 CART 算法，假设 X 与 Y 分别是输入和输出变量，并且 Y 是连续变量。在训练数据集所在的输入空间中，递归地将每个区域划分为两个子区域并决定每个子区域上的输入值，构建二叉决策树，如式（18－2)所示：

$$D = \{(x_1, y_1), (x_2, y_2), \cdots, (x_m, y_m)\} \tag{18－2}$$

选择最优切分变量 j 和切分的 s：遍历变量 j，对规定的切分变量 j 扫描切分的 s，选择使下式得到最小值时的（j，s）对，其中 R_m 是被划分的输入空间，c_m 是空间 R_m 对应的固定输出值，如式（18－3）所示：

$$\min_{j,s}\left[\min_{c_1}\sum_{x_i \in R_i(j,s)}(y_i - c_1)^2 + \min_{c_2}\sum_{x_i \in R_i(j,s)}(y_i - c_2)^2\right] \tag{18－3}$$

用选定的（j，s）对，划分区域并决定相应的输出值：

$$R_1(j,s) = \{x \mid x^{(j)} \leqslant s\}, R_2(j,s) = \{x \mid x^{(j)} > s\} \tag{18－4}$$

$$\hat{c}_m = \frac{1}{N_m}\sum_{x_i \in R_m(j,s)} y_i \tag{18－5}$$

继续对两个子区域调用上述步骤，将输入空间划分为 M 个子区域 R_1，R_2，…，R_m，生成决策树：

$$f(x) = \sum_{m=1}^{M} c_m I(\hat{x} \in R_m) \tag{18－6}$$

决策树模型的结果易于可视化，该算法完全不受数据缩放的影响，每个特征都是被单独处理，在计算速度、分类规则的准确性和不需要参数假设等方面具有独特的优势，因此，本章使用决策树模型实证研究数字经济发展对中国经济高质量发展的影响。

（3）支持向量回归

支持向量回归（Support Vector Regression，SVR）是一种机器学习算法，其基于结构化风险最小化原则，将样本从原始空间映射到高维空间，然后在高维空间中对样本进行线性回归，以寻找最优回归超平面。

对输入空间中给定的训练集 $T = \{(x_1, y_1), (x_2, y_2), \cdots, (x_m, y_m)\}$，其中 x_i 是第 i 个学习样本的输入值，y_i 为对应的目标值。在高维特征空间中，构造最优线性函数：

$$f(x) = W^T\varphi(x) + b \tag{18－7}$$

其中，W 为权重，b 为偏置顶。支持向量回归优化的目标函数为：

$$\min \frac{1}{2}w^T w + C\sum_{i=1}^{m}(\xi_i + \xi_i^*) \qquad (18-8)$$

$$\text{s.t.}\ \ y_i - w \cdot \varphi(x_i) - b \leqslant \varepsilon + \xi_i$$

$$w \cdot \varphi(x_i) + b - y_i \leqslant \varepsilon + \xi_i^*$$

$$\xi_i \geqslant 0, \xi_i^* \geqslant 0$$

其中，$\varepsilon > 0$ 为不敏感损失函数参数，取值的大小影响支持向量的数目；C 为正则化参数，控制对超出误差的样本惩罚程度；ξ_i 和 ξ_i^* 为松弛变量。最优化问题的目标函数中包含两个部分：第一部分是希望得到的回归超平面具有好的推广能力，用 $w^T w$ 来衡量；第二部分是希望回归超平面对训练集拟合的错误程度小，用 ε 来衡量。支持向量回归并不直接求解原始问题，而是通过求解它的对偶问题来得到最优解。该模型的对偶问题为：

$$\min\left[\frac{1}{2}\sum_{i,j=1}^{m}(\alpha_i^* - \alpha_i)(\alpha_j^* - \alpha_j)\phi(x_i)\phi(x_j) + \varepsilon\sum_{i=1}^{m}(\alpha_i^* + \alpha_i) - \sum_{j=1}^{m}y_i(\alpha_i^* - \alpha_i)\right] \qquad (18-9)$$

$$\text{s.t.}\ \sum_{i=1}^{m}(\alpha_i^* - \alpha_i) = 0$$

$$0 \leqslant \alpha_i^* \leqslant C,\ 0 \leqslant \alpha_i \leqslant C,\ i = 1,\ 2,\ \cdots,\ m$$

其中，ϕ (x_i) 和 ϕ (x_j) 为高维特征空间中的内积运算，为避免复杂的高维计算，需要找到一个核函数 K $(x_i,\ x_j)$ 代替高维空间的内积。本节选择径向基核函数 $K(x_i,\ x_j) = \exp\left(-\frac{||x_i - x_j||^2}{\sigma^2}\right)$，通过学习得到回归估计函数为：

$$f(x) = \sum(\alpha_i^* - \alpha_i)K(x_i, x_j) + b \qquad (18-10)$$

$$b = \frac{1}{N_{NSY}}\left\{\sum\left[y_i - \sum(\alpha_i^* - \alpha_i)K(x_i \cdot x_j) - \varepsilon\right] + \sum\left[y_i - \sum(\alpha_i^* - \alpha_i)K(x_i \cdot x_j) + \varepsilon\right]\right\} \qquad (18-11)$$

相比于传统的计量经济模型，支持向量回归模型具有更高的泛化能力，在解决小样本情况下的机器学习问题和避免神经网络局部极小点问题等方面具有优势，因此本章选择支持向量回归模型对经济高质量发展进行预测。

18.2.3 实证结果及分析

（1）相关性结果分析

对数字经济各方面指数与经济高质量发展指数的相关性进行分析，结果如图 18－1 所示。

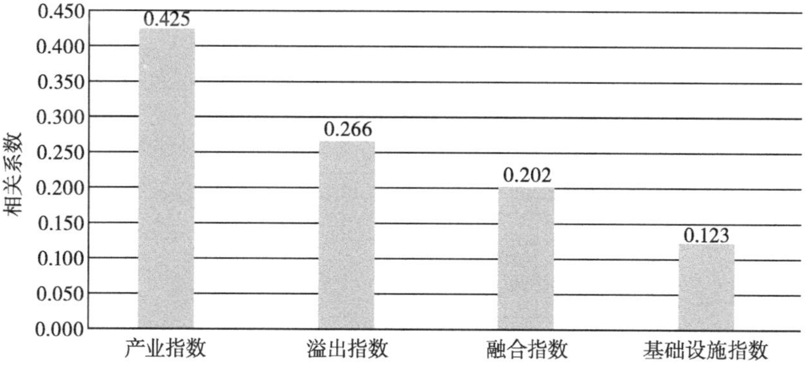

图 18－1 数字经济各方面指数与经济高质量发展指数的相关性分析

从图 18－1 中可以看出，按照相关程度从大到小排列，数字经济产业指数、数字经济溢出指数、数字经济融合指数和数字经济基础设施指数均与经济高质量发展指数呈正相关关系。其中数字经济产业指数与经济高质量发展指数的相关系数最大，达到 0.425，说明大数据产业、互联网产业及人工智能产业与经济高质量发展紧密相关；其次为数字经济溢出指数和数字经济融合指数，其相关系数分别为 0.266 和 0.202；数字经济基础设施指数的相关系数最低，仅为 0.123，说明数据资源管理体系、互联网基础设施以及数字化应用普及程度与经济高质量发展的相关程度最低。

（2）基于决策树模型的影响结果分析

根据 CART 算法对决策树进行剪枝后，降低了叶子节点的种类数，得到了进行分类预测的最佳决策树模型，每个叶节点都对应着一条规则，而从根节点到每个叶节点之间的中间节点，分别构成了不同规则的条件集合。CART 算法根据方差度量实现平方误差最小化的原则构建决策树模型，指标的深度可反映该指标对目标变量的重要程度。本章将经济高质量发展指数作为目标变量，将数字经济分方面指标数字经济产业指数、数字经济溢出指数、数字经济融合指数和数字经济基础设施指数设为输入变量，利用 CART 算法建立数字经济影响经济高质量发展的决策树模型。同时，以

70% 的原始数据作为模型的训练集，30% 的原始数据作为测试集，使用测试集数据对模型进行评估，所得模型的预测精度达到 79% ，由于决策树模型在建立中使用贪婪算法，无法保障全局最优，若一味追求预测精度，则会产生过拟合等问题。本章所构建的决策树模型共 4 层，10 个节点，具体如图 18 －2 所示。

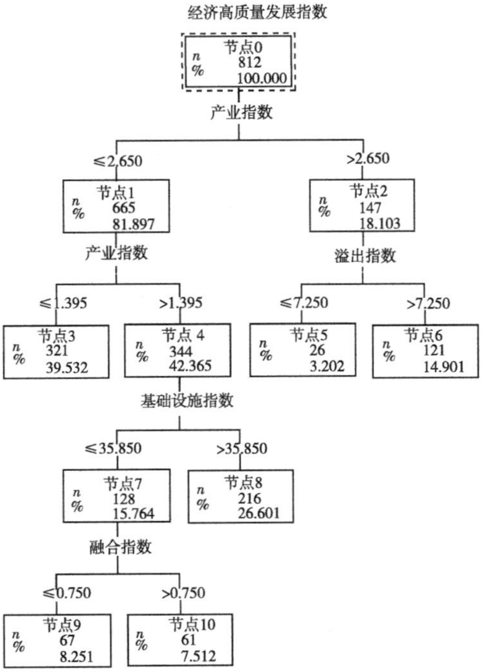

图 18 －2　数字经济影响经济高质量发展的决策树模型

图 18 －2 中，“n”代表每个节点输入的训练集样本个数，“%”表示该节点输入的样本数占训练集样本总数的百分比。根据决策树的分支情况，首先，按照数字经济产业指数是否大于 2. 650 进行拆分；其次，在数字经济产业指数大于 2. 650 的情况下，按照数字经济溢出指数是否大于 7. 250 进行拆分，在数字经济产业指数小于等于 2. 650 的情况下，按照该指数是否大于 1. 395 进行划分，大于 1. 395 继续用数字经济基础设施指数进行划分；再次，按照数字经济基础设施指数是否大于 35. 850 进行划分；最后，在数字经济基础设施指数小于等于 35. 850 的情况下按照数字经济融合指数是否大于 0. 750 进行划分。

首先，数字经济产业指数作为根节点且多次作为分割条件，可见在数字经济诸多影响经济高质量发展的因素中，数字经济产业是首要影响因素，即大数据产业、互联网产业、人工智能产业等数字经济产业对经济高质量发展发挥着至关重要的作用。事实上，随着大数据、人工智能等数字经济产业快速发展，业务模式不断创新拓展，业务收入和利润较快增长，为我国经济高质量发展做出巨大贡献。

其次，数字经济溢出指数作为所有规则中的第二个分割条件，表明各行业使用数字技术作为中间投入的比例对经济高质量发展也具有重要影响。由于数字经济的快速发展，其溢出效应带动其他行业产值增加和产品质量逐步提高，从而促进经济高质量发展。

再次，在决策树的分割中采用数字经济基础设施指数作为分割点，数字经济基础设施指数的突出特点在于其以新一代数字化技术为依托，而且通过新技术的产业应用，促进制造业技术改造和设备更新，支撑新型服务业和新经济，催生出大量创新业态，形成新的商业模式，将为经济高质量发展提供强大支撑。

最后，数字经济融合指数作为第四个分割点，表明数字经济融合有利于推动经济高质量发展，具体来说，数字经济与农业深度融合使农业的计划、生产、销售更加科学，数字经济与工业深度融合提升工业生产的精准度、效率和产品质量，数字经济与服务业深度融合培育现代服务业。数字经济融合能够拓展经济发展空间，在工业互联网、智慧供应链、共享经济和科技金融等方面挖掘经济发展潜力。

（3）基于支持向量回归的预测结果分析

为消除指标之间的量纲影响，对数据进行标准化处理。针对 2017 年 11 月至 2020 年 6 月全国 31 个省份的月度数据以 7∶3 的比例划分为训练集与测试集。在支持向量回归模型的建立过程中，使用径向基函数为核函数，为确定惩罚项 C 的最优取值，使用交叉验证的方法确定参数，利用均方根误差（RMSE）评估不同参数下的模型预测效果，结果如图 18－3 所示。

由交叉验证结果可得，当 C＝0.6 时，RMSE 值的下降变化趋缓，由此确定最优惩罚项参数，在此基础上对数据进行学习。采用支持向量回归模型对经济高质量发展进行预测，其预测结果如图 18－4 所示。

如图 18－4 所示，预测值曲线和真实值曲线基本吻合，证明了模型的

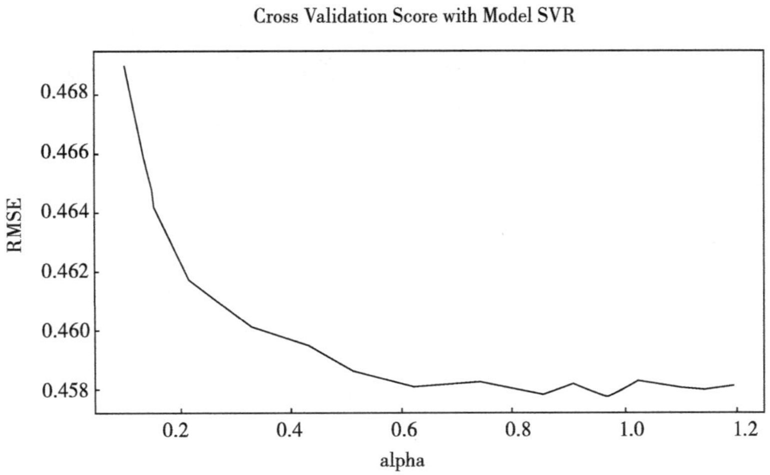

图 18－3　不同参数下的模型预测效果图

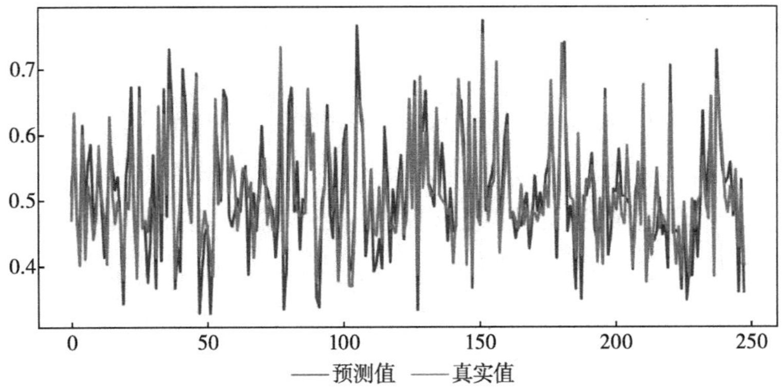

图 18－4　基于支持向量回归模型的预测结果

有效性，可以用该模型预测中国各省份经济高质量发展指数。为了验证支持向量回归模型预测结果的稳健性，本章同时使用最小二乘法和决策树模型进行预测，引入拟合优度（R^2）、平均绝对差值（MAE）、均方误差（MSE）和均方根误差（RMSE）4 个评价指标来评估模型的预测效果。

以上指标的表达式如下所示：

$$R^2 = \frac{\sum_{i=1}^{N}(y_i' - \bar{y})^2}{\sum_{i=1}^{N}(y_i - \bar{y})^2} \tag{18-12}$$

$$\mathrm{MAE} = \frac{1}{N}\sum_{i=1}^{N} | y_i' - y_i | \tag{18-13}$$

$$\mathrm{MSE} = \frac{1}{N}\sum_{i=1}^{N} (y_i' - y_i)^2 \tag{18-14}$$

$$\mathrm{RMSE} = \sqrt{\frac{1}{N}\sum_{i=1}^{N} (y_i' - y_i)^2} \tag{18-15}$$

其中，y_i 表示经济高质量发展指数的原始数据，$\bar{y}$ 表示经济高质量发展指数的均值，y_i' 表示经济高质量发展指数的预测值。R^2 表示回归模型对观测值的拟合程度，R^2 值越接近 1，说明拟合程度越好；MAE 反映预测的准确度，其值越小代表预测准确度越高；MSE 表征预测值与真实值偏离的程度，其值越小说明预测值与实际值之间的偏离度越小；RMSE 反映预测值的精度，其值越小说明预测精度越高。不同模型预测效果的评估如表 18-3 所示。

表 18-3 模型的预测效果评估表

模型	R^2	MAE	MSE	RMSE
支持向量回归	0.829	0.031	0.001	0.039
决策树	0.790	0.053	0.002	0.141
最小二乘法	0.534	0.188	0.005	0.223

从表 18-3 中可以看出，支持向量回归模型预测结果的各项评价指标均优于最小二乘法和决策树模型。支持向量回归模型的 R^2 达到了 0.829，比最小二乘法和决策树模型的 R^2 分别高 55% 和 5%，说明支持向量回归模型的预测值与真实值的拟合程度更高。支持向量回归模型的 MAE 值最小说明其预测准确度最高，MSE 值和 RMSE 值最低说明其预测偏离程度最低，预测精度最高。

18.3 结论与政策建议

本章在梳理和借鉴数字经济、经济高质量发展和数字经济影响经济高质量发展相关文献的基础上，对数字经济的内涵和数字经济影响经济高质量发展的理论机制进行分析，采用决策树模型和支持向量回归模型研究数字经济发展对中国经济高质量发展的影响及其预测，得到研究结论如下：①按照相关程度从大到小排列，数字经济产业指数、数字经济溢出指数、数字经济融合指数和数字经济基础设施指数均与经济高质量发展指数呈正相关关系。②从决策树模型研究数字经济对经济高质量发展的影响来看，决策树模型的根节点是数字经济产业指数且多次作为分割条件，可见数字经济产业是经济高质量发展的首要影响因素；其次是数字经济溢出指数，数字经济溢出带动其他行业产值增加，产品质量逐步提高，是实现经济高质量发展的重要环节；再次是数字经济基础设施指数，数字经济基础设施是技术创新的新载体，成为经济高质量发展的强大支撑；最后是数字经济融合指数，数字经济融合能够拓展经济发展空间，在工业互联网、智慧供应链、共享经济和科技金融等方面挖掘经济发展潜力。③从支持向量回归模型预测经济高质量发展的结果来看，本章使用核函数为径向基函数的支持向量回归模型进行预测，与最小二乘法和决策树模型相比，预测值与真实值的拟合程度和预测精度最高，预测偏离程度最低。

发展数字经济体现了经济高质量发展的创新、协调、绿色、开放和共享理念，特别是疫情之“危”凸显数字经济之“机”。以上研究结论对于我国发展数字经济促进经济高质量发展具有如下政策启示：①突破数字经济的核心技术以推进数字经济产业化建设，为经济高质量发展提供新动力。一方面，重点加快关键共性技术研发，突破信息通信核心技术、面向工业互联网特定需求的5G关键技术、人工智能核心技术等，为数字经济产业的发展奠定基础；另一方面，加强数字经济产业的政策扶持力度，不断建立健全数字经济发展的法律框架，出台有针对性的财政、税收、金融等政策，鼓励和扶持数字企业的培育和壮大，形成具有中国特色的数字经济法治环境和数据管理制度。②充分发挥数字经济溢出效应，促进数字技术向我国生产生活各个领域的全面渗透，形成更多的增长点和增长极，有效拉动国内需求，使其成为经济高质量发展的出发点和落脚点。培育发展以数字经济为核心的，以新技术、新业态、新产品和新模式为代表的新型产业集群，加快传统产业数字化和智能化，联动推进“数字化+”“互联网+”“智能化+”等。③加快新型数字基础设施建设，为经济高质量发展提供支撑。完善信息通信基础设施，优化城市光纤宽带网络，加强广播电视网和有线、无线、卫星融合一体化建设；加强民生基础设施数字化升级，推动医疗、教育、社保等民生领域基础设施的信息化建设，构建互通互联的信息基础网络，切实利用信息技术改善和保障民生；加快城市基础设施数字化建设，推动物联网、空间地理信息、遥感遥测等技术在交通、能源、通信、环保、给排水、防灾等行业中的应用；提前布局新型基础设施，建设数据采集新型基础设施，加快5G网络规模建设和商用进程，推动5G与物联网、大数据融合创新。④推动数字经济与实体经济深度融合，提高经济发展质量的潜力。拓展数字经济产业融合的深度和广度，把握人工智能、虚拟现实、区块链、量子通信等新兴技术在实体经济发展中的催化和耦合作用，加快形成以创新融合为主要引领和支撑的数字经济，驱动经济高质量跨越式发展。

19 网络经济发展对中国经济高质量发展的影响研究

网络经济是指以互联网为主要载体进行信息传送和交易处理，并以知识和信息为核心，通过影响信息流、资金流、物流的流动，来影响整个经济发展的一种全新经济形态。党的十九届五中全会审议通过的“十四五”规划建议，再次阐述了“十四五”时期经济社会发展和改革开放的重点任务，对科技创新、产业发展、国内市场、深化改革、对外开放等重点领域的思路和工作重点作出工作部署。全会明确提出：“以推动高质量发展为主题”。随着经济发展新动能不断壮大，新产业、新业态、新商业模式的不断涌现，进一步增强了我国的经济活力，有力推动我国经济朝高质量发展方向迈进。而在经济发展新动能指数中，网络经济指数增幅最高、贡献最大，所以在此背景下研究网络经济的发展对于我国经济高质量的影响具有现实意义。具体而言，本章将考察网络经济的发展新态势，借此研判其是否成为我国经济可持续、高质量发展的新动能。

19.1 理论基础分析

网络经济是建立在现代通信网络和电子计算机网络基础之上，以现代信息技术为核心的新的经济形态。网络经济的快速发展为社会经济的发展注入了新动力，经济活动和网络技术融合给国民经济运行的各层面均带来了深远影响。

邵长清（2011）、郭莉莉（2016）等研究指出，微观上，网络经济将中国人多集中于节假日的白天去商场、超市购物的方式，改变为线上购物、全天候购物方式，这一改变促使中国企业实行个性化定制、差异化服务，以及采取取悦顾客的产品设计风格，制造业中许多企业通过线上平台旗舰店等方式进行网络销售。中观上，网络经济对传统商业模式带来了冲击，人与电子穿戴设备的结合充分提高了商务活动的效率，并且减少了中间环节。小批量、多品种、个性化等服务正成为主流，直播带货越来越多地吸引年轻人进行体验式购物。而在线电子支付、网络银行、电子支票、虚拟货币、P2P 等新形式的出现给传统金融行业带来巨大冲击，带领金融业进入一个新的发展阶段。宏观上，网络经济打破了时空限制，生产要素可以进行全球流动，市场信息可以实时传递到市场的各个角落，极大地促进了生产进步与市场的有效性，有利于中国企业与品牌的世界传播。

李庆运（2009）认为网络经济还具有竞争和合作并存的特征，信息网络使企业间的竞争和合作范围扩大，竞争和合作的转化速度同时加快，世界已经进入无国界的大竞争时代，企业的优势将更多地依赖信息与知识的运用与管理能力。网络经济的影响层面，该文认为网络经济加快了中国经济增长方式从粗放型向集约型转变的步伐，促进了中国经济产业结构优化升级，缩小了地区间差距，使欠发达地区实现“后发优势”。此外，网络经济还能优化中国就业结构，激发人的潜能，以及加快中国融入全球经济的进程。蔡宇婷（2015）从网络经济创新形式和创新扩散两个方面探讨其对国民经济的影响，一方面，创新形式提供了大量的就业岗位和机会，信息产业的诞生和发展拉动了国民经济的增长；另一方面，创新扩散偏向高技术人才，劳动力和资本质量的提升促使社会整体生产效率提升，进一步加快了国民经济发展的步伐。

随着中国经济从数量型增长迈向质量型增长，高质量的经济发展方式和目标已经成为当下中国核心的发展任务。任保平（2015）已经预测了数量型经济增长的经济后果与社会后果。经济后果方面，包括人口密集、城市拥堵、环境污染、资源消耗、福利下降等弊端。社会后果方面，过分强调数量型增长将使人们掉进为了增长而增长的怪圈，牺牲人们对于舒适怡静生活的选择权，也有害于人性和内心的平静，无法满足人们的精神享受，无法休现人的社会地位。而经济高质量发展与这大为不同，具体而言，经济高质量是创新、协调、绿色、开放、共享的发展，是经济发展方式、结构和动力的高水平状态（金碚，2018）。对于经济高质量发展的测算，许岩（2017）从民生、社会和环境等方面来衡量经济高质量发展。师博（2018）认为应该从发展的基本面、生态成果面和社会成果面等三个维度测评经济高质量发展。任保平（2018）指出经济高质量发展的指标应该包括经济发展、城市基础建设、教育养老、生态环境、医疗保健等。李梦欣（2019）从创新、协调、绿色、开放、共享五个维度构建新时代中国经济高质量发展指标。

网络经济作为我国经济发展的新形态，高质量作为我国经济发展的新要求，前者对后者产生了哪些影响？如何通过网络经济的发展更加有效地促进我国经济的高质量发展？通过文献梳理，到目前为止综合研究网络经济发展与经济高质量发展的文献较少，大多数文献仅从理论角度分析网络经济对中国经济的影响，且未涉及定量的实证研究。本章在已有研究的基础上，以 2013—2017 年中国 30 个省份的面板数据为分析样本，通过熵值法首先测度我国的网络经济发展指标，然后测度我国经济高质量发展指标，并利用面板向量自回归（PVAR）模型研究网络经济发展对经济高质量发展的影响问题，以期为我国网络经济发展和经济高质量发展提供政策借鉴。

19.2　网络经济发展推动中国经济高质量发展的作用机制

互联网凭借其信息传播的实时性、信息内容的海量性、信息体验的交互性等特征，对社会的各个方面产生了深远影响。具体而言，本章认为网络经济的发展将从如下五个层面推动中国经济的高质量发展。

19.2.1　网络经济可以发挥规模经济的低成本优势

首先，互联网凭借其高效的信息处理能力、低廉的信息处理成本，可以及时为企业提供生产资料价格、劳动力市场、商品供求等各类信息，以便企业能够根据市场行情动态调整生产计划与价格方案，提高生产效率，降低企业的生产、管理以及劳动力等方面的成本。其次，大数据、云计算等信息技术和互联网平台可以实现个性化定制，能够满足多样化的个性需求，提高供给水平与供给能力。最后，互联网技术可以促进企业生产流程的优化，优化各类生产资料配比，此外，还能提升生产线的自动化与人工智能化水平，最终提高产品的质量。

19.2.2 网络经济突破时空限制，促进消费

网络经济突破传统的就近便利和白天为主的消费原则，在时间和空间上打破了这些限制。电子商务平台的涌现使得消费者可以通过互联网 App 直接获取产品信息、使用体验、下单购买等，极大地提高了消费者购物的便捷程度，节约了交易时间和交易成本，为消费者提供了更加多元、基本上无限制的消费环境。此外，网络消费的便捷性也进一步提高了经济主体的消费热情，居民的消费需求受实时产品信息的刺激而不断增长。进一步，互联网的产品和服务与实物市场联系紧密，新技术、新模式催生出直播带货、明星带货等新的营销形式，使消费者拥有更便利的消费条件、更丰富的消费内容、更全面的消费信息、更好的消费体验，引领全民消费升级，可以更好地满足人民日益增长的美好生活需要。

19.2.3 网络经济打破地域限制，扩大市场范围

网络经济作为一种平台经济，大大降低了因空间距离而产生的交易成本。其通过虚拟空间聚合交易信息和交易双方，节约了买卖双方的交易时间；降低了买卖双方收集交易信息的时间与搜寻相关资源的成本。不仅如此，网络经济更进一步实现了生产者与消费者的直接对接，以及产业链上中下游全链条的连接，打破了时间与距离的障碍，缩短和简化了潜在交易包含的信息和需求双向反馈的链条，削减了交易成本，提高了交易效率。网络经济还促进了中小微企业，甚至个人的市场参与程度，跨越了以往的地域准入壁垒，一定程度上消解了市场分割，市场参与者展现出更大的市场空间和盈利可能，极大地扩大了企业的市场范围和经营规模，交易者的参与范围从本地市场扩展至全国市场甚至全球市场。

19.2.4 网络经济优化要素配置，推动产业结构优化升级

首先，网络经济通过运用大数据、云计算、人工智能、虚拟现实等先进技术，对商品生产、流通和销售的全链条进行改造和重构，创新了经营服务模式。其次，网络经济重构了供应链和价值链，改造提升了传统业态，成为供给侧结构性改革的催化剂，甚至促进了整个社会经济的转型升级。网络经济在淘汰落后产能、企业甚至是产业的同时，也带动了新兴市场主体的发展，推动产业结构的优化升级。最后，不仅限于产品，网络经济还提供了在线教育、视频直播、远程会议等各类服务，提供了灾害疫情

时期传统经济无法提供的服务内容，开辟了新的经济增长点和产业形态，孕育出经济发展的新动能。

19.2.5 网络经济成为脱贫的重要手段，实现了经济发展成果共享

随着我国4G网络的普及、5G网络的快速发展，中国已经完成了网络化和信息化的基础设施建设。此项基础设施的建成实现了民族地区、边疆地区、落后地区与全国的无缝连接，有力地促进了上述地区农产品、自然资源以及富余劳动力的输送转移，为农村地区的脱贫工作搭建了致富平台，实现了经济发展成果的全民共享，促进了全社会的协调同步发展。

19.3 网络经济与经济高质量发展指标体系构建

19.3.1 指标体系的构建

（1）网络经济发展评价指标体系

互联网经济发展的渠道不是单一的，也不是固定不变的，建设互联网经济的过程是动态的，模式是多样的。本章参考樊自甫（2018）的研究，结合中国实际情况，从网络经济支撑水平、网络基础设施建设、网络开发应用水平和网络经济人才资源、网络经济发展成果五个方面构建网络经济发展评价指标体系，详见表19－1。其中，网络经济支撑水平主要从交通邮电通信产值占GDP比重、研究与开发经费占GDP比重和教育投资占GDP比重等三个方面来衡量；网络基础设施建设用长途光缆线路长度和移动电话普及率来衡量；网络开发应用水平主要从网站数、域名数、上网人数占总人口比例和人均电信业务总量四个方面来衡量；网络经济人才资源从每万人在校大学生人数、每万人科技人员数和每万人交通邮电通信从业人员数三个方面来衡量；网络经济发展成果主要用各年度的电商销售额来衡量。

表19－1 网络经济发展评价指标体系

目标层	准则层	指标层	单位	方向
网络经济发展水平	网络经济支撑水平	交通邮电通信产值占GDP比重/%		正
		研究与开发经费占GDP比重/%		正
		教育投资占GDP比重/%		正
	网络基础设施建设	长途光缆线路长度	公里	正
		移动电话普及率	部/百人	正

续表

目标层	准则层	指标层	单位	方向
网络经济发展水平	网络开发应用水平	网站数	万个	正
		域名数	万个	正
		上网人数占总人口比例/%		正
		人均电信业务总量	元	正
	网络经济人才资源	每万人在校大学生人数	—	正
		每万人科技人员数	—	正
		每万人交通邮电通信从业人员数		正
	网络经济发展成果	电商销售额	亿元	正

（2）经济高质量发展评价指标体系

本章的经济高质量发展指标体系构建主要围绕“创新、协调、绿色、开放、共享”新发展理念展开，参考最新文献吴志军和梁晴（2020）的研究，构建经济高质量发展评价指标体系，如表 19－2 所示。

表 19－2　经济高质量发展评价指标体系

目标层	准则层	指标层	单位	方向
经济高质量发展程度	创新发展	科学研究、技术服务等固定资产投资占比（%）		正
		资本生产率	—	正
		教育支出占财政总支出的比重	—	正
		第三产业增加值占 GDP 比重（%）		正
	协调发展	城乡收入比	—	逆
		居民消费价格指数（上年＝100）	—	逆
	绿色发展	单位地区产出 SO_2 排放量	立方米/万元	逆
		单位地区产出废水排放量	千克/万元	逆
		环保支出占财政支出比重（%）		正
	开放发展	进出口总额与 GDP 之比	—	正
		外商实际直接投资与 GDP 之比	—	正
		接待国际游客	百万人次	正
	共享发展	人均地区生产总值	元	正
		每万人医疗机构床位数	张	正
		社会保障与就业支出占财政总支出比重（%）		正

19.3.2 测度方法

（1）熵值法

根据前文构建的网络经济发展和经济高质量发展评价指标体系，本章采用熵值法对中国网络经济发展和经济高质量发展状况进行定量分析。熵值法是一种利用各个经济指标的变异程度进行赋权的权重确定方法，相比直接给定权重或者专家打分法，该方法可以尽可能消除权重确定时主观因素的干扰，保证测度结果的客观合理性。此外，熵值法还可以克服选择的经济指标数值差异性过小造成分析困难的问题，能够更科学地挖掘数据隐含的信息。熵值法的核心思想是，各经济指标的数值变化越大即变异程度越大，则其权重也应越大，反之，权重则越小。具体计算方法如下：

第一步：各指标的标准化处理。设有 r 个年份，n 个省市，m 个指标，则 x_{ijt} 为第 t 年 i 省份的第 j 项二级指标值。由于不同指标具有不同的量纲和单位，需进行标准化处理，得到标准化后的二级指标 r_{ijt} 。

对于正向指标，变换公式为：

$$r_{ijt} = \frac{x_{ijt} - \min\{x_j\}}{\max\{x_j\} - \min\{x_j\}} \tag{19-1}$$

对于逆向指标，变换公式为：

$$r_{ijt} = \frac{\max\{x_j\} - x_{ijt}}{\max\{x_j\} - \min\{x_j\}} \tag{19-2}$$

第二步：计算指标的特征比重 f_{ijt} ：

$$f_{ijt} = \frac{r_{ijt}}{\sum_{t=i}^{r}\sum_{i=1}^{n} r_{ijt}} \tag{19-3}$$

第三步：计算信息熵 e_j 及其冗余度 d_j ：

$$e_j = -\frac{1}{\ln rn}\sum_{t=1}^{r}\sum_{i=1}^{n} f_{ijt}\ln(f_{ijt}) \tag{19-4}$$

$$d_j = 1 - e_j \tag{19-5}$$

第四步：确定第 j 项二级指标的权重 w_j ：

$$w_j = \frac{d_j}{\sum_{j=1}^{m} d_j} \tag{19-6}$$

（2）面板向量自回归模型

为进一步分析网络经济发展与经济高质量发展的互动关系，本章建立面板向量自回归（PVAR）模型，并对模型的参数进行广义矩估计（GMM），然后利用脉冲响应更直观地显示两者之间的动态关系。其中，PVAR 模型具体结构为：

$$Y_{it} = \theta_0 + \sum_{j=1}^{k} \theta_j Y_{it-j} + \alpha_i + \beta_t + u_{it} \tag{19-7}$$

其中，Y_{it}表示包含网络经济发展和经济高质量发展的二元列向量；θ_0 表示截距项向量；θ_j 表示滞后 j 阶矩阵；α_i、β_t 分别表示个体效应和时间效应；u 表示随机误差向量。

19.3.3 数据来源

根据我国网络经济的发展历程与数据可得性，本章选取的时间跨度为2013—2017 年。受个别年限数据缺失的制约，本章选取中国 30 个省份（港澳台地区和西藏地区因数据缺失而剔除）的相关数据进行实证分析。各变量的原始数据来源于历年《中国统计年鉴》《中国科技统计年鉴》《中国城市统计年鉴》以及《中国人口和就业统计年鉴》。此外，一部分数据来源于国家统计局网站、国泰安数据库、各省份国民经济和社会发展统计公报、各省份统计局网站，个别原始数据缺失的，采用插值法进行补齐。

19.4 实证分析

19.4.1 网络经济发展和经济高质量发展综合评价

基于熵值法，计算得到30 个省份的网络经济发展和经济高质量发展水平，如表 19 -3 和表 19 -4 所示。

表 19 -3 2013—2017 年各省份网络经济发展测算结果

省份	2013 年	2014 年	2015 年	2016 年	2017 年	均值
北京	0.1139	0.1323	0.1953	0.1882	0.2047	0.1669
天津	0.0273	0.0274	0.0434	0.0369	0.0389	0.0348
河北	0.0351	0.0431	0.0739	0.0507	0.0596	0.0525
山西	0.0244	0.0293	0.0493	0.0276	0.0341	0.0329
内蒙古	0.0162	0.0181	0.0353	0.0255	0.0270	0.0244
辽宁	0.0360	0.0392	0.0649	0.0420	0.0497	0.0464
吉林	0.0225	0.0196	0.0321	0.0246	0.0383	0.0274
黑龙江	0.0348	0.0356	0.0498	0.0338	0.0491	0.0406

续表

省份	2013 年	2014 年	2015 年	2016 年	2017 年	均值
上海	0.0845	0.0966	0.1391	0.1138	0.1431	0.1154
江苏	0.0695	0.0731	0.1395	0.0871	0.0963	0.0931
浙江	0.0630	0.0657	0.1424	0.1070	0.1035	0.0963
安徽	0.0372	0.0401	0.0686	0.0702	0.0906	0.0613
福建	0.0480	0.0515	0.0817	0.1062	0.1539	0.0883
江西	0.0267	0.0250	0.0503	0.0444	0.0519	0.0396
山东	0.1003	0.0835	0.1103	0.1114	0.1272	0.1065
河南	0.0543	0.0504	0.0833	0.0798	0.0968	0.0729
湖北	0.0416	0.0475	0.0718	0.0638	0.0720	0.0593
湖南	0.0343	0.0369	0.0617	0.0600	0.0650	0.0515
广东	0.1486	0.1622	0.2098	0.2083	0.2385	0.1935
广西	0.0302	0.0386	0.0449	0.0444	0.0579	0.0432
海南	0.0987	0.0340	0.0591	0.0354	0.0608	0.0576
重庆	0.0329	0.0454	0.0429	0.0446	0.0442	0.0420
四川	0.0515	0.0640	0.0731	0.0790	0.1671	0.0869
贵州	0.0381	0.0407	0.0533	0.0569	0.0487	0.0476
云南	0.0491	0.0432	0.0430	0.0481	0.1269	0.0621
陕西	0.0331	0.0487	0.0414	0.0462	0.1030	0.0545
甘肃	0.0206	0.0310	0.0662	0.0437	0.0735	0.0470
青海	0.0389	0.0230	0.0494	0.1392	0.0828	0.0667
宁夏	0.0377	0.0354	0.0191	0.0398	0.1301	0.0524
新疆	0.0308	0.0349	0.0324	0.0281	0.0550	0.0363
全国均值	0.0493	0.0505	0.0742	0.0696	0.0897	—

由表 19－3 可知，我国网络经济的发展具有以下几个特征：第一，横向来看，北京、上海、江苏、浙江、山东、福建、广东、海南、四川等省份的网络经济发展水平较高，这些地区多为经济发达地区和南方省份，其中广东的网络经济发展水平最高，一直保持了绝对的领先地位，可见，良好的经济基础可以促进网络经济的较快发展。而天津、河北、东北三省、内蒙古、山西、江西、湖南、广西、重庆、贵州、甘肃、新疆等省份的网络经济发展比较缓慢。第二，纵向来看，网络经济水平发展最快的省份集中于浙江、福建、海南、四川、陕西等地，表现出良好的发展势头。其中

浙江在 2015 年、2016 年进步最快，福建、四川、云南、陕西、宁夏在 2017 年进步最大，青海则在 2016 年进步显著。第三，对于全国网络经济发展的平均水平而言，2014 年、2015 年保持了连续的发展势头，虽然在 2016 年发展劲头有所回落，但是在 2017 年强力反弹，全国平均水平达到 0.0897，远高于 2015 年的水平。由此可见，网络经济在我国发展的整体势头良好，并且在经济水平高、经济有活力地区的发展情况更为优异。

表 19－4　2013—2017 年各省份经济高质量发展测算结果

省份	2013 年	2014 年	2015 年	2016 年	2017 年	均值
北京	0.4566	0.4928	0.5173	0.5521	0.5177	0.5073
天津	0.6818	0.6859	0.7019	0.7092	0.7419	0.7042
河北	0.6723	0.6526	0.6743	0.7061	0.7083	0.6827
山西	0.5955	0.6519	0.5989	0.6620	0.6265	0.6270
内蒙古	0.6576	0.6337	0.6201	0.6189	0.6099	0.6280
辽宁	0.5395	0.4951	0.5376	0.5648	0.5850	0.5444
吉林	0.7364	0.7207	0.7118	0.7338	0.7113	0.7228
黑龙江	0.6452	0.6480	0.6350	0.6288	0.6905	0.6495
上海	0.5083	0.5014	0.5582	0.5773	0.5933	0.5477
江苏	0.5813	0.5647	0.9660	0.6098	0.6054	0.6654
浙江	0.6216	0.6535	0.6706	0.7083	0.7298	0.6768
安徽	0.7180	0.6956	0.7187	0.7458	0.7803	0.7317
福建	0.7182	0.6769	0.7074	0.7360	0.7549	0.7187
江西	0.7466	0.7195	0.7366	0.7542	0.7716	0.7457
山东	0.6065	0.5850	0.5978	0.6178	0.6223	0.6059
河南	0.6665	0.6387	0.6475	0.6865	0.7069	0.6692
湖北	0.6778	0.6267	0.6568	0.6847	0.7109	0.6714
湖南	0.6405	0.5880	0.6286	0.6477	0.6909	0.6392
广东	0.5942	0.5992	0.6181	0.6353	0.6544	0.6203
广西	0.7691	0.7260	0.7049	0.7218	0.7382	0.7320
海南	0.8828	0.8861	0.8731	0.9237	0.9452	0.9022
重庆	0.6291	0.5722	0.5817	0.6118	0.6292	0.6048
四川	0.5915	0.5783	0.5989	0.6283	0.6464	0.6087
贵州	0.6438	0.6302	0.6539	0.6443	0.6363	0.6417
云南	0.7064	0.6996	0.6912	0.7432	0.7141	0.7109

续表

省份	2013 年	2014 年	2015 年	2016 年	2017 年	均值
陕西	0.5960	0.5812	0.5917	0.5472	0.6207	0.5874
甘肃	0.6380	0.6268	0.6103	0.6257	0.6463	0.6294
青海	0.7180	0.6807	0.6666	0.6800	0.6968	0.6884
宁夏	0.6279	0.6491	0.6070	0.6361	0.6574	0.6355
新疆	0.8660	0.8844	0.8965	0.9144	0.9452	0.9013
全国均值	0.6578	0.6448	0.6660	0.6752	0.6896	—

表 19－4 反映出我国经济高质量发展的基本态势：首先，横向来看，天津、吉林、江苏、海南、新疆等省份表现出较好的高质量发展水平，而网络经济发展较好的北京、上海、广东等地的高质量发展水平表现平平，从中反映出部分省份二者发展的不一致性，网络经济与高质量发展还需要进一步深化协同。其次，纵向来看，除内蒙古、青海外，党的十八大之后本章涉及的所有省份均注重经济高质量发展问题，在本章 5 年的样本区间中经济发展质量均明显提升。例如，山西的经济高质量发展水平从 2013 年的 0.5955 提升至 2014 年的 0.6519、江苏的经济高质量发展水平从 2014 年的 0.5647 提升至 2015 年的 0.9660。最后，全国而言，经济高质量发展水平除在 2014 年出现微小退步外，在其余年份均显著提升，体现出经济高质量发展水平有效提升需要经济各层面的协同发展，较难在短期内获得大幅改善，只能踏实、稳步地进行现代化经济体系建设。

19.4.2 网络经济发展对经济高质量发展的影响

在测算、分析上述两个综合指标的基础上，我们进一步研究网络经济发展与经济高质量发展的动态关系。本章运用 PVAR 模型，基于 2013—2017 年 30 个省份的相关数据，通过脉冲响应函数研究网络经济发展对于我国经济高质量发展的影响问题。

（1）PVAR 模型估计

采用 GMM 方法估计 PVAR 模型需要先确定模型的滞后阶数，本章采用赤池信息准则（Akaike Information Criterion，AIC）值、贝叶斯信息准则（Bayesian Information Criterion，BIC）值和汉南—奎因信息准则（Hannan－Quinn Information Criterion，HQIC）值，基于最小的选择标准，确定其最优滞后阶数为 1（见表 19－5）。PVAR 模型的估计结果见表 19－6。

表 19 –5 最优滞后阶数结果

lag	AIC	BIC	HQIC
1	–4. 62349 *	–2. 38952 *	–3. 74966 *
2	–3. 529	–. 352951	–2. 51295

注：* 代表 90% 的置信区间。

表 19 –6 PVAR 模型的估计结果

变量	h_ dIE		h_ dHQE	
	b_ GMM	z	b_ GMM	z
L. h_ dIE	–0. 2073611	–2. 01	0. 2106169	1. 58
L. h_ dHQE	–0. 0458716	–1. 91	–0. 3618112	–3. 28

注：L. 表示滞后一阶；h_ 表示差分处理后的变量；b_ GMM 表示解释变量的回归系数。

（2）网络经济与经济高质量发展的动态效应分析

为更加直观地研究网络经济发展和经济高质量发展的响应机制，绘制脉冲响应图（见图 19 –1）。

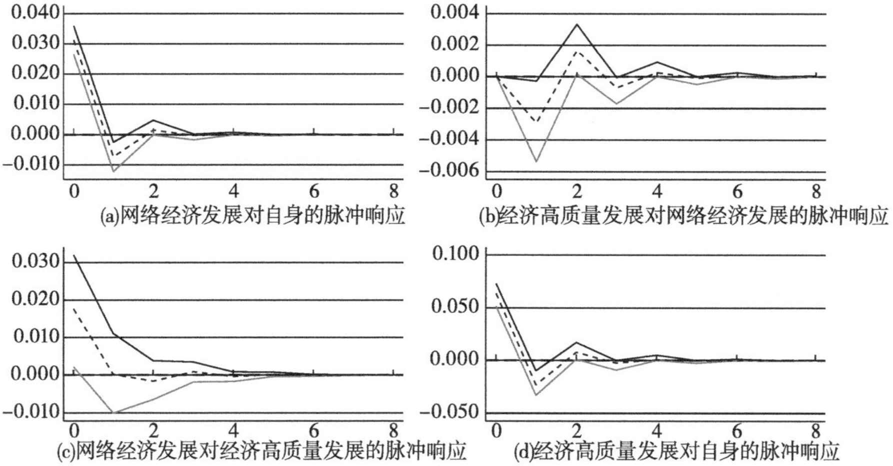

图 19 –1 全国地区网络经济与经济高质量发展之间的动态关系

首先，由图 19 –1（a）、图 19 –1（d）可知，网络经济与经济高质量发展都可以实现自己的发展惯性，即网络经济的良好发展基础可以促进网络经济未来更好地发展，并且正向促进作用即刻生效，可以持续将近四年；经济的高质量发展基础同样可以持续促进全国未来经济的高质量发展，不但高质量脉冲可以年内立即发挥作用，并且比网络经济的促进作用持续的时间更长，脉冲响应函数图表现为5年。由此可见，中国作为世界上最大的单体市场、最大的发展中国家，拥有巨大的国内市场、巨大的消费需求、巨大的生产能力，完全可以形成我国经济内循环，未来只要进一步扩大内需、刺激消费、刺激产业升级、优化产业结构，完全可以让国内的供给和需求形成内循环与良性循环。

其次，由图19－1（b）可知，经济高质量发展对于网络经济的作用在其脉冲发生一年后才开始发挥效用，并且第一年为负效用，从第二年开始才逐渐转变为正效用。经济的高质量发展分别从“创新、协调、绿色、开放、共享”五大理念入手，网络经济的某些层面最开始时还达不到高质量的发展要求。各大电商平台的销售额虽然逐年走高，催生巨大的网络购买行为的同时，也带来了严重的环境问题。由于快递的纸盒包装与一次性使用状态，最近几年中国快递业每年产生超过900万吨废纸和约180万吨塑料垃圾，其中2017年快递行业包装使用量达400亿件，所用胶带总长可绕地球425圈，产生的固体废物中塑料快递袋达到80亿个、快递包装箱有40亿个，全国一年纸箱包裹换算成造纸用的树木约等于7200万棵树，不符合绿色发展的高质量要求，迫切需要可重复使用的环保节能型包装。所以，未来的网络经济发展应注重与高质量发展理念的契合。

作为本章最核心的测度结果，由图19－1（c）可知，网络经济的发展显著地促进了我国经济的高质量发展。该图显示网络经济正向脉冲产生后，立即对我国经济的高质量发展产生了始终正向，且持续四年的长期推动作用。网络经济作为信息化社会的产物，特别是在我国信息化建设快速发展的条件下，有力地促进了我国经济的高质量发展，符合我国经济发展现实。所以，未来我国在注重环境保护、绿色发展、信息安全、省时高效等前提下应加强建设网络经济。目前中国作为5G网络基站和终端最多的国家，完全有能力进一步提升网络经济的发展水平，从而促进我国经济的高质量发展。

由表19－3、表19－4的结果可知，虽然网络经济发展与经济高质量发展的整体效果显著，但仍存在显著的区域差异性。以往文献多关注我国东、中、西部地区的发展差异，但是最近我国南北方经济发展差距逐步扩大，从2019年公布的各省份GDP数据来看，南方地区的经济总量占据了全国的65%，而北方的经济总量仅占据全国的35%，甚至南方经济水平最低的西南地区近年来发展也十分迅猛，已经几乎超越了西北和东北地区，有力地推动了整个南方地区的发展。相反，北方的东北、华北地区近年来发展速度缓慢，明显拉低了整个北方地区的发展速度①。杜宇和吴传清（2020）、魏颖等（2019）、戴德颐（2020）也均发现了这一现象。因此，本章更加关注网络经济与经济高质量发展在我国南北方的差异性表现，同时描绘出图 19－2、图 19－3 进行实证分析。

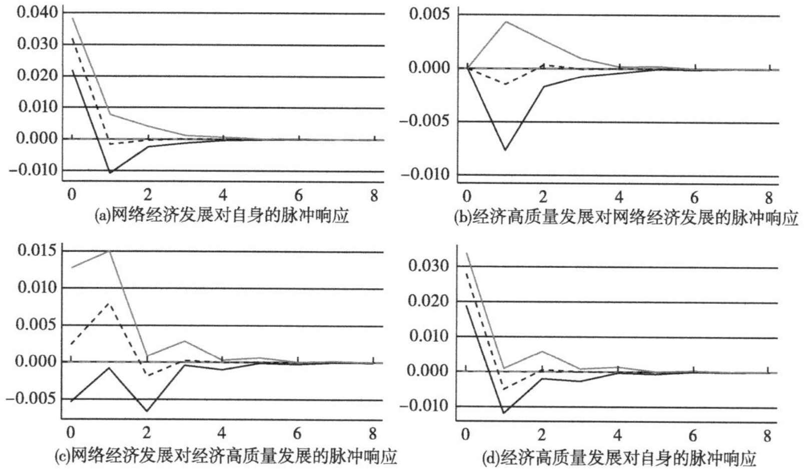

图 19－2　北方地区网络经济与经济高质量发展之间的动态关系

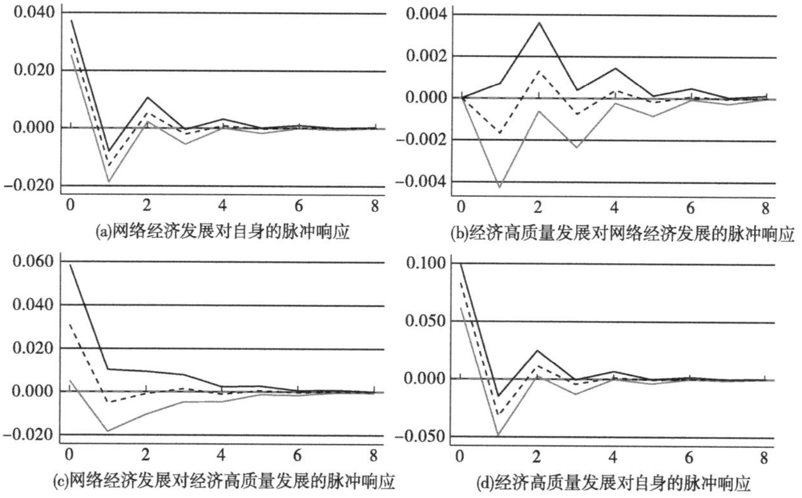

图 19－3　南方地区网络经济与经济高质量发展之间的动态关系

① 北方地区包括北京、河北、天津、辽宁、吉林、黑龙江、内蒙古、陕西、山西、山东、河南、青海、甘肃、宁夏、新疆，共计 15 个省份；南方地区包括上海、江苏、浙江、安徽、福建、江西、湖北、广东、广西、海南、四川、重庆、贵州、湖南、云南、西藏，共计 16 个省份。

对比图 19－2、图 19－3 我们可以发现，首先，与全国的情形类似，南方、北方的网络经济与经济的高质量发展均可以形成自我良性循环，促进各自的发展。毋庸置疑，即使目前北方经济发展水平低于南方，但是网络经济和经济的高质量发展对于南北方来说均非常重要，均需要重点发展。区别在于，南方经济的高质量发展对于自身未来高质量发展的促进作用更为显著，脉冲响应函数的最大值达到了 0.080，而北方仅为 0.032。可见，越是高质量发展的地区，越有助于其未来的高质量发展，已经形成了良性循环。

其次，网络经济对南北方地区经济高质量发展的作用机制不同。由于北方的网络经济不如南方发达，所以网络经济在促进经济高质量发展时的起效作用较慢，作用幅度较小。图 19－2（c）显示在第二年才达到最大效能，且仅为 0.015，南方网络经济在促进其经济高质量发展时的起效作用较大、较快，网络经济发生脉冲的同年之内已经对经济高质量发展产生了 0.04 的推动作用。所以，南北方的经济基础不同，导致网络经济对二者的促进作用不同。

最后，在经济高质量发展促进网络经济发展层面，南北方表现出几乎一致的相似性，即经济的高质量发展不是非常显著地影响到了网络经济的发展。可见，在南北方经济的高质量发展均不是快速提升的条件下，对网络经济影响的区别暂时不是很大。

19.5 结论与政策建议

2020 年 5 月 14 日，中共中央政治局常务委员会会议首次提出“深化供给侧结构性改革，充分发挥我国超大规模市场优势和内需潜力，构建国内国际双循环相互促进的新发展格局”。那么，在当前我国网络经济发展迅速、经济高质量发展迫切的现实背景下，网络经济发展能否有效促进我国经济的高质量发展？为了定量给出这一问题的答案，我们首先采用熵值法确定了我国各省份的网络经济发展指标，然后运用面板向量自回归模型测算了网络经济与经济高质量发展的动态作用关系。研究发现，第一，北京、上海、江苏、浙江、山东、福建、广东、海南、四川等省市的网络经济发展水平较高，多集中于经济发达和南方省份，其中广东的网络经济发展水平最高，一直保持了绝对的领先地位。第二，近几年我国大部分省份的经济发展质量均明显提升，其中天津、吉林、江苏、海南、新疆等省份表现出较好的高质量发展水平，而网络经济发展较好的北京、上海、广东等地的高质量发展水平表现平平，从中反映出部分省份二者的不一致性，更深层次反映出网络经济与高质量发展还需要进一步深化协同。第三，网络经济与经济高质量发展都可以实现自己的发展惯性，即网络经济的良好发展基础可以促进全国未来网络经济的更好发展，并且正向促进作用即刻发挥效用，可以持续将近四年；经济的高质量发展基础同样可以继续促进全国未来经济的高质量发展，不但高质量脉冲可以年内立即发挥作用，并且其比网络经济的促进作用持续的时间更长。第四，经济高质量发展对于网络经济的作用需要较长时间，并且第一年为负效用，从第二年开始才逐渐转变为正效用。经济的高质量发展分别从“创新、协调、绿色、开放、共享”新发展理念入手，所以，网络经济的某些层面暂时还达不到高质量的发展要求。第五，无论南方还是北方，网络经济的发展都显著地促进我国经济的高质量发展。网络经济可以立即对我国经济的高质量发展产生正向影响，并且表现为持续四年的长期推动作用。

结合本章结论，有益的启示在于：网络经济作为信息化社会的产物，特别是在我国信息化建设快速发展的条件下，有力地促进了我国经济的高质量发展，符合我国经济发展现实。所以未来我国应在注重环境保护、绿色发展、信息安全、省时高效等前提下加强建设网络经济。目前中国作为5G 网络基站和终端最多的国家，完全有能力进一步提升网络经济的发展水平，从而促进我国经济的高质量发展。中国作为世界上最大的单体市场，凭借快速发展的网络经济与高质量发展目标，完全可以形成我国经济内循环，未来只要扩大内需、扩大消费、刺激产业升级、优化产业结构，完全可以让国内的供给和需求形成内循环与良性循环。

20 人工智能发展对中国经济高质量发展的影响及其预测

人工智能通过计算机技术结合机器学习算法对人类劳动和人类思维的模拟，使机器能够胜任一些之前只有人类才能完成的工作。这个学科自1956年被提出明确概念以来，在半个多世纪的时间里突飞猛进，已经成为计算机科学的前沿，甚至被誉为世界三大顶尖技术之一，如今人工智能在大数据时代更体现出了其高度活力和计算能力。人工智能的应用将会推动技术创新，通过创新技术外溢和正外部性等效应不仅能够提高全要素生产率，甚至可以将其视为一种全新的生产要素，变革经济发展方式，推动经济实现高质量发展。本章从人工智能对中国高质量发展影响的机制出发，利用一般均衡模型定量分析和预测人工智能对中国高质量发展的影响。研究发现，人工智能的发展对中国高质量发展的影响具有两面性。在效率方面，人工智能促进了中国高质量发展，而在经济结构方面，人工智能阻碍了中国经济高质量发展。研究人工智能发展对中国经济高质量发展的影响有利于中国做出更好的经济决策，促进中国解决经济发展不平衡、不充分问题，更好地满足人民对美好生活的需求。

20.1 文献述评

本章基于已有的研究文献，梳理概括人工智能对经济的主要影响，并探寻人工智能对中国高质量发展所带来的影响，从而为下文的模型中刻画人工智能及其对高质量发展的影响机制打下基础。考虑到全要素生产率提升、收入不平等和经济结构转型升级是高质量发展的主要源泉，本章从这三个方面展开文献述评。

20.1.1 人工智能对生产率和经济增长的影响

人工智能对经济发展最显著的影响是其对于劳动生产率的影响，劳动效率的提高会促进生产率的增长，从而促进经济进一步发展。Acemoglu 等（2011）基于机器与人类劳动能够相互替代的假说构建了经济增长模型阐释人工智能通过替代或补充劳动力来提升生产率，但是这种假定的“相互替代”更多的是指机械性工作，而如果将创造性工作考虑在内，机器人的应用会使得生产率的提升更为显著。Brynjolfsson 等（2014，2011）利用数据分析证实了计算机化对生产率的贡献。Acemoglu 和 Autor（2011）构建了考虑“自动化”的新模型，考虑了人工智能对创造性工作的影响，即人工智能代替劳动力完成机械性工作的同时，将比较具有创造性工作特征的任务创造出来，促进了经济增长。Graetz 等（2015）通过对 17 个国家的面板数据分析得出结论：工业机器人的使用使得劳动生产率与增加值提升，除此之外，全要素增长率也有所提升，其中工业机器人的自动化效应会加强经济增速效应。Purdy 等（2017）构建模型比较分析，提出人工智能的应用在提高全要素生产率之外，更可能会成为一种全新的生产要素，从而对经济产生革命性的影响，而这种生产要素可能会突破规模报酬递减规律，大幅提升资本质量，推动经济增长。

20.1.2 人工智能对收入不平等的影响

人工智能的应用对劳动力的替代或补充效用必然会给当前劳动力市场带来冲击，而这也成为学者们关注的一大焦点，当前此方面的研究主要分为三个角度：第一，人工智能对劳动力市场的影响。一方面，人工智能的应用使得廉价劳动力不再具有竞争优势，从而被机器替代。早在 20 世纪初，熊彼特就提出了机器的应用会替代劳动力的观点。Frey 等（2013）应用数据与模型估计了美国可能被计算机化的工作，结果竟高达 47%。此后，David（2017）进一步拓展了 Frey 等（2013）的研究，但曹静等（2018）认为自动化职务风险并不意味着实际损失。另一方面，人工智能在自动化机械性工作的同时，创造出人类具有比较优势的创造性工作，从而增加就业机会。Autor（2015）也发现，并没有能够支撑“失业会随技术进步长期增加”这一观点的论据。Arntz 等（2016）研究发现自动化的应用只是改变了就业结构，并未造成总体的就业损失。第二，人工智能对不同劳动力的影响是不同的。一般认为，人工智能的应用会导致低技能工人与高技能工人的需求增加，中等技能工人则会面临被替代风险。Lankisch等（2017）认为低技能工人的实际工资降低，导致收入不平等。Acemoglu等（2017）、Dauth 等（2017）得出了中产阶级或者中间技能者正在面临巨大的收入损失的结论。Acemoglu 和 Restrepo（2017）研究认为高技能工作者也有可能会面临被机器人替代的风险，他们构建模型发现低技能工作的自动化与高技能工作自动化产生的效应是完全相反的，前者会加剧收入不平等，而后者会降低收入不平等。第三，人工智能的应用可能会导致极化现象的出现。首先，人工智能对收入不平等的效应在不同劳动力之间不同。Arntz 等（2016）从机器人不擅长的方面入手，对极化现象产生的原因做出分析：抽象任务和手工任务难以被计算机化，而这两类任务对劳动力的需求恰好分布在劳动力市场的两端。其次，人工智能对收入不平等的效应在不同发展阶段可能不同。Hemous 等（2014）将人工智能的应用而产生自动化的经济发展分为三个阶段，随后 Acemoglu 和 Restrepo（2017）证明了这一观点：自动化在短期来看会加剧收入不平等，但是此现象在长期来看会受到抑制。最后，人工智能对收入不平等的效应在不同地区可能不同。Berger 等（2016）认为不同劳动力之间的收入不平等会导致不同地区间的收入不平等，并在基于发展中国家的劳动力相较于发达国家熟练度低的前提与事实上，论证了发展中国家低技能劳动力被替代会使其成本优势降低甚至丧失，从而相对工资降低，影响国际分配。

20.1.3 人工智能对经济结构转型升级的影响

人工智能代表着前沿计算机技术，将其应用于生产代替劳动力，通过提高生产率来促进经济发展，促使经济从劳动力驱动转向创新驱动，所以说人工智能的发展对于中国经济发展方式的转变既是一个挑战，更是一个巨大的机遇。Aghion 等（2017）阐述人工智能对地区发展的影响时，阐明了低收入国家的劳动力成本优势将会随着自动化而消失，并通过引入鲍莫尔成本病优化模型，发现自动化效应会导致行业结构发生变化。Purdy 和 Daugherty（2017）将人工智能作为一种全新的生产要素，认为其能够变革中国经济发展的基础，并且预测人工智能有望使中国年经济增长率上升1.6 个百分点，显著扭转近年来的经济放缓趋势。王进等（2019）认为人工智能技术创新，除使得新产品和新产业出现和发展之外，还会创造新的经济增长点，改造和提升传统产业，促进传统产业向智能化转型，从而促进中国经济结构转型升级。师博（2019）认为人工智能本身的创新特征及其技术外溢所造成的正外部性会推动中国经济从要素驱动转向创新驱动；通过提升全要素生产率和市场资源配置效率来促进中国经济由粗放式发展转向内涵市场发展；由于中国地区经济发展特征和政策原因，人工智能的应用反而会导致地区经济差异缩小，并且推动中国实体经济发展向虚拟经济靠拢；人工智能在环保上的应用也会使中国从资源消耗型经济转向绿色发展。

20.2 基础模型

有两种思路刻画人工功能，一种是基于任务刻画，假设人工智能会使更多的生产实现自动化，然后利用已经实现自动化生产的厂商的比例，反映人工智能发展的程度。另一种是基于资本的异质性刻画，假设人工智能发展时的生产函数中出现了智能资本，通过智能资本及其变化来刻画人工智能的发展程度。本章选用第一种方法。因为我们很难对智能资本和普通资本进行准确的分隔，这为后续的参数校准和模拟工作带来很大的困难。而且，普通资本和智能资本的折旧存在很大的差异，目前也无法知悉智能资本的折旧率。

本章模型借鉴林晨等（2020）的研究，构建了含有人工智能的多部门动态一般均衡模型。选用一个标准的两部门结构转型框架，将不同产业的智能化程度和差异以及人工智能对高质量发展的重要维度环境因素的直接影响引入模型。假设经济中存在一个最终产品部门，最终产品由两个中间产品部门——工业部门产出和服务业部门产出复合而成。

20.2.1 中间产品部门和人工智能

假设中间产品部门的产出 $Q_{i,t}$ 由所有厂商的产出通过 CES 技术加总得到，用 $X_{i,n,t}$ 表示第 t 期第 i 部门的第 n 个厂商的产品数量，则

$$Q_{i,t} = \int_0^1 X_{i,n,t}^{\rho} \mathrm{d}n, \quad i = I, S \tag{20-1}$$

$1/(1-\rho)$ 反映资本对劳动的替代弹性且 $\rho < 0$，如果 $X_{i,n,t}$ 实现了智能化生产，那么就可以全部使用资本进行生产，否则将全部使用劳动进行生产，即：

$$X_{i,n,t} = \begin{cases} K_{i,n,t}, \text{如果第 } i \text{ 部门的第 } n \text{ 个厂商实现智能化} \\ A_{i,t}L_{i,n,t}, \text{如果第 } i \text{ 部门的第 } n \text{ 个厂商没有实现智能化} \end{cases} \tag{20-2}$$

如果直接将式（20-2）代入式（20-1），则会得到非线性的生产函数。为了简化，假设第 i 部门中实现智能化的厂商占部门全部厂商的份额为 $\alpha_{i,t}$，而且假设资本在部门内所有实现智能化生产的厂商之间均匀分配，劳动在所有未实现智能化的厂商之间均匀分配，即在第 i 部门每一种实现智能化生产的厂商所需的资本投入为 $K_{i,t}/\alpha_{i,t}$，每一种未实现智能化生产的厂商所需的劳动投入为 $A_{i,t}L_{i,t}/(1-\alpha_{i,t})$，将其代入式（20-1），可以得到中间产品部门的生产函数为：

$$Q_{i,t} = [\alpha_{i,t}^{1-\rho}K_{i,t}^{\rho} + (1-\alpha_{i,t})^{1-\rho}(A_{i,t}L_{i,t})^{\rho}]^{\frac{1}{\rho}},\ i = I,S \qquad (20-3)$$

设第 i 部门的环境污染排放强度为 ϕ_{it}，则第 i 部门的一般污染物排放量 $E_{i,t}$（标准煤）为 $E_{i,t} = \phi_{i,t}Q_{i,t}$。伴随着人工智能水平的提高，原来无法用智能自动化系统替代劳动的生产将越来越多地实现自动化生产，$\alpha_{i,t}$ 随之提高，$\alpha_{i,t}$ 越大，则意味着资本对全社会生产过程而言变得越来越重要，越来越多的生产可以用资本代替劳动加以完成。人工智能还会通过机器学习、激发技术进步等途径，提高全要素生产率和减少排放。

为了深入考察人工智能对高质量发展带来的影响，还需要进一步确定人工智能对部门智能化程度 $\alpha_{i,t}$ 和部门生产率增长率 $g_{i,t}$ 以及环境技术影响 $\phi_{i,t}$ 的表达式。由于人工智能的发展尚处于起步阶段，人工智能对智能化水平和全要素生产率以及环境技术的影响是什么样的函数形式，目前还难以清晰界定。麦肯锡全球研究所的研究预测了人工智能在全世界企业普及率演化曲线呈现出先凸后凹的趋势，类似于一般的新产品和技术扩展的形式。人工智能发展初期在企业中普及相对缓慢，对全要素生产率的促进作用相对有限。伴随人工智能相配套的技术创新和生产体系转型升级完成，人工智能的发展普及程度会逐步提高，当达到一定程度后，人工智能发展的趋势将趋缓。因此本章借鉴陈彦斌等（2019）尝试采用 Logistic 函数刻画人工智能对部门智能化程度 $\alpha_{i,t}$ 和部门生产率增长率 $g_{i,t}$ 的影响，具体函数形式如下：

$$\alpha_{i,t} = \alpha_{i,0} + (\bar{\alpha}_i - \alpha_{i,0})/[1 + e^{-\zeta_i(t-\gamma_i)}] \qquad (20-4)$$

$$g_{i,t} = g_{i,0} + (\bar{g}_i - g_{i,0})/[1 + e^{-\eta_i(t-\mu_i)}] \qquad (20-5)$$

其中，$\alpha_{i,0}$ 和 $g_{i,0}$ 分别代表部门智能化程度和部门生产率增长率的初始值；$\bar{\alpha}_i$ 和 $\bar{g}_i$ 分别代表部门智能化程度和部门生产率增长率的最大极限值；ζ_i 和 η_i 分别代表部门智能化程度和部门生产率增长率变化的曲率；γ_i 和 μ_i 分别代表部门智能化程度和部门生产率增长率变化趋势由凸转凹的时间节点。环境技术的提高体现为排放强度的减弱，即随着人工智能的发展，单位产出的污染物排放量 $\phi_{i,t}$ 减少。随着人工智能的发展，排放强度会越来越弱：

$$\phi_{i,t} = \phi_{i,0} A_{i,t}^{-\theta} \tag{20-6}$$

20.2.2 最终产品

最终产品厂商利用中间产品和新基建资本进行生产，由于新基建资本属于公共产品，而非产业投资，具有非排他性，因此直接令新建资本进入最终生产函数，并认为最终产品是无差异的，最终产品部门的生产函数为：

$$Y_t = [(\omega_I Q_{I,t}^{\frac{\varepsilon-1}{\varepsilon}} + \omega_S Q_{S,t}^{\frac{\varepsilon-1}{\varepsilon}})^{\frac{\varepsilon}{\varepsilon-1}}]^{\xi} (N_t^c)^{1-\xi} \tag{20-7}$$

其中，$Y_{i,t}$ 表示最终产品部门对第 i 个中间产品部门的需求（$Y_{I,t}$ 表示对工业品的需求，$Y_{S,t}$ 表示对服务业产品的需求），分布参数 $\omega_i \geqslant 0, i = I, S$，且 $\omega_I + \omega_S = 1$，工业品和服务业产品之间的替代弹性 $\varepsilon \in [0, \infty)$。$N_t^c$ 为 t 期新基建资本，$1-\xi$ 为新基建资本的产出弹性。此生产函数体现了新基建的通用技术特点，同时体现了传统生产方式和人工智能之间具有一定的替代性。新基建对资本和劳动的替代弹性是相同的。假设最终产品市场是完全竞争市场，其为给定中间产品价格 $P_{i,t}$ 和最终产品价格 P_t 的接受者。在生产函数给定的前提下，利用利润最大化和零利润条件，可以得到中间产品的需求函数和最终产品价格方程：

$$Y_{i,t} = [\omega_i \frac{P_t}{P_{i,t}}]^{\varepsilon} Y_t, i = I, S \tag{20-8}$$

$$P_t = [\omega_I^{\varepsilon} P_{I,t}^{1-\varepsilon} + \omega_S^{\varepsilon} P_{S,t}^{1-\varepsilon}]^{\frac{1}{1-\varepsilon}} \tag{20-9}$$

20.2.3 家庭和政府

代表性家庭最大化一生效用：

$$\sum_{t=0}^{\infty} \beta^t \frac{C_t^{1-\sigma} - 1}{1-\sigma} \tag{20-10}$$

其中，$0 < \beta < 1$、$\sigma > 0$ 为常数，家庭获得的总收入为资本收入和劳动收入的总和。政府每期对家庭收取税率为 τ_t 税收，家庭将税后的收入用于消费和资本的投资。家庭的预算约束满足：

$$C_t + K_{t+1} - (1-\delta_K)K_t = (1-\tau_t)(r_t K_t + w_t L_t) \tag{20-11}$$

其中，参数 $0 < \delta_K < 1$ 为常数，表示资本折旧率。求解家庭效用最大化可

得欧拉方程：

$$C_t^{-\sigma} = \beta C_{t+1}^{-\sigma} \cdot [r_{t+1} + (1 - \delta_K)] \tag{20-12}$$

研究中国的人工智能对高质量发展的影响，政府的作用不容忽视，因为中国政府部门所主导的新基建投资活动对经济的高质量发展具有重要作用。为了简化模型，本章对政府部门做简化处理。政府部门的收入包括税收和政府部门所拥有的新基建资本的收入，政府的所有收入全部用于当期的新基建投资。新基建资本的运动方程为：

$$N_{t+1}^c = (1 - \delta_N) N_t^c + \tau_t (r_t K_t + w_t L_t) + r_t^N N_t^c \tag{20-13}$$

其中，$0 < \delta_N < 1$ 表示新基建资本的折旧率，r_t^N 表示新基建资本的折旧后收益率。理论上，伴随着人工智能的发展，实体资本投资的相对回报率会升高。这将减轻政府通过新基建投资促进经济增长的动力，使得新基建投资比重降低，优化资本结构，降低投资率，从而提高消费率，促进高质量发展。

20.2.4 市场均衡与模型求解

当经济达到均衡时，要素市场、产品市场都实现了市场出清。均衡条件下居民部门实现效用最大化，中间产品部门实现利润最大化。通过求解家庭部门和中间产品部门的一阶条件，综合预算约束、实物资本和新基建资本的运动方程，可得模型的均衡系统

$$C_t^{-\sigma} = \beta C_{t+1}^{-\sigma} [r_{t+1} + (1 - \delta_K)] \tag{20-14}$$

$$C_t + K_{t+1} - (1 - \delta_K) K_t = (1 - \tau_t)(r_t K_t + w_t L_t) \tag{20-15}$$

$$r_t = \alpha_{i,t}^{1-\rho} \left[\alpha_{i,t}^{1-\rho} K_{i,t}^{\rho} + (1 - \alpha_{i,t})^{1-\rho} (A_{i,t} L_{i,t})^{\rho} \right]^{(\frac{1}{\rho}-1)} K_{i,t}^{\rho-1}, i = I, S \tag{20-16}$$

$$w_t = (1 - \alpha_{i,t})^{1-\rho} \left[\alpha_{i,t}^{1-\rho} K_{i,t}^{\rho} + (1 - \alpha_{i,t})^{1-\rho} (A_{i,t} L_{i,t})^{\rho} \right]^{(\frac{1}{\rho}-1)} A_{i,t}^{\rho} L_{i,t}^{\rho-1}, i = I, S \tag{20-17}$$

$$r_t^{N_c} = (1 - \xi) \left[(\omega_I Q_{I,t}^{\frac{\varepsilon-1}{\varepsilon}} + \omega_S Q_{S,t}^{\frac{\varepsilon-1}{\varepsilon}})^{\frac{\varepsilon}{\varepsilon-1}} \right]^{\xi} (N_t^c)^{-\xi} \tag{20-18}$$

$$K_t = K_{st} + K_{It}, L_t = L_{st} + L_{It} \tag{20-19}$$

$$Q_{i,t} = \left[\alpha_{i,t}^{1-\rho} K_{i,t}^{\rho} + (1 - \alpha_{i,t})^{1-\rho} (A_{i,t} L_{i,t})^{\rho} \right]^{\frac{1}{\rho}}, i = I, S \tag{20-20}$$

$$N_{t+1}^c = (1 - \delta_N) N_t^c + \tau_t (r_t K_t + w_t L_t) + r_t^N N_t^c \tag{20-21}$$

式（20－14）和式（20－15）是代表性消费者的效用最大化一阶条件和预算约束，式（20－16）、式（20－17）和式（20－18）是企业利润最

大化的一阶条件以及新基建投资的边际产品，式（20－19）是资本市场出清和劳动市场出清条件，式（20－21）是新基建投资的动态方程，式（20－20）是部门的生产函数。本模型等价于求解上述动态方程组。由于变量较多，而且存在非线性的函数关系，我们难以求得模型的解析解，因此，本章主要通过数值模拟的方法来回答关注的核心问题。

20.3 参数校准

由于人工智能在中国的发展处于起步阶段，未来人工智能对各类资本和消费的影响轨迹还难以把握。本章参考陈彦斌等（2019）和林晨等（2020）的做法，估计2020—2035年人工智能对中国高质量发展的影响。关于人工智能相关参数的校准需要借助人工智能的演进动态。通过人工智能对劳动生产率的影响幅度，结合式（20－4）和式（20－5）反推相关参数值。为了确保研究结果的合理可靠，本章对人工智能发展的动态做情景分析。基于陈彦斌等（2019）设定的三种情形，假设到2035年，人工智能分别使中国的劳动生产率提高10%、20%和30%。同时，假设在每种人工智能发展情形下，劳动生产率的涨幅中10%归因于人工智能带来的全要素生产率提升，90%归因于人工智能带来的智能化和自动化水平的提高。因为不同产业的生产方式有着各自的特点，人工智能在不同产业的应用前景不同，与人工智能融合的程度也有所差异，因此人工智能对不同产业将产生不同的影响。Hong等（2019）对中国企业的研究表明，不同的行业使用人工智能的应用程度存在明显的差异，资本劳动比越高的企业，应用人工智能的智能化程度越高。因此，本章利用2015—2019年工业和服务业部门的资本密集程度对部门人工智能参数进行调整，人工智能参数如表20－1所示。

表20－1　人工智能相关参数校准

<table>
<tr><th>情景设定</th><th colspan="2">人工智能相关参数</th></tr>
<tr><td>到2035年，人工智能使中国的劳动生产率额外提高10%</td><td rowspan="3">$\alpha_{I,0} = 0.52, \alpha_{S,0} = 0.50$
$\bar{\alpha}_I = \bar{\alpha}_S = 1$
$\zeta_I = 0.056, \zeta_S - 0.054$
$g_{I,0} = g_{S,0} = 0.04, \bar{g}_I = \bar{g}_S = 0.05$
$\eta_I = 0.98, \eta_S = 1.01$</td><td>$\gamma_I = \gamma_S = 100$
$\mu_I = \mu_S = 57.5$</td></tr>
<tr><td>到2035年，人工智能使中国的劳动生产率额外提高20%</td><td>$\gamma_I = \gamma_S = 89$
$\mu_I = \mu_S = 50.5$</td></tr>
<tr><td>到2035年，人工智能使中国的劳动生产率额外提高30%</td><td>$\gamma_I = \gamma_S = 80$
$\mu_I = \mu_S = 48.5$</td></tr>
</table>

关于主观贴现因子与陈彦斌等（2019）保持一致，令 $\beta=0.97$。关于新基建资本的折旧率，不同文献的取值存在一定的差异，参照金戈（2016）并综合考虑它们的取值，令 $\delta_N=0.09$。关于新基建资本的产出弹性系数，由林晨等（2020）有 $\xi=0.88$。关于参数 ρ 可以通过资本和劳动的替代弹性加以确定，令 $\rho=-0.015$。关于排放相关参数，参考张涛等（2019）校准 $\phi_{I,0}$ 为 0.4656，$\phi_{S,0}$ 为 0.2088，θ 为 6.525。

20.4 数值模拟、影响机制分析与预测

本章关心的问题是人工智能对中国高质量发展的影响，为此，本章将开展数值模拟对照实验。其中参照组为不考虑人工智能影响的情况下经济的运行动态。然后通过对比实验，考虑不同程度的人工智能影响下人工智能对高质量发展的影响。

20.4.1 人工智能发展可以实现促进经济增长和降低污染排放的多重目标

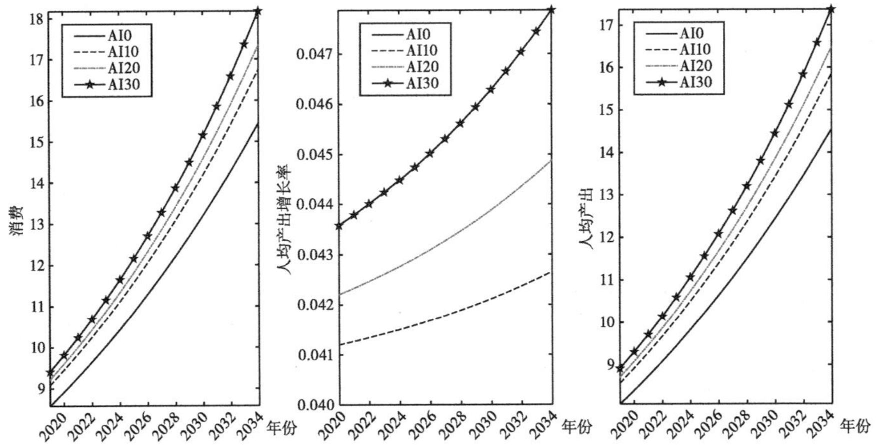

图 20－1 人工智能对消费、人均产出及其增长率的影响

注：AI0 表示到 2035 年，人工智能使中国的劳动生产率不变（无影响，即参照组）。AI10 表示到 2035 年，人工智能使中国的劳动生产率额外提高 10%，AI20 表示到 2035 年，人工智能使中国的劳动生产率额外提高 20%，AI30 表示到 2035 年，人工智能使中国的劳动生产率额外提高 30%。下同。

首先，人工智能能够提升居民消费水平。从图 20－1 中第一幅图可以看出，到 2035 年，人工智能分别使中国的劳动生产率额外提高 10%、

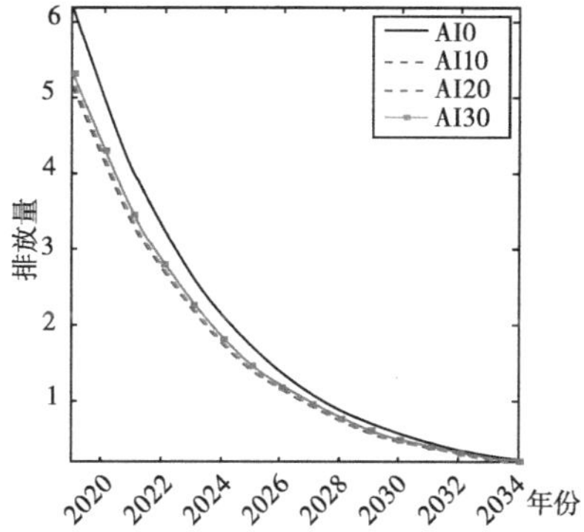

图 20 -2 人工智能对排放量与排放强度的影响

20%和30%时，消费增幅就会随着人工智能对劳动生产率的提高而增加1% ~3%，并且这个效用有望随着时间的推移而增长。究其原因，一方面，人工智能的应用能够创造出更高质量的消费品、更好的消费体验、更优质的消费服务，满足人类多样化消费的需求；另一方面，人工智能的应用使得市场供给端对需求端的消费习惯和消费偏好的数据挖掘变得更为简便和精准，同时信息传播更加畅通，市场对客户的喜好和需求有了更精准的把握，产品市场定位更加清晰的同时，产品的受众与推广也更加精准，从而提高了市场交易成功率，表现出消费提高的特征。其次，人工智能的应用会增加中国人均产出，并且其增长率也在不断攀升。根据图 20 -1 第二幅图和第三幅图，到 2035 年，人工智能分别使中国的劳动生产率额外提高 10%、20%和 30%时，人均产出会提升 10 ~17 个单位，人均产出增长率会提升至4. 5% ~4. 8%，这个作用同样有随着时间的推移而显著提升的趋势。一方面，人工智能通过对人类劳动的替代和补充作用，提高全要素生产率，甚至成为一种全新的生产要素，大幅提高生产效率，从而促进经济增长；另一方面，人工智能对劳动力的自动化在长期来看能够创造更多的就业岗位，促进就业，增加居民收入，促进经济增长。最后，人工智能的应用会使中国排放量和排放强度显著降低（见图 20 -2），人工智能在应用之初大约会使中国排放量下降 1 个单位，排放强度大约会降低 1. 5 个单位，随着时间的推移，排放量和排放强度逐渐降低，人工智能对排放量和排放强度的效用遵循边际递减规律。人工智能在很多领域的应用都能够实现节能减排的目标，比如，人工智能在工业方面的应用，能够增加生产自动化水平，从而提高产品质量，降低生产过程中不必要的损耗，实现节能减排；人工智能在垃圾分类处理方面的应用，能够使垃圾分类工作更加科学有效，减少能源消耗，提高资源利用率。人工智能在发现新能源方面的应用，如果能够找到更加节能高效的新能源，那就能够从根本上解决能源与污染问题，实现节能减排。

20.4.2 人工智能促进高质量发展的核心机制是技术创新和外溢效应

人工智能本身就是高科技的产物，其研究内容包含了多个学科，技术发展涵盖了多个领域，应用范围包括了多个产业，具有高度的创新性与活跃度。一方面，人工智能的应用通过自动化人类简单劳动提高劳动生产率（见图 20-1），改造和升级传统产业，促进传统产业的发展，同时创造出更多具有创造性的工作，从而催生出新产品和新产业，进一步促进产业升级。人工智能的应用会引发技术创新，加快创新技术在生产等方面的应用，同时，人工智能在生产方面的应用使得创新成本有所降低，技术创新的容错率得到提升，创新成果最终会逐渐实现从量变到质变的过程。另一方面，人工智能有望成为一种新的生产要素，对生产方式产生革命性的改变。人类劳动作为生产要素时，使得产品在劳动中凝聚价值，也使得资本家通过雇佣劳动力攫取利润。而人工智能作为人类劳动的补充和替代，能大大降低劳动成本从而创造更多产品价值，带来更多利润。除此之外，机器学习技术使得人工智能具有“干中学效应”，通过经验学习获得新的知识，使得人类不再烦恼于程序更新维护，同时，也为人类在此基础上创造更先进的技术提供了契机。人工智能的应用促进了技术创新，而这正是人工智能作为高新技术，助力于中国经济高质量发展的核心与关键，抓住人工智能技术，将有望加强中国经济拉动力，实现经济从要素驱动增长转变为创新驱动增长。

人工智能除了本身具有高度创新的特性以外，其应用对于其他领域的技术创新也有着推动和引领作用。一方面，人工智能是一个涉及哲学、认知学、数学、计算机科学等多门学科的交叉学科，人工智能技术的创新会在各个学科引发连锁反应，推动各个学科的创新发展。与此同时，人工智能也作为一个工具，为其他领域的创新提供可能的途径。另一方面，人工智能技术应用范围极其广泛，其应用本身就是对该领域的创新外溢效应，实现或者简化许多较为烦琐的工作，创造更高的价值。人工智能的创新成果能够广泛应用于各个领域并引发新一轮的应用创新，改善各领域的现有技术，实现更好的效用。如图 20 -2 所示，人工智能在各个领域的应用会使排放量和排放强度显著下降，这是人工智能在实现提高自动化水平与产品质量，提高全要素生产率这一目标之后，额外带来的好处，这就是人工智能的创新技术外溢效用，而这种正的外部性有希望从根本上解决经济发展与环境之间的矛盾，在秉持“绿水青山就是金山银山”的发展理念下，还能够保持较高的经济增长水平，使经济从外延式发展转向内涵式发展。这正迎合了中国经济高质量发展的目标，为中国高质量发展提供了动力和途径。

20.4.3 人工智能的部门异质性和分配结构效应可能会阻碍高质量发展

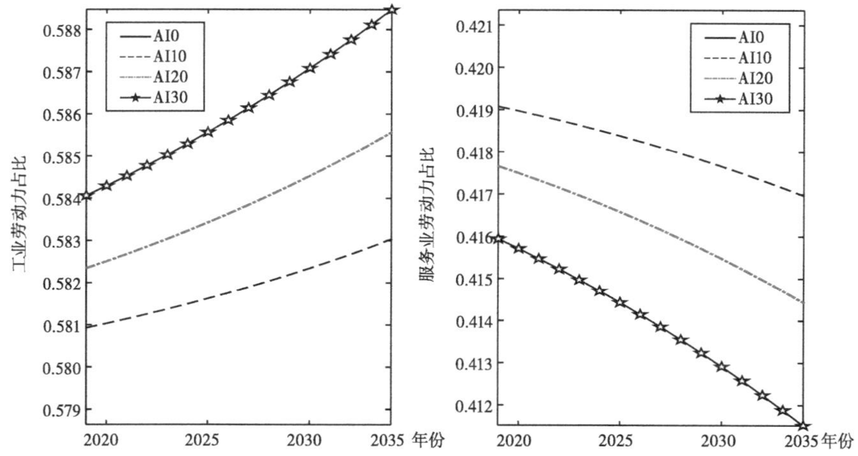

图 20 -3 人工智能对工业与服务业劳动力占比的影响

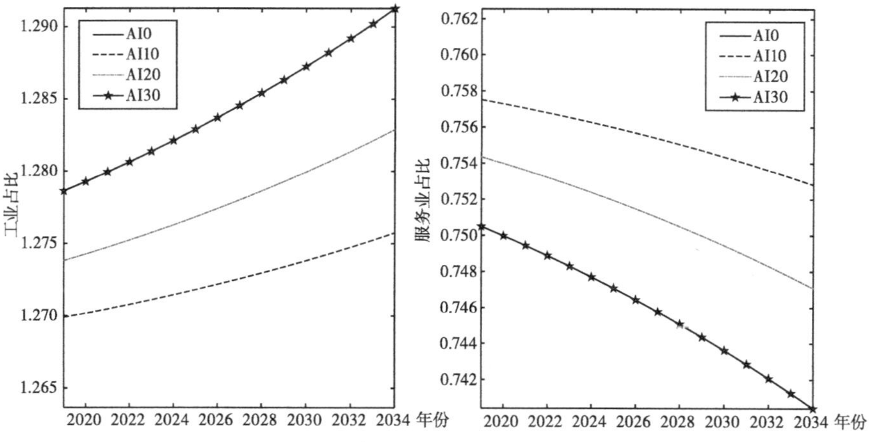

图 20 -4 人工智能对工业和服务业占比的影响

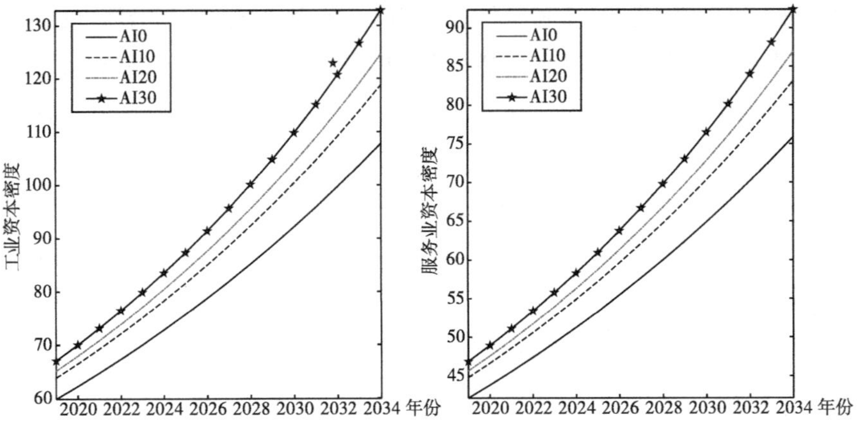

图 20－5　人工智能对工业资本密度和服务业资本密度的影响

第一，从图 20－3 和图 20－4 来看，到 2035 年，人工智能分别使中国的劳动生产率额外提高 10%、20% 和 30% 时，工业劳动力占比和工业占比会逐年增加，并且随着人工智能对中国劳动生产率的提升而增加；与此同时，服务业劳动力占比和服务业占比则会逐年降低，并且随着人工智能对中国劳动生产率的提升而降低。服务业是第三产业的主要组成部分，对产业结构平衡与经济发展有重要作用，中国第三产业发展虽然迅速，但仍然落后于国民经济发展，与发达国家相比始终处于较落后的地位，而上述变化趋势与效应则意味着人工智能可能会对中国经济结构造成冲击，降低高质量发展水平。但是第三产业的占比减小并不意味着第三产业的萎缩，从图 20－5 来看，到 2035 年，人工智能分别使中国的劳动生产率额外提高 10%、20% 和 30% 时，工业资本密度和服务业资本密度均会随着时间的推移与人工智能效用的增强而增加，但是工业资本密度总体比服务业资本密度要高，这说明上述变化趋势也有可能是因为人工智能的应用使得制造工业自动化水平提升，使得工业实现更快的发展，从而相比之下服务业较为弱势。

第二，人工智能的应用可能会进一步导致内需不足。从图 20－6 中能够看到，到 2035 年，人工智能分别使得中国的劳动生产率额外提高 10%、20% 和 30% 时，投资率逐年增加，并且随着人工智能效用的增强，投资率增幅呈上升趋势；而消费率在降低，并且随着人工智能效用的增强，消费率降低幅度加剧。较高的投资率有利于经济发展，但是长期保持较高的投

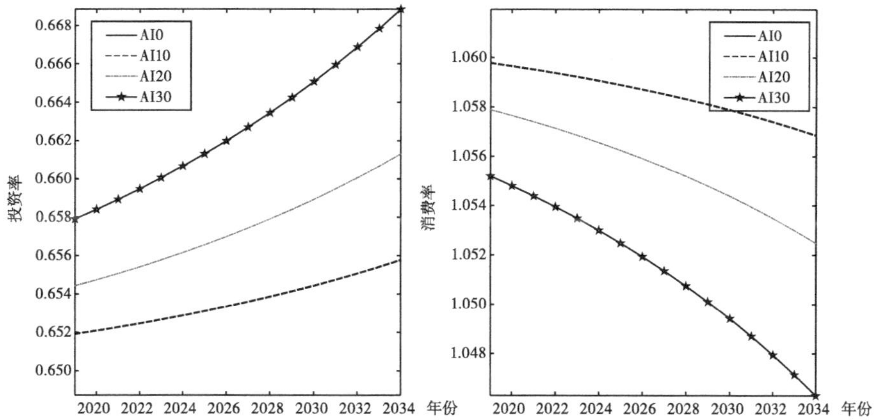

图 20－6　人工智能对投资率与消费率的影响

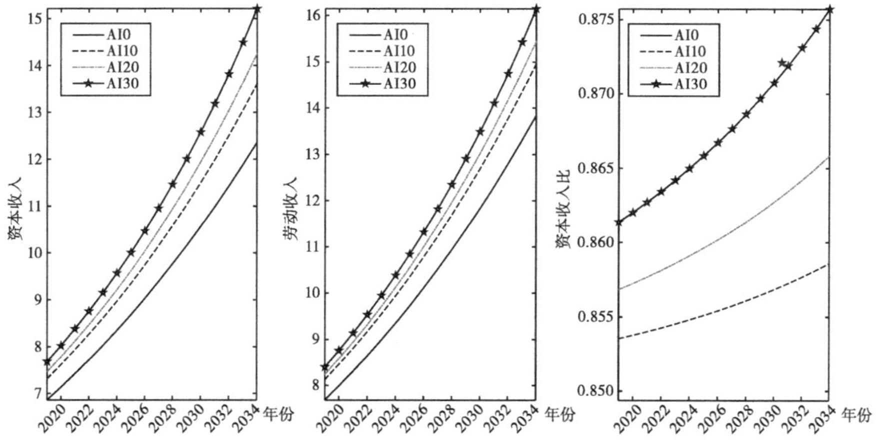

图 20－7　人工智能对资本收入、劳动收入以及资本收入比的影响

资率会增加国民经济的风险，影响中国经济持续健康发展。消费率降低，说明中国国内市场的优势并没有发挥，可能会使中国内需不足的局面进一步加剧，从而影响经济结构优化调整，而中国实现高质量发展的手段和途径之一就是要通过扩大内需来拉动就业、提高居民收入和实现经济结构转型与区域协调发展，二者显然相左。但是有学者认为中国投资率升高、消费率降低是多数国家工业化进程的必经之路，由于中国正处于由低收入国家向中等收入国家的过渡阶段，出现投资率升高、消费率降低是正常现象，当中国度过这段时期，完成工业化之后，二者比率将会趋于稳定。并且各国的经济发展水平和经济环境不同，居民的思想观念也不同，各种因素都是影响一国投资率和储蓄率的重要因素，中国传统观念中的储蓄偏好可能也是导致中国消费率偏低的重要原因。

第三，人工智能的应用使得资本收入占比增加，而劳动收入占比减小。从图 20 – 7 中能够看到，到 2035 年，资本收入和劳动收入占比都随着时间的推移不断增加，且随着人工智能效用的增强而增加，资本收入的占比会随着时间的推移而增加，并且随着人工智能效用的增强而增加，这意味着劳动收入份额在不断降低。劳动收入份额降低的一个最直接的后果便是贫富差距不断拉大，这可能是由于人工智能的应用所导致的极化现象。同时，劳动收入份额降低意味着国内消费水平的低迷，而过低的消费与过高的投资意味着经济结构的失衡，经济发展的可持续性下降。经济结构的转型升级与经济发展不协调问题是中国实现高质量发展所关注的一大重点和难题，这也正是中国现阶段的社会矛盾所在。人工智能的应用在带来许多好处的同时也不可避免地带来了很多挑战，如果能够处理好人工智能与经济结构转型和经济发展不平衡问题之间的矛盾，人工智能必将发挥出更大的优势。

20.5 结论与政策建议

20.5.1 结论

本章从人工智能对中国高质量发展影响的机制出发，利用一般均衡模型定量分析和预测人工智能对中国高质量发展的影响。研究发现：①人工智能是中国经济高质量发展的有效驱动力。第一，人工智能对生产方式的改进有巨大的促进作用。人工智能的应用，能够提高全要素生产率，降低劳动力成本，更能有望成为一种新的生产要素，对生产方式产生革新式的影响，大大提高经济增长水平，为经济增长提供新的动力，转变经济增长方式，使中国经济发展动力从要素驱动转向创新驱动。第二，人工智能技术的应用能够促进中国居民消费增长，拉动内需，促进经济增长。人工智能的应用不仅创造出多样化的产品与服务，也让大数据更大限度地发挥出了作用，促进市场供给与需求的信息对称，增大市场效率，促进经济发展。第三，人工智能的创新性和创新外溢效用是人工智能相较于其他技术而言最有潜能的优势，能够加快中国实现高质量发展的技术。人工智能的创新性与活力本身就能够促进中国经济的活力，其创新外溢效用更能够促进中国产业实现节能减排等一系列额外的目标，令中国能够更好地协调环境与经济之间的矛盾，促进中国经济从粗放型的外延式增长向环境友好的内涵式增长转型。②人工智能对中国经济高质量发展的影响机制复杂，影响具有两面性。人工智能对于中国经济高质量发展可能产生阻碍。首先，人工智能技术对人类劳动的替代使一部分劳动者面临失业风险，会导致极化现象。由于人工智能本身的特性，其对于不同类型人类劳动的自动化作用是不同的，普遍认为人工智能对低技能劳动者的替代作用较强，造成劳动市场对这部分劳动者的需求减少与工资相对降低，与此同时，人工智能对于创造性工作能力的欠缺，也导致高技能劳动者的需求增大与工资相对升高，从而加剧阶级化。其次，人工智能技术可能会导致中国经济结构朝不平衡的方向发展，经济发展不平衡扩大。一方面，人工智能技术会进一步扩大投资与消费、工业与服务业之间的差距，扩大经济结构各成分之间的差异，阻碍经济结构优化升级。另一方面，人工智能对不同类型劳动力替代和不同地区劳动力替代不同，在一定程度上会扩大贫富差距和地区经济差距，而过大的贫富差距会导致很多不稳定因素的出现，可能更会导致社会动荡，不利于中国经济长期稳定发展和社会治安稳定的维持，阻碍高质量发展。

20.5.2 政策建议

巨大的机遇往往伴随着巨大的挑战，人工智能的应用对于中国经济来说既是一个巨大的机遇，同时又是一项巨大的挑战。一方面，人工智能在各个方面的应用能够提高生产效率、促进创新和技术外溢以及提升资源利用率，加快中国实现高质量发展。另一方面，人工智能的应用可能会伴随着收入不平等的加剧、经济结构的失衡以及经济发展不平衡状况的扩大，制约经济高质量发展。根据人工智能对中国高质量发展的不同影响，本章提出如下政策建议：①加强人工智能核心技术的发展，促进人工智能创新和创新外溢效应。人工智能具有高度的创新性，发展人工智能技术能够促进科技水平的发展，同时能够带来创新外溢效用，实现经济高质量发展。近年来，中国创新数量虽然有所上升，但是创新质量还远远不够，为此中国应该坚持创新驱动战略，一方面，要建立健全创新评定标准和奖惩制度，加大创新资金投入和奖励力度，加强科研基础设施建设，从基础上为创新提供良好的环境；另一方面，应该建立健全科研成果转化机制，促进企业与高校和研究单位对接，加快创新成果的转化，使创新真正成为经济驱动力，使中国经济实现要素驱动向创新驱动的转型。②切实保障人民利益，促进社会和谐稳定，为人工智能发展创造环境。人工智能对高质量发展主要的不利影响在于收入的极化现象，因此，要消除面临失业风险劳动者对人工智能的抵触情绪，就必须做好这部分人的工作，保障人们生产生活的权益，提高人民的幸福感和归属感，同时为人工智能的发展创造更好的环境。因此，有必要改革税收制度，加大对高收入群体的税收，增强对低收入群体的补贴，协调收入再分配，缩减贫富差距，促进收入分配结构优化。同时，应该建立和完善社会福利保障制度，在保障人民生活的同时还能够提高居民收入，扩大内需，促进经济发展，从而实现良性循环。③加快人工智能与高质量发展的融合，促进高质量发展。处理好人工智能与中国现阶段的社会主要矛盾之间的关系是现阶段人工智能与中国实现高质量发展融合的关键。第一，要加强人工智能与高质量发展融合的政策引导，促进人工智能在各产业的应用，加快实现高质量发展的步伐。第二，加强人工智能技术应用的制度监管，保证人工智能技术的发展在可以掌控的范围内，沿着正确的道路前进，严惩非法或者对人工智能发展不利的行为。第三，要科学应用人工智能技术，对不同地区与不同产业探索其适合的融合道路，促进人工智能技术东西部地区协调发展，工业与服务业协调融合，助力经济高质量发展。

参考文献

[1]Acemoglu D. and D. Autor. Skills, Tasks and Technologies: Implications for Employment and Earnings[J]. Handbook of Labor Economics, 2011(4):1043 -1171.

[2]Acemoglu D. and P. Restrepo. Secular Stagnation? The Effect of Aging on Economic Growth in the Age of Automation[J]. American Economic Review, 2017(107).

[3]Aghion P. ,B. F. Jones and C. I. Jones. Artificial Intelligence and Economic Growth[R]. NBER Working Papers, 2017.

[4]Arntz M. , T. Gregory and U. Zierahn. The Risk of Automation for Jobs in OECD Countries: A Comparative Analysis[R]. Oecd Social Employment & Migration Working Papers, 2016.

[5]Autor D. H. Why are there Still So Many Jobs? The History and Future of Workplace Automation[J]. The Journal of Economic Perspectives, 2015, 29(3):3 -30.

[6]Berger T. and C. B. Frey. Structural Transformation in the OECD: Digitalisation, Deindustrialisation and the Future of Work[R]. OECD Social, Employment and Migration Working Papers, 2016.

[7]Erik Brynjolfsson - Andrew. The Second Machine Age, Work, Progress, and Prosperity in a Time of Brilliant Technologies / Fir[M]. W. W. Norton & Company,Mew York,2014.

[8]ACBF,BMAO. The Future of Employment:How Susceptible are Jobs to Computerisation? [J]. Technological Forecasting & Social Change, 2017

(114):254 – 280.

[9]Graetz G. and G. Michaels. Robots at Work: The Impact on Productivity and Jobs[J]. CentrePiece – The Magazine for Economic Performance, 2015.

[10]Hemous D. and M. Olsen. The Rise of the Machines: Automation, Horizontal Innovation and Income Inequality [R]. Cepr Discussion Papers, 2014.

[11]Hong C. J. Ruixue and L. Dandan. The Rise of Robots in China[J]. Journal of Economic Perspectives, 2019, 33(2).

[12]Lankisch C. K. Prettner and A. Prskawetz. Robots and the Skill Premium: An Automation – based Explanation of Wage Inequality[J]. Hohenhm Discussion Papers in Business, Economics and Social Ences, 2017.

[13]Zeira and J. Workers, Machines, and Economic Growth[J]. Cepr Discussion Papers, 1998, 113(4):1091 – 1117.

[14]曹静,周亚林. 人工智能对经济的影响研究进展[J]. 经济学动态, 2018(1):103 – 115.

[15]陈彦斌,林晨,陈小亮. 人工智能、老龄化与经济增长[J]. 经济研究, 2019(7):47 – 63.

[16]郭晗. 人工智能培育中国经济发展新动能的理论逻辑与实践路径[J]. 西北大学学报(哲学社会科学版), 2019,(5):21 – 27.

[17]金戈. 中国基础设施与非基础设施资本存量及其产出弹性估算[J]. 经济研究, 2016(5):41 – 56.

[18]林晨,陈小亮,陈伟泽,陈彦斌. 人工智能、经济增长与居民消费改善:资本结构优化的视角[J]. 中国工业经济, 2020(2):61 – 83.

[19]李康水,程中华,刘军. 中国制造业"新型化"及其评价研究[J]. 中国工业经济,2015(2):63 – 75.

[20]师博. 人工智能促进新时代中国经济结构转型升级的路径选择[J]. 西北大学学报(哲学社会科学版), 2019(5):14 – 20.

[21]王进,王丽珊. 人工智能产业影响经济增长的作用机制与实证检验[J]. 山东财经大学学报, 2019(6):54 – 63.

[22]张涛,任保平. 不确定条件下价格型和数量型减排政策工具的比较分析[J]. 中国软科学, 2019(2):36 – 48.

[23][美]英格尔斯．人的现代化[M]．成都:四川人民出版社,1985.

[24][以]艾森斯塔特．现代化:抗拒与变迁[M]．北京:中国人民大学出版社,1988.

[25]罗荣渠．现代化新论[M]．北京:北京大学出版社,1993.

[26]迟树功,朱孔来．现代化的基本特征及其评价指标体系探讨[J]．理论学刊,2004(12):78-80.

[27]何传启．中国现代化报告概要(2001—2010)[M]．北京:北京大学出版社,2010.

[28]曲哲涵,张曼芳．如何理解中国经济转向高质量发展(聚焦十九大报告·转向高质量发展阶段)[EB/OL]．https://www.sohu.com/a/201276385_157267,2007-10-31.

[29]何传启,刘雷,赵西君．世界现代化指标体系研究[J]．中国科学院院刊,2020,35(11):1373-1383.

[30]任保平,何苗．我国新经济高质量发展的困境及其路径选择[J]．西北大学学报(哲学社会科学版),2020,50(1):40-48.

[31]刘刚．构建以“双创”为导向的新经济——基于国家级“双创”示范基地的调查[J]．经济纵横,2017(9):49-55.

[32]李国杰,徐志伟．从信息技术的发展态势看新经济[J]．中国科学院院刊,2017,32(3):233-238.

[33][美]杰里米·里夫金．第三次工业革命[M]．北京:中信出版社,2012.

[34]张学良．中国交通基础设施促进了区域经济增长吗——兼论交通基础设施的空间溢出效应[J]．中国社会科学,2012(3):60-77,206.

[35]钞小静．新型数字基础设施促进我国高质量发展的路径[J]．西安财经学院学报,2020,33(2):15-19.

[36]杨虎涛．新基建的新意义[J]．红旗文稿,2020(10):24-26.

[37]坚持用全面辩证长远眼光分析经济形势　努力在危机中育新机于变局中开新局[N]．人民日报,2020-05-24(001).

[38][美]罗伯特·奎恩．诊断和改变企业变化:基于竞争价值理论模型[M]．北京:电子工业出版社,1998.

[39][美]艾伯特·赫希曼．经济发展战略[M]．北京:经济科学出版社,1991.

索　引

后　记

《中国经济增长质量发展报告（2021）——新经济背景下的高质量发展》是我率领的经济增长质量团队完成的经济增长质量系列报告的第13部，是长江学者支持计划项目、教育部人文社会科学重点研究基地——中国西部经济发展研究院年度报告、陕西省哲学社会科学重点研究基地——陕西宏观经济与增长质量协同创新中心、陕西省教育厅新型智库——陕西宏观经济与增长质量协同创新中心，以及陕西省特支计划杰出人才和三秦学者创新团队的成果。

《中国经济增长质量发展报告（2021）——新经济背景下的高质量发展》的主题是新经济背景下的高质量发展，按照宏观、中观和微观三大部分安排逻辑框架。其中总论部分主要研究了新经济驱动经济高质量发展的理论分析框架、中国高质量发展指数的测算和趋势分析、中国新经济指数的时序变化与地区差异分析、中国城市高质量发展指数的特征分析和趋势展望、高质量发展背景下中国现代化指数的测算。第一篇新经济背景下微观高质量发展主要研究了新经济背景下消费者行为的新特征、新经济背景下企业创新的新特征、新经济背景下企业新产品开发的新特征、新经济背景下企业决策的新特征、新经济背景下企业竞争的新特征。第二篇新经济背景下中观高质量发展主要研究了新经济背景下新产业的创造与发展、新经济背景下新业态的创造与发展、新经济背景下中国传统产业转型的改造与革新、新经济背景下中国高标准市场体系的建设、新经济背景下高质量基础设施建设。第三篇新经济背景下宏观高质量发展主要研究了新经济背景下增长要素扩展和增长模式转型、新经济背景下经济发展战略的定位和创新、数字经济发展对中国经济高质量发展的影响研究、网络经济发展对中国经济高质量发展的影响研究、人工智能发展对中国经济高质量发展的影响及其预测。

本报告我首先列出了研究主题和初步大纲，大家集体研讨确定了研究大纲，在集体研讨的基础上，我细化了大纲，进行了分工。分工之后，各章负责人拿出具体写作思路后，我、师博教授、钞小静教授、魏婕副教授、郭晗副教授又组织大家进行了研讨，研讨后分工撰写。各部分分工如下：经济增长质量指数的核算部分由西北大学任欣怡和李梦欣完成，第一章：西北大学西部经济发展研究院的任保平，第二章：西北大学的孙艺鸣、钞小静，第三章：西北大学的郭晗、刁宇龙，第四章：西北大学的师博、何璐，第五章：西北大学的杜莹、魏婕，第六章：西北大学的杜宇翔，第七章：西北大学的高珂、李勇，第八章：西安财经大学的付雅梅，第九章：西安财经大学的王薇，第十章：西北大学的朱晓萌，第十一章：西北大学的辛伟，第十二章：西北大学的何苗，第十三章：西北大学的宋文月，第十四章：西北大学的王思琛，第十五章：西北大学的张倩，第十六章：西北大学的张星星，第十七章：西北大学的宋雪纯，第十八章：西北大学的师荣蓉、刘钰、董琛扬，第十九章：西北大学的田洪志、王秋丽，第二十章：西北大学的张涛、罗雯。

在报告完成之际，陕西省委选派我去西安财经大学做副校长，课题组成员中加入了西安财经大学我的一些学生，因此，本报告的成员中不仅有在西北大学工作的我的学生，也有在西安财经大学工作的我的学生。在报告完成过程中，师博教授付出了大量劳动，督促大家完成稿子，收齐稿子并进行初步统稿；教育部人文社会科学重点研究基地——西北大学中国西部经济发展研究院的李文斌、李凯也都给予了大力支持，在此一并表示感谢。中国经济出版社的贺静多年编辑本报告系列，成为本报告的资深编辑，为本报告的出版做了大量的工作，付出了十分艰辛的劳动，在此也表示感谢。陕西学术界的一批领导和师长长期关注本报告，多年参加本报告的发布会，在此对陕西省社科联郭建树书记、陕西省委宣传部二级巡视员何军博士以及西安财经大学原校长胡健教授、陕西省委副秘书长任宗哲教授、陕西省人大财经委员会副主任杨三省教授、陕西省社科院司晓宏院长、西安体育学院黄谦教授、西安邮电大学张鸿教授、西安市社科院朱利民副院长等表示感谢。

本报告是我们团队13年来坚持不懈的结果，这么多年，团队成员积极努力，使得本报告已经在学术界产生了巨大影响，成为我们团队的一个重要品牌，感谢全体成员的努力。

任保平

2021年3月8日